推进黄河流域
生态保护和高质量发展
法治研究

2020—2022年中达环境法论坛
论 文 集

吴喜梅　林　爽◎主　编

上海三联书店

本书出版由台达集团"中达环境法学教育促进计划"资助

主编简介

吴喜梅，法学博士，郑州大学法学院教授，博士生导师，郑州大学法学院环境与资源保护法学科带头人；中达环境法论坛郑州大学负责人；河南省第二批一流本科课程"国际环境法"双语课程负责人；兼任中国法学会环境资源法学研究会理事、河南省财政厅 PPP 项目评审专家、河南省中华环保联合会法律专家委员会委员、中国法学会南水北调学会副会长；曾由国家教育部派往斯洛伐克考门斯基大学、加拿大卡尔加里大学担任访问学者，曾赴德国、比利时、法国、卡塔尔等国参加国际学术会议；主持完成国家级或省部级社科规划项目多项，在法律出版社等权威出版社公开出版学术专著 10 部以上，在 CSSCI 或中文核心期刊发表论文 30 余篇。

林爽，上海体育大学经济管理学院博士生，郑州大学自然资源法研究所助理研究员，主要研究方向为体育产业管理学、绿色低碳体育与环境法学；曾参与河南省社科联调研项目、郑州市社会科学调研项目、郑州大学教学改革研究项目、河南省第二批一流本科课程"国际环境法"双语课程建设项目；公开发表中英文学术论文 5 篇，参与《国际环境法学》《环境法学案例教程》等 3 部教材的主要编写工作；曾赴澳大利亚参加校际教学交流活动。

序

　　为了促进中国环境法治建设，推动环境法治人才培养，加强环境与资源保护法学科各高校间的相互交流，台达集团和清华大学、北京大学、中国人民大学、中国政法大学、武汉大学、中南财经政法大学、上海交通大学、郑州大学共 8 所高校于 2011 年合作启动了"中达环境法学教育促进计划"，该计划实施的主要内容之一是举办年度中达环境法论坛，为广大师生提供一个交流、学习、集思广益的平台。同时，"中达环境法学教育促进计划"设立了"中达环境法学者奖""中达环境法青年学者奖"和"中达环境法优秀学位论文奖"，分别奖励在环境与资源保护法学领域作出突出贡献的学者及取得优异成绩的硕博毕业生。自 2011 年设立以来，"中达环境法学教育促进计划"举办了 9 届论坛，奖励了 9 位学者、21 位青年学者，提供研究生奖学金达 422 人次。其中，由于疫情，2020 年、2021 年和 2022 年的论坛于 2022 年 12 月 10 日至 11 日以线上形式合并举行。2020—2022 年中达环境法论坛由台达集团主办、郑州大学法学院与郑州大学自然资源法研究所承办，该届论坛的主题是"推动黄河流域生态保护和高质量发展法治研究"。

黄河是中华民族的母亲河，也是我国重要的生态屏障和经济动脉，在社会主义现代化建设与美丽中国建设中具有重要战略地位。党的二十大报告把"推动黄河流域生态保护和高质量发展"作为加快构建新发展格局、促进区域协调发展的重大战略。为深入贯彻落实习近平生态文明思想和党的二十大报告，立足新发展理念、构建新发展格局，本次论坛汇聚环境法学界、司法实务界、环境保护界众多专家、学者共谋如何"推进黄河流域生态保护和高质量发展法治研究"，超过4000人观看了论坛直播。

本届论坛主要有四个环节，即开幕式与颁奖典礼、特邀嘉宾报告、获奖者学术报告，以及学界与实务界对话交流。论坛开幕式由郑州大学法学院副院长张嘉军主持，致辞嘉宾分别是郑州大学党委副书记吴宏阳教授、郑州大学法学院院长苗连营教授、黄河勘测规划设计研究院测绘院副院长何刘鹏研究员、台达创办人暨荣誉董事长郑崇华先生、"中达环境法学教育促进计划"规划委员李念祖律师等。

颁奖典礼环节，论坛为近年在环境法学教育领域取得优异成绩的师生颁奖。其中，获得2022年"中达环境法学者"荣誉称号的有甘肃政法大学史玉成教授，获得2020—2021年"中达环境法学者"荣誉称号的有武汉大学秦天宝教授、浙江大学钭晓东教授；获得2022年"中达环境法青年学者奖"的有天津大学王小钢教授、武汉大学蒋小翼教授，获得2020—2021年"中达环境法青年学者奖"的有中南财经政法大学张宝教授、上海财经大学叶榅平教授和上海社科院彭峰研究员。同时，还有30位环境与资源保护法专业的硕博研究生获得"中达环境法优秀学位论文奖"。

特邀嘉宾报告环节，武汉大学蔡守秋教授以"论黄河流域财富积累、传承、发展和共享的法治保障"为题，从多角度阐述了环境法的基本理论。报告重点强调，要促进流域共用财富的积累、传承、增长和共享共用，让黄河成为造福人民的幸福河。

接着，昆明理工大学的王曦教授介绍了中美公众环境意识演进的异同点，通过对比中美公众环境意识的发展变化，提出当前我国政府亟需加快落实生态文明制度建设，同时在立法上，需要认真对待社会主义市场经济条件下公众环境意识快速提升的社会现实，使环境保护法律制度更好地适应这个现实。

最后，湖南大学周珂教授以"双碳目标下环境司法问题"为题作主题发言，他指出，我国承诺实现从碳达峰到碳中和的时间，远远短于发达国家所用的时间，这需要我国付出艰苦努力，尤其在气候变化立法方面，要健全"实现双碳目标"的法律体系，加强气候变化司法能动性。

获奖者学术报告环节，清华大学王明远教授、上海政法学院郑少华教授、武汉大学秦天宝教授、浙江大学钭晓东教授、甘肃政法大学史玉成教授等资深教授分别在"新环境法学"的建构和发展、大安全体系下的新污染物风险法律规制问题以及央地关系视野下的流域立法等方面进行了详细报告和深入探讨。

学界与实务界对话交流环节，西北政法大学李龙贤副教授、郑州大学翟新丽博士、河南省高级人民法院环资庭杨巍庭长、中国绿发会周晋峰秘书长、河南宇通信息技术研究院孙志林院长、黄委会黄河勘测规划设计研究院测绘院副院长何刘鹏研究员等专家学者以黄河流域生态保护和高质量发展立法、司法研究以及黄河流域生态保护的信息化建设为议题作精彩发言。

在本次论坛中，与会各位专家、学者就黄河流域高质量发展的立法、司法、执法、配套制度以及相应技术的发展和完善进行了广泛且深入的交流，为黄河流域构建人与自然和谐发展新格局、实现新时代新型流域治理提供了经验借鉴与理论思考。黄河流域生态保护和高质量发展是一项庞大的系统工程，需要各级政府各部门广泛参与、协调配合、共同推进。治理黄河，最终还要依靠制度、依靠法治。黄河流域生态保护必须运用法治思维和法治方式，善于通过法律制度的改革与创新，为黄河流域生态保护和高质量发展提供有力的法治保障。

为了全面、清晰地呈现本次论坛就"推进黄河流域生态保护和高质量发展法治研究"的智言良策，本书从会前提交到会务组的论文中选录了 17 篇论文，涵盖了环境公益诉讼、生态环境修复、环境损害责任承担、惩罚性赔偿制度、公众参与制度、能源法治以及交叉学科等领域的热点命题，基本反映了本届论坛所取得的成果。除提交到会议的学术论文外，本书同时收录了本次论坛的发言实录。发言实录不仅包括特邀学者、获奖者、实务工作者所作的学术报告和评议人所作的评议，还包括了与会者的提问和报告人的解答。不过，发言实录是基于会议速记稿整理而得，其中部分文字未经发言人审阅，特此说明。

本书不仅包括了专家学者对环境法基本原则、基本制度和运行机制的思考，也包括了对我国当前环境法治中遇到问题的分析和相应的制度完善建议，为未来理论研究和环境法治实践应有的实然状态提供了新视角。因此，可以说，本书是我国环境法学界理论成果的凝结，在一定程度上助推了我国环境法学研究与环境法治实践的双重转型，是我国环境法理论与实践互动、衔接的重要智力体现。

2020—2022 年中达环境法论坛的圆满成功举办和论坛论文集的顺利出版，得到了"中达环境法学教育促进计划"实施委员会各位委员、计划规划委员李念祖律师、台达集团领导层和计划秘书处各位同仁的有力领导和鼎力支持，得到了郑州大学相关处室和法学院领导的大力支持与协作，得到了陈奕祥、徐晓丽、翟新丽等会务组全体成员的热情帮助，得到了上海三联书店的慷慨支持，也得到来自全国的各位与会者的积极参与和配合。在此，对以上各位同仁表示衷心的感谢！以会会友，以文会友！愿各位同仁年年相聚于中达环境法论坛！

吴喜梅
2023 年 8 月

目录

下编
中达环境法论坛观点要览

上 编

中达环境法论坛论文选编

论黄河流域财富积累、传承、
发展和共享的法治保障

蔡守秋[*]

目前，我国已经制定或修订《环境保护法》（2014 年修订）、《防洪法》（2016 年修订）、《水法》（2016 年修订）、《水污染防治法》（2017 年修订）、《长江保护法》（2020 年公布）、《湿地保护法》（2021 年公布）、《黄河保护法》（2022 年公布）等法律，基本形成一个由水（水环境、水生态、水资源和水流域）法律、行政法规、地方性法规、部门规章、地方政府规章和其他规范性文件组成的水法律法规体系。

上述法律法规从总体目标、基本理念、主要原则、重点任务、主要行为规则和法律制度、监督保障等方面，对包括长江、黄河在内的大河流域的保护作了全面系统的法律调整，基本建立了水环境保护和水污染防治制度、水资源的合理开发利用制度、水土保持制度、防洪抗险制度、湿地保护制度、节水制度、流域保护管理制度、水利设施建设管理制度、水生态环境损害赔偿制度、水环境（水资

---

* 作者简介：蔡守秋，武汉大学环境法研究所教授。

源）保护党政同责体制、中央生态环境保护督察制度等制度。这为黄河的大保护提供了扎实的司法保障和法治基础。今后我们的主要任务，就是全面、严格、准确、公平地贯彻、实施、执行这些法律。法律是保护权利、法益、利益、财富、价值的基本工具和有效武器，明确黄河大保护的法治保障的重点，即黄河流域法治保障的主要利益、权利、财富，或者法治保障的特殊价值，是全面、扎实地为黄河大保护提供司法保障的前提和关键。

一、 财富的类型化

所谓财富（wealth），是指人类所需要的利益或利益的载体和价值或价值的载体，是人类需要的或对人类有益的事物或东西，是与人的幸福、自由和尊严相联系的物质成果和精神成果。一般认为，财富的内容和范围远远大于财产（property）的内容和范围，它包括法律明确规定的具有排他性财产权的财产（即《民法典》中的"物"或"财产"）但不限于财产，它包括对人类有益、有利、有价的财产、资源、环境、知识、信息、数据、技术等。人类的财富是人和人类社会发展的条件、基础，也是其发展的目标和结晶。包括长江、黄河在内的水河流域的法治建设的使命和任务，就是保障大河流域财富的发展和积累。

所谓财富的类型化，就是对财富进行分类，形成若干个固定的财富类型或范畴。《民法典》（2020年）明确规定："物包括不动产和动产。""物权是权利人依法对特定的物享有直接支配和排他的权利，包括所有权、用益物权和担保物权。"① 按照上述法律定义，物就是指财产（包括动产和不动产），物或财产是

---

① 2007年颁布的《物权法》第2条更是直白地规定："因物的归属和利用而产生的民事关系，适用本法。本法所称物，包括不动产和动产。法律规定权利作为物权客体的，依照其规定。本法所称物权，是指权利人依法对特定的物享有直接支配和排他的权利，包括所有权、用益物权和担保物权。"

指与排他性的物权（或财产权、产权）紧密联系在一起的一个法定概念。① 但是，世上万物，种类繁多，形性各异。有鉴于此，笔者以《民法典》明确定义的物（或财产）为参照对象，将财富或世上万物分为如下三类：

（1）私人财富（私财、私人物或私物、私人财产或私产），是指由私人排他性占有、支配和使用（或享用）的财富。

（2）公共财富（公财、公共物或公物、公共财产或公产），是指由政府等集体组织排他性占有、支配和使用（或享用）的财富。在当代中国，公共所有财产（公共财产或公产）包括国家所有财产和集体所有财产，主要指与《民法典》第 207 条明确规定的"国家、集体的物权"联系在一起的"国家、集体所有的不动产或者动产"（《民法典》第 268 条）。

（3）共用财富（共财、共用物或共物、共用财产或共产），是公众共用物（或公众共用财富）的简称，是指不特定多数人（即公众）可以自由、直接、免费、非排他性使用（或享用）的物或财富。②

可以用中国老百姓或农民的口头语来表示这三类财富，即"交足国家的，留够集体的，剩下都是自己的，还有一份是公众共用的"。

遗憾的是，我们生活在西方法治文明和近现代资产阶级法学理论所预设的法治话语体系与法学概念体系之中。近现代资产阶级革命和英国工业革命以来构建的西方文明范式是主客二分范式，它包括人与自然（截然或机械）二分、社会与自然二分、人与人的关系和人与自然的关系二分、人心与人身二分、精神与物质

---

① 在近现代资本主义国家的法律和法学中，财产通常指人对其拥有所有权的物。财产始终与财产所有权联系在一起，甚至从某种意义上可以认为，法律上的财产就是指财产所有权。例如，英国法学家、法官威廉·布莱克斯通爵士（Sir William Blackstone，1723—1780 年）将财产定义为对物的绝对的支配。在这个定义中，财产的物质属性和对物的绝对支配是必不可少的内容。[美] 肯尼斯·万德威尔德：《十九世纪的新财产：现代财产概念的发展》，王战强译，载《经济社会体制比较》1995 年第 1 期。
② 与上述三类财富相对应的是三类权利、三类利益、三类制度、三类诉讼。

二分等。具体到法律和法学领域，即私产和公产二分、私权和公权二分、私有制和公有制二分、私法和公法二分等。^① 这种西方法治文明范式的宗旨和要义，是确立及维护以资本至上和私有财产为核心的资产阶级财产私有制与商品交易市场。^② 这种西方法治文明范式的最大缺陷或弊病，是将法（包括私法和公法）、财产（包括私人财产或私产、公共财产或公产）、权利（包括私权利或私权、公权利或公权）、法律行为、法益、义务等法律概念或法律话语体系披上"穷尽中外今古的全部利益、价值和财产内容"的外衣，实际上却将共用财富（共用财或共财、共用物或共物、共用产或共产）和共用财富权（共用财权或共财权、共用物权或共物权、共用财产或共产权）排除在外。

根据上述西方法治文明范式，共用财富（共财、共用物或共物、共用财产或共产）、共用财富享用权（共用权）、共用财富制度（共产制）没有法律地位，或被打入法律另册，或被边缘化。具体到中国的环境法治实践，就曾多次遭遇这种困境，笔者是身临其境、深受其苦。

例如，笔者通过 1980 年对万里长江的实地考察，在 1981 年的《法学评论》^③《法学研究资料》《环境污染与防治》等刊物上发表了"长江水源管理情况的调查"，提出了"制定一个适应长江特点的保护法规"的建议和具体设想；但一直有人反对制定长江法，直到 40 年后的 2020 年年底，国家才通过《长江保护法》。早在 2002 年至 2007 年，笔者多次参加黄河流域管理的调查研究工作，提出了制定黄河法的建议，并具体研究起草了黄河法草稿，且笔者在专著《黄河

---

① 法学界有一个比较普遍的共识，即近现代资产阶级法治国家及其法律和法学，通过其法律体系和法学理论的建构，确立了以资本至上和私有财产为核心、私产与公产（包括私产、私权和私有制与公产、公权和公有制）二分，以及私法与公法二分的西方法治文明国家的法治模式。

② 商品是确立了财产权（产权）的产品，商品交易是一项财产权利与另一项财产权利的交换，货币是作为一般等价物的特殊商品。

③ 刘业础、蔡守秋：《关于长江水源管理情况的调查》，载《法学评论》1981 年第 2 期。

伦理与河流立法》① 中具体研究了《黄河法》的框架结构、指导思想、基本理念、基本原则、管理体制、法律措施和制度等内容；但一直有人反对制定黄河法，直到 20 年后的 2022 年 10 月，国家才颁布《黄河保护法》。早在 1982 年，笔者就在《环境权初探》② 一文中提出了环境权入法入宪的建议，但一直有人反对环境权入法入宪，直到 2022 年 7 月 28 日，联合国大会以 161 票赞成、 8 票弃权的结果③通过了《清洁、健康和可持续环境的权利》决议（UNGA Res. A/76/L. 75 ，"The Right to a clean and healthy and sustainable environment"），宣布享有清洁、健康和可持续的环境是一项普遍人权④，但我国仍然有人对环境权持怀疑态度。笔者早在 1982 年就在《法学研究》等刊物上提出 "环境法是一个独立的法律部门"⑤ 的主张，但一直有人反对，直到 2022 年的今天，"有关部门" 仍然没有将其作为一个独立的法律部门。所有上述反对意见中的一个主要观点就

① 蔡守秋：《黄河伦理与河流立法》，黄河水利出版社 2007 年版。
② 蔡守秋：《环境权初探》，载《中国社会科学》1982 年第 3 期。
③ 联合国大会以 106 票赞成、0 票反对、8 票弃权（包括中国、俄罗斯、叙利亚、白俄罗斯）获得通过。据搜狐网报道，"中国此次投了弃权票。中国代表表示，中国的国家人权行动计划包括环境权利部分。中国认识到共同提案国推动环境问题讨论的愿望；然而，大会在环境权方面并没有达成一致意见，特别是在该权利和与其他人权的关系方面。中国要求大会投入更多的时间、耐心和努力去审视本条提案，并对案文中未提及共同但有区别的责任表示关切。出于这些原因，中国投了弃权票。""相关报道显示，中国 2002 年制定的《环境影响评价法》就已明确提出，可能造成不良环境影响并直接涉及公众环境权益的专项规划，应当举行论证会、听证会，或者采取其他形式，征求有关单位、专家和公众对环境影响报告书草案的意见。2014 年修订的《环境保护法》增设'信息公开和公众参与'专章，明确规定公民、法人和其他组织依法享有获取环境信息、参与和监督环境保护的权利。据悉，截至 2021 年 9 月，由生态环境主管部门作为主要执法部门的生态环境法律已达 15 件，占现行有效法律总数约 1/20。此外还有资源开发利用方面的法律 20 余件，生态环境行政法规 30 余件，再加上 40 余件与生态环境保护密切相关的党内法规，总体而言，我国生态环境法律框架体系已基本形成，生态环境保护各领域已基本实现有法可依。"《历史一刻！联合国大会通过环境健康权决议》，搜狐网，https://www. sohu. com/a/573768608 _ 100235747。
④《联合国大会宣布获得清洁健康的环境是一项普遍人权》，国际新闻网，https://www. inews. org. cn/un/2022/07/29/archives/18228）。到 2021 年，在联合国的 193 个成员国中，已经有 156 个国家将环境权写入了宪法、立法和地区条约 。
⑤ 蔡守秋：《环境法是一个独立的法律部门》，载《法学研究》1981 年第 3 期。

是，环境法没有自己的特殊价值或者特定调整对象或特定利益，环境法是一个将私法和公法的有关制度拼凑起来的大杂烩。

对于这种西方法治文明范式和法治话语体系的现实性，有些人是"身在庐山，不识庐山真面目"，有些人是"深陷泥坑、走火入魔"并甘心充当其虔诚的传教士，也有些人发出了"现行中国法理学统编教材包括公共权力的权利概念，是从清末汉译日语法学基础性教材和民国法学基础性教材中直接沿袭的，带有殖民法学的明显特征，完全与中国法律实践脱节"等愤愤不平之声。笔者认为，传统的西方法治文明范式和法治话语体系是西方资本主义发展的历史产物，它既有精华也有糟粕，我们应该结合中国的国情进行扬弃，重要的是要努力构建中国特色社会主义的法治文明范式和法治话语体系。

2014年3月14日，习近平总书记指出："水是公共产品，政府既不能缺位，更不能手软，该管的要管，还要管严、管好。水治理是政府的主要职责，首先要做好的是通过改革创新，建立健全一系列制度。"习近平总书记还将水治理与法律权利和法律制度联系起来，提出了"产权不到位、管理者不到位""产权不清、权责不明，保护就会落空"以及"所有权、使用权、管理权是什么关系"的法学之问，要求"有关部门在做好日常性建设投资和管理工作的同时，要拿出更多时间和精力去研究制度建设"。[①] 对于上述法学之问，包括"有关部门"和法学家在内的法律工作者是否已经交出满意的答卷，大家可以各抒己见、各持己见。[②]

---

① 《在中央财经领导小组第五次会议上的讲话》(2014年3月14日)，载中共中央文献研究室编：《习近平关于社会主义生态文明建设论述摘编》，中央文献出版社2017年版，第105页。

② 笔者认为，某些法学家和某些"有关部门"并没有"拿出更多时间和精力去研究制度建设"，而是基本沿用西方法治文明的二分范式，即"以资本至上和私有财产为核心，私产和公产二分，私权和公权二分，私有制和公有制二分，私法和公法二分"的范式，继续将包括环境、生态和水流在内的公众共用物或公众共用财富（共财、共物、共产）排除在外。

笔者认为，"环境"不是"物"，"共产"不是"产"，"共用权"不是"物权或财产权"，"共产制"不是"私产制"或"公产制"，包括《黄河保护法》《长江保护法》《湿地保护法》等环境法律在内的第三类法律既不是西方法治文明范式和法治话语体系中的"私法"，也不是"公法"。环境法中的特殊价值、特定利益就是共用财富（共财、共用物或共物、共用财产或共产）。丹尼尔·查韦斯博士（Daniel Chavez）① 在《什么是共用物，它们的政治、社会和经济相关性是什么？》中指出："近年来，许多来自不同国家的研究人员和社会活动家，比如我自己，重新发现了共用物的概念（the notion of the commons），将其作为深化社会和环境正义以及政治和经济民主化的关键理念……如今，在 Google 中快速搜索共用物会产生数百万条参考信息……目前，可以在围绕共用物的理论辩论中识别出各种观点，但总的来说，它们都集中在国家和市场之间的第三空间（a third space）的重要性；将共用物视为对传统市场和国家或公共和私人之二元对立的超越。"② 因此，深刻认识和理解三类财富、三类财富权和三类财富制度，特别是共用财富（共财、共物、共产）、共用财富权（共物权、共产权、共用权、共权）和共用财富制（共产制），不仅有利于从根本上破除西方法治文明范式和法治话语体系，即私产与公产二分、私权与公权二分、私法与公法二分范式的束缚，以及完善生态环境（自然资源）的多元治理和法治保护，而且有利于

---

① 丹尼尔·查韦斯（Daniel Chavez），2001 年在鹿特丹伊拉斯谟大学社会研究所（the Institute of Social Studies of Erasmus University Rotterdam）获得发展研究博士学位，他是 TNI 项目高级官员，市政服务项目（MSP）研究网络的积极贡献者；他专门研究左翼政治、国有企业和公共服务，为私有化的替代方案作出了贡献。丹尼尔·查韦斯在乌拉圭互助住房合作社联合会（the United Federation of Mutual Aid Housing Cooperatives，FUCVAM）工作了近十年，之后来到荷兰学习，他是一位学者型活动家（A scholar‐activist），其著作有《城市中的左派：拉丁美洲的进步和参与性地方政府》（拉丁美洲局，2004 年）和《作为城市左派的西班牙》（伊卡里亚，2004 年）。2018 年，丹尼尔·查韦斯出版了最新合著的著作《重新思考公众：拉丁美洲的国家、社会和基本服务》（伊卡里亚，2018 年）。

② Daniel Chavez, *What are the commons and what is their political, social and economic relevance?*, https：//countercurrents. org/2018/12/ What are the commons and what is their political, social and economic relevance /.

理解人类实现共产主义崇高理想的正当性和必然性。

二、"环境"不是"物"

所谓"环境"不是"物",是指环境法中的"环境"不是《民法典》定义的"物"或"财产"(包括动产和不动),不是商品或交易物,而是具有使用价值和重要功能的财富或者广义的物或财产,是最重要、最基础的共用财富(共用财或共财、共用物或共物、共用财产或共产)。2018年5月18日,习近平总书记在全国生态环境保护大会上指出:"绿水青山既是自然财富、生态财富,又是社会财富、经济财富。……良好生态环境是最普惠的民生福祉。……环境就是民生,青山就是美丽,蓝天也是幸福。"[①]《法国环境法典》(2022年11月3日版)第L110—1条第1款明确规定:"自然空间、资源和环境、遗址和景观、空气质量、动植物物种、多样性,以及它们参与其中的生物平衡是国家共用遗产(du patrimoine commun de la nation)的一部分。"需要特别指出的是,包括《法国环境法典》在内的许多国家法律和国际环境法协定,都将自然资源、环境、遗址、景观等称作"共用遗产"或"人类遗产"。这里的"共用遗产"或"人类遗产"不是像《民法典》规定的与排他性物权(或财产权)联系在一起的"遗产",而是指祖先留下的共用物(即不特定多数先人留下的劳动成果)。祖先留下的共用物是指历史悠久或年代久远的,在传统上、习惯上被视为公众可以自由、直接、免费、非排他性享用的共用物。英国社会哲学家里奥纳德·特里劳

[①] 习近平:《推动我国生态文明建设迈上新台阶》,载《求是》2019年第3期。2013年9月7日,习近平总书记在哈萨克斯坦纳扎尔巴耶夫大学的演讲中强调:"我们既要绿水青山,也要金山银山。宁要绿水青山,不要金山银山,而且绿水青山就是金山银山。"引自杜尚泽、丁伟、黄文帝:《习近平在哈萨克斯坦纳扎尔巴耶夫大学发表重要演讲》,载《人民日报》2013年9月8日。

尼·霍布豪斯（Leonard Trelawney Hobhouse，1864–1929）[①] 将人为遗产分为两种：一是私人遗产；二是作为许多人劳动成果的遗产。霍布豪斯认为："个人积聚的资产才是本人的财产，遗传的资产应该是共有的财产，也就是说，这项财产通常应该在死时归还共同体。自然资源和过去世代的财富，在充分履行共同生活职能的共同体中，通常不能视为私人所有权的适当目的物。"[②] 在《大同世界》（*COMMONWEALTH*，笔者认为可译为《共用财富》）这本书中，有两个共用物（common 或 commons）概念（There are two notions of the common at work），或者说共用物有两层含义。第一个概念关涉的是"物质世界的共同财富（the common wealth of the material world）——水、土地的果实以及整个自然界——在古典的欧洲政治文本中，人们常常声称这是整个人类的遗物（the

---

[①] 里奥纳德·特里劳尼·霍布豪斯（Leonard Trelawney Hobhouse，1864—1929 年），英国政治思想家、哲学家、社会学家。里奥纳德·特里劳尼·霍布豪斯 1864 年 9 月 8 日生于一个牧师家庭，1929 年 6 月 21 日卒于法国阿郎松；1887—1897 年，任教于牛津大学；1897—1902 年，任《曼彻斯特卫报》编辑、主要撰稿人；1903—1905 年，任自由工会书记；1905—1907 年，任《论坛报》政治编辑；1907—1929 年，任伦敦大学教授。1889—1921 年，在《自由主义》《形而上学的国家论》《合乎理性的善》等著作中，霍布豪斯对英国的政治和社会问题进行了深入研究和分析。面对垄断、专制和战争趋势在西方世界的增强，霍布豪斯重新阐述了他的自由主义思想，其理论是 20 世纪英国政治思想主要代表之一。霍布豪斯认为，公民自由、财政自由、个人自由、社会自由、经济自由、家庭自由、民族自由和国际自由是自由主义的八大要素；他重申自由不是绝对的，法治是实现自由的第一步；他赞同对消极自由和积极自由的划分，主张变消极自由为积极自由，认为自由与平等并行不悖，自由以平等为基础，建立在不平等之上的自由只会导致特权，不仅法律面前应当人人平等，机会面前也应人人平等；他承认私有财产的多寡决定个人享有自由的程度，财产权是自由的重要基础，但不主张人们经济地位的平等。霍布豪斯强调社会和谐，认为和谐是生活的目的，也是生活的条件，社会依靠和谐来减少冲突和危机，维持自身稳定；他认为社会成员不仅是和谐的接受者，更应是贡献者，他们必须履行公民的社会责任，互助合作，力促联合统一。霍布豪斯提倡国家实行混合经济，在国家控制和自由竞争的前提下，把私人经济与公共利益相混合，促进社会发展。霍布豪斯的主要著作有《论劳工运动》（1893 年）、《民主与反动》（1904 年）、《自由主义》（1911 年）、《社会演进与政治理论》（1911 年）、《冲突的世界》（1915 年）、《形而上学的国家理论》（1918 年）、《社会正义之要素》（1922 年）。

[②] ［英］霍布豪斯：《社会正义要素》，孔兆政译，吉林人民出版社 2006 年版第 133 页。笔者认为，根据法律（如我国《民法典》等国内外有关财产权的法律），这段话宜改译如下："个人积聚的财物才是本人的财产，遗传的财物应该是共用的财物，也就是说，这项财物通常应该在死时归还共同体。自然资源和过去世代的财富，在充分履行共同生活职能的共同体中，通常不能视为私人所有权的适当目的物。"

inheritance of humanity as a whole，the inheritance 也译为遗产）"。对这些共用物进行圈占（the enclosure of these commons）并攫取私人利益的漫长历史，以及关于共用物在财产共和国（the republic of property）内如何才能得到最好的管理的复杂讨论，已广为人知。德国经济学家约翰内斯·欧拉（Johannes Eule）在《定义共用物：将共享作为核心决定因素的社会实践》中认为，不同的倡导者和批判者对共用物一词（the term commons）有着不同的理解。在英语中，共用物（commons）是一个名词，用来描述一个社区（a community）内持有/使用的某种东西（something），或者说所有人或许多人共享（shared by all or many）的东西。作为一个形容词，共用物（common）可以在诸如共用地面（common ground，也译为共用土地）、共用遗物（common heritage，也译为共同遗产）或共同感觉（common sense，也译为常识）等表达中找到，这些表达表明该地面（ground）或遗物（heritage）属于普通公众（the general public），并且该感觉（the sense）是共同持有的（held in common）。①

关于对"环境"不是具有排他性的"物"（或财产）的认识，已经有许多学者论及。例如，有学者认为，公地其实是土地、空气、阳光、清净等环境因素与生态要素甚至市容。② 1982 年 3 月 21 日，美国思想家、历史学家、科学家伊凡·伊里奇（Ivan Illich）③ 在日本东京举行的"朝日科学与人——计算机管理社会研讨会"上指出："以前，在任何司法系统中，大部分环境（most of the environment）都被视为共用物（commons）……人们将那些习惯法严格要求特

---

① Johannes Euler, *Defining the Commons*：*The social practice of commoning as core determinant*，First draft, October 27, 2015.

② ［美］丹尼尔·贝尔：《社群主义及其批评者》，生活·读书·新知三联书店 2002 年版，第 47 页以下。

③ 伊凡·伊里奇（Ivan Illich, 1926—2002 年，也译为伊万·伊利奇），美国著名思想家、历史学家、科学家。伊凡·伊里奇 1926 年生于奥地利的维也纳，1951 年移居美国，1956 年到波多黎各担任天主教大学副校长，1959 年至 1961 年担任波多黎各高等教育和公共福利顾问委员会委员。

定形式的、社区尊重的环境部分（part of the environment）称为共用物。人们称共用物为超出他们自己的门槛和他们自己所有的财产之外的环境的一部分。平民（commoners，也译为共享人）承认对共用物的使用要求，不是为了生产商品，而是为了他们家庭的生存。"①

美国法学教授戴维·卡斯苏托（David N. Cassuto）②在《词语的法律：诉讼资格，环境，以及其他有争议的术语》③一文中指出，作为法律损害（legal injury）的基础的有害（Harm），起源于传统的财产利益。在拥有所有权（ownership，或产权）的情况下，才伴随这样一个概念，即应当保护一个人的财产免受其他人的损害或侵害（damage or trespass）。相比之下，环境是一种共用物（commons），没有人所有它（no one owns it，即没有人对环境享有所有权）。环境由"影响或作用"（influences, or forces）人类的"周围条件"（the surrounding conditions）组成。④ 这些条件（Those circumstances）因个人观点而异，不是一个人可以拥有所有权权益的物（are not things in which one can hold an ownership interest）。没有一个所有者（an owner），就既没有侵害（trespass），也没有评估损害的控制性观点（a controlling point of view through which to assess damage）。因此，环境本身与传统的伤害概念

---

① Ivan Illich, Silence is a Commons, *The Coevolution quarterly*, 1983/01/01, https: //www. inist. org/library /1982 - 03 - 21. Illich. Silence%20is%20a%20Commons. pdf.

② 戴维·卡斯苏托（David N. Cassuto，也译为卡苏托），美国佩斯大学法学院法学教授，加州大学伯克利分校博阿尔特霍尔法学院法学博士，印第安纳大学博士。卡斯苏托教授曾是一名专攻文学和环境的英语教授，在法律、文学和环境问题上发表过大量文章并举办过多次演讲，他还经常就法律和文化研究发表演讲。卡斯苏托教授讲授财产法、职业责任、动物法、水法、国际比较法以及法律和环境理论。卡斯苏托教授领导着巴西—美国法律与环境研究所（BAILE, irector, Brazil - American Institute for Law and Environment），这是一个与巴西里约热内卢的格图里奥·巴尔加斯基金会法学院合作的机构。卡斯苏托教授于 2010 年在巴西里约热内卢的 FGV Direito Rio 担任富布赖特研究员，是巴西巴伊亚联邦大学的客座教授，也是威廉姆斯学院 1946 届环境法杰出客座教授。

③ David N. Cassuto, The Law of Words: Standing, Environment, and other Contested Terms, *HARVARD ENVIRONMENTAL LAW REVIEW*, 28 HARV. ENVTL. L. REV. 79 (Winter 2004).

④ *WEBSTERS NEW INTERNATIONAL DICTIONARY* 856 (2d ed. 1939)

（traditional notions of harm）以及设计用来保护私人财产（private property）的法律体系不相容。①

笔者认为，上述戴维·卡斯苏托教授对环境的理解虽然不是专门针对我国《环境保护法》而言的，但实际上却是对我国《环境保护法》有关环境概念的最佳解释。

关于"环境"不是《民法典》定义的"物"的论述，请参见笔者的有关论文、著作和教材。②

三、"共产"不是"产"

所谓"共产"不是"产"，是指"共产"不是《民法典》规定的与排他性财产权（或产权、物权）联系在一起的财产（或物）。《共产党宣言》中的"共产主义"、《党章》中的"共产"，既不是资本主义社会法律中的作为排他性物权（或财产权）的客体的物或财产，也不是我国《民法典》中的物或财产，而是一种具有使用价值的财富或物，也可以将其视为一种广义的或扩展的《民法典》

---

① 原文如下：By contrast, the environment is a type of commons: no one owns it. It is made up of "the surrounding conditions, influences, or forces, which influence or modify" humans. 4n Those circumstances vary with individual perspective and are not things in which one can hold an ownership interest." ' Without an owner, there can be neither trespass nor a controlling point of view through which to assess damage. Therefore, the "environment," as such, is incompatible with traditional notions of harm, as well as with the body of law designed to protect private property.

② 例如，2020年4月17日，笔者在青岛大学法学院所作题为《中国环境法学理论的基础范畴》的学术讲座；2021年12月16日，笔者在福州大学法学院所作题为《"环境"不是"物"，"共产"不是"产"：聚集耗散的"幽灵"》的报告；蔡守秋：《从环境法基础概念出发编纂环境法典》，载《法学评论》2022年第3期。

中的财产或物①。

现行中译本《共产党宣言》写道："共产党人可以把自己的理论概括为一句话：消灭私有制（privat eigentums、 private property）。"②"因此，把资本变为公共的、属于社会全体成员的财产，这并不是把个人财产变为社会财产。这里所改变的只是财产的社会性质。它将失掉它的阶级性质。"对于《共产党宣言》中的中译名词"公共财产"（英语是 common property，德语是 gemeinsehaf-tliehes Eigenthum、 gesellsehaftliehes Eigenthum）的中译名称及其含义，学界一直存在争论，有学者甚至将其称为政治经济学和马克思学说中的"哥德巴赫猜想"。③ 笔者认为，将 "gemeinsehaftliehes Eigenthum" "common property" 译为"共用财富"（共用财或共财、共用物或共物、共用财产或共产）比较符合马克思、恩格斯的本意和初衷。

对于"共产"不是"私产"，一般比较容易理解；对于"共产"不是"公产"（公共所有财产，特别是国家所有财产，即全民所有财产），有些人则很难理解。笔者认为，社会主义国家的公共所有财产（特别是国家所有财产，即全民所有财产）是共产主义初级阶段的财富形式，它为最终实现"共产"（共用财或

---

① 广义的或扩展的财产是部分法学家的主张，还没有被某些现行法律明确认可。例如，霍菲尔德将财产定义为任何有价值的利益，而不区分这些利益究竟是因为种客体而产生，财产权可以被笼统地称为利益权。有人担心霍菲尔德将财产视为任何有价值的利益，将使任何有价值的利益都潜在地可能成为财产权的对象。正如一家美国法院所指出的："这里用的财产这个词，已包括了一切有价值的权利和利益，因此不论在何种程度上，哪怕是在很小的程度上剥夺一个人的权利和利益，也构成了对他的财产的剥夺。"（Grey, *The Disintergration of Property*, J. Pennock & J. Chapman eds ., Nomos No. 22, 1980. 中文译文参见［美］托马斯·C. 格雷：《论财产权的解体》，高新军译，载《经济社会体制比较》1994 年第 5 期。）美国法学家托马斯·C. 格雷（Grey）发表的名为《财产的解体》的文章，如同吉尔莫的那篇著名文章《契约的死亡》一样，实际上是宣告了财产或财产权的死亡。
② 德语是 In diesem Sinn können die Kommunisten ihre Theorie in dem einen Ausdruck: Aufhebung des Privat-Eigenthums zusammenfassen.《共产党宣言》，载《马克思恩格斯选集》（第 1 卷），人民出版社 2012 年版，第 414 页。
③ 张燕喜、彭绍宗：《经济学的"哥德巴赫猜想"——马克思"重新建立个人所有制"研究观点综述》，载《中国社会科学》1999 年第 5 期。

共财、共用物或共物、共用财产或共产）创造了条件，是向"共产"转化或过渡
的财富形态。

关于对"共产"不是具有排他性的"公产"（公共所有财产，特别是国家所
有财产，即全民所有财产）的认识，已经有许多学者论及。例如，英国学者亚
当·别克（Adam Buick）撰文①指出，"common ownership"②的定义如下：
"任何人都不可能控制、使用和管理生产、分配和消费手段的一种状态。""共用
权（Common ownership）指的是每个人从社会财富（the wealth of society）中
受益并参与社会运行的潜在能力。""共用权（common ownership）不是国家所
有权（state ownership）。不应将共用权与国家所有权混为一谈。""国家所有权
是一种排他性财产所有制形式，它意味着一种与社会主义（即共产主义）③完
全不同的社会关系。""共用权是一种平等和民主的社会关系，这使得财产概念
变得多余，因为不再有任何被排除在外的非所有人。""社会主义（即共产主
义）只能是一个普世的社会（a universal society），在这个社会中，地球上的一
切（财富）都已成为全人类的共同遗产（the common heritage of all

① Adam Buick, *What Is Common Ownership? Socialist party of great Britain*, https://www.worldsocialism. org/spgb/socialist - standard/2005/2000s/no - 1208 - april - 2005/what - common - ownership/.

② 中国学者在不同情境下将"common ownership"译为公有制、公产制、共有制、共产制、公共财产所有权、公共所有权、公有权、共同所有权、共有权、共用财产所有权、共用财富使用权、共用权等。笔者认为，"common ownership"不是一个法定化的、明确的概念，其内涵一直处于公产制和共产制之间的变动状态，这反映了人们对不同类型财富的性质和特点的认识与理解；但是，在许多情境下，"common ownership"表示共用财富权或共用权、共用财富方面的制度即共用制或共产制。另外，英文中的"the common heritage of the nation"主要指"国家共用遗产"，但中国学者多将其译为"国家公共财产"（或"国家公共遗产"）；英文中的"the common property"主要指"共用财产"，但中国学者多将其译为"公共财产""共有财产"。中国现行《宪法》和法律中的"公共财产"一般译为"public property"，"公有制"译为"public ownership"，"公有"译为"publicly - owned"，"国家所有权"译为"state ownership"。

③ 亚当·别克在该文中特别注明，当我们提到建立在"共用权"（common ownership）基础上的社会时，我们通常使用"社会主义"一词，尽管我们不反对其他人使用"共产主义"，因为对于我们来说，"社会主义"这个术语和"共产主义"的含义完全相同，可以互换。

humankind）。""使用'ownership'① 一词可能会产生误导，因为这并没有充分说明一个事实，即将控制财富生产的权力转移给社会所有成员时会使财产概念变得多余。就生产资料而言，在排他性占有意义上的财产概念毫无意义。"② 也就是说，亚当·别克已经发现，对于共用财富（commons，共财、共用物或共物、共用财产或共产）而言，人们只能对其非排他性使用，即共同享用或共同使用，不可能存在非排他性的所有权；而"ownership"在现行大多数法律中是一个描述具有排他性的财产现象、表示财产所有权和财产所有制的概念；当将具有非排他性的共用物（commons）、共用物使用权和共用物制度（共产制）纳入到具有排他性的财产现象、财产所有权和财产所有制的范畴中时，本身就产生了一种逻辑矛盾。换句话说，采用诸如财产（或物）、财产权（或物权）、财产所有制这类旨在维护资产阶级财产私有制的西方法治文明法治话语体系或法律术语概念来描述共产（共财、共物）、共用权（共权）、共产制（共财制、共物制），会产生有关话语、术语和概念之间的内在冲突或逻辑性矛盾。所以，亚当·别克进一步解释说："我们可以发明一些新的术语，比如非所有权（no‐ownership，或无所有权），并讨论资本主义的无阶级替代社会（the classless alternative society）是一个非所有权社会。"显然，亚当·别克所称非所有权（no‐ownership，或无所有权）是对于共用物而言的，只有共同使用（或享用）的状

---

① "ownership"在大多数国家的现行法律中表示物（或财产）的所有权、财产权（或产权）、财产所有制或所有制。但是，某些不注意使用法律定义概念的学者也用"ownership"表示与财富或广义的财产相联系的权利、所有制、制度或社会关系。如果将"common ownership"译成中文，应该是"共用财富（或广义的物、广义的财产）共用权、共用权或共权""共用财富（或广义的物、广义的财产）共用制或共用制、共产制"，而不宜译为具有排他性的"公共财产所有权、公共所有权、公有权或公权""财产公共所有制或公有制"。

② Adam Buick, *What Is Common Ownership*? *Socialist party of great Britain* , https: //www. worldsocialism. org/spgb/socialist‐standard/2005/2000s/no‐1208‐april‐2005/what‐common‐ownership/.

态，才不存在排他性所有的状态。

由"共产"自然使人们联想到"共产制"，有些人往往将"共产制"混同于"公产制"（即公共财产所有制，特别是国家财产所有制，即国有制）。美国芝加哥经济学派的著名成员哈罗德·德姆塞茨（Harold Demsetz）[①] 在《关于产权的理论》一文中认为："首先，我们必须区分几种理念上的所有制形式。它们是共用制、私有制和国有制。对于共用制，我是指一种由共同体的所有成员实施的权利。在土地上耕作和狩猎的权利常常是共同拥有的，在人行道上行走的权利是共用的，共用制意味着共同体否定了国家或单个的市民干扰共同体内的任何人行使共用权利的权利。私有制则意味着共同体承认所有者有权排除其他人行使所有者的私有权。国有制则意味着只要国家是按照可接受的政治程序来决定谁不能使用国有资产，它就能排除任何人使用这一权利。""共用财产排除了'使用财产就要付费'的体制。""一个共用权利的所有者不可能排斥其他人分享他努力的果实。私有权利的发展能更经济地使用资源，因为他具有排斥其他人的权利。"[②]

二十大报告指出："中国式现代化是全体人民共同富裕的现代化。共同富裕是中国特色社会主义的本质要求，也是一个长期的历史过程。我们坚持把实现人民对美好生活的向往作为现代化建设的出发点和落脚点，着力维护和促进社会公平正义，着力促进全体人民共同富裕，坚决防止两极分化。""中国共产党是为中国人民谋幸福、为中华民族谋复兴的党，也是为人类谋进步、为世界谋大同的党。""中国积极参与全球治理体系改革和建设，践行共商共建共享的全球治理观。""坚持共建共享，推动建设一个普遍安全的世界；坚持合作共赢，推动建设一个共同繁荣的世界；坚持交流互鉴，推动建设一个开放包容的世界；坚持绿

---

① 哈罗德·德姆塞茨（Harold Demsetz，1930—2019 年），新制度经济学的早期代表之一，著名的芝加哥学派的重要一员。

② Harold Demsetz, Toward a Theory of Property Rights, *American Economic Review*，May 1967.

色低碳，推动建设一个清洁美丽的世界。"①

从某种意义上可以认为，中国特色社会主义法治体系的一个重要特征，是用主客一体范式或一体三分范式（即私产、公产和共产三分，私权、公权和共权三分，私有制、公有制和共产制三分）取代机械二分范式（即私产和公产二分、私权和公权二分、私有制和公有制二分、私法和公法二分），即通过建立健全中国特色社会主义法治体系（包括法律体系、法学理论体系、法律实施体系和法律监督体系），坚持公共财富（公财、公物和公产）制即公有制（公财制、公物制或公产制）为主体，力求三类财富（私财、私物或私产，公财、公物或公产，共财、共物或共产）按比例、协调和可持续发展，并以共同富裕、共享（用）财富为引导，努力创造条件，最终实现以共用财富（共财、共物和共产）制即共产制（共用制、共财制或共物制）为主体、以"各尽所能，各取所需"为共享财富原则的共产主义。

因此，区别"共产"与《民法典》中的"财产（或物）"，特别是区别"共产"与《民法典》中的"公产"（公共财产、公共物或公物、国家所有财产或国有财产），对于理解"共产党为什么不是私产党或公产党"，以及坚持共产主义的最高理想和最终目标，具有特别重要的意义。进一步说，深刻认识与理解三类财富、三类财富权和三类财富制度，特别是共用财富（共财、共物、共产）、共用财富权（共物权、共产权、共用权、共权）和共用财富制（共产制），不仅有利于从根本上破除西方法治文明范式和法治话语体系，即私产与公产二分、私权与公权二分、私法与公法二分范式的束缚，以及完善生态环境（自然资源）的多元治理和法治保护，而且有利于理解人类实现共产主义崇高理想的正当性和必然性。

---

① 习近平：《高举中国特色社会主义伟大旗帜 为全面建设社会主义现代化国家而团结奋斗——在中国共产党第二十次全国代表大会上的报告（2022年10月16日）》，人民政协网，https://www.rmzxb.com.cn/c/2022-10-25/3229500.shtml。

四、 黄河流域的水环境是"共物"和"共产"

落实到长江、黄河等大河流域就是，长江、黄河的水环境、水生态和水自然资源基本不属于《民法典》规定的物或财产，而是具有重要使用价值的公众共用物或公众共用财富（共财、共物、共产）；大自然和中华民族的祖先恩赐或遗留给长江、黄河流域炎黄子孙的财富基本不属于《民法典》规定的物或财产，而是公众共享共用的国家共用遗产，即公众共用物或公众共用财富（共财、共物、共产）。

关于水环境、水生态和水自然资源基本属于公众共用物或公众共用财富（共财、共物、共产）的观点，不仅已经成为当代学者的共识，而且也得到了 20 世纪 60 年代以来许多国家法律的认可。例如，《欧盟水框架指令》（2000 年）① 第 1 条明确指出："水不像其他任何产品一样是一种商业产品，而是一种必须受到保护、捍卫和对待的遗产。"② 目前，欧盟各国均已将《欧盟水框架指令》转化为国内法律。 1992 年 1 月 3 日颁布的法国《水法》规定："水是国家的共用遗产（the common heritage of the nation），水资源开发和保护需服务于公共利益和可持续性原则。"③ 2006 年 12 月 30 日修订的法国《水与水生环境法》④ 不

① 《欧盟水框架指令》（欧盟第 2000/60/EC 号令），欧洲议会和欧盟理事会于 2000 年 10 月 23 日通过，于 2000 年 12 月 22 日在《欧共体官方公报》上公布生效。

② 原文如下：Water is not a commercial product like any other but, rather, a heritage which must be protected, defended and treated as such.

③ 该法第 1 条规定："水是国家共用遗产的一部分，其保护、加强和开发以及可利用资源的开发，在尊重自然平衡的同时，具有普遍利益，在法律法规框架内，以及在以前确立的权利范围内，水的使用属于一切人。"要注意的是，"国家共用遗产"（the common heritage of the nation）不是我国《民法典》规定的具有排他性的私人继承财产，而是指公众共享的财物。"the common heritage"可以翻译为"共用遗物"或"共用遗留财物"；如果翻译为"共用遗产"，这里的"产"是指广义的财产，包括具有排他性的财产和具有非排他性的财产。

④ 2006 年 12 月 30 日关于水和水环境的第 2006—1772 号法律，JORF 2006 年 12 月 31 日第 303 号，第 20285 页。Loi n 2006 - 1772 du 30 décembre 2006 sur l´eau et les milieux aquatiques, legifrance, https：//www. legifrance. gouv. fr/eli/loi/2006/12/30/DEVX0400302L/jo/texte; legifrance, https：//www. legifrance. gouv. fr/jorf/id/JORFTEXT000000649171.

仅保留了 1992 年《水法》的原则，承认使用水是一切人的权利，而且进一步规定：“根据法律和条例以及先前确立的权利，水的使用属于一切人（à tous），每个自然人都有权在经济上可接受的条件下获得安全饮用水，以满足其食物和卫生需要。”“任何土地的拥有人、租客、农民或物权拥有人，在任何国有水道或湖泊的沿岸，均须将受该步行地役权（servitude）规限的土地留给该水道或湖泊的管理人、渔民及行人使用。”上述规定已经纳入《法国环境法典》。

在被中国移植最多民事法律条款和私法理论的德国，有学者指出：“水的物理特点是导致其难以适用财产规则的所在。”[1] “德国对水资源的所有权的观点是，因为水是流动的、不可控制的，流水没有所有权特征，即不具有物权性。”[2] “《德国民法典》就是基于物权客体必须是特定的有体物的观念，没有规定水资源为所有权客体。”[3] 在德国民法中，自然界中那些不可控制的部分，如流水、大气层，都不属于民法上的物。德国在民法上不承认对（自然界中一定量的）水有所有权。由于《德国民法典》没有规定水资源属于国家所有权的客体，德国法律一般将水资源规定为一种“公物”。我国法学界虽然也将“公物”翻译为“国家所有物”，但这种“国家所有物”不同于《德国民法典》规定的作为私权的国家所有权的客体，而是一种行政性或公法性国家所有权。[4] 其中，不少“公物”具有公众共用功能或公众共同享用性，如道路、广场、自然水流或人工

---

[1] Joseph W. Dellapenna, Global Climate Disruption and Water Law Reform, *Widener Law Riview*, Vol. 15, 2009－2010, p. 416.

[2] 1981 年，联邦宪法法院在一个判例中（BVerfGE 58, 300）明确，从民法的角度，流动的水因为不具有可控性，不属于民法意义上物的概念。地下水也一样，因为不断循环，难以界分和控制，所以也不具有所有权的属性。而且，地下水在德国对公共水供应具有重要意义，所以是与土地所有权相分离的。

[3] 王洪亮：《论水上权利的基本结构——以公物制度为视角》，载《清华法学》，2009 年第 4 期。

[4] 参见［德］汉斯·J. 沃尔夫、［德］奥托·巴霍夫、［德］罗尔夫·施托贝尔：《行政法》（第 2 卷），高家伟译，商务印书馆 2002 年版，第 456 页。

水流等。《德国水管理法》（1996 年）① 规定："只要不与其他的法律相对立……每个人都可以在一定的范围内利用地表水，就像依据州法律允许共同使用一样。""为家庭生活、农业、家禽饮用或少量为暂时目的之用"的地下水无须批准。修订的德国《水平衡管理法》（2009 年）② 明确规定："流动的表层水域之水和地下水不具所有权属性。""为了公共福祉和与公共福祉相一致的个人利益，可以使用水域。"

《日本河川法》（1964 年 7 月 10 日制定，后在 1972 年、1997 年、2000 年经过多次修改）③ 规定："本法律通过对河川进行综合管理，以防止洪水、高潮等灾害的发生，适当利用河川，维持流水的正常功能，以及河川环境的整治和保护，有助于国土的保护和开发，保持公共安全，并且旨在增进公共福祉（也译为福利）。""河流是公共用物，其保护、利用及其他管理必须适当进行，以达到前条的目的。河流的流水不能成为私权的目的。"④

在美国，萨克斯教授（Joseph L. Sax）在其 1970 年出版的《保卫环境：公民诉讼战略》⑤ 中认为，诸如空气、水这样的具有公益性的共用物（common）对市民全体是极其重要的，因此不应该将其作为私的所有权对象；由于人类蒙受

---

① 《德国水管理法》（1996 年 11 月 12 日公布，1998 年 8 月 25 日最新修改），引自湖北水事研究网，http://hbssyjzx.hbue.edu.cn/98/11/c4763a104465/page.htm。

② 德国《水平衡管理法》（Gesetz zur Ordnung des Wasserhaushaltes，WHG），也译为《规范水平衡管理的法》《规范水预算的法律》或《水基准法》，简称德国《水法》，1957 年颁布，到 2009 年 7 月 31 日已经过 8 次修订。

③ 《日本河川法》于 1964 年 7 月 10 日制定，后在 1972 年、1997 年、2000 年经过多次修改。国家计委国土局法规处、北京大学法律系：《外国国土法规选编》（第 2 分册），北京大学出版社 1983 年版，第 137 页；崔建远：《物权：生长与成型》，中国人民大学出版社 2004 年版，第 349 页。

④ 原文如下：河川は、公共用物であつて、その保全、利用その他の管理は、前条の目的が達成されるように適正に行なわれなければならない。河川の流水は、私権の目的となることができない。

⑤ ［美］约瑟夫·L. 萨克斯：《保卫环境：公民诉讼战略》，王小钢译，中国政法大学出版社 2011 年版，中文版序言，第Ⅲ－Ⅳ页。该书也译为《保卫环境——公民行动战略》《环境保护——为公民之法的战略》《环境保护——市民的法律战略》）。［日］宫本宪一：《环境经济学》，朴玉译，生活·读书·新知三联出版社 2004 年版，第 66—67 页。

自然的恩惠是极大的，因此与各个企业相比，大气及水与个人的经济地位无关，所有市民应当可以自由地利用。萨克斯教授还认为，水的私权化、商品化必须有限度，"水与手表或家具不同，所有权人可以毁坏手表或家具而免予惩罚，但是对于水的使用权，无论其存在期限多长，永远都不能将其和完全私人所有的财产相混淆"①。美国学者 Peter Barnes 认为，共用物（Commons）包括公众共用物（public commons），对公众自由开放（free to people），任何人都可以观赏并享用，比如公园里的水和绿草。共用物（Commons）有两个特点：第一，它们都是天赋和被分享的，这类天赐的礼物包括空气、水、生态系统、语言、音乐、假期、货币、法律、公园、互联网等，它们首先不能商品化（be commodified）；第二，它们是非排他的，而不是排他的（inclusive rather than exclusive），我们应该不计资金回报地保护它们，并且有责任将它们按照我们接收时的样子传递给我们的下一代。②美国《宾夕法尼亚州宪法》（1971 年 5 月 18 日）第 1 条（权利宣告）第 27 款规定："人民（people，可译为人们）享有关于清洁的空气、纯净的水以及保护环境的自然的、景观的、历史的和美学的价值的权利。宾夕法尼亚州的公共自然资源是包括后代人在内的一切人的共用财产（the common property of all the people）。作为这些资源的受托人，州政府应当为一切人的利益保育和维持这些资源。"③美国《路易斯安那州民法典》第

---

① J. L. Sax, "The Limits of Private Rights in Public Waters" (1989) 19 Envtl L 473 at 482.

② Peter Barnes, *Capitalism 3. 0: A Guide to Reclaiming the Commons*, Berrett－Koehler Publishers. 2006

③ Pa. Const. Art. 1, §27. 原文如下：The people have a right to clean air, pure water, and to the preservation of the natural, scenic, historic and esthetic values of the environment. Pennsylvania's public natural resources are the common property of all the people, including generations yet to come. As trustee of these resources, the Commonwealth shall conserve and maintain them for the benefit of all the people. Christina. Simeone, *Necessity and Possibilities of Constitutional Environmental Rights*, University of Pennsylvania Scholarly Commons, 2006. 要注意的是，美国法律中的财产没有像我国《民法典》那样统一的法律定义，财产有时混同于财物，即广义的财产，包括具有排他性的财产和不具有排他性的财产。

450 条规定："公共物品归州和作为公共管理人的州政府拥有。"① 美国《华盛顿州水法》第 10 条规定："依据现有权利，州内的水资源都归公众拥有……今后对水的使用只能通过为有效利用而占有水的方式，经由法定许可取得。在占有者之间，先占先得。"② 很多国家的法律之所以对水资源实行先占原则，其前提就是认为水资源是公众共用财富，因为对私人财产和国家所有财产不能实行先占原则。在美国阿拉斯加州，由于自然存在的水是一种共用财产资源（a common property resource），土地所有者并没有自动获得地下水或地表水的权利。所以，美国《阿拉斯加州水使用法》第 30 条规定："在州的任何地方，水都被保留于人民共同拥有，并且应遵从于适当和有益的使用，以保持溪内正常流量和水等级。"③ 美国《马萨诸塞州水道法》第 2 条规定："水资源属于全体人民。"④ 美国《俄勒冈州制定法》第 537 章第 110 条规定："州内所有的水资源均归公众所有。"⑤ 美国密执安州的《1970 年环境保护法》的第 202 节把空气、水体和其他自然资源列入公共信托原则所保护的物质客体的范围⑥，确认公民和其他法律主体有提起关于公共信托的空气、水和其他资源的诉讼的起诉权。

在中国，新兴的生态文明财富观和共产主义共产观认为，"绿水青山"（即生态环境、生态系统）"作为共用物的生态系统"（Ecosystem as Commons）和"作为共用物的生态系统服务"（Ecosystem Services as Commons），虽然不是我国《民法典》所定义的具有排他性的物（或财产），不是具有可交易性的商品，但的确是公众可以共享（或共用）的财富或福祉，是名副其实的公众共用物

---

① Louisiana Civil Code, Section 450.

② Washington Water Code, Section 10.

③ See Alaska Water Use Act, Section 30.

④ Massachusetts State Waterways, Section 2.

⑤ Oregon Revised Statutes－2007, Chapters 537, Section 110.

⑥ William H. Rodgers, *Environmental Law*, pp. 172－173.

（共用物、共物和共产），可以纳入广义的物的范围，仍然属于扩展的财产概念中的财产。

具体到包括《黄河保护法》在内的水法领域，正如本文前面所阐明的，"环境"不是"物"、"共产"不是"产"，黄河流域的水环境、水生态、水自然资源和流域文化遗产是中华民族赖以生存发展的公众共用财富或公众共用物（共用财富或共财、共用物或共物、共用财产或共产）。包括黄河、长江在内的大河流域既是大自然（即老大爷、地球母亲）恩赐给人类的自然遗产（即天然共用财富），又是老祖宗遗留给子孙后代的文化遗产（即人力加工过的人为共用财富）。

五、 明确重点，夯实黄河流域的法治保障

明确了《黄河保护法》所保护的特殊价值、主要财富是黄河流域的公众共用财富或公众共用物（共用财富或共财、共用物或共物、共用财产或共产），也就明确了加强黄河流域综合治理的必要性和重要性。

包括《黄河保护法》《长江保护法》在内的水法律法规虽然没有明确采用公众共用财富或公众共用物（共用财富或共财、共用物或共物、共用财产或共产）的术语概念，但已经十分明确地规定，水法律法规主要是保护水环境、水生态和水自然资源，《黄河保护法》（2022 年）更是将"保护传承弘扬黄河文化，实现人与自然和谐共生、中华民族永续发展""国家加强黄河文化保护传承弘扬，系统保护黄河文化遗产，研究黄河文化发展脉络，阐发黄河文化精神内涵和时代价值，铸牢中华民族共同体意识"等流域文化遗产提到空前的高度。《黄河保护法》还明确规定："落实重在保护、要在治理的要求，加强污染防治，贯彻生态优先、绿色发展，量水而行、节水为重，因地制宜、分类施策，统筹谋划、协同

推进的原则……国家加强黄河流域生态保护与修复，坚持山水林田湖草沙一体化保护与修复，实行自然恢复为主、自然恢复与人工修复相结合的系统治理……国家加强黄河流域农业面源污染、工业污染、城乡生活污染等的综合治理、系统治理、源头治理，推进重点河湖环境综合整治……国家支持黄河流域有关地方人民政府以稳定河势、规范流路、保障行洪能力为前提，统筹河道岸线保护修复、退耕还湿，建设集防洪、生态保护等功能于一体的绿色生态走廊……改善城乡人居环境，健全基本公共服务体系……塑造乡村风貌，建设生态宜居美丽乡村……加强黄河文化保护传承弘扬，提供优质公共文化服务，丰富城乡居民精神文化生活……国家加强黄河流域历史文化名城名镇名村、历史文化街区、文物、历史建筑、传统村落、少数民族特色村寨和古河道、古堤防、古灌溉工程等水文化遗产以及农耕文化遗产、地名文化遗产等的保护……国务院文化和旅游主管部门应当会同国务院有关部门统筹黄河文化、流域水景观和水工程等资源，建设黄河文化旅游带……国家建立健全黄河流域生态保护补偿制度……单位和个人有权依法获取黄河保护工作相关信息，举报和控告违法行为……违反本法规定，造成黄河流域生态环境损害的，国家规定的机关或者法律规定的组织有权请求侵权人承担修复责任、赔偿损失和相关费用。"

总之，黄河流域法治保障和司法保障的重点或特殊价值，就是黄河流域的水环境、水生态、水资源，就是作为公众共用物的水环境、水生态、水资源，即黄河流域的共用财富。所谓黄河的大保护，主要是指保护黄河的天然共用财富和人为共用财富。所谓加强黄河流域综合治理、系统治理，主要是指加强作为共用财富（共财、共物和共产）的黄河水环境治理。所谓加强黄河流域的法治建设和司法保障，主要是指加强作为共用财富（共财、共物和共产）的黄河水环境的法治建设和司法保障。

近现代资产阶级革命和英国工业革命以来构建的西方法治文明范式的宗旨是

维护私有财产、私有制，从这个宗旨出发，西方法治文明国家的法学理论构建或引进了资源稀缺论、共用物的悲剧（中国学者经常翻译为"公有地的悲剧"）等假说或理论。其实，大自然蕴藏的资源与能源是无限的、丰盈的，"弱水三千，（我）只取一瓢饮"；它足以满足人类的需要，但不能满足人类的贪婪。哈丁和奥斯特罗姆早已承认，他们早期所说的共用物悲剧，其实是指"没有治理的悲剧"。 西方法治文明的传统法学理论一方面用共用物的悲剧对共用财富（共财、共物、共产）进行污名化①，为其戴上"最没有效率"的帽子；另一方面又将共用财富（共财、共物、共产）列入法律之外或剩余权利，极力反对对其进行法律调整、法治保护和司法保障。其实，私有财产、公共财产和共用财产都是财富的表现形式，三者各有其适用的范围和利弊。在许多思想家、理论家和社会正义人士看来，私有财产同样存在效率不高的问题。从某种意义上讲，私有制是万恶之源，财产私有化是社会陷阱。② 正是因为发现私有财产和私有制存在许多弊病或缺乏效率，所以资本主义国家才倾其全力为其提供法治保障。资本主义社会中的私有财产、私有制之所以在某些法学家心目中坚实有效，主要是国家对其加强法治保障与司法保障的结果。整个资本主义国家的法治体系，实质上就是保障私有财产、私有制的法治体系，这也是西方法治国家将以《民法典》为代表的私法视为"万法之源""万法之母""万法之本"的原因。如果没有法律对私有财产的

---

① 哈耶克在其 1944 年出版的《通往奴役之路》中认为，资本主义是一个以自由处置私有财产为基础的自由竞争体制，私有财产制度是自由的最重要的保障。哈耶克断言，他所称的共产主义乌托邦永远不可能实现，社会主义同法西斯主义一样会走向奴役之路。

② 早在 480 年前，英国思想家莫尔在深入观察社会丑恶现象之后就得出结论："私有制是一切社会祸害的总根源。"意大利的康帕内拉（1568—1639 年）在 17 世纪初就察觉到，只要私有制存在，就不会有真正的政治平等和经济平等，他认为"私有制是一切罪恶的根源"。18 世纪，德国人马布利（1709—1785 年）说，财产和社会不平等使人变坏，"私有制是一切社会罪恶、暴政和奴役"的根源。著名的启蒙运动思想家卢梭（1712—1778 年）也认为，"私有制产生贫富对立，是社会不平等和一切邪恶的、祸害的根源"。19 世纪，法国的卡贝（1788—1856 年）进一步认识到，"私有制是现代社会中最主要的罪恶，是劳动人民贫困的根源"。

保护，私有财产可能面临比共用财富更加严重的私有地悲剧。现在有些法学家一方面大讲共用物的悲剧（中国学者经常翻译为"公有地的悲剧"），另一方面又以各种理由、理论或学说来否认、抵制或反对加强对共用财富（共财、共物、共产）的法治保护和司法保障，这不仅站错了立场或奉行双重标准，而且违背了起码的常识和逻辑。

兴水利、除水害，保护水环境、治理水污染，是关系人类生存、经济发展、社会进步、文明演进的大事。落实到黄河流域，就是将黄河流域的生态保护和高质量发展作为事关中华民族伟大复兴和最终实现大同世界的百年大计、千秋伟业，通过建立健全流域生态共治、环境共享的治理制度，加强流域法治建设和司法保障，突出保护、重点保护黄河流域的天然共用财富和人为共用财富（包括水环境、水资源、水生态和流域文化遗产），实现对流域共用财富的积累和发展，带动流域三类财富的按比例、协调发展。具体而言，全面实施和严格执行《黄河保护法》以及党和国家有关黄河保护的政策规划，按照"五位一体"总体布局和"四个全面"战略布局，牢固树立和贯彻落实创新、协调、绿色、开放、共享的发展理念，坚持生态优先、绿色发展，以改善生态环境质量为核心，严守资源利用上线、生态保护红线、环境质量底线，共抓大保护，不搞大开发，确保生态功能不退化、水土资源不超载、排放总量不突破、准入门槛不降低、环境安全不失控，努力建设和谐、清洁、健康、优美和安全的黄河，促进和保障黄河流域的高规格与高质量发展，让黄河成为造福人民的幸福河，让黄河流域成为中华民族复兴和大同世界的基地、摇篮与乐园。

在明确《黄河保护法》特定保护价值、利益和财富的基础上，笔者认为黄河流域大保护的司法保障之重点如下：（1）依法设立、建设流域性的人民法院、人民检察院，审理流域（一般也是跨行政区）性的重大生态环境案件。（2）建立健全流域生态环境司法协作机制，包括跨行政区划和流域生态环境司法协作的组织机构，生态环境审判机制、检察机制、侦查机制、法律监督机制，以及生态环境司法协作的方式方法和法律制度（包括但不限于生态环境审判、检察、侦查、法律监督方面的方式方法和法律制度，环境刑事诉讼、行政诉讼、民事诉讼和环境公益诉讼方面的方式方法和法律制度，以及公检法部门内部、公检法部门之间的方式方法和法律制度等）。（3）建立健全流域环境行政执法与司法衔接工作机制，包括环境行政执法与民事诉讼、行政诉讼、刑事诉讼的衔接，要求各级环保资源部门、公安机关和检察院加强协作，统一法律适用，不断完善线索通报、案件移送、资源共享和信息发布等工作机制。（4）加强和促进流域环境公益诉讼，切实维护单位和个人依法获取流域环境信息、参与流域环境治理、举报和控告违法行为的权利，依法受理、审理污染破坏流域生态环境的案件，依法严格追究环境侵权人的法律责任，加强对作为共用财富（共财、共物、共产）的水环境（水生态、水资源、水共用遗产）的司法保护，促进流域共用财富（共财、共物、共产）的积累、传承、增长和共享共用。（5）建立健全流域环境司法专门化机制，建立健全流域的水环境公益诉讼集中管辖制度，发挥专门性的环境法庭、环境检察部门的环境公益诉讼职能作用，加强行政、司法协同，推动环境资源公益诉讼跨省际区划管辖协作。

我国"公共地役权"制度构建
——以集体土地权利限制的需求为视角

汪　劲　冯令泽南[*]

摘要： 在构建以国家公园为主体的自然保护地体系过程中，对私人不动产权利进行限制以满足环境公共利益的需求不断增长，传统土地上的权利—负担法律关系中的主体正在从"个人属性"转向"公共属性"。传统私法上的地役权制度仅能调整私人主体之间的不动产利用关系，无法作用于法律关系的一方"不特定化"为公益的情形，土地权利—负担关系亟需从特定主体之间延伸到特定主体与不特定主体之间。因此，允许现有土地权属关系，使私有财产承担部分"公物"职能的公共地役权制度迫在眉睫。在立法模式路径的选择上，既可参考法国"行政役权"的设立方式，以公法作为主导和具体规范的载体，将《民法典》中的地役权制度作为权利来源；也可参考美国依托环境单行法立法的模式，将起草过程中的《自然保护地法》作为自然保护地役权的法律载体。

＊ 作者简介：王劲，北京大学教授，博士生导师；冯令泽南，资源能源与环境法研究中心。

关键词：公共地役权；地役权；自然保护地法；国家公园；集体土地所有权

引言

建立国家公园体制是党的十八届三中全会提出的重点改革任务之一，是我国生态文明制度建设的重要内容。根据中共中央办公厅、国务院办公厅印发的《建立国家公园体制总体方案》的要求，国家公园应当由国家确立并主导管理。重点保护区域内居民要逐步实施生态移民搬迁，集体土地在充分征求其所有权人、承包权人意见的基础上，优先通过租赁、置换等方式规范流转，由国家公园管理机构统一管理。[1] 然而在实践中，国家公园范围内的集体土地不仅承载集体组织成员的经济收入，而且也是当地特色文化和传统的载体。将所有权统一收归国有的做法不仅会在实践维度上遭遇困境，也有违保护国家公园自然生态系统原真性、完整性的主要目标，更与政府、企业、社会组织和公众共同参与国家公园保护管理的基本原则[2] 相悖。因此，亟需探索基于国有土地上环保利益之实现，而对邻近不动产的利用方式加以合理限制的制度进路，以期在保有集体组织土地所有权的前提下，令其承担与国家公园的管理建设活动相适应的义务，从而实现保护地居民私益与国家公园管理建设的有机统筹。

基于不动产上利益之实现而对临近不动产进行用益性调整，早在罗马法时期即创设役权制度加以规制。然传统地役权制度仅能调整私人主体之间的不动产利用关系，无法作用于法律关系的一方"不特定化"为公共利益、生态环境的情形。近代以来，世界范围内公私法交融的立法趋势、所有权社会化的理论发展，无不昭示着传统土地上的权利—负担法律关系中的主体正在从"个人属性"转向"公共属性"。在生态环境保护领域，对私人不动产权利进行限制以满足环境公共利益的需求不断生发，土地权利—负担关系亟需从特定主体之间延伸到特定主体与不特定主体之间，公共地役权制度的引入迫在眉睫。[3] 作为实现财产公益性价值的法律手段，公共地役权制度可以在保留现有土地权属关系的前提下，使私有财产承担部分"公物"职能，调节特定不动产权利人与不特定公共利益的关系，为消融"私产公用"的不动产利益冲突、破解国家公园管理建设过程中的土地权属纠纷提供了可行进路。

一、 集体土地用途控制的现实需求——以武夷山国家公园体制试点区为例

武夷山国家公园体制试点区位于武夷山脉北部，范围内的土地权属情况如下表所示：

表 1 武夷山国家公园体制试点区的土地权属情况

名称	总面积（km²）	国有土地面积（km²）	集体土地面积（km²）	国有土地占比（%）	集体土地占比（%）
武夷山国家公园体制试点区	1001.41	334.51	666.90	33.40	66.60

数据来源：《武夷山国家公园总体规划及专项规划（2017—2025 年）》

为解决武夷山国家公园体制试点区内集体土地占比过高，以及土地碎片化、权属分散难以管理的问题，近年来，地方在实践中拟采用"土地置换""生态补偿＋征收"等方式变茶园为生态公益林，调整土地权属以提高国有土地占比，实现土地用途管控。但无论是土地置换还是附生态补偿的土地征收，都在现实维度中遭受了强大阻力，难以彻底推行。核心原因在于，土地权属转移背后的法权价值逻辑背离了实践需求，致使制度手段无法协调土地权属转移中的利益冲突。具体分析如下：

首先，土地作为生产资料和生活基础，对于当地居民而言具有不可分割和不可替代性。《武夷山国家公园总体规划及专项规划（2017—2025 年）》显示，武夷山国家公园内及周边社区的经济收入共性明显，经济型产业大多与茶叶相关联，80%以上的居民以茶叶产销为生。① 如果将土地收归国有或以耕地置换茶园，不单严重破坏地方经济发展和产业结构，还会使当地居民丧失传统生活的基础。其次，山上茶园与山下耕地的价值差异未获得充分填补。武夷岩茶的茶树培育、茶叶产销均依赖于武夷山的特定土壤环境。在缺乏充分补偿的情况下，向茶农征收土地或以山下耕地换取山上茶园，是对私益的无理侵害。最后，转移集体土地所有权的必要性欠缺。武夷山试点区内的原住居民对环境利用的主要需求是茶叶采摘和制售，不会对国家公园内的生态环境造成结构性、整体性的破坏。同时，武夷岩茶的产量与质量直接取决于茶树所处环境的生态状况。在创造经济价值的内生动力驱使下，当地居民具备主动维护生态环境的能动条件。

因此，在武夷山国家公园体制试点区内开展生态系统管护与园区建设，集体土地的所有权移转并非必要条件。在保留既有土地权属关系和利用方式的前提下，对集体土地的利用方式加以规范和引导，便可以满足国家公园管理建设的需求。此举一则可以最大限度地降低对原住居民生产生活带来的不利影响；二则不会违背保护自然生态系统原真性、完整性的制度基础；三则契合国家所有、全民共享、世代传承的建设目标。[4]

因此，亟需探索以集体土地的利用限制为法律基础，通过集体土地用途控制来实现"私产公用"的制度进路。

---

① 有关武夷山国家公园试点区内的产业分布及居民收入等具体情况，参见《武夷山国家公园总体规划及专项规划（2017—2025 年）》闽林综〔2019〕62 号；福建省林业局、福建省发展和改革委员会、福建省自然资源厅关于印发武夷山国家公园总体规划及专项规划（2017—2025 年）的通知。

二、 实现集体土地权利限制的可行路径及评述

在我国现行法律体系之中，土地用途控制的实现方式共有两种，即土地所有权流转模式和土地利用限制模式。前者以转移所有权的方式直接支配土地，后者通过控制土地用途的方式促使土地利用与国家公园的管理建设目标相协调。下文将围绕两大模式下的具体可行路径展开，并分别就各制度的优劣加以评述：

（一）土地所有权流转模式

1. 征收

征收本质上是国家合法地、强制性地与被征收方交易财产的行为。我国《宪法》第 10 条第 3 款、《土地管理法》第 2 条第 4 款均规定了国家为公共利益的需要，可以依法对土地实行征收或者征用并给予补偿。

征收的制度优势在于，可以仅凭国家单方意志强制土地所有权发生流转，在实现集体土地向国有土地转化的效率方面具有无可比拟的优势。然而，征收的缺陷也同样明显。从公私利益衡平的角度来看，征收仅凭公权力机关单方意志即可生效，无法反映人民群众的意志和利益，容易激化社会矛盾，引发群体性事件。

2. 置换

置换主要指代通过土地布局调整、土地整理等各种过程和行为，使不同权属之间、不同用途之间、不同区域之间的土地进行交换配置的情况[7]，其核心内涵为"以地易地"。

以置换方式取得国家公园内集体土地的优势在于，经由"以地易地"的土地所有权取得方式，不仅节约了政府直接购置土地所需的资金，还允许政府通过土

地位置调整的方式实现集约化利用，增强土地利用效率，实现土地用途更新与资源配置优化。但是，置换模式亦有其缺点。土地置换的目的是将集体土地从核心区转移到国家公园外围，但外围土地往往在经济价值和生态感受等方面劣于待置换土地，使得原住居民缺乏积极参与置换的经济动力；此外，国家公园内的土地与当地居民的生产活动和生活传统紧密相关，土地置换不仅增加了原住民的生产生活成本，也改变了居民的传统和习惯，因此在实践推行过程中遇到了阻力。

3. 赎买

赎买是指国家出资使资本国有化的过程。在近年国家加快推进生态文明建设，探索集体土地用途管控的过程中，演化出了直接赎买和间接赎买两种模式。

直接赎买是指政府与集体土地所有者经过公开竞价或协商一致，按约定价格一次性将土地所有权、土地使用权，以及地上资产的经营权和使用权一并收归国有；间接赎买中，政府仅出资收回土地使用权、地上资产经营权和地上资产使用权，由集体保留土地所有权。① 但是，以赎买方式取得集体土地面临着合意困境与经济成本两方面的问题。首先，赎买的实现有赖于政府和集体土地持有者对赎买价格达成一致，然而政府报价是基于土地的环保效能和生态价值，集体土地持有者则希望赎买价格能够覆盖甚至超过土地本身加地上附着的各类生产资料的经济价值，价格形成机制的根本差别使双方难以达成合意。其次，赎买毕竟是所有权转移的一种形式，即使部分赎买为集体保留了土地所有权，也仍需将土地使用权及地上资产的经营权和使用权收归国有，高昂的成本会给财政带来极为沉重的负担。

---

① 参见《福建省重点生态区位商品林赎买等改革试点方案》，闽政办〔2017〕9 号。

（二）土地利用限制模式

1. 征用

征用是国家依照法律规定的条件，将集体或个人的土地等财产收归公用的措施。征用与征收的主要区别在于，征收取得的是财产所有权，而征用取得的是财产使用权。而且，我国《土地管理法》《国家安全法》《民法典》等法律规定，征用具有暂时性，被征用的不动产或者动产使用后应当返还被征用人。

征用具有实施效率高、经济成本低的优势，而且由于不涉及土地所有权的移转或消灭，仅暂时改变使用权归属，不会造成原住民因丧失生产资料而产生对抗心理。征用的弊端在于使用条件受限和缺乏长效性，只能产生暂时性的使用权移转效力，无法以此为基础建立稳定的管理制度和长期规划。

2. 租赁

根据《民法典》第三编第十四章中租赁合同的有关规定，国家公园管理机构可以和农民或集体经济组织签订租赁合同，以土地使用权为标的，通过协商确定租赁合同的具体内容。国家公园管理机构依合同取得租赁权后，可以租赁权人的身份管理和利用土地。

租赁模式在不变更现有土地权属关系的基础上实现了对土地利用方式的管控，并且具有成本低廉、多元主体协商等优势。但是，租赁的制度缺陷也同样明显。第一，缺乏稳定性。租赁关系的存续取决于合同，当合同约定期间届满或解除条件达成，根据租赁关系取得的土地利用权随即消失，因此长效的管理制度和规划难以在此基础上开展。第二，设立效率低下，无法及时、充分地保护公共利益。第三，纯民事行为的性质使得违约行为的惩罚力度不足。

3. 地役权

地役权是指不动产权利人为了某特定不动产的便利而使用他人不动产，使其负一定负担的物权。地役权制度因其适用范围广泛、创设权利的自由性和权利内容的非限定性，成为了物权法定原则的重要补充，能有效回应社会发展过程中出现的新生权利类型。另外，地役权制度本身即蕴含了对于土地的功能指引和利益补偿的内在逻辑，尤适于解决现有土地利用方式与管理需求不一致的问题。同时，地役权制度可以实现土地的非所有利用，在不转移所有权权属的前提下使对方不动产负担一定的义务。地役权制度兼具成本、效率和实施方面的优势，是实现集体土地用途控制的最佳制度进路。

然而，受适用条件限制，传统地役权需为需役地的便利而设立。无需役地，则地役权权利生发的基础亦不复存在。因此，亟需引入不受需役地限制，仅为增进公共福祉或保障公共利益的目的即可在不动产上设立的公共地役权制度。在公私法权能交织、公私性利益耦合的现代法治情景下，以私法领域的役权体系为依托，适当融入公法的调整手段与立法取向，引入公共地役权制度以应对现实中公私权利关系兼具的复杂情形，正是法治现代化的应有之义。

三、 公共地役权的立法模式

基于公共利益在私人不动产上负担义务，实现土地利用控制的公共地役权制度，在两大法系的法律体系中均已得到确认。但是，作为公私法交叉领域中的新兴法律构造，在制度设计时应"注重权利、退守私法"还是"扩张权力、迈进公法"，这一命题始终困扰着立法者。唯有立足中国的司法实践，充分吸取域外立法的经验，避免不足，才能探索出最适合我国国情的制度进路。

（一）法国："行政役权"模式

法国对传统的地役权制度进行了发展，《法国民法典》第 649—650 条认为，役权除得为私人的便宜而设立之外，亦可为公益的或地方的需求而设立，同时授权特别立法①加以规范。在此基础上，公共地役权的具体内容和运行模式在《法国行政法》中得到了细化。《法国城乡规划法典》第 L.126—1 条以下规定，在保护文化遗产（如国家公园）、特种设备、国防及公共安全和公用卫生设施等四种情况下，可以设立行政役权（即公共地役权）[10]，允许政府为公共利益在不动产上负担作为、不作为的义务。这种经由行政法加以规制，因公共利益或地方需求而设立的"特别"地役权，被称为"行政役权"。法国的公共地役权立法采取了民行衔接的模式，以民法规定为原则和指引，将民法体系中的役权制度引至行政法领域，通过具体的行政法令创设权利并细化规范，使公法调整手段得以进入私法领域，为在私人土地上负担公共义务提供了新的制度可能。

（二）美国："合意下的行政合同"模式

公共地役权在美国的制度表现为"保护地役权"（Conservation Easement），在实现私人土地利用的过程中更多采取以激励为主的保护性手段。其特点在于，"保护地役权"的设立是一种民事行为，主观上要求当事人"合意"，客观上无须需役地的存在、地役权人与受益人相分离，在供役人不放弃所

---

① 《法国民法典》第 649 条："法律规定的役权，得为公共的或地方的便宜，亦得为私人的便宜而设立。"第 650 条："为公共的或地方的便宜而设立的役权，得以沿通航河川的通道，公共或地方道路的建筑或修缮，以及公共或地方其他工事的建筑或修缮为客体。一切有关此种役权的事项，由特别法令规定之。"

有权的前提下，对未来的土地开发进行限制，以保障社会公众或生态保护的需要，并希望通过金钱奖励、税收减免抵扣（deduction）等方式换取私人土地持有者履行相应的环境保护义务。

（三）我国台湾地区："公用地役关系"模式

我国台湾地区取道"公用地役关系"来解决私人土地与公共利益之间的冲突，认为基于公益目的可以在私人土地上设立役权，进而对该土地的利用加以限制。我国台湾地区"行政法院" 45 年判字第 8 号判例中的观点认为："行政主体得依法律规定或以法律行为，对私人之动产或不动产取得管理权或他物权，使该项动产或不动产成为他有公物，以达到行政之目的。此即该私人虽仍保有其所有权，但其权利之行使，则应受限制，不得与行政目的相违反。"故土地成为道路供公众通行。其后，我国台湾地区"最高法院"经由判决书和大法官会议解释等途径肯定了公用地役关系理论，并明确了其成立要件。[14]

（四）我国公共地役权的立法模式选择

综观以上国家及地区的立法实践，法国采用"行政役权"模式，经由民法典将公共地役权的设立引至行政法中，以若干行政法令来详细规定其设立及运行条件；美国取道"保护地役权"理论实现公共地役权的制度功能，将基于公共利益的私人土地利用行为确立为民事合同行为，通过合同约定土地利用限制；我国台湾地区则依据民法中的时效取得制度建立了"公共地役关系"，认为当私人土地服务公共用途超过一定期间，将会产生类似时效取得的效果，因而可以在原用途范围内对该土地的利用加以限制。从类型化角度分析，法国公共地役权立法模式为行政指令式，我国台湾地区的立法模式为推定生效＋法院确权式，美国的立法模式为协议合同式，这三种立法模式的公法色彩依次减弱。

传统地役权乃约定权利，目的在于保障地役权双方的私权；公共地役权乃法定权利，不具有排他支配的权能，也缺乏传统私法物权所特有的产权边界，其目的亦并非实现私权，而在于增进公共福祉或保护公共利益。公私法核心取向的不同与制度目标的根本差异，令以实现公共利益为主旨的公共地役权制度不宜被涵括在私法本位的传统地役权体系之中。若强行采用私法逻辑为主导的合意型立法模式，经由协议、合同等方式来设立公共地役权，会造成私法技术对公共利益保护中必须由公法规制部分的越位与挤占，引发公私法价值体系异化，产生公法遁入私法的现象。此外，就我国台湾地区所采用的推定生效＋法院确权模式而言，欲使公用地役关系生效，一方面需要土地长期不断地为公共目的而使用，已经具有公共用物之性质；另一方面需要法院来作出公用地役关系的确权判定。此种模式既不契合我国现实对公共地役权制度的功能期待，也有异于我国审判机关的职能设计。因此，公法色彩较为浓厚的行政指令式更加契合我国的公共地役权制度构建。在具体立法模式的选择上，有以下两种路径：

路径一，从法律基础衔接的顺畅性角度而言，对公共地役权的调整应当参照法国，以公法作为主导和具体规范的载体，将民法典中的地役权制度作为权利来源。一方面，依托传统私权体系为公共地役权提供正当性法律基础；另一方面，使公共地役权成为公法调整手段的辅助与延伸。

路径二，从立法现实的角度来看，一则《民法典》刚刚修订，增删条款的难度较大；二则国内有学者主张公共地役权入《民法典》严重冲击民法固有体系，可能破坏固有制度架构的稳定性、连贯性。[15]

因此，若采用民法和行政法共同规定公共地役权制度的立法模式尚不成熟，则可转而借鉴美国的立法路径，通过环境单行法来规定公共地役权制度。正在人大立法过程中的《自然保护地法》作为我国自然保护地体系建设的总纲领，可以成为公共地役权的法律载体。在与民法、行政法等现行规范保持有效衔接的同时，通过若干条款对公共地役权的创设、效力等核心内容加以规定，不仅能在保留现有土地权属关系的前提下实现"私产公用"的规范目标，还可有效避免新制度与既有公私法体系的矛盾与冲突。

四、 公共地役权制度的本土化建构

（一）公共地役权的设立

承上所论，我国应当采用公法属性的行政指令模式作为公共地役权的立法模式，借助公权力管制手段来调整财产权结构。然而，纯粹的私法本位无力彰显公共利益的需求，单一的公法逻辑同样会造成合法私益的保护不足。从国家公园管理建设的需求来看，适当的私人治理不单是维护合理私权的必要措施，也是对行政管控之局限的有效回应。制度设计需要在实现公共利益的同时，向承担义务的集体和个人提供尽可能多的激励。因此，为实现公共利益和私人权利的整体保护，应当以公权力强制设立公共地役权，同时以私法补充公共地役关系中的具体事项。

要构建"公权设立＋私法补充"的公共地役权制度体系，可以参考我国征收制度的运作方式，区分土地征收行为和征收补偿协议。前者由行政机关作出，具有强制生效的行政性质；后者由行政机关与被征收的行政相对人签订，具有协商合意的民事性质。具体路径为：首先，由行政机关通过行政指令来强制创设公共地役权，形成包括供役地范围、期间、主要权利义务等核心要素在内的权能内容，以实现供役地用途管控，从而契合管理需求、保障制度实效。公共地役权的设立须经正当程序，内容以满足公共设施或事业正常运行的需要为限，契合比例原则，禁止随意创设。其次，若涉及公共地役权关系中的某些内容，尤其是与群众利益及生产生活密切相关的部分（如补偿标准、补偿方式等），则可以采用公共地役权补偿协议的形式，经协商一致后确定。

（二）公共地役权的主客体

公共地役权的主体是在公共地役权法律关系中享有权利与承担义务的对象。在传统地役权法律关系中，主体包括地役权人和供役地人。需役地所有权人或实际使用人享有地役权，称为地役权人；供役地权利人承担义务，称为供役地人。[16]

在公共地役权法律关系中，依照行政指令型立法模式，行政机关[17] 直接根据公共利益的需求创设公共地役权，尽管供役地权利人的义务主体地位并未改变，但需役地本身和作为地役权人的需役地权利人同时遭到虚置。此时，填补主体缺位，成为公共地役权法律关系中权利主体的，应当是创设公共地役权的行政机关。因此，公共地役权法律关系中的主体分别为行政机关和供役地人。其中，权利主体是创设公共地役权的行政机关，义务主体则是供役地权利人。

公共地役权法律关系中的客体，是指公共地役权所指向的对象。在客观物质层面，公共地役权的客体是所有具有公共利益需求的供役地及其中需要被统一支配的物理要素。在行政指令型立法模式下，公共地役权的创设是基于行政机关代表主权意志作出的行政指令，所以原则上一国领土范围内所有的不动产，包括集体土地、集体和私人所有的建物等，均可成为公共地役权的客体。在我国的现实语境中，公共地役权的客体可包括一切国有与集体所有的，适合承担公共用益的不动产及其中所包含的需要发挥供役功能的动产。

从法律制度的视角观察，公共地役权的实现方式是在供役地上施加相应的义务，从而限制原属于供役地权人的有关权利。所以，公共地役权的真正客体并非物质，而是存在于供役地上的特定物权。由于我国实行土地及自然资源的公有制，故公共地役权的客体首先是集体对土地和特定资源的所有权，其次才是这些不动产上承载的房屋等建筑物与构筑物的所有权。

（三）公共地役权的核心内容

公共地役权的设立主体和权利义务关系的对象既已明确，为构建完整清晰的公共地役权制度体系，必须对公共地役权法律关系中的核心内容加以明确。公共地役权的核心内容应当包含三个方面，即供役地人的义务、补偿与否及补偿方式、救济路径和方法。

1. 供役地人的义务

公共地役权的制度核心是通过限制供役地人的权利来保障公共利益的实现，因此供役地人的义务才是公共地役权的核心内容。在规范供役地人的义务时，首先需明确其义务范围。供役地人以供役地范围为限承担义务，公共地役权的权利行使亦限于供役地范围之内，需避免公共地役权借公共利益保护的目标而无限扩张，损害私益。其次，在公共地役权设立时，即应明确供役地人所需承担义务的具体内容和限度，不得以公共利益保护为由，向当事人施加界限不清、程度不明的义务，保护当事人信赖利益。[20]

2. 补偿与否及补偿方式

第一，从法经济学的视野来看，对供役地人给予补偿的经济合理性可以由"相互性"（reciprocal）原则导出。在公共地役权法律关系中，行政机关和私人土地所有者均对土地持有利用的意图，但如果放任双方同时使用土地，会给彼此带来外部性妨害，从而降低整个土地产出的效能。因此，将权利配置给能创造出最大收益的一方，同时给予另一方合理补偿，是最具经济合理性的解决方式。

第二，补偿方式。设立公共地役权源于不同公共利益的需要，多元的设立主体对供役地权利人施加的限制也不尽相同，因此公共地役权的补偿方式也应该多样化，以满足不同权利人的差异化需求。金钱补偿是最直接的方式，除此之外，根据公共地役权设定的实际情况，也可采用税收减免、公益基金等补偿方式。

3. 救济路径

公共地役权由行政机关依据公权力强制创设，以私权限制为内容。当供役地人的义务履行出现瑕疵时，行政机关可依据行政职权对其行为进行管理、更正和处罚。然而，当供役地人权利受到侵害时，私主体的法律地位使其难以实现自力救济，出于制度设计中的权力—权利平衡逻辑，必须对纠纷解决的方法进行规定，以防止公权力肆意行使造成合法私益损害。当纠纷出现时，应当按照"遵循既有规范—发起行政复议—向法院提起行政诉讼"的次序寻求解决。

结语

公共地役权制度旨在通过限制个人不动产利益，满足特定的公共利益需求。作为实现财产公益性价值的法律手段，公共地役权制度可以在保留现有土地权属关系的前提下，使私有财产承担部分"公物"职能，调节特定不动产权利人与不特定公共利益的关系，为消融"私产公用"的不动产利益冲突、破解国家公园管理建设过程中的土地权属纠纷提供了可行进路。公共地役权制度在比较法上有着成熟的经验可供参考借鉴，在引入公共地役权体系应对我国实践问题时，应当时刻保持"情境意识"，注重因地制宜。在立法模式的选择上，既可由民法作为其效力来源，将具体适用性规定在行政法律框架内加以调整，也可从法的实效性角度出发，借自然保护地单行立法之契机，搭建我国公共地役权制度的基本框架。

在公共地役权中，公权参与是保障公共利益实现的必要条件，但必须避免公权力越位挤占私权的合法空间，在制度设计时更应注重公益与私益的衡平。立法时需明确公共地役权的创设主体和权利主体为行政机关，载明公共地役权的客体范围和核心内容；将供役地人必须获得补偿作为原则性规定，为义务承担者提供多种途径的救济，并尽可能降低权利救济成本；同时，厘清公共地役权在终止和转移过程中发生的效力变动。

参考文献：

［1］ 李爱年，肖和龙. 英国国家公园法律制度及其对我国国家公园立法的启示［J］. 时代法学，2019，17（04）：27—33.

［2］ 刘超. 以国家公园为主体的自然保护地体系的法律表达［J］. 吉首大学学报（社会科学版），2019，40（05）：81—92.

［3］ 李永军. 论我国民法典上用益物权的内涵与外延［J］. 清华法学，2020，14（03）：78—92.

［4］ 叶海涛，方正. 国家公园的生态政治哲学研究——基于国家公园的准公共物品属性分析［J］. 东南大学学报（哲学社会科学版），2019，21（04）：118—124＋147—148.

［5］ 李志明，李刚，黄晓林. 土地置换若干问题探讨［J］. 国土经济，2002（02）：18—20.

［6］ 汪洋. 地下空间物权类型的再体系化"卡-梅框架"视野下的建设用地使用权、地役权与相邻关系［J］. 中外法学，2020，32（05）：1377—1399.

［7］ 李世刚. 论架空输电线路途经他人土地的合法性与补偿问题——兼谈中国公用地役权的法律基础［J］. 南阳师范学院学报，2012，11（10）：27—30＋35.

［8］ 有关台湾地区"最高法院"对公用地役关系的论述可见台湾地区"最高法院"判决书，85年第400号的立法理由书；资料来源：大法官會議解釋彙編（增訂四版）［Z］. 台湾：三民书局，2005.

［9］ 朱金东. 民法典编纂背景下公共地役权的立法选择［J］. 理论导刊，2019（02）：100—104.

［10］ 王利明. 民法（第七版）［M］. 北京：中国人民大学出版社，2018：286.

［11］ 参见姜明安. 行政法与行政诉讼法（第七版）［M］. 北京：北京大学出版社，2019：88.

［12］ 周佑勇. 行政法原论（第三版）［M］. 北京：北京大学出版社，2018：69.

论基层环境行政中的柔性帮扶执法
——基于对华北地区 A 镇的观察*

胡　苑　黄冠宁**

摘要： 近年来，柔性帮扶环境执法是中国地方环境行政监管实践中呈现的执法新趋势，然而学界对这种环境执法在基层中是如何运作的还缺少深入研究。本文以我国华北地区 A 镇环境执法日常巡检安排为例，阐述地方政府和环保部门如何开展柔性帮扶环境执法以应对基层复杂的环境工作形势。案例分析发现，在基层环境执法领域，刚性执法与柔性帮扶执法产生了特殊的深度性嵌合，帮扶与执法的目的紧密连接，意在追求环境违法问题的实质解决。具体实践中，A 镇的柔性帮扶执法呈现出社区化的执法逻辑、"刚性缓冲"的柔性执法以及压力机制驱动的积极行政的微观运作形态。A 镇的柔性帮扶执法受到上级环境督察、监督帮扶等机制的常态化压力传导，特定情形下与上级环境执法形成联动，并受上级环境行政机构的弹性调控。从结果来看，辖区企业从 A 镇帮

---

* 基金项目：国家社会科学基金一般项目"城市生活垃圾分类的法律规制研究"（编号：18BFX173）。

** 作者简介：胡苑，上海财经大学法学院教授，博士生导师；黄冠宁，上海财经大学法学院博士生。

扶执法过程中获得以信息服务为主的行政支持，柔性帮扶式的环境行政降低了以中小规模为主企业达成环境合规的成本与难度，且在一定程度上化解了传统威慑型环境行政在基层实践中的合法性危机，有助于区域经济社会的平稳运行。

关键词：环境帮扶；基层执法；柔性执法；非强制行政

引言

近年来，以帮扶为理念的环境执法运作模式（本文称其为"柔性帮扶环境执法"，实践中又称为"环境执法帮扶"或"帮扶型/式环境执法"）在我国地方环境治理实践中大量出现。例如，山东省潍坊市的地方生态环境局积极推进其环境监管理念的转变，推行"服务式执法"和"柔性执法"，在正常的环境执法过程中加入对地方企业的柔性帮扶举措，在执法正面清单、行政处罚、信用评价等方面给予企业相应倾斜。[1] 又如，沈阳市生态环境部门下的市生态环境执法队伍在实践中探索形成"驻场帮扶诊断问题、包容审慎化解问题、严厉打击重大问题"的"执法帮扶一体化"特色模式。[2] 在推行柔性帮扶环境行政的区域，执法部门普遍一改以往的强硬形象，关注环境执法监管的"柔性"和"温度"，统摄环境行政执法的"柔性"与"刚性"，采取了一系列有利于解决企业困境与问题的帮扶举措。

以柔性帮扶环境执法作为研究对象，或可将其视为在中国生态文明改革过程中，环境执法监管领域所出现的新现象。虽然既往环境行政实践中也出现过执法者帮助企业分担环保压力的案例，但仅呈零星之态，普遍程度不足。检视如今地方环境治理实践的工作内容可以发现，环境执法帮扶已经跃升为许多地方环境工作的重点内容，并逐渐成为部分地方制度化、组织化、常态化的环境工作安排。

这使得如今柔性帮扶环境执法所衍生的社会影响，随着时间的积累，会远超过去的零星案例。

为了切实了解地方环境行政部门，特别是基层，是如何开展柔性帮扶环境执法的，笔者于 2021 年 7 月跟随我国华北地区 A 镇环境执法帮扶检查队伍，进行了为期三周的田野调查。在 A 镇实地调查期间，笔者亲身加入乡镇环境执法队伍，参与并直接观察基层柔性帮扶环境执法的全过程。

之所以将实证调研对象设定为乡镇，原因在于此行政层级在我国环境治理实践中的特殊性。乡镇环境执法是当前我国环境监管政策实施的"最后一公里"，是我国环境政策落实的最底层单位。乡镇环保人员直面基层企业，与辖区企业距离最近且熟悉。乡镇环境执法巡检安排是地方各级政府及企业各主体之间互相均衡并最终贯彻的结果。作为科层制架构的末端，在一定程度上，乡镇环保执法的真实状况，以及部门内工作人员的看法，是观察地方柔性帮扶环境执法安排的最好切入点。在田野调查结束后，笔者还对同行数位环保巡视员及乡镇环保办领导进行了半结构式回访，并于 2022 年 5 月对 A 镇环保办人员进行二次补充回访和对 A 镇市级生态环境局法规处人员进行补充访谈。本文主要通过对 A 镇环境执法的案例分析来论述对基层柔性帮扶环境执法的研究发现。文中资料主要来源于笔者田野调查的记录，也包括对工作人员的真实访谈和对话。

一、 研究回顾和分析框架

一味追求严刑峻法、忽视行政相对人的诉求与利益的行政模式往往不能取得理想的治理效果。在当前我国社会转型时期，多种正当利益交错掺杂的局面会加大社会对行政柔性的需要，并自然孕育从"压力型行政模式"向"回应型行政模式"转变的社会土壤。[3] 行政执法应当正视传统强调管理与被管理、命令与服从式的行政理念给行政相对人带来的伤害，并注重使用沟通、引导、利益激励等方式实现其原本的管理目标。[4] 柔性执法，又称为非强制行政，被视为一种体现了行政人文主义和民主精神的行政方式[5]，并被认为可减少相对人对政府管理的抵触情绪，产生更大的社会综合治理效益[6]。柔性执法具备非强制性、互动性、平等性和灵活性[7]，被普遍认为是当今公权力行为实施的发展方向[8]。

行政执法在我国环境治理领域长期呈经典的强制与威慑的特征运作。[9] 由于中国环境法律的诞生和发展借鉴了西方发达国家的立法经验，西方与我国早期应对环境问题的主要监管形态均为"命令—控制型"规制。[10] 在"命令—控制型"环境规制下，法定权威机构会制定区域环境所要达成的"技术性标准"和"绩效性标准"。[11] 法定执法机构的职责被设定为检查监督企业使其不违背环境标准，而这一目的有赖于强力执法所形成的威慑得以实现。[12] 因此，传统环境执法总是呈现经典的"重罚主义"。[13] 环境执法往往呈"实地检查—发现问题—予以处罚"的模式运作，有着对行政强制权力的明显依赖。

秉持强制与威慑理念的环境行政在以美国为代表的西方发达国家遭遇了许多批评，对环境规制的反思与调整早已开始。[14]-[16] 然而，与西方不同的是，跟批判环境执法手段僵化的声音相比，国内环境法学界对加强环境执法威慑和强制的呼声更高。由于国内长期秉持的"经济发展优先"政策，以及环境行政部门在地方政府内部的弱势地位，以往环境执法部门通常难以独立完整地实施环境执法，执法威慑不足以改变区域企业遵守环境法律的意愿，使得大量区域出现"普遍性违法"。简而言之，已有的环境法律并未被很好地遵从，法律软弱、执法不严被认为是问题的原因，而不是结果。也正是因为如此，环境法学界一直没有停止发出加强环境执法威慑与强制的声音。

党的十八大以来，生态环境保护的重要性被提高到前所未有的高度。面对严峻的生态环境恶化局面，我国最先采取的措施是加强环境法律的威慑和严格程度。例如，2015 年我国修改实施的"史上最严环境法"，大幅增加环境行政执法机构的处罚威慑力度。又如，我国对地方环境部门进行垂直改革，增加环境行政部门的独立性和权威性，将资源向基层环境执法倾斜。上述措施快速加强了生态环境领域的行政执法力度。也正是在这段时间，中国基层环境执法监管中，各类因环境利益所导致的对抗性、群体性事件屡次出现。[17] 面对这些问题，如果环境执法仍秉持传统执法理念模式，如利用压制、强制、处罚、命令等手段，则有可能激化已存在的社会矛盾，甚至会造成严重后果。这就产生了柔性环境执法的现实需要，使得环境执法开始加强对柔性、回应型、非强制性行政手段的运用。

从理论透视实践，当今中国地方环境行政领域中出现并逐渐制度化、常态化的柔性帮扶环境执法，可被视为非强制的柔性执法监管策略对传统命令与服从式的刚性监管策略在环境行政领域的替代和转化过程。那么，在中国环境行政转型的真实故事中，柔性帮扶环境执法在基层是如何发生和运作的？环境监管行政的"刚性"与"柔性"在实践中是如何调剂的？环境行政领域的柔性帮扶执法中的"帮扶"含义为何？对这些问题的研究，将为中国环境执法的转型提供实证价值，并验证有关柔性环境执法理论的正确性，同时也可为后续国内环境法律法规和政策设计提供借鉴。

本文将阐述对基层柔性帮扶环境执法的发现，通过田野调查和深度访谈，呈现 A 镇柔性帮扶环境执法的全貌。A 镇位于我国华北地区，所占地域面积约 30 平方千米，户籍登记人口为 3 万人到 5 万人。根据 2018 年的官方统计数据，A 镇人均可支配年收入在 2 万元到 3 万元。区内有工业企业 300 余家，其中规模以上企业约 80 家。镇内有多条省级高速要道、县级通道过境。A 镇承担镇内综合环保情况的负责单位为 A 镇生态环境保护办公室（以下均简称为 A 镇环保办）。A 镇环保办属镇政府自设的环境行政部门。据镇环保办 2021 年夏季组成人员公示，A 镇环保办人员配置共计 21 人，分内外勤两个工作小组。镇环保办基础人员以非编制合同员工为主，学历多为高中、大专水平。由于 A 镇属于其所在市行政区内的交通工业大镇，生产衍生的大气污染物（如 PM2.5、PM10、 SO_2 、 VOCs 等）指标比其他同级别行政区高，因此 A 镇一直承受着较大的环境绩效考核压力。

　　本文的研究论述将从以下三个方面展开：一是柔性帮扶环境执法的一般模式与运作逻辑。这部分内容主要通过分析和研究笔者在实际调研中的访谈内容与真实对话完成。二是 A 镇柔性帮扶环境执法微观运作过程中，环境执法主体与执法相对人之间的真实互动。这部分内容主要通过论述实地调研中记录的环境执法实地检查情况完成，是从具体案例角度展开的微观分析。以执法主体为主导的环境执法现场检查具备较强的可观测性，同时环境执法的核心是其"现场检查—发现问题—问题处理"的基本模式，环境工作人员与相对人的现场互动可以较为真切地反映柔性帮扶环境执法的运作。三是 A 镇环保办所涉及的不同层级环境行政机构之间就柔性帮扶环境执法的宏观分工与合作，以及其背后形成如此分工合作的制度逻辑。乡镇作为最基层的行政单位，一方面直接与行政相对人打交道，另外一方面是内嵌于整个行政管理体制的最下级机构。乡镇环保办的能动性职责产生于不同层级间，尤其是各上级环境保护主管部门和其他政府部门的宏观行政过程中。在我国环境行政机构垂直改革后，地方不同层级环境行政机构的职责得以明确，整个体系配合完成环境治理任务。这种职责分工，在柔性帮扶环境执法中又会出现怎样的调适与变化？不同层级环境行政分工又都是如何形成与协调的？对这些体系性问题的分析，构成了本文要研究的宏观逻辑部分。

二、 基层柔性帮扶环境执法的实证调查与分析

(一) 柔性帮扶环境执法的逻辑与内涵

据笔者的观察，基层的柔性帮扶环境执法可被总结为行政执法与帮扶服务的结合。柔性帮扶环境执法主体不仅是企业的"检查者""监管者"，而且一并充当企业的"服务者"和"帮助者"。用 A 镇环保办人员的话说就是"检查企业、发现问题只是我们执法的职责之一，在此之外，我们还要做好企业服务，并且要帮助企业解决实际问题"。

结合帮扶执法在基层环境实践中的表现，帮扶是以"服务企业""减轻企业负担""实际解决问题"为目的实施的，一系列有利于企业守法，减轻企业经营压力，随附于行政执法过程中的其他行为。帮扶所表达的人文情怀在于注重企业经营困境，以及行政机关要为企业积极守法作出力所能及的努力。在柔性帮扶环境执法实践中，环境行政执法的现场检查既是对企业有无违法行为的检查，也是接触了解企业经营困难、帮助企业解决问题的具体场域，即"边执法边帮扶"。

从传统行政法理的角度，通常会认为刚性执法与柔性帮扶分属于不同的逻辑，前者是公权力命令下的行政决定过程，属于强制性行政法律行为，而后者则更类似于行政指导过程，属于非强制性行政事实行为，这两个逻辑各自运作，具有区分性。[18][19] 但是，正如前文所述，环境柔性帮扶执法已经跃升为许多地方环境工作的重点内容。以"柔性帮扶执法""执法帮扶"等关键词进行网络搜索，绝大部分新闻报道和公文通知都集中于生态环境领域的执法，而不是所有的泛行政领域和各类其他执法领域。这些现象提示我们，柔性帮扶和地方环境执法产生了特殊的深度嵌合。

　　这种特殊性深度嵌合，如果从环境执法的实质内容上看，或可窥得端倪。与其他大部分行政执法类型不同，环境执法面临的是"人—环境—人"的法律关系，对相关法益的保护，需要考虑到中间环境介质传导的差异性。虽然作为执法尺度的环境标准往往是全国统一的，但实践中，同一行为所生成的环境风险却因物理因素的变化而不同。以 A 镇所处的华北地区的大气污染问题为例，夏季北方基层环境执法所关注的主要是 VOCs（挥发性有机化合物）废气污染，因为VOCs 是夏季高温条件下的主要污染物，企业生产不规范所导致的 VOCs 排放带来的环境风险较大，但北方夏季良好的空气扩散条件对 SO_2 等污染物质的稀释有利，冬季则恰恰相反。这也带来执法对不同类型大气污染物的管控和约束力度的变化，一味机械式地遵循规定难以满足地方考虑差异性的需求。更为重要的是，正因为环境影响需要通过环境介质传导，环境违法的判定存在极强的科学不确定性问题，大量现有的管制规则都是拟制的，使得作用到企业行为上的约束也存在模糊性。无论是立法者还是执法者，在面临科学不确定性状况时，都难以确定合理的执法管控尺度。执法与守法是一体两面的，如果并不知道惩罚威慑性的执法是否合理，那相应帮扶企业进行守法就是更加理性的选择。当然，政府内部的压力机制也是基层环境柔性帮扶执法形成的重要原因，后文也会对此加以详述。

　　总的来说，柔性帮扶执法的实践含义难以用柔性概念所表达的行政非强制性完全涵盖，非强制性至多只能包括环境机关为企业解决守法问题的积极行政，却难以完全囊括地方环境行政基于地方考虑，对其执法频率和处罚力度的克制举措。可以说，帮扶丰富了执法的柔性样态，激发了行政非强制手段在执法过程中的融合运用。实践中，帮扶与执法的目的紧密连接在一起，意在追求环境违法问题的实质解决，而非形式意义上的执法，例如， A 镇市级环保局法规处人员向笔者介绍："处罚不是环境执法的目的，让企业守法才是。帮扶主要是发现问题后给企业提供解决问题的道路，不然的话，你下次检查的时候，企业还是不知道怎么守法。"

以基层环境行政中帮扶措施的作用机制来分类，实践中可分为正面授益型帮扶执法和负面克制型帮扶执法。正面授益型帮扶执法是指，环境行政机关执法过程中所实施的直接利于企业达成环境守法，减少企业环境守法成本和难度的措施安排。正面授益型帮扶执法以行政指导为一般形态，同时也包括为企业提供物质相关利益权益的给付行为和一定的支持性政策。例如， A镇环境行政中最常规的帮扶指导就是在现场检查过程中，环保工作人员针对不合规问题为企业"出谋划策"。镇内企业现存环保设备的购置基本都有环保办的参与，环保办会发挥自己的关系创设购置渠道，为企业提供可选择性方案。

负面克制型帮扶执法是指，基层环境行政机关克制自身环境执法给企业带来的负担和压力。我国《行政处罚法》第33条已有轻微违法不罚的规定，这可以视为刚性执法的柔性化，但该规定总的来说还是在裁量权框架内进行的规制缓和。负面克制型帮扶执法在A镇的实践，其宽容性尺度往往超过《行政处罚法》及当地为细化第33条所出台的"生态环境轻微违法违规免罚十条清单"的范围。例如，在市一级环境行政执法过程中，对于行政执法人员现场已经作出的处罚决定，市级环保综合执法大队会对案件进行集体再讨论，在已经建立的行政处罚证据链条中，重新梳理其中可以酌情从轻处罚或者帮助企业减轻处罚乃至免于处罚的"轻微"事由。负面克制型帮扶执法还包括环境行政机关会在行政裁量权框架下，减少环境执法检查的频率和克制行政执法处罚力度。在A镇所属市级环境行政工作会议上，相关领导反复强调，环境行政执法现场不能教条性地适用法律处罚条款，而是要在查清事件前因后果和相对人自身承受能力的基础上，作出更具人性化且追求实质公平的处理处罚决定。用A镇市级环保局法规处负责人的话来说就是"帮扶企业，执法人员现场调查一定要仔细，不能发现企业违法就教条式地适用处罚"。

虽然柔性帮扶环境执法具备丰富的逻辑与内涵，但这些内容最终还是要落实到具体的环境行政执法实践中，通过各层级环境执法工作安排与一个个微观的执法案例体现出来。下文分别以微观运作形态和宏观运作逻辑为关注核心，阐述柔性帮扶环境执法在 A 镇的具体过程与表现。

(二) A 镇环境执法的微观运作形态

所谓微观运作形态，是指在 A 镇，环境执法者与执法相对人在常态化现场检查的互动中所呈现的特征。 A 镇环境执法的微观运作形态由一个个具体的执法案例累积形成，本文将以案例分析的方式总结微观运作形态。

1. A 镇环境执法微观运作形态之一：社区化的执法逻辑

据笔者参与 A 镇环境检查案例的经过，A 镇环境执法现场检查和问题处置是以相对平等与亲近的态度展开的。 A 镇的环境执法检查放弃了传统执法自上而下的控制和命令姿态，执法监管过程一并吸纳了社区民众普遍认同的地方性观念、认知和知识。 A 镇环境执法者会以恩威并施的方式对待企业。比如，乡镇环保办会帮助企业申请管制豁免权，克服复杂的审批流程，为企业"私下里行了不少方便"，且将这种给予企业恩惠的印象贯彻到执法检查过程中，从而利用社区化交流道德人情运作规则约束企业负责人。又如，笔者在跟随巡视员检查企业，发现企业存在土壤渗漏违法风险时，观察到 A 镇环境执法人员与企业的交流过程是站在企业的角度考虑其经营风险的。当企业出现不配合的意愿时，执法者坦诚地表露了自己的职责需要，希望以互相理解的态度落实整改。这种交流方式通常能够取得执法相对人的理解和配合。在调查期间，A 镇环境执法巡视员与企业基本展现了良好的熟识和亲近关系。笔者所隶属的执法小组时刻衡量着不同执法相对人的经营处境，同时灵活使用不同的约束方法。

社区化的执法逻辑是 A 镇环境执法帮扶表露出的特征。事实上，这是 A 镇环境执法基于基层工作形势需要所采取的一种执法策略调适。在传统威慑型执法过程中，进入社区空间的执法者"不可避免地带有一种外来者的色彩，容易引起人们的猜测、焦虑和紧张"[20]。由于在社区生活的民众抱有以社区共识为根基的地方性知识，与官僚体制存在观念、认识和知识上的差异，因此社区容易成为街头官僚与民众直接冲突的场所。据 A 镇巡视员介绍，早期 A 镇环境执法工作也面临着巨大的对抗性阻力和落实困难。如 2016 年环保办新建成立时，由于基层群众不认可环保工作，不少企业会采取对抗性的措施应对环保检查。某些村落甚至会集体暴力抗法，环保办工作人员外出工作甚至存在对人身安全的担忧。"我们那个时候去村里检查都很紧张，因为害怕挨打。为了安全，我们各个巡查组时刻保持联络，万一发生冲突得能控制得住。"

根据巡视员的描述，早期 A 镇环境执法者与执法相对人之间的对抗性关系直接阻碍了 A 镇环境工作的推进。A 镇执法者事实上不能够以传统的命令、威慑、强制姿态进行工作，否则容易进一步使紧张升级，严重的可能衍生暴力事件。用巡视员的话讲就是"老百姓打心眼里不认可这件事，硬推是不行的"。

为了推进环境工作，A 镇的环境执法者不得不逐步转化自己的执法思路，诉诸相对平等的协商交流方式，取得执法相对人的理解和配合。"基层执法人员和乡村干部偏重采取'做工作'的方式，包括情感运作和利益补偿。执法人员依照熟人社会的情面规则来处理其与执法对象之间的关系，双方之间形成'给予'和'亏欠'的面子交换关系。"[21] "执法过程成为执法人员与执法对象的谈判协商过程，法律只是谈判中的一个筹码，执法过程吸纳了各种正式和非正式的权利关系和运作策略。"[22] 用 A 镇巡视员的话讲，这也是"没办法"，因为"基层工作就这样"。随着执法社区化的长期运作及宣传教育，A 镇生产企业和民众基本认可了环保这件事，A 镇环境执法者与生产企业之间的关系也从紧张渐渐变为缓和，最终保持在一种较为平稳的熟悉关系。从结果来看，社区化运作的执法方式避免了执法者与执法相对人双方走向最坏的结果。

笔者在 A 镇调研期间，A 镇环境执法者和执法相对人基本已经消解了所有的对抗性问题，其关系形态已经转化为如今类似于平等的协商合作形态。为了加强镇内生产联动，并打破执法者与执法相对人之间的壁垒，A 镇环保办在每个检查点都设有联络员，联络员通常由熟悉乡镇环保办的企业内部成员担任，负责企业与环保办之间的双向联络。当 A 镇执法者进入厂区内部时，会视情况联络检查地点的联络员（对于特别熟悉的也可能不联络，这并不影响检查过程）。各个执法小组与企业联络员保持熟识。在有联络员作为引导的情况下，A 镇环境执法者进入企业社区内部给其成员带来的猜测、焦虑和紧张被降至了最低。联络员也成为 A 镇环境执法社区化运作的基本桥梁。

2. A 镇环境执法微观运作形态之二："刚性缓冲"的柔性执法

"刚性缓冲"是 A 镇环境执法的另一运作特征。不管 A 镇环境执法者所表现出的工作姿态是怎样温和平等，A 镇环境行政背后依然是地方环境政策任务推进落实的刚性要求。 A 镇环保办执法所发挥的作用，是将这种刚性"隐匿"或者"包裹"在柔性姿态之中，形成对刚性要求的"缓冲外衣"，从而让执法相对人更容易接受行政执法主体所作出的各种决定，避免基层执法过程中的诸多问题。最为直接的体现是，站在执法相对人的视角，由于 A 镇常态化环境执法的存在，执法相对人通常对政府所作出的任何决定（特别是对其会产生负面影响的决定）都有明确的预见性。

例如，笔者所隶属的巡视小组曾前往其辖区的 DB 集团进行帮扶执法检查，发现 DB 集团厂内有不达标铲车运作，并现场下达整改通知书，此整改通知书就巧妙发挥了"刚性缓冲"的作用。首先，依基层执法处罚职权分配，镇环境办所下的整改通知书不属于《环境保护法》《大气污染防治法》等法律所规定的正式

"责令改正"范畴。据 A 镇市级环境执法工作人员介绍，乡镇级环保所下达的整改通知书不同于区县级、市级下达的整改决定书。前者的主要作用在于撇清乡镇环保工作责任，证明乡镇环保检查已然实施到位，并不意味着对企业违法问题已然进入行政处罚的正式流程。乡镇的整改通知书更多是起到了预先告知风险的"勿谓言之不预"的作用。具体而言，因 A 镇环境执法检查的发现与劝说，DB 集团明确知晓其放入并使用违规车辆的行为是违法的，且有可能受到处罚（因为已经有过明确的整改通知书提醒）。当具备处罚权的上级环境执法队伍出现时，若企业仍未改正，则企业难以将己方的违法责任推脱给政府宣传和教育的不到位，此时对企业进行处罚具备更强的正当性和合法性。而且，更多情况下，企业往往会改正自己的错误，因此就避免了上级环境执法队伍对自己的处罚。

"刚性缓冲"不仅体现在 A 镇环境执法的形式安排中，也体现在现场执法者所惯用的交流"套路"中。在 A 镇执法检查的过程中，巡视员实地检查发现企业的问题后，两者互动会首先进入提醒整改阶段。在该阶段，巡视员的主要目标是对企业下达整改通知书，并对企业进行劝告、教育和提醒。除非整改通知书明确要求企业进行停工整改，否则整改通知书基本不会对企业产生实质性负面影响。一般情况下，被检查到问题的企业在下达整改通知书的阶段就会配合 A 镇环保办的执法要求。在少数情况下，执法过程中也会碰到被劝告的企业不愿意配合的现象。例如，会有企业不希望巡视员下达正式的整改通知书，在现场拒不签字。此时，A 镇执法者与被执法者的互动就开始进入威慑阶段，巡视员在交流的过程中就会开始加入诸如"如果你不配合的话我们只能上报区县了"或者"上面检查要是发现的话就不是整改通知书这么简单了"等对企业带有威慑性的内容。在现阶段环境处罚较为严格的基础上，多数 A 镇企业在权衡利弊后会对巡视员的要求进行配合，以避免强硬执法手段真正地被使用在自己的身上。在极为特殊的情况下，执法会从威慑阶段突破到实行阶段，即环保办真正地开始对问题企业采取强硬措施，如上报企业问题，请区县环境执法机构对企业进行处罚，或者要求企业搬迁等。这种阶段的触发条件通常是企业屡次不配合、屡次糊弄整改、根本不存在整改可能性，或者企业生产出现重大污染造成重大影响。

就笔者的观察而言，A 镇基层企业的环境违法问题绝大多数在"刚性缓冲"的过程中被消解了。缓冲化消解的结果是，A 镇的环境执法者没有动用任何实质性影响企业生产经营的"刚性手段"，但是执法主体和执法相对人双方就守法与违法的边界和企业应保持的守法状态达成了一致。当上级带有执法处罚权的环境检查来临时，由于 A 镇柔性帮扶环境执法队伍的存在，企业早已达成守法要求。在缓冲化处理下，A 镇被监管企业不需要从"被环境处罚的教训"中习得具体的守法标准，因此大幅降低了上级对 A 镇企业适用环境行政处罚权的可能性。

值得一提的是，A 镇环保办本身也具备一定的非正式刚性能力。 A 镇环境执法者现场针对企业的违法问题所作出的整改通知书可能会附带"停工整改一天""停工整改三天"的要求。针对有关环保办所作出的停工整改决定的性质，乡镇环境巡视员表示这并非一种法律性质的权力行使，而是基于环保办与辖区企业人情化交往的衍生物。由于行政指导的柔性执法对企业也是有利的，镇环境执法才形成了这样一种制约能力，企业遵守环保办停工整改的决定通常是出于不愿意"得罪"环保办的想法。因此，往往没有企业尝试对环保办停工整改的决定提出申诉。

3. A 镇环境执法微观运作形态之三：压力机制驱动的积极行政

传统执法者所扮演的通常是单纯的"检查者""监管者"角色，执法对发现问题并作出处置的态度是积极的，而对帮助执法者达成合规的态度是消极的。但是，从 A 镇环境执法案例来看，A 镇的柔性帮扶环境执法实践事实上跳出了"检查者""监管者"的法律定位，开始转向一种身为"帮助者"的积极行政。

据 A 镇环保办领导介绍，如今 A 镇基本上秉持"服务企业"的理念开展环境执法。A镇环保办会积极地关注问题企业后续的整改情况，听取企业的整改难点，将其困难向上级环境行政机构转达，并提供以信息资源为主的帮扶措施。A镇环保办所作出的各类整改决定，主要是作为提醒和警示而存在。相比于高级环境督察和市级专项环境执法检查时对企业进行的严格经济性处罚，A镇环保办的现场处置给企业带来的不良影响很小（A镇环保办不具备对企业采取经济处罚和强制措施的法律授权）。在这样的制度安排下，镇企业得以以很低的成本，了解自身生产造成污染的情况，从而降低高级别环境检查给企业带来的经营风险以及出现重大环境污染事故的风险，并同时降低高级别环境检查给镇政府和环保办本身带来的政治风险。

据乡镇巡视员介绍，A镇环境执法工作持续开展积极行政的原因在于其受到的内部政府压力。一方面，在"党政同责"的机制下，企业和镇环保办本质上存在一损俱损的关系。如果上级环境督察或者专项检查发现A镇辖区内存在较多的政策落实整改落后或者企业问题，乡镇领导和环保办领导都一并会"睡不好觉"。对于镇政府和环保办而言，达成环境合规不再是企业单独的责任，也同样是自身的责任。另一方面，镇政府和企业之间又存在紧密关系，企业经营所产生的经济效益对于政府绩效评定和区域民众生活质量十分重要。特别是在不可抗力因素的影响下，镇内企业的经营普遍困难。各种环境整改要求的落实通常需要企业承担一定的经营成本，这与镇内企业的经营困难存在现实矛盾。因此，A镇政府乐意选择为辖区企业提供一定的环境合规支持，在减缓企业经营困难并改善经济的同时，减少上级对A镇进行环境问责的可能。故而，镇政府通常要求环保办以"服务者""帮助者"的身份开展执法工作，但又不能只"柔"不"严"，"该完成的环境整改还是要做好"。

当行政机构"可以自由选择一个行动方案时，他们的选择就反映了作用于他们身上的各种动机"[23]。经济发展的压力和环境保护的压力使得A镇环境执法逐渐转向积极行政。通过为企业提供以信息资源为主的行政帮助，A 镇环境执法机构帮助企业分担一定的环境压力，并提高了企业对环境执法工作的配合意愿。同时，这也是一种低成本的环境合规方式。由环境专家组成的环境执法队伍通过常态化的现场检查，为企业现场指出环境问题，降低企业对上级政策的学习成本，最大化利用了政府和企业各自的优势，因此降低了区域达成环境合规的总体成本。

（三）A 镇环境执法的宏观运作逻辑

所谓执法的宏观运作逻辑，是指 A 镇所属地方不同层级环境行政机构之间有关环境执法帮扶分工与配合的制度逻辑。对环境执法帮扶的宏观讨论已经不限于 A 镇乡镇层级环境执法，而更多的是从 A 镇作为各层上级职能部门政策落实的场景角度出发。本文主要依靠对 A 镇环保办工作人员的访谈内容，以及 A 镇所涉不同层级间环境行政机构的制度安排，尽可能论述真实的 A 镇执法的宏观运作逻辑。

1. A 镇环境执法的宏观运作逻辑之一：常态化的压力传导

在笔者看来，A 镇柔性帮扶环境执法受到不间断的考核压力传导，是 A 镇能够保证其柔性帮扶环境执法质量的前提。非强制行政对强制行政的取代透露着这样一种风险，即"在大力推广柔性执法改革的过程中，行政机关可能基于发展地方经济、提高改革成效等目的不恰当地放弃行政强制职能，出现应当处罚而不处罚的情况"[24]。这种可能在 A 镇环境执法的过程中是存在的。由于 A 镇环境执法帮扶之社区化逻辑运作，执法主体与执法相对人之间容易达成彼此配合、互相隐瞒的默契，容易出现镇执法者不仔细检查，企业配合帮助镇环保办向上隐瞒的情况。此外，在缺乏足够监督的情况下，A 镇环保办的执法小组本身也会"糊弄工作"和"做表面功夫"。例如，在调查末期，笔者已经与巡视员建立起了较为熟悉的关系，巡视小组对企业的常态化检查工作逐渐开始变得"不用心"，巡视小组通常是只要能够简单达成环保办领导交代的检查数目，就结束当天的检查工作。

上述这些风险决定了，若要长久维持 A 镇环保办良好质量的柔性帮扶环境执法，环境行政机构层级间的执法分工必然涉及监督下级执法帮扶工作的制度安排。在 A 镇环境执法工作者看来，上级对 A 镇的考核压力传导主要是通过抽检的方式进行的，小规模的如不定期的市级区县级抽检，大规模的如中央级、省级环境督察等，都或多或少给其带来了环境执法工作的压力。据巡视员介绍，上级环境执法检查基本每次都会公示检查结果，对环境表现末位的区域环保行政长官予以压力甚至问责，只不过不同上级抽检的压力程度不同。例如，中央环保督察抽检以及其附带的后续问责要明显严格于省内自己的检查。用巡视员的话说就是"中央环保督察罚起来真狠"。

当上级的压力问责机制发挥作用时，A 镇内部自己的压力机制也在发挥作用。当某些问题暴露，面临上级问责时，镇环保办会根据预先划分好的行政区域惩戒相关责任小组，顺带警示其他执法小组。从屡次被问责的经历中，A 镇环境执法者已经习惯于在发现问题时较为严谨地出具整改通知书，证明自己工作检查到位，从而尽可能消解问题暴露时的己方责任。

另一与环境执法帮扶工作相关的压力传导制度安排，是近期新兴的环境监督帮扶机制。监督帮扶机制的工作重点在于，考察区域生态环境保护工作的落实情况。[25] 例如，A 镇市委市政府通过异地抽调执法人员组成环境帮扶督导组，负责监督帮扶检查市内各县镇环境工作。市级帮扶督导的本质是对市级、区县级、乡镇级环保执法的监督。与环保督察不同的是，监督帮扶不是纯以压力传导为目的的。环境介质污染和企业复杂的生产工序结合会生成极为专业和多样的环境标准，上下级环境要求传达过程中也会出现要求传达不到位的信息偏差。同时，下级环境行政部门有时受限于其有限的资源，难以完成某些较为复杂的环境帮扶任务。监督帮扶机制也是为了解决上述问题而存在的。监督帮扶意在检查地方执法帮扶情况的同时，帮助地方纠正可以存在的环境要求信息差，并帮助基层解决一些难以解决的执法帮扶问题。只不过在实践中，A镇的监督帮扶出现了对监督内容的明显偏重。例如，A镇市级帮扶督导组的实际工作很少出现帮扶的内容。用A镇所属市环保局法规处人员的话说就是"市级帮扶督导组说是'帮扶'，实际上就是单纯的环境执法督导，他们是异地抽调的，发现企业问题处罚得比我们本地检查还狠"。

2. A镇环境执法的宏观运作逻辑之二：资源匹配与联动

任何行政机构，对于超出其对应资源能力的行政任务，均是难以履行的。地方层级间的环境行政机构必然要根据所占有的行政资源进行配合分工，协同完成上级交办的环境治理任务。基层环境执法所占据的有限资源，决定了其执法能力的有限性。对于超出基层执法能力范畴的治理任务，需要由对应资源匹配的上级环境行政机构承担，或者由上级机构协助基层加以承担。

对于A镇环保办的执法帮扶工作而言，出现属于其职责范围内但实质超出其能力的执法任务是很正常的现象。例如，A镇环保办职权上负责辖区内所有企业的常态化执法帮扶工作，但实际上，A镇执法帮扶检查的对象主要是镇内的中小微企业，A镇环境执法者很少去那些成规模的大企业检查。一方面，大型企业往往具备较充足的信息资源。另一方面，大型企业对地方巨大的经济贡献会自然令其获得较强的地方影响力，使得A镇环境执法者无法有效制约这些企业。例如，笔者所属的检查小组辖区内有A镇最大的食品加工厂，该企业占据A镇大面积的工业园区，有复杂的工艺产线。由于这家企业所缴纳的税款占A镇年税收比例约为20%，具备较强的地方话语权，A镇环境执法者基本是不会去那里检查的。据巡视员透露，对这家企业的执法检查一般由市级执法检查队伍负责，而且用巡视员的话说就是"就算市级检查来了，人家也没多重视"。作为乡镇环境执法检查队伍，虽然其具备进入该企业进行检查的职权，但企业在态度上所表现的是"人家都不愿意搭理"，因此 A 镇执法小组也不会去"自讨没趣"。另一种 A 镇环境执法者较为抗拒检查的是那些"有背景"的中小型企业，或者被巡视员称为"关系户"的企业。根据巡视员长期与这部分企业打交道所积攒下来的经验，"关系户"企业虽然规模有限，但其背后具备一定的地方影响力，用巡视员的话说就是"检查了也没用"。在 A 镇，类似背景的企业聚集在特定的街道内，巡视员很少对该街道的企业进行执法，即使知晓这部分企业是有污染的。

上述情形实际上透露了基层环境执法资源的有限性。由于 A 镇环境执法者与企业所具备的地方权威的不对等，基层执法者事实上难以对这些企业构成约束。在环境执法实践中，存在"属地管理潜藏着地方保护主义……行政位阶悬殊导致地方环保部门无力监管强势国企"等问题。[26] 不过，在特定时期出现环境政治高压时，A 镇环境执法者有时会面临必须面对这些企业的局面。例如，中央环保督察期间，上述"关系户"企业反而容易暴露问题，当上级环境整改要求下达时，A 镇必须对这些企业采取一定的措施。或者，有时为达成区域特定的环境目标，地方决定拆迁部分污染企业且必须完成。A 镇环境执法机构的通常做法是按上级要求落实推进，尽可能完成其能力范围内的任务，而一旦任务落实超出其能力范围，就开始向上级层层转达。为了达成这些任务，多层级行政机构会形成临时的资源联动，如组成联合环保办公室，使得所联动的资源足以制约对应的任务目标。用巡视员的话说就是"咱们没办法跟企业谈，但上面有人可以跟企业谈，他们谈好了我们再执行"。

3. A 镇环境执法的宏观运作逻辑之三：精准帮扶和弹性调控

柔性帮扶环境执法的主要风险在于负面克制型帮扶措施的合法性。例如，当 A 镇环境行政机关出于某些考量，在该阶段加强帮扶力度时，A 镇各级环境行政机关会选择在这一特定时间段内减少其环境执法检查频率，或者加快某些企业列入环境行政执法"白名单"，明确规定"白名单"上的企业不纳入环境检查。但是，减少执法检查频率和不去检查企业并不是实质解决了企业的环境违法问题，而可能只是将企业的违法问题不通过执法检查的方式暴露出来。企业方面也可能会借助帮扶"东风"放松其污染防治措施。环境行政执法与相对人违法只是进入"两相无事"的阶段，并不是使原本的环境法律法规发挥应有的规范作用。柔性帮扶环境执法的另一种风险在于正面授益型帮扶的资源问题。正面授益型帮扶涉及环境积极行政，而科层制本身针对积极行政所能调动的资源是极为有限的。

实践中，为化解上述风险，基层环境行政部门普遍所采取的是精准帮扶策略。精准帮扶要求环境行政机关只针对某些特定情况采取帮扶。例如，某一项环境政策新出台时，企业普遍需要客观的适应过程，于是在一定的时间维度内，针对此项环境升级过程加强帮扶。在此期间，环境行政执法主体若发现企业仍未处理好此类问题并不处罚，但对其他问题仍处理如初。精准帮扶的精准性可以体现在时间、空间、对象、问题性质等维度上。在 A 镇的实际操作中，承担常态化环境执法帮扶任务的 A 镇环保办一般是按照"市级区级下发的文件"以及"市里区里的开会精神"进行的，并且根据这些政策内容，不断变化其关注维度。A 镇环保办现场检查所针对的标准范围、现场检查所要向企业传递的信息、不同问题的后续处置措施、现场检查的频率和对不同行业企业的针对性等，基本是遵循上级环境行政机构的指示进行的。 A 镇检查小组虽有一定的自由裁量这些问题的空间，但这通常只是在上级裁量调控的框架下所进行的更为具体的裁量。

实践中，为化解风险而采取的精准帮扶策略需要弹性调控策略的辅助，才能应对基层环境实践中复杂的需要。调控性一方面体现在帮扶针对的维度。如 A 镇 2020 年夏季开展的 VOCs 专项检查。一般针对这种专项检查，市环保办公室会先要求各区县、乡镇根据会议精神和文件要求进行帮扶整治，乡镇环保办进行常态化巡查和盯梢，不断督促企业就 VOCs 排放进行整改，帮扶整改也尽可能为企业"出谋划策"。乡镇环境工作部门会统计辖区内各个企业的整改进展情况，并及时上报。市级环境行政部门也会不时来检查基层真实的帮扶整治进度。对于整改难度较大的，地方政府会组织出面与企业进行谈判，通过"一厂一策"的方式确定每个企业的整改期限（有些难度不大的政策可能不会这么复杂）。在帮扶整治过程中，企业整治不到位被发现并不会受到处罚，通常只是会不断收到提醒。整改到期后，地方就会以市里带头、区里派员的方式组织进行运动式专项检查。此时，未进行整治、整治偷懒、不达标的企业就会受到处罚，且帮扶整改表现不佳的区域也会受到批评问责。环保办工作人员透露，整治的时限有时由上级环保部门统一规定，根据不同的地区工作量不同会放宽期限。整个政策制定到底层执行的过程会被有意识地控制推进速率，避免"一刀切"，使得整个区域较为平稳地完成 VOCs 政策的整改落实。针对 VOCs 政策的落实方式，乡镇环保办人员称其为"先帮扶后执法"，并且认为这种弹性落实的方式有利于基层政策的推进。

调控性另一方面体现在环境帮扶执法监管的力度。例如，在疫情的冲击下，A 镇企业长期停产停工，地方经济和企业经营明显承压。在复产复工阶段，市级环境工作会议反复强调帮助扶持企业的执法理念。各类专项检查的频率降低，刚性的行政手段在原基础上进一步减少适用。市级、区县级环境执法检查发现问题后柔性处理的特征增加，市级开展针对困难企业集中帮扶的运动化治理活动，环境行政机关各级领导奔赴企业现场，在企业现场为企业排解困难。存在多级法益衡平的领域，往往无法简单用"有法必依"的原则一概处理，疫情背景下环境执法监管的弹性调控，并非仅出现在我国，在国外也是如此。例如，美国在 2020年开始受到疫情冲击后，多个州对其辖区内的企业采取柔性措施。俄亥俄州环保局在疫情冲击下发布行政命令，"俄亥俄州环保局允许小企业提交监管灵活性请求，以帮助它们采取其他方法来维持守法状态，如延长报告截止日期、考虑免除滞期费和行使执法裁量权"[27]。

三、 讨论和结论

本文着眼于中国环境行政监管领域出现的制度化、常态化、组织化的柔性帮扶执法这一现象的基层执行过程。我国环境行政柔性帮扶执法策略的出现，事实上反映了环境领域执法管控的特殊性，并反映了中国环境行政执法转变的关键，即政府内部压力机制所起到的作用。除了研究基层环境行政机构就柔性执法策略所作出的执法模式调整外，环境治理的压力性机制建立后，层级间环境行政机构柔性监管的分工配合和政策的具体执行状况需要引起更多的关注。

本文运用田野调查和深度访谈的方法，以我国华北地区 A 镇为对象，针对柔性环境行政执法的基层执行展开研究。案例分析发现，在基层环境执法领域，刚性执法与柔性帮扶产生了特殊的深度性嵌合。柔性帮扶执法中，帮扶与执法的目的紧密连接，意在追求环境违法问题的实质解决。在 A 镇帮扶执法的微观运作流程中，执法呈现社区化的运作逻辑，A 镇的柔性帮扶环境执法起到"刚性缓冲"的效果，并受政府内部压力机制的作用呈现为积极行政。在宏观运作中，A 镇柔性帮扶环境执法受到上级环境督察、监督帮扶等机制的常态化压力传导，特定情形下与上级环境行政形成联动，并受上级环境行政机构的弹性调控。 A 镇实施柔性执法帮扶降低了执法对象达成环境合规的成本与难度，且在一定程度上化解了传统威慑型环境行政在基层实践中的合法性危机。

本文试图在以下几个方面推进现有的研究深度：第一，在分析传统威慑型环境执法不足的基础上，以柔性帮扶执法的方式化解威慑型执法的缺陷之规制策略，虽然已为部分环境法学者所提倡，但少有研究从实证角度考量中国环境规制下正在发生的环境柔性执法。本文以基层环境柔性帮扶行政为对象进行实证考察，提供了中国环境行政转型的实证证据。第二，本文沿着两条思路来论述乡镇环境执法，即以执法主体与相对人之间的互动为内容的微观运作形态和以乡镇环境执法与上级环境行政机构的分工为内容的宏观运作形态，系统地阐释了环境执法的柔性帮扶策略是如何被乡镇执行和落实的，验证了既往非强制行政理论的研究结论，丰富了柔性环境行政在中国基层的实现这一较少被已有研究关注的领域。第三，本文结合现有政府行政管理理论，如"压力型体制"等，重点关注基层环境执法者的朴素经验和现实行为，总结导致其执法形态如此演化的最底层因素，并展现环境行政监管转变的真实过程。

本文的观察只是基于我国华北地区某工业交通镇，但我国行政机构设置的上下对应性强，地方行政体制运作的相似性要大于异质性，柔性帮扶环境行政的基层执行是普遍存在于其他地区的。文中所提出的该镇基层环境行政执法落实的形态和问题，也普遍存在于各地区环境行政的运作过程中。根据环境行政部门所面临的政治任务不同，区域间环境行政的柔性监管策略及其所衍生的环境执法帮扶现象必然有所不同。后续有必要拓展研究环境柔性帮扶执法的地方执行差异。此外，实践中能够影响乃至决定地方柔性帮扶执法执行质量的因素，以及柔性行政策略在环境治理领域的特殊性，仍有待进一步探讨。

参考文献：

［1］潍坊市生态环境局. 环保帮扶在行动 转变监管理念 帮扶执法并重 潍坊市生态环境局最新执法模式全展示［EB/OL］. https：//baijiahao. baidu. com/s？id = 1676349052391812022&wfr = spider&for = pc.

［2］重庆发布. 发言人来了丨刚柔并进，环保执法有策略［EB/OL］. https：// news. sina. com. cn/c/2020-12-05/doc-iiznctke4946799. shtml.

［3］崔卓兰，蔡立东. 从压制型行政模式到回应型行政模式［J］. 法学研究，2002（4）.

［4］孙丽岩. 行政执法中的非强制行为分析［J］. 学术月刊，2017（4）.

［5］刘福元. 城管柔性执法：非强制框架下的效益考虑与路径选择［J］. 中国法学，2018

（3）.

［6］莫于川．行政民主化与行政指导制度发展（上）（下）——以建设服务型政府背景下的行政指导实践作为故事线索［J］．河南财经政法大学学报，2013（3）.

［7］郝朝信，汪丽丽．柔性执法：税务行政行为方式之趋向与选择［J］．税务研究，2014（5）.

［8］王春业．论柔性执法［J］．中共中央党校学报，2007（5）.

［9］胡苑．论威慑型环境规制中的执法可实现性［J］．法学，2019（11）.

［10］胡苑．环境法律"传送带"模式的阻滞效应及其化解［J］．政治与法律，2019（5）.

［11］谭冰霖．论第三代环境规制［J］．现代法学，2018（1）.

［12］何香柏．我国威慑型环境执法困境的破解——基于观念和机制的分析［J］．法商研究，2016（4）.

［13］邓可祝．重罚主义背景下的合作型环境法：模式，机制与实效［J］．法学评论，2018（2）.

［14］［美］L. B. 斯图尔特．二十一世纪的行政法［J］．苏苗罕，毕小青译．环球法律评论，2004.

［15］崔卓兰，朱虹．从美国的环境执法看非强制行政［J］．行政法学研究，2004（2）.

［16］秦虎，张建宇．美国环境执法特点及其启示［J］．环境科学研究，2005（1）.

［17］中国环境报．阻挠环境执法必须依法严惩［EB/OL］. https：//www. cenews. com. cn/public/wgc/201805/t20180515_874179. html.

［18］胡建淼．行政法学（第四版）［M］．北京：法律出版社，2015：211 - 216，489 - 492.

［19］余凌云．行政法讲义（第三版）［M］．北京：清华大学出版社，2019：243 - 252，317 - 326.

［20］韩志明．街头官僚的空间阐释——基于工作界面的比较分析［J］．武汉大学学报（哲学社会科学版），2010（4）.

［21］于龙刚．基层社会的轻微违法行为及其治理路径——基于数地考察的实证研究［J］．山东大学学报（哲学社会科学版），2020（6）.

［22］陈柏峰．城镇规划区违建执法困境及其解释——国家能力的视角［J］．法学研究，2015（1）.

［23］［美］詹姆斯·Q. 威尔逊．官僚机构——政府机构的作为及其原因［M］．孙艳等译．北京：生活·读书·新知三联书店，2006：119.

［24］刘福元．非强制行政的问题与出路——寻求政府柔性执法的实践合理性［J］．中国行政管理，2015（1）.

［25］王宇．完善重点区域监督帮扶工作机制　助力环境治理现代化［J］．中华环境，2021（4）.

［26］龚宏龄，吕普生．环境执法权为何"逆流而上"？——基于环保案例的质性分析［J］．中国行政管理，2021（10）.

［27］Ohio EPA. *Coronavirus（COVID - 19）Response, Questions, and Guidance.* https：//www. epa. state. oh. us/covid19.

生态环境修复公私法责任制度协同研究

王小钢[*]

摘要： 我国《民法典》第 1234 条授权国家规定的机关和法律规定的组织运用私法责任手段追究生态环境修复责任。然而，很难在传统侵权法的框架内解释第 1234 条中的生态环境修复责任。当下环境法律中的生态环境修复公法责任条款呈现碎片化的特征。从司法解释、中央文件，经由司法实践的反复适用，再到《民法典》和环境法律，我国已经初步形成了颇具特色的生态环境修复私法责任制度。《法国环境法典》第一卷第六编规定了环境损害预防和修复制度。《法国民法典》第三卷第三编规定了生态损害修复和赔偿责任。因此，法国实行生态环境修复公私法混合责任制度。我国实际上也已经初步建立了生态环境修复公私法混合责任制度。我们可以通过解释论引导生态环境修复私法责任制度变迁，通过立法论引导生态环境修复公法责任制度变迁。通过从制度安排上切实考虑生态环境修复公法责任和私法责任的结构耦合、功能互补，

---

* 作者简介：王小刚，天津大学法学院教授。

我们可以找到一条生态环境修复公法责任和私法责任的制度协同路径。

关键词：民法典；生态环境修复；公法责任；私法责任；制度协同

我国《民法典》第 1234 条授权国家规定的机关和法律规定的组织运用私法责任手段追究生态环境修复责任，救济纯粹的生态环境损害，保护环境公共利益。生态环境损害指向公共利益，设定生态环境损害责任的目的是救济对生态环境本身造成的损害。[1] 然而，《民法典》既没有明文确认环境权利，也没有明文规定环境公共利益受法律保护。《民法典》第 1234 条和第 1235 条直接填补"对环境本身的损害"，因而对民法教义学提出了挑战。有民法学者借鉴《欧洲示范民法典草案》第 6—2：209 条，尝试将主管机关因生态环境损害遭受的不利负担（损失）拟制为侵权法上的损害。这种损害拟制理论似乎可以实现最少干扰侵权法体系，为环境公益诉讼提供实体法律依据，借助侵权法上的救济制度保护环境利益。[2] 虽然损害拟制理论或许可以解释《民法典》第 1235 条中的金钱赔偿责任，但是似乎很难解释《民法典》第 1234 条中的实物修复责任。

其实，《法国民法典》中的生态损害修复责任条款早已超越了《欧洲示范民法典草案》第 6—2：209 条的规定。如果侵权法要处理不同于个体损害的生态环境损害，那么侵权法的关注焦点也需要超越个体损害。规定生态环境损害责任的侵权法已经超出侵权法的传统边界。[3] 因此，很难在传统侵权法的框架内解释《民法典》第 1234 条中的生态环境修复责任。限于篇幅，本文首先界定生态环境修复公法责任和私法责任，接着阐述我国生态环境修复公法责任和私法责任的发展进程，然后评述《法国环境法典》中生态环境修复公法责任和《法国民法典》中生态环境修复私法责任，进而从解释论和立法论两个层面分别考察我国《民法典》第 1234 条中的生态环境修复私法责任制度变迁和环境法律中的生态环境修复公法责任制度变迁，最后尝试提出我国生态环境修复公法责任和私法责任制度协同理论。

一、 生态环境修复公法责任和私法责任的界定

《民法典》第 1234 条并没有界定"修复"的概念，因而"修复"的界定还需要依赖最高人民法院通过的司法解释和生态环境部制定的国家标准"生态环境损害鉴定评估技术指南"。严格意义上的生态环境修复是指，采取人工恢复措施将受损生态环境及其生态系统服务恢复至生态环境损害发生之前的状态和功能（基线水平）。严格意义上的生态环境修复相当于我国"生态环境损害鉴定评估技术指南"中规定的生态环境恢复中的基本恢复。生态环境恢复至少包括基本恢复和补偿性恢复。补偿性恢复也可以称为补偿性修复，是指采取各项必要的、合理的措施补偿期间损害。期间损害是指，生态环境损害开始发生到生态环境恢复到基线水平期间，原生态环境本应提供的生态服务功能的丧失或减少。[4]

生态环境修复还可以指称环境（污染）修复，是指采取各种必要的、合理的措施防止污染物扩散迁移、降低环境中污染物浓度，将环境污染导致的人体健康风险或生态风险降至可接受水平。[5] 其中，土壤修复是指采用物理、化学或生物的方法固定、转移、吸收、降解或转化地块土壤中的污染物，使其含量降低到可接受水平，或将有毒有害的污染物转化为无害物质的过程。[6] 环境（污染）修复和严格意义上的生态环境修复的一个主要差异在于，前者将受污染环境修复到可接受水平，后者将受损生态环境恢复到基线水平。本文中用"生态环境修复"一词指称环境（污染）修复和严格意义上的生态环境修复。因此，就土壤污染损害而言，生态环境修复是指环境（污染）修复中的土壤修复。就野生动物及其栖息地损害而言，生态环境修复是指将受损生态环境恢复到基线水平，即严格意义上的生态环境修复。

本文采用哈特在《惩罚与责任》一书中提出的法律责任概念，即当法律规则

要求人们作为或不作为时，违反法律规则的人根据其他法律规则通常必须对自己的违法行为承担受到惩罚的责任，或者承担赔偿责任，甚至时常承担受到惩罚和强制赔偿的双重责任。[7] 其中，惩罚责任可以理解为私法中的惩罚性赔偿责任或行政法中的行政处罚；赔偿责任可以理解为完全赔偿或等值填补损害。生态环境修复责任主要是等值填补生态环境损害，因而可以理解为哈特法律责任概念中的赔偿责任，而非惩罚责任。

首先，根据《民法典》第 1234 条，违反国家规定造成生态环境损害，生态环境能够修复的，侵权人因规定的机关或组织请求而承担的修复责任，可以说是生态环境修复私法责任。生态环境修复私法责任是指，规定的机关或组织并不先行诉诸行政义务体系，而是直接对违反国家规定造成生态环境损害的侵权人提起民事诉讼，要求侵权人采取修复措施。[8] 其次，我们可以运用土壤污染防治法的例子说明生态环境修复公法责任。根据《土壤污染防治法》第 64 条，对建设用地土壤污染风险管控和修复名录中需要实施修复的地块，土壤污染责任人负有土壤修复的法律义务。根据《土壤污染防治法》第 94 条，土壤污染责任人没有按照法律规定实施修复的，生态环境主管部门责令改正；拒不改正的，处以罚款，并委托他人代为履行。此时，土壤污染责任人因未履行土壤修复的法律义务而受制于责令改正的行政命令，即承担生态环境修复公法责任。土壤污染责任人拒不修复的，生态环境主管部门委托第三方代为履行，所需费用由土壤污染责任人承担。

二、 生态环境修复公法责任和私法责任的发展进程

（一）生态环境修复公法责任的发展进程

1985 年《草原法》第 10 条、第 19 条和第 20 条针对违法开垦、砍挖和采土

规定的责令恢复植被，确立了生态环境修复公法责任。2021 年《草原法》第 65 条、第 66 条、第 68 条、第 69 条、第 70 条和第 71 条规定的责令恢复草原植被、责令限期恢复植被、责令限期恢复和代为恢复，再次确认了生态环境修复公法责任。2010 年《水土保持法》第 49 条针对违法开垦开发规定的责令恢复植被，也确立了生态环境修复公法责任。2014 年《环境保护法》第 61 条针对未批先建的违法行为规定的责令恢复原状，相当于确立了生态环境修复公法责任。[9] 沿袭 2014 年《环境保护法》第 61 条，2016 年《环境影响评价法》第 31 条也规定了责令恢复原状，相当于确立了生态环境修复公法责任。1979 年《森林法（试行）》第 38 条，以及 1984 年《森林法》第 34 条和第 37 条，规定了责令补种一定倍数株数的树木。2009 年《森林法》第 39 条和第 44 条也规定了责令补种一定倍数株数的树木。这只是确立了哈特法律责任意义上的惩罚责任，而非严格意义上的生态环境修复责任。[10] 2019 年《森林法》第 73 条和第 74 条规定的"责令限期恢复植被和林业生产条件"确立了生态环境修复公法责任。

2016 年《水污染防治法（修订草案）》试图规定生态环境修复公法责任，确立"责令修复生态环境＋行政代履行"的生态环境损害行政救济模式。[11] 实际上，2016 年 6 月公布的《水污染防治法（修订草案）》（征求意见稿）第 128 条针对生活垃圾填埋场违法造成土壤、地下水污染的行为，规定了责令停止违法行为、治理和修复生态环境；第 130 条针对在饮用水水源二级保护区内网箱养殖违法造成水体污染的行为，规定了责令改正，恢复水环境；第 132 条针对违法造成地下水污染的行为，规定了责令治理、修复水环境；第 134 条针对违法造成水污染事故的行为，规定了责令限期采取治理措施，消除污染，修复生态环境和代为治理。按照文义解释和体系解释，《水污染防治法（修订草案）》（征求意见稿）第 128 条和第 132 条直接规定了责令修复生态环境或责令修复水环境；第 130 条规定了责令改正，但改正应该达到恢复水环境的效果；第 134 条则规定了责令限期采取治理措施，但采取治理措施应该达到消除污染和修复生态环境的双重效果。

然而，2017 年 6 月 27 日通过的《水污染防治法》删除了《水污染防治法（修订草案）》（征求意见稿）第八章"法律责任"中所有涉及修复生态环境、恢复水环境和修复水环境的用语。2017 年《水污染防治法》第 85 条针对违反水污染防治一般义务的行为，仅规定了责令停止违法行为，限期采取治理措施，消除污染的行政命令和代为治理的行政代履行；第 88 条针对违法处理处置污泥的行为，仅规定了责令限期治理措施的行政命令和代为治理的行政代履行；第 90 条针对船舶违法造成水污染的行为，仅规定了责令限期采取治理措施，消除污染的行政命令和代为治理的行政代履行；第 94 条针对违法造成水污染事故的行为，仅规定了责令限期采取治理措施，消除污染的行政命令和代为治理的行政代履行。由此可见，以上规定都没有直接明文确认责令修复生态环境的公法责任。在这个意义上，现行《水污染防治法》没有确立严格意义上的生态环境修复公法责任。然而，如上文所述，2018 年《土壤污染防治法》第 94 条规定的"责令改正"相当于确立了生态环境修复公法责任。

2021 年《湿地保护法》第 52 条、第 53 条、第 54 条、第 56 条、第 57 条、第 58 条中的责令修复湿地，责令限期恢复、重建湿地，责令限期修复湿地，责令改正和代为履行，相当于确立了生态环境修复公法责任。2022 年《黑土地保护法》第 30 条中的责令限期恢复原状也相当于确立了生态环境修复公法责任。2020 年《长江保护法》第 87 条和第 88 条及 2022 年《黄河保护法》第 109 条、第 110 条和第 118 条中的责令恢复原状、责令恢复植被，也相当于确立了生态环境修复公法责任。

当下环境法律中的生态环境修复公法责任条款呈现碎片化的特征。首先，《环境保护法》没有确立一般性的生态环境修复公法责任，仅仅针对未批先建的违法行为规定了责令恢复原状的行政命令。其次，当下生态环境修复公法责任条款散见于《草原法》《森林法》《土壤污染防治法》《长江保护法》《湿地保护法》《黑土地保护法》《黄河保护法》《环境影响评价法》等环境单行法律之中。大部分环境单行法律中仍然没有严格意义上的生态环境修复公法责任条款。

（二）生态环境修复私法责任的发展进程

在《环境保护法》的修改过程中就开始出现生态环境修复私法责任的萌芽。2011年，原环境保护部在起草《环境保护法修改草案建议稿》时，以《侵权责任法》第65条取代了《环境保护法》第41条第1款。在当时的法律框架下，《侵权责任法》中的侵权责任不能涵盖环境法律中的排除危害责任。侵权责任旨在救济人身和财产损害，保护人身和财产权益。排除危害旨在排除对环境的损害和危险，保护环境权益。在环境权益写入《侵权责任法》之前，《环境保护法》删除排除危害条款可能致使司法实践中的环境民事公益诉讼丧失实体法律依据。[12] 现在《民法典》第1234条和第1235条可以为环境民事公益诉讼制度和生态环境损害赔偿制度提供实体法律依据。

首先，我们可以回顾环境民事公益诉讼制度中的生态环境修复私法责任。2014年通过的《环境保护法》第58条确认了符合规定条件的环保社会组织提起环境民事公益诉讼的诉讼资格，但是生态环境修复私法责任的司法适用不得不借助《侵权责任法》。然而，按照《侵权责任法》第2条，其所保护的民事权益主要包括生命权、监护权、所有权等人身、财产权益，并不包括旨在填补"对环境本身的损害"的环境权益。自2015年1月7日起施行的《最高人民法院关于审理环境民事公益诉讼案件适用法律若干问题的解释》（以下简称《环境民事公益诉讼解释》）将《侵权责任法》中的恢复原状责任扩大解释为包括生态环境修复责任，即将受损生态环境修复到损害发生之前的状态和功能的责任。[13]《环境民事公益诉讼解释》实际上将《侵权责任法》所保护的法益范围从一般民事权益扩展到环境公共利益。换言之，《环境民事公益诉讼解释》将《侵权责任法》中的恢复原状责任拓展适用到生态环境损害领域，由此形成了环境民事公益诉讼制度中的生态环境修复私法责任。

其次，我们可以回顾生态环境损害赔偿制度中的生态环境修复私法责任。2015 年，中央办公厅、国务院办公厅印发《生态环境损害赔偿制度改革试点方案》，在吉林、江苏等 7 个省市开展生态环境损害赔偿改革试点工作。省级政府作为赔偿权利人，可以通过提起生态环境损害赔偿诉讼，迫使赔偿义务人承担生态环境修复私法责任。2017 年，中央办公厅、国务院办公厅印发《生态环境损害赔偿制度改革方案》，在全国范围内试行生态环境损害赔偿制度，赔偿权利人范围扩展到省级、市地级政府。自 2019 年 6 月 5 日起施行的《最高人民法院关于审理生态环境损害赔偿案件的若干规定（试行）》（以下简称《生态环境损害赔偿规定》）直接规定被告承担修复生态环境责任。[14]《生态环境损害赔偿规定》第 12 条规定，受损生态环境能够修复的，法院应当依法判决被告承担修复责任。这些规范性文件为生态环境损害赔偿制度中的生态环境修复私法责任适用提供了规范指引。2022 年 4 月，生态环境部联合最高人民法院、最高人民检察院、科学技术部、公安部、司法部、财政部、自然资源部等 14 家单位印发的《生态环境损害赔偿管理规定》，为生态环境损害赔偿制度顺利实施提供了有力的制度保障。

再次，《民法典》第 1234 条明文确认生态环境修复私法责任，为环境民事公益诉讼制度和生态环境损害赔偿制度提供了实体法律依据。《民法典》第 1234 条授权国家规定的机关和法律规定的组织运用私法责任手段追究侵权人的生态环境修复责任。这个生态环境修复私法责任条款不仅认可了检察机关和社会组织通过提起环境民事公益诉讼来请求侵权人承担生态环境修复责任的权利，而且为地方政府开展生态环境损害赔偿磋商和诉讼提供了法律基础。

最后，多部环境法律也明文确认生态环境修复私法责任。2019 年《森林法》第 68 条，2020 年《固体废物污染环境防治法》第 121 条、第 122 条，2021 年《湿地保护法》第 61 条，2022 年《黑土地保护法》第 31 条，以及 2022 年《黄河保护法》第 119 条都明文确认了生态环境修复私法责任。

简而言之，从司法解释、中央文件，经由司法实践的反复适用，到《民法典》和环境法律，我国已经初步形成了颇具特色的生态环境修复私法责任制度。

三、 法国生态环境修复公法责任和私法责任立法例

(一)《法国环境法典》中的环境损害修复公法责任

法国通过的《关于环境责任及引入使法国法适应欧盟环境法的若干措施的 2008—757 号法律》[15] 和《关于预防与修复环境损害的 2009—468 号政府法令》[16]，转化和细化了 2004 年欧盟《关于预防和修复环境损害的环境责任指令》(以下简称《环境责任指令》)。2008—757 号法律已编纂入《法国环境法典》第一卷第六编（第 L160—1 条至第 L165—2 条）之中。第六编"预防与修复特定环境损害"涵盖适用范围、制度、对生物多样性损害的赔偿、特定活动的特别规定和其他规定等五章。[17] 在法国法律体系中转化 2004 年欧盟《环境责任指令》的结果是，《法国环境法典》创建了一种关于预防和修复环境损害的行政法律制度。这种行政法律制度是一种涉及经营者和行政机关两方的环境损害修复行政法律制度，而非一种涉及原告、被告和法官三方的新的民事责任制度。[18]

根据第 L161—1 条，第一卷第六编中的环境损害（dommages causés à

l'environnement）采用了欧盟《环境责任指令》中的环境损害定义，主要涵盖土壤、水、受保护物种及其栖息地等三种类型环境损害。根据第 L162—8 条，对于土壤环境损害的修复，修复措施应该能够消除任何对人体健康造成严重损害的危险，同时考虑到损害发生时受污染地块已有或预定的用途。[19] 根据第 L162—9 条，对于水环境损害和受保护物种及其栖息地环境损害，通过基本修复（réparation primaire）和补充性修复（réparation complémentaire）将受损生态环境恢复到基线水平，并且通过补偿性修复（réparation compensatoire）填补期间生态系统服务损害。[20] 按照第 L162—14 条、第 L162—16 条和第 L171—8 条，如果造成环境损害的经营者没有履行修复义务，那么主管机关应当通过催告限期修复、行政强制执行或行政制裁（sanctions administratives），迫使造成环境损害的经营者承担环境损害修复公法责任。

（二）《法国民法典》中的生态损害修复私法责任

根据《法国民法典》第 1246 条，对生态损害（prejudice écologique）负有责任的任何人都有责任修复生态损害；根据第 1247 条，生态损害是可以救济的损害，这种损害包括对生态系统的要素或功能，或者人们从环境中获取的集体利益的不可忽视的损害；根据第 1248 条，生态损害修复诉讼的原告主体包括国家、法国生物多样性署、地方政府、公共机构和符合条件的环保组织等；根据第 1249 条，对生态损害的救济优先采用实物修复（réparation en nature）的方式。[21] 我国《民法典》第 1234 条在一定程度上吸收了《法国民法典》第 1248 条和第 1249 条的经验。我国《民法典》第 1234 条规定的生态环境修复请求权主体"国家规定的机关或者法律规定的组织"与《法国民法典》第 1248 条规定的原告主体相似。我国《民法典》第 1234 条强调修复责任优先，这与《法国民法典》第 1249 条强调实物修复优先也具有相似性。在解释论视角下，实物修复意味着将生态损害修复到损害发生之前的基线水平，并且通过补偿性修复来补偿期间生态系统服务损害。

按照《法国民法典》，生态损害既包括对生态系统的要素和功能的不可忽视的损害，也包括对人们从环境中获取的集体利益的不可忽视的损害。《法国民法典》规定的生态损害定义清楚地表明，生态损害与个体损害没有关系。因此，法院的重要任务是避免混淆生态损害和个体损害，确保生态损害修复方案确定或生态损害赔偿额评估的融贯性和一致性。[22] 鉴于法国法院在清晰区分生态损害和个体损害方面面临着诸多困难，目前仍不清楚法国法院能否以一种融贯和一致的方式适用《法国民法典》中的生态损害修复和赔偿责任。[23]

(三) 法国生态环境修复公私法混合责任制度

法国实行生态环境修复公私法混合责任制度。按照法国《环境宪章》，人人负有保护环境的义务、防止环境退化的义务以及修复环境损害的义务。[24]《法国环境法典》第一卷第六编（第 L160—1 条至第 L165—2 条）规定了环境损害预防和修复制度。《法国民法典》第三卷第三编（第 1246 条至第 1252 条）规定了生态损害修复和赔偿责任。需要注意的是，《法国环境法典》采用了"环境损害"的法律用语，《法国民法典》则采用了"生态损害"的法律用语。从发生学上讲，《法国环境法典》中的环境损害预防和修复制度主要源自欧盟《环境责任指令》的国内法转化和适用；《法国民法典》中的生态损害修复和赔偿责任条款主要源自判例（尤其是 Erika 案）和民事责任立法的渐进发展。最近的生态损害民事责任立法是法国法多年酝酿和渐进发展的结果。宪法承认了造成环境损害的人负有修复受损环境的义务。与此同时，越来越多的法院作出了支持这种或那种形式的生态损害概念的判决。这些都致力于为生态损害民事责任立法改革创造有利氛围。[25]

《法国环境法典》第 L164—2 条特别规定，根据第一卷第六编采取修复措施，应当考虑到根据《法国民法典》第 1246 条至第 1252 条所采取的任何修复措施。《法国民法典》第 1249 条也特别规定，生态损害的评估应当考虑已经采取的救济方式，尤其是根据《法国环境法典》第一卷第六编所采取的救济方式。换言之，《法国民法典》规定的生态损害修复和赔偿责任制度与《法国环境法典》规定的环境损害预防和修复制度应该发挥协同作用，避免责任者承担重复赔偿的过重负担，以便在生产经营者和社会公众之间合理分担救济生态环境损害的社会成本。当然，鉴于法国实践中，生态环境修复公法责任和私法责任的实施案例还不够多，法国生态环境修复公法责任和私法责任制度能否发挥协同作用，尚待观察。

四、 我国生态环境修复公法责任和私法责任制度变迁展望

当下环境法律中的生态环境修复公法责任条款，为我国生态环境修复公法责任制度提供了规范基础。我国《民法典》通过供给生态环境修复私法责任正式规则，引导生态环境修复私法责任制度创新。因此，我国实际上已经初步建立了生态环境修复公私法混合责任制度。在制度变迁视角下，我们可通过解释论引导生态环境修复私法责任制度变迁，且通过立法论引导生态环境修复公法责任制度变迁。

（一）解释论：厘清《民法典》第 1234 条中的生态环境修复私法责任

在解释论视角下，我们需要厘清《民法典》第 1234 条众多术语的含义，尤

其是如何解释"能够""修复"。首先，从民法解释论角度，我们可以将《民法典》第1234条中的"能够"解释为"技术上、经济上和法律上都能够"。无法修复仅仅解释为技术上的原因，还是可以解释为也包括经济上的原因和法律上的理由？如果修复生态环境费用远远高于预期收益（比方100倍以上），还要不要修复？

如果将《民法典》第1234条中的"能够修复"仅仅理解为"技术上能够修复"，可能会导致生产经营者承受不合理的经济负担。让我们假设一种情形，受损生态环境在技术上能够修复，但生态环境修复费用远远高于预期收益。理论上，此时法院不宜判令被告承担生态环境修复责任。按照欧盟《环境责任指令》和美国自然资源损害赔偿制度，此时可能会按照环境价值评估方法来评估环境损害或自然资源损害，然后由责任方赔偿相应的环境损害赔偿金或自然资源损害赔偿金。然而，按照我国《民法典》第1234条和《生态环境损害赔偿规定》第12条，违反国家规定造成生态环境损害，生态环境能够修复的，此时法院似乎可以判令被告承担修复责任。为了防止发生这种不太合理的现象，我们可以运用解释论来规范《民法典》第1234条和《生态环境损害赔偿规定》第12条的司法适用。我们建议将《民法典》第1234条和《生态环境损害赔偿规定》第12条中的"能够修复"解释为"技术上、经济上和法律上都能够修复"。

"技术上能够修复"是一个基于技术发展水平的相对客观的标准。"经济上能够修复"也是一个相对客观的标准，即按照一般理性人的判断，生态环境修复费用不会远远高于预期收益。"法律上能够修复"的一个例子涉及《土壤污染防治法》第68条的规定。如果某公司违反国家规定，严重污染土壤，造成了生态环境损害，技术上和经济上都能够修复，但该公司的土地使用权已经被当地政府收回，此时根据《土壤污染防治法》第68条，应当由当地政府组织实施土壤污染修复，法院因而不宜判令被告承担修复责任，但可以根据《民法典》第1235

条，判令被告赔偿修复生态环境费用和生态环境受到损害至修复完成期间服务功能丧失导致的损失。

其次，从民法解释论角度，我们可以将《民法典》第 1234 条中的"修复"扩大解释为涵盖基本修复和补偿性修复。基本修复旨在运用人工修复措施，将受损生态环境修复到损害发生之前的基线水平。补偿性修复旨在运用人工修复措施，等值填补生态环境修复期间服务功能损害。在解释论视角下，《民法典》第 1234 条中的"修复"意味着将受损生态环境修复到损害发生之前的基线水平，并且通过补偿性修复填补期间服务功能损害。当然，当"技术上、经济上和法律上都能够"实施基本修复方案时，法院可以判令违反国家规定造成生态环境损害的侵权人承担基本修复责任。当"技术上、经济上和法律上都能够"实施补偿性修复方案时，法院可以判令侵权人承担补偿性修复责任。

（二）立法论：健全生态环境修复公法责任制度

在立法论视角下，虽然我国《民法典》规定了生态环境损害修复和赔偿责任，但是这并不排除未来制定专门的生态环境损害预防和修复法，也不排除未来环境法典规定生态环境损害预防和修复制度。环境法律中的生态环境损害预防和修复制度与《民法典》中的生态环境损害修复和赔偿责任制度应该能够相互协同。行政法律制度和民事法律制度相互协同的前提，是生态环境修复公法责任和私法责任能够做到结构耦合、功能互补。为了更好地发挥生态环境修复公法责任和私法责任制度协同作用，我国可以通过立法这种强制性制度变迁方式来健全我国环境法律中的生态环境修复公法责任条款，或者制定专门的生态环境损害预防和修复法，或者在未来环境法典中规定生态环境损害预防和修复制度。

结束语：生态环境修复公法责任和私法责任制度协同理论

一些主张生态环境修复公法责任的学者很可能轻视生态环境修复私法责任。[26] 其实，当下环境法律中的生态环境修复公法责任条款呈现碎片化的特征，不可能有效全面应对和修复各种类型的生态环境损害。采取生态环境修复公法责任手段往往需要以法律有明文规定为限，在应对灵活多变的现实问题时难免捉襟见肘。[27] 期待通过修改环境法律，建立完善的生态环境修复公法责任制度的美好愿望，短期内恐怕也难以实现。即使将来在各部环境法律中全面引入了生态环境修复公法责任条款，这种公法责任条款的实施也不得不受制于相对有限的行政执法资源。另一些主张生态环境修复私法责任的学者很可能轻视生态环境修复公法责任。[28] 然而，生态环境修复公法责任制度具有及时性、高效性、低成本、直接性、专业性和有效性的特征。[29] 环境资源监督管理部门在人员、财力、装备等资金和技术力量上具有比较优势，其通过生态环境修复公法责任这种补救性行政命令来进行救济，能够更好地达成生态环境损害救济的目标。[30] 事实上，仅仅依靠《民法典》侵权责任条款的修改，根本无法起到有效预防和充分救济生态环境损害的效果。[31] 简而言之，生态环境修复公法责任制度和生态环境修复私法责任制度都拥有各自的优势，也都拥有各自的劣势。因此，问题的关键或许不是非此即彼的逻辑，而是公法责任和私法责任制度协同的方案。

我国实际上已经初步建立了生态环境修复公私法混合责任制度。按照实用主义的立场，轻言废除生态环境修复私法责任制度，或者轻言废除生态环境修复公法责任制度，都不一定是最实用的制度方案。通过从制度安排上切实考虑生态环境修复公法责任和私法责任的结构耦合、功能互补，或许可以找到一条生态环境修复公法责任和生态环境修复私法责任的制度协同路径。我国立法机关可以进一步采用生态环境修复公法责任和私法责任制度协同理论，健全我国环境法律中的生态环境修复公法责任条款，或者制定专门的生态环境损害预防和修复法，或者在未来环境法典中规定生态环境损害预防和修复制度，以不断满足人民对美好生活的向往。生态环境修复公法责任制度和生态环境修复私法责任制度都可能适用于违反国家规定造成生态环境损害的同一个生产经营者。然而，这两种制度在适用范围和救济方式等诸多方面交叉重叠，在决定主体和时效等诸多方面又迥然不同。因此，这种新的生态环境修复公法责任和私法责任制度协同理论也给我们留下了许多需要深入研究的课题。

参考文献：

［1］ 孙佑海、王倩：《民法典侵权责任编的绿色规制限度研究》，《甘肃政法学院学报》，2019 年第 5 期，第 64 页。

［2］ 李昊：《论生态损害的侵权责任构造——以损害拟制条款为进路》，《南京大学学报（哲学·人文科学·社会科学）》，2019 年第 1 期，第 50 页。

［3］ Simon Taylor, Extending the Frontiers of Tort Law: Liability for Ecological Harm in the French Civil Code, *Journal of European Tort Law*, 2018, 9（1）：81 - 103, p. 84.

［4］ 《中华人民共和国国家标准：生态环境损害鉴定评估技术指南总纲和关键环节》（GB/T 39791. 1—2020），生态环境部、国家市场监督管理总局，2020 年 12 月 29 日发布。

［5］ 《环境损害鉴定评估推荐方法（第 II 版）》4. 10，原环境保护部办公厅《关于印发〈环境损害鉴定评估推荐方法（第 II 版）〉的通知》，环办〔2014〕90 号，2014 年 10 月 24 日。

［6］ 《建设用地土壤修复技术导则》3. 1，生态环境部《关于发布〈建设用地土壤污染状况调查技术导则〉等 5 项国家环境保护标准的公告》，公告 2019 年第 52 号，2019 年 12 月 19 日。

［7］ H. L. A. Hart, *Punishment and Responsibility*（Second Edition），Oxford University Press, 2008,p. 215.

［8］ 刘静：《论生态损害救济的模式选择》，《中国法学》，2019 年第 5 期，第 267 页。

［9］ 李挚萍：《行政命令型生态环境修复机制研究》，《法学评论》，2020 年第 3 期，第 185 页。

［10］ 张宝：《生态环境损害政府索赔权与监管权的适用关系辨析》，《法学论坛》，2017年第3期，第18页。

［11］ 张宝：《生态环境损害政府索赔权与监管权的适用关系辨析》，《法学论坛》，2017年第3期，第17—18页。

［12］ 王小钢：《"侵权责任"能够涵盖"排除危害"责任吗?》，《生态安全与环境风险防范法治建设——2011年全国环境资源法学研讨会论文集》，2011年8月6日—9日，桂林，第270—273页。

［13］ 第20条，《最高人民法院关于审理环境民事公益诉讼案件适用法律若干问题的解释》，法释〔2015〕1号，2015年1月6日。

［14］ 第11条，《最高人民法院关于审理生态环境损害赔偿案件的若干规定（试行）》，法释〔2019〕8号，2019年6月5日。

［15］ 刘骏：《〈法国民法典〉中生态损害修复规则之研究》，《现代法治研究》，2019年第2期，第55页。

［16］ 竺效：《论生态损害综合预防与救济的立法路径——以法国民法典侵权责任条款修改法案为借鉴》，《比较法研究》，2016年第3期，第18页。

［17］ 莫菲、刘彤、葛苏聆：《法国环境法典（第一至三卷）》，北京，法律出版社，2018年，第90—108页。

［18］ Julie Foulon, Recent Developments in French Environmental Law：Recognition and Implementation of Ecological Damage in French Tort Law, *Environmental Law Review*，2019，21（4）：309‐317，p.310.

［19］ 莫菲、刘彤、葛苏聆：《法国环境法典（第一至三卷）》，北京，法律出版社，2018年，第90—94页。

［20］ 王小钢：《生态环境修复和替代性修复的概念辩正——基于生态环境恢复的目标》，《南京工业大学学报（社会科学版）》，2019年第1期，第38页。

［21］ 李琳：《法国生态损害之民法构造及其启示——以损害概念之扩张为进路》，《法治研究》，2020年第2期，第94页。

［22］ Simon Taylor, Extending the Frontiers of Tort Law：Liability for Ecological Harm in the French Civil Code, *Journal of European Tort Law*，2018，9（1）：81‐103，pp.92‐93.

［23］ Simon Taylor, Extending the Frontiers of Tort Law：Liability for Ecological Harm in the French Civil Code, *Journal of European Tort Law*，2018，9（1）：81‐103，p.102.

［24］ 王建学：《法国的环境保护宪法化及其启示》，《暨南学报（哲学社会科学版）》，2018年第5期，第66页。

［25］ Simon Taylor, Extending the Frontiers of Tort Law：Liability for Ecological Harm in the French Civil Code, *Journal of European Tort Law*，2018，9（1）：81‐103，pp.88‐89.

［26］ 张宝：《生态环境损害政府索赔制度的性质与定位》，《现代法学》，2020年第2期，第78—93页。

［27］ 冯洁语：《公私法协动视野下生态环境损害赔偿的理论构成》，《法学研究》，2020年第2期，第181页。

［28］ 李昊：《论生态损害的侵权责任构造——以损害拟制条款为进路》，《南京大学学报（哲

学·人文科学·社会科学）》，2019 年第 1 期，第 72—82 页。

［29］李挚萍：《行政命令型生态环境修复机制研究》，《法学评论》，2020 年第 3 期，第 191 页。

［30］徐以祥：《论生态环境损害的行政命令救济》，《政治与法律》，2019 年第 9 期，第 88 页。

［31］竺效：《论生态损害综合预防与救济的立法路径——以法国民法典侵权责任条款修改法案为借鉴》，《比较法研究》，2016 年第 3 期，第 24 页。

流域环境司法协作治理的路径探索

叶榅平[*]

摘要： 流域作为独立的水文单元，其中各环境要素彼此联系并交换，这样的自然特性给当前的司法协作提出了更高的要求。第一，要注重流域生态系统的整体关联性；第二，要正确地处理流域内不同行政区划下的司法系统之间的关系。虽然在流域内跨区司法协作上已经有了一些成功实践，但是仍然存在司法受严格的行政区划制度限制、跨区裁判标准和程序不一、跨区纠纷多发等带来的治理难题，整体性治理的必然要求和管辖碎片化现状之间的矛盾已然影响到了流域跨界生态破坏和资源配置纠纷的高效处理。我们试图探寻现存的组织、实体和日常沟通方面的实践成果与发展可能性，完善流域内司法协作的配套机制，从而推动流域司法协作进程，更好地从全局出发来保护流域的生态环境。

关键词： 流域治理；司法协作；司法治理

---

* 作者简介：叶榅平，上海财经大学教授。

引言

近年来，跨界的河流污染以及上下游用水矛盾等流域性的纠纷屡见不鲜，这对流域整体治理乃至严格行政区划下的司法系统的冲突解决机制提出了严峻的挑战。也就是说，流域环境纠纷及其引发的相应财产纠纷、生态修复问题等，在流域生态系统互相关联这个客观背景下，只有通过整体性治理这样的集体行动方式才能达到理论上的修复和解决效果，但是众所周知，哪怕是同一个流域区内，司法系统仍然是按照基础的行政区划方式和固定的司法管辖层级在运作，整体性治理的必然要求和管辖碎片化的现状之间的矛盾已然影响到了流域性纠纷的高效处理和流域内生态环境的有力保护。

为此，各流域区内都积极探索，试图在现有框架下推进流域司法协作的发展。"共抓大保护、不搞大开发"等中央下发的流域生态保护要求，从总体上明确了"同流域共治理"的指导方针。《长江保护法》作为我国第一部流域专门立法，第4条奠定了整部法律注重"协调跨地区跨部门重大事项"的精神，建立起长江全流域共同保护机制，明确各地、各级别部门的分工，并且规定流域内相关地区需要在信息共享、统筹执法等方面开展协调与协作。这不仅意味着长江全流域司法协作模式初步形成，而且也代表着尊重流域自然特性，从全流域全局角度对大江大河进行系统性的保护已经是明确的发展方向。① 流域环境司法协作治理是落实流域环境立法，实现流域环境保护的重要保障。本文通过分析流域司法协作治理中两个重要维度的内涵，根据如今人为割裂的碎片化司法管辖现状，引入"整体性治理"的指导思想，总结了司法受严格的行政区划限制、跨

---

① 武建华：《建立健全长江全流域环境司法协作协同机制》，载《人民法院报》2021年4月15日。

区裁判标准和程序不一、跨区纠纷多发等治理难题，试图在组织、实体和日常沟通方面探寻到流域司法协作未来发展可能会采用的框架构建模式；致力于提升司法协作水平，从而促进司法协作进行本质性转化升级，提升整体性治理水平，尊重流域生态系统的自然特性，更好地解决流域性跨界纠纷，保护流域生态环境。

一、 流域环境司法协作治理的现实困境

似乎现在的各级法院都已经进行了必要的尝试，进行了一些司法协作的合作，如最高人民法院出台的《关于全面加强长江流域生态文明建设与绿色发展司法保障的意见》，长江流域、淮河流域等流域内各地都出台了类似的司法合作协议、司法合作机制规则等①，以及最高人民法院和最高人民检察院也针对长江流域经济带的环境资源审判问题发布了专门的指导性案例，对各地法院之间信息共享、办案协作和跨区纠纷的解决都产生了一定的作用，但是很明显，这种司法协作仅仅是停留在表面的。大多数司法协作的规定通过会议文件、备忘录、双方或者多方签订协议来达成，也没有一个常设的组织机构来监督后续的运行和实施，很难达到预想的效果；再加上常见的司法交流通常是文化建设和发表成果方面的交流，关于具体协作机制运行的内容更是少之又少；最重要的一点是，协作效果并没有纳入司法系统公务人员的绩效考核范围，因此实践中运行起来也就缺少动力和约束。司法系统之间的协作尚且如此，一旦脱离司法系统内部，涉及行政或者其他主体的问题，工作就更加难以开展。

---

① 如长江经济带11＋1省市高院签署环资审判协作框架协议、《淮河流域（河南段）11个市检察院战略协作机制工作规则（试行）》、《四川省六市检察机关〈关于开展沱江流域水系保护司法协作的意见〉（试行）》等文件。

(一) 司法受严格的行政区划限制

我国诉讼法中规定了分区域、分级别、与行政区划高度对应的司法管辖制度。一方面,司法不同于行政,严格的行政区划制度一定程度上确实有利于使行政权力在固定区域内提供的管理和服务职能效果达到最好,但是司法作为解决纠纷的最后一项手段,纠纷的跨区域性随着各地联系程度的加深而日益明显,可是固有的司法分区性管辖的存在天然地为司法的整体性治理造成了阻碍。特别是在流域整体性治理的客观要求下,这样的制度显然无法很好地协调流域各个流段、各个利益主体之间的关系。另一方面,司法机关的人事任免和财政经费拨付也受到地方政府的制约,从而可能会人为地为外地当事人设置不合理的立案、审理、裁判程序屏障,或者剥夺外地当事人的合法诉讼权利和诉讼利益,乃至故意错判、在执行阶段非法执行,甚至通过内部规定的方式发布不利于外地当事人参加司法程序的不合理规则,统称司法保护主义。除此之外,也可能会引起行政干预司法等严重影响司法公信力的情况。那么,相关利益方法院可能会"报复性"地同样实施司法地方保护,或者周边行政区划法院可能会"效仿"。这样一来,各地通过司法系统反而构筑起了"司法壁垒",这不仅会将对司法系统的不信任感扩大化,而且严重影响了各地区间的司法交流与协作,在流域整体大开发的战略背景下更是有害无益,阻碍了流域整体性治理的进程,严重影响流域司法协作效应的实现。综上,如何构建具有执行力的跨行政区司法机构和沟通机制,就成为补充和完善受到严格行政区划限制的司法管辖制度之必然要求。

（二）裁判标准和程序不一

司法系统的裁判规则不一主要是源于各地法规和规章各异。正如之前所提到的，流域内情况复杂，这种复杂不仅体现在自然条件的差异上，更体现在各地不同的社会经济状况上。《立法法》固有的区别性规则，再加上各地政府、法院依据地方实际情况的变通规定，就导致了流域内各地在实体和程序法律、法规、规章的内容上都存在不容忽视的差异。从立法上来说，一个完整的流域区内可能包含多个行政级别。以长江下游的长江三角洲地区为例，此处存在省级、设区的市两级立法层级。不同的立法层级，由于权力划分的差异，在立法权限上也存在较大区别。《立法法》表明，除法律明文规定的保留事项外，省级人大的立法权限明显大于设区的市级，后者的立法权限仅仅局限在城乡建设与管理、环境保护、历史文化保护这三个方面，政府规章制定也是如此。就算是同级立法主体，在立法内容上也有所不同。在一些关乎社会重大利益的领域，如污染防治、食品安全等，一般存在国家的统一立法，如《大气污染防治法》《水法》《食品安全法》，然后省级或设区的市级的人大或者人民政府再因地制宜，根据实际情况和需要，以国家统一立法为基础，制定地方性法规或者政府规章。如此一来，虽然上位法是一致的，但是实际适用还是存在差异。在其他领域，没有了国家统一立法作为参照，各地方只好自行先行立法以满足生产生活需要，各地方经济文化发展水平的不同也带来了不同的立法需求，从中诞生的地方立法自然也有着各自的地方特色，内容的差异性更加明显。除了立法外，人民法院也会根据本地区的实际情况，制定有利于促进本地区司法审判工作顺利开展的一些程序性规定。由于各地社会情况复杂、司法状况各异，各地司法实践中的立案审核程序、审判程序、执行程序都存在不统一的情况。

社会学上有一个概念叫作"差序格局"，实际上，司法实践中也存在所谓的"差序格局"效应，即法官在审判中倾向于优先适用离他"最近"的法律法规，如本地人大制定的法规、本地政府制定的规章乃至政策（不能作为裁判依据，但是一般会为法官所参考）、上级法院的审判细则等，最后才会适用国家统一制定实施的法律。客观来说，越"贴近"法官本人的规则，意味着更加符合该案件所处地的实际情况和惯例，确实更具参考性；从另一个方面看，制定出来的规则一般来说是更加符合制定主体的利益的，而之前也有提到，司法系统在人、财两方面受到行政系统的制约，出于种种考虑，也更倾向于采用维护他们利益的地方法规和规章。

总而言之，各地法院裁判标准和司法程序的不统一，带来了同案不同判、法规及规章冲突、跨域诉讼服务机制不够顺畅、协调合作机制不够健全等诸多问题，进而掣肘了流域司法协作向更深层次开展。

（三）跨区纠纷多发带来的治理难题

流域本身是一个复杂的生态系统，一种环境要素的变化也会带来一系列的连锁效应。也就是说，随着环境要素的跨区流动，环境污染和破坏带来的环境纠纷与经济纠纷已经不仅仅局限在某一地区，这些流域内跨区的、互相关联的案件往往因为地理因素的阻隔而更加复杂、多变，社会影响大，处置不当容易演变为群体性事件或者刑事案件①；其次，跨区案件可能会给异地当事人增加更多的经济成本和诉讼风险，从立案到审前调解、多次开庭、宣判，异地当事人都要花费更多成本在路途、住宿上，而且越是复杂的案件，审判周期就越是漫长，前

---

① 齐蕴博、杨永志：《新时代京津冀司法行政工作协同与社会治理现代化探析》，载《中国司法》2020 年第 8 期。

后或许要经过多次的开庭和调解，加之司法系统内也会存在地方保护主义的倾向，异地当事人往往承担更多的经济和败诉压力；再次，跨区案件可能还会面临证据运输风险问题，因为跨区案件不仅意味着当事人居住地的跨区，还有案件发生过程的跨区、证据存放的跨区，异地收集、采集、运输证据，往往需要当地公安或者法院的配合，协调难度大，最重要的是异地运输和保存证据，需要的时间和经济成本高、难度大，在过程中很容易产生证据损毁灭失的风险，从而影响案件的审判；最后，异地执行难也是一个重要的阻碍，本身法院执行难就是一个老生常谈却一直没有具体办法解决的问题，民间就有所谓的法院审理后"赢了没赢，输了没输"的说法，异地执行可能要面临当地政府和法院是否愿意配合的困境，在实践上仍然需要寻找有效的统筹解决办法。审判结果得不到切实的履行，胜诉方的利益得不到保障，不仅仅是对法院形象和声誉的极大损伤，更是对公平和正义的破坏，审判过程中投入的司法资源也会成为沉没成本，更遑论流域内跨区纠纷很多都是环境纠纷，如果最后生态修复的目标无法达成或者不能有效落实，造成不可逆的损失，可能会引起流域内环境质量的整体性下降。

综上，跨区纠纷多发的状况受行政区划和法规差异的现实制约，而这之间的矛盾又进一步阻碍了流域内司法协作的更好开展。在解决这种客观限制的角度上，相对平等的各司法机关之间很难用具有强制力的行政式手段达成目标。此时，我们只能选择相对柔和而灵活的方式，探索并建立多种沟通协调的制度，保证各路径上的充分协同，实现流域内的整体性治理。

二、 流域司法治理的视角转换：理念更新与路径选择

当前的司法协作本质上只是对现有框架的微调，但是流域的整体性要求突破

现有的管理格局，充分尊重流域的生态特性，克服行政化的分隔条块式管辖的弊端，实现整体性治理的目标，因此需要更新司法理念，转变司法协作模式，探讨流域环境司法协作的组织路径。

(一) 流域司法协作治理的理论视角

流域作为一个复杂的生态系统，其突出的系统整体性对流域内司法协作水平有着更高的要求，因此在探索流域司法协作治理机制的进一步构建时，必然要从两个维度进行重点把握。第一个维度是注重流域生态系统的整体关联性，这是贯穿整个流域司法协作进程的重要理念；第二个维度是促进协同治理的重要环节，即正确地对待和处理流域内不同行政区划下的司法系统之间的关系。第一个维度是第二个维度具体展开的前提，因为只有以流域生态系统的整体关联性为指导性理念，才是符合客观规律和现实情况的，全流域司法协作也必然要在这样的基础上展开；而第二个维度层面上的制度设计又是对第一个维度层面的实践落实，只有进一步推进全流域司法协作建设进程，才能在司法层面上做到对流域系统的"整体性治理"，从而落实流域自然特性的必然要求。准确把握两个维度间的层级关系，有助于更好地理解流域司法协作机制的构建要旨。

(二) 流域的自然特性与系统化治理

第一个维度关注的是流域本身的自然特性，即流域作为一个独立而完整的水文单元，包含着以水为核心的众多环境要素，水的流动性、多种环境要素的复杂性，共同构成了一个互相联系、互相影响的生态系统。总的来说，流域具有整体性、公共性、复杂性和不可逆性四个特点。①

正如习近平总书记所说的，"山水林田湖草是一个生命共同体"②，流域作为一个生态系统，其包含的水、生物、大气和土壤等环境要素，构成了一个相互联系的有机整体，着重表现在一个环境要素的变化会引发一系列的连锁反应。相应地，在司法实践中，往往正是因为某一处支流出现了污染和破坏，连锁性地引起了流域内其他流经地区的生态问题，从而形成了流域性的纠纷，此可谓整体性最重要的表现。至于公共性，是因为流域中的环境资源本就具有公共资源的属性，"具有稀缺性、外部性、相互依存性和不可分割性"③。根据社会学界一直以来存在的"公地悲剧""囚徒困境"和"集体行动理论"等假设，公共资源的分配和处理面临着十分困难的策略要求，毕竟"属于所有人的财产就是不属于任何人的财产"，再加上个人独立行动一般来说无法增加集体利益的考量，因此对公共资源的处理必须要组织集体行动④。复杂性是由流域内的差异性导致的，而差异性又来自天然和社会两个方面。流域一般跨经度、纬度广，不同地理单元之间无论是环境要素构成、自然景观还是气候特征往往大不相同，再加上流域内不同地区的不同文化背景和经济发展情况等种种外部因素的共同影响，流域内各地区客观条件差异性极大，反映在司法实践上往往是一起流域性纠纷，案情复杂，某一种生态问题可能在不同的流经地区表现出不同的破坏程度，从而在司法裁决上形成更复杂局面。不可逆性从字面上便很容易理解，指的是流域自然环境一旦遭到破坏，凭借现在的技术条件很难使其恢复如初，往往给当地

① 陈晓景：《流域环境纠纷解决机制建构》，载《中州学刊》2011 年第 6 期。
② 中共中央宣传部：《习近平新时代中国特色社会主义思想学习纲要》，学习出版社、人民出版社 2019 年版，第 173 页。
③ 武建华：《建立健全长江全流域环境司法协作协同机制》，载《人民法院报》2021 年 4 月 15 日。
④ 公共性部分论述参见［美］埃莉诺·奥斯特罗姆：《公共事物的治理之道》，余逊达、陈旭东译，上海三联书店 2000 年版。

的生态系统造成不可逆转的损失，而且出于流域整体性的考虑，往往会造成比较扩散的负外部性影响。随着流域内各环境要素的动态发展和交换，这种不可逆的破坏也会扩散至流域其他地区，这也是我们必须要慎重地处理流域跨界纠纷的原因。

这里就要引入一个整体性治理的概念，事实上，已经有学者总结认为，"流域科层管理碎片化体制是当前我国流域水资源短缺、水生态破坏和水污染加剧等水安全问题突出的重要制度根源"①，以及"流域环境的整体性和保护的碎片性是流域生态治理面临的主要矛盾"②。整体性治理是英国学者佩里·希克斯基于对西方国家存在的公共管理碎片化和政府责任模糊化的困境进行反思，从而在《整体政府》一书中提出的新的政府治理模式。这种模式强调以协调、整合和责任为机制，运用信息技术对治理层级、功能和公私关系进行整合，不断推动政府管理"从分散走向集中，从部分走向整体，从破碎走向整合"③。

显然，流域本身具有的自然特性要求更高层次的整体性治理，既要顾及到流域作为一个完整生态系统"牵一发而动全身"的关联性，也要将其复杂的构成情况纳入到治理的考量中，这样的要求在如今严格的行政区划酿造的碎片化管理"各自为政"的情况下是万万不能达成的。司法系统作为社会治理的重要组成环节之一，也是解决社会纠纷和矛盾的最后一道防线，应当符合流域的自然特性对其提出的要求，将整体性治理的理念贯彻到流域争端解决的机制中去。因此，司法必须要突破现有分割式管辖的固有模式，实行集中管辖，或者构建具有集中管

---

① 黎元生、胡熠：《流域生态环境整体性治理的路径探析——基于河长制改革的视角》，载《中国特色社会主义研究》2017 年第 4 期。

② 吴勇：《我国流域环境司法协作的意蕴、发展与机制完善》，载《湖南师范大学社会科学学报》2020 年第 2 期。

③ 竺乾威：《从公共管理到整体性治理》，载《中国行政管理》2008 年第 10 期。

辖效力的流域内跨界专门机构来解决跨区环境纠纷。

(三) 路径选择

在这样的理念指导下,我们将视线转到之前提出的第二维度的关切上,即"流域内不同行政区划下的司法系统之间"如何进行协调才能达成司法领域的"整体性治理"。在现阶段无法以高昂的社会成本重构行政区划管辖制度的情况下,也许只有更深层次的司法协作才能发挥作用。有学者认为,我们必须从司法协作转向司法协同。[1] 协作是分工上的概念,指按照环节的不同,分工给不同的主体,再由这些主体排列组合,各自完成单个任务,最后达到总的目标;而协同则更倾向于一个系统内部的各要素之间根据一定的客观规律、互相作用,产生具有正外部性的"协同效应",超越了原系统,产生了质变。[2] 因此,在整体性治理之理念的指导下,在进行制度设计时,协同论应该得到更多的重视。如果将流域内各司法系统看作一个整体,那么要想在流域治理中发挥司法的协同效应,就必须好好协同各个要素即各地司法系统之间的关系,然后在此基础之上进行良好可行的机制构建,以达到"协同效应之效应"——"互补效应"[3],从而解决流域系统整体关联性和行政区划造成的碎片化管理之间的矛盾。

---

[1] 秦天宝:《我国流域环境司法保护的转型与重构》,载《东方法学》2021年第2期。

[2] 潘开灵:《从协作、协调到协同的管理发展》,第四届"中国管理科学与工程论坛"会议论文,2006年9月23日。

[3] 邵帅、徐本鑫:《从"分割"到"衔接":长江经济带生态环境治理的法治进路》,载《安徽行政学院学报》2019年第2期。

三、 流域司法协作治理的实现：组织与机制

（一）组织路径：司法联席会议

联席会议制度由来已久，促进流域整体性的司法协作工作，如果将联席会议制度应用在司法实践的场景中，构建全流域的司法联席会议制度，那么就可以在一些普遍性的问题上统一司法适用标准和保护力度。

实际上，实践中已经存在一些局部的探索，包括2021年在宁南法院召开的宁南、巧家金沙江流域生态环境保护司法协作联席会议等，都证明了司法联席会议存在广泛开展的可能性。但是，目前来看，由于流域局部性的司法联席会议机制未能取得常态化地位，因此组织力远远不够，各法院仍然无法脱离严格的行政区划带来的"各自为政"的分割感，而且每次召开会议协调难度很大，各方在会议上进行沟通的成本也过高，司法协作难以向更深层次展开。显然，如果试图在全流域地区推广建立联席会议机制的组织方式，那么我们可以充分吸收现有的局部流域联席会议机制的经验，在制度设立之初就将联席会议机制常态化，避免在实践中已经出现的"阵痛反应"。

关于全流域地区司法联席会议常态化的制度设计，可以从以下几个方面考虑：第一，将司法联席会议机制常态化，共同讨论决定召开周期或者召开条件，定期交流辖区内案件经验或者讨论重大复杂案件；第二，联席会议还要设置配套的类似办公室这样的常设机构，并配备若干常驻人员，负责联席会议的召开、通知和记录等工作，同时也要和各地区法院保持常态化联系，监督或者督促会议事项的具体落实；第三，如上所述，各地方法院也要新设机构或指定本法院内已有机构和人员与联席会议的常设机构保持日常联络，负责对接工作，并落实和跟进

相关会议精神。总之，要确保全流域司法联席会议机制在科学有序的制度网络下运行，从而不仅有利于推动全流域司法协作向纵深发展，还可以为流域行政执法协同等其他领域提供交流和发挥协同效应、互补效应的实践经验。

（二）实体路径：规则统一和程序衔接

复杂的流域区内，立法情况各有不同，法院裁判标准和程序规定也存在差异，从而很容易导致法律依据和法律裁判结果也不尽相同。既然要推进流域司法协作，那么流域内的同案不同判现象必须要得到遏制。法院作为司法系统的重要一环，虽然无法在法律法规的制定上施加影响，但是在法律适用、法律解释、实施细则制定、程序设计、案例推广方面却大有可为。总的来说，法院可以从两方面入手：一方面，针对必须要统一的部分，通过联席会议或者推广参考案例等形式实现目标；另一方面，针对那些允许留有差异的部分，则可以求同存异，仅做好各地区法院之间的衔接即可。

前者展开来讲，流域司法协作化建设要求法院必须尽可能做到同案同判，那么现存的相抵触的或尚且空白的法院实施细则和办案惯例，就可以通过交流和论证，讨论出最合理的、在各地都具有可操作性的范本，然后将现有的矛盾的旧则废止，或者将范本扩充为流域共同行为准则，并以流域协议或联席会议精神的方式应用在全流域地区的日常办案过程中。当然，如果无法达成统一意见，也可以召开流域司法联席会议，联席会议可以发挥自身的协调组织优势，通过平衡和互相妥协的方式形成统一规则。举例来说，在流域内跨区案件多发的如今，各地方法院的司法鉴定技术标准、法律适用顺序标准等都是必须要达成统一的部分。

另外，流域案例指导制度也可以适当加以推广。我国虽然是大陆法系国家，案例并没有法律渊源的效力，但是在司法实务中，经典案例仍然是法官办案的主要参考，尤其是在同法院中特别明显。流域案例指导制度可以将经典案例的可参考性扩大到整个流域辐射区，通过联席会议或各法院定期定量选报的方式，将一些具有流域整体适用性的案例汇总起来，然后在流域内的各法院间推广。这样不仅可以统一司法标准和裁判方式，尽量达到同案同判的目的，还可以充当流域各地区法院间互相交流学习的手段。

但是，流域作为一个复杂的水文单元，毕竟面积广、地方情况各异，仍然需要具体问题具体分析，而这就是之前提到的制度上求同存异的合理性所在。以长江流域来说，既有位于下游的经济水平居全国之首的上海市，也有位于长三角上游的无论是经济还是人口、交通各方面都比较落后的青海、西藏等地区，因此针对裁判过程中涉及金钱数额的部分，如赔偿标准、立案标准，必然不应当强求二者一致。但是，推进流域内司法协作的战略要求和流域整体关联性导致的跨区案件频发的现实状况，就要求法院之间要做好程序上的衔接工作。如上所述，这些程序上的连接和交叉的部分也可以通过流域联席会议或者协商的方式决定。

（三）沟通路径：法院交流日常化

1. 法律人才共同培养机制

任何法治系统的建设、司法协作的推进，都离不开人，专业的法律人才是各流域内司法协作推进的根本。流域辐射的各级法院应该充分重视法律人才的吸收和法官队伍的壮大，并且要注重新法官的司法协作观念培养、技能学习。当然，正式法官之间的交流和学习也十分重要。如果有可能，可以定期聚集一批在办案一线的法官进行集中的经验交流。一般来讲，流域内有共同的地缘关系和部分相似的文化背景，在司法实践过程中，必定有许多值得相互借鉴的地方。在集中学习的场合下，可以将某些值得推广的办案经验分享出去，或者一些难以解决的实务问题也可以拿出来共同讨论分析。除此之外，可以通过挂职锻炼、定期参观访问等形式，加强基层办案人员、流域各地方法院之间的沟通，这必然有利于促进流域司法协作的建设。

2. 法院信息共享平台

搭建好信息交流的平台，是各地法院进一步合作的基础。流域内各级法院可以推动专门合作，完善区域司法资源信息共享机制，推进奖惩信息等数据同步，并且建立案件信息、裁判文书等数据常态化共享的专门化平台建设。

另外，法院间建立这样一个信息共享平台，比较突出的作用还体现在对流域内社会信用体系的司法促进。过去，受限于法院管辖的规定，许多失信被执行人只要换到另一个地方生活、工作，就很有可能逃避判决结果的执行，成为一名流落在外的"老赖"，而这样一个流域司法信息共享平台的设立，就给这些人关上了"方便之门"，只要他们的失信信息上传到平台上，无论他们出现在流域内的哪个地方，都会被互联网自动追踪、拦截，而且在新居住地/工作地的消费、投融资、招投标等都会受到限制。① 当然，除了有"黑名单"，为了起到正向激励的作用，也应该设置对应的"白名单"。对于某些法院认定的、积极配合法院执行工作的人，也应该放到流域司法信息共享平台上，作为一种正向的信用激励手段，在税收或者投融资方面给予优惠。

这些手段既可以有效地在全流域落实法院的判决结果，从而在环境纠纷多发的背景下落实生态修复责任，而且也有助于构建流域司法信用监督体系。"流域"不再是一个地理上的概念，而是真正成为信息互联互通、经验交流共享的司法协作高度发达的"命运共同体"。

---

① 钱祎、田舍郎、金悦：《司法一体化的长三角加速度》，载《浙江人大》2021年第1期。

3. 基层组织和专门组织

联席会议机制及其配套的办公室，在制度架构上无疑具有强烈的官方行政色彩，而基层组织和专门组织则在法院的日常交流沟通上起着独特的作用。在社会治理模式创新逐渐成为新型社会体制建立过程中热点问题的如今，在流域司法协作建设中引入社会治理的观念和形式，可以充分发挥基层组织和专业组织的积极性、主动性，也有利于推进案件的繁简分流，从而节约司法资源，降低司法争端解决的成本。

首先，要加强法院和基层组织的协同，法院要努力在基层就实现化解矛盾的目标，这就要求司法主动融入基层、走进乡镇。比如，上海市青浦区法院已经在辖区内进行了实践，该法院在多个街道成立了诉前调解机构或巡回审判点、指导站等，基本保证基层的矛盾都能得到诉前的专业调解。其次，在流域司法协作持续推进的过程中，环境破坏和污染所引起的纠纷必然是流域内跨区纠纷的"大头"，而环境案件的审判往往离不开专业的环境学专业知识，但法院的法官大多是法学专业出身，在这些案件的专业情况面前未免显得力有不逮，此时如果可以让社会专门组织（如民间环保组织）进入纠纷调解和裁判的领域，不仅可以利用专门组织的专业化知识更好地解决矛盾与提升办案水平，而且在跨区案件中，更可以将这些无区域的社会性专门组织作为接口，同时与多地法院进行协调会商，必然有助于进一步推进特定行业的全流域纠纷专业化解决效率。

4. 跨区立案和异地执行

除了上述一些日常沟通桥梁的搭建，我们也需要进一步探索一些程序上的设计，以方便流域内跨区纠纷的解决、异地当事人利益的保护，促进异地司法协作的程序化、规范化。这里以跨区立案和异地执行问题为例。

异地诉讼永远是当事人不愿意却不得不进行的选择，那么我们考虑将一些不太需要当事人参与的程序性事项简化、异地办理，以减轻当事人的经济压力。早在 2017 年，最高人民法院就在全国范围内 14 个地点试行推广跨区立案制度。当然，如果想在全流域内推广跨区立案，首先需要做的就是统一流域辐射全区的立案条件和立案基本流程，同时要注重跨区立案信息平台的搭建和维护，做好跨区立案的登记、备案和移送制度设计。

在裁判结果需要异地执行时，也需要一个有效的沟通协作机制来保证判决的顺利落实。可以通过联席会议（更为正式）或者个案研讨会的形式，就流域内异地执行的全流程形成一个比较细致的实施办法，包括委托异地执行的材料、传达方式、执行时限、结果回馈流程等都需要尽可能地详细规定；若有涉案数额高、社会影响大或者案情特别复杂的案件，可以在考虑司法资源和执行成本的基础上，酌情成立异地执行临时统一指挥中心，确保判决结果的实现；对于在实践中合作顺利的经典案例，可以予以宣传推广，在流域内形成异地执行互帮互助、互联互通的良好氛围。

结语

流域司法协作水平的进一步提高，需要流域内各相关地方司法系统的理念统一，只有努力向司法的整体性治理方向靠拢，才能发挥真正的协同效应，进而更好地保护流域生态系统。其实，司法协作也仅仅是流域治理法治方面的一小部分，如生态修复离不开地方政府的参与等问题，都说明了更高层次的司法协作还应当包括与行政机关、其他社会主体的协同，否则一旦涉及司法系统外的主体，工作就会变得难以开展。流域司法协作建设，任重而道远。

我国环境公益保护机制优化的解释论

张 宝*

摘要： 我国在环境公益保护上已经形成了"公私并行、六诉并存"的架构。由于适用对象和建制功能的趋同，这一架构在织密环境公益保护之网的同时，也带来了法理与适用上的冲突。其症结在于，立法和司法实践在推进各项制度时，秉承了还原主义的思维，过于强调问题导向而忽视了制度的定位与衔接。从整体、系统的角度看，在解释论层面，应基于有助于理顺行政与司法的关系以及有利于实现环境公益保护的目的，理顺各类公益保护机制的适用关系。

关键词： 环境公益保护；生态环境损害；行政规制；民事责任；公益诉讼

---

* 作者简介：张宝，中南财经政法大学法学院教授。

引言

目前,我国已经形成公私法并行的环境公益保护机制。在公法层面,《环境保护法》确立了政府环境质量负责制,由行政机关通过监管执法对环境公益进行保护,并通过检察机关提起行政公益诉讼来督促行政机关依法履行职责;在私法层面,《民法典》规定了生态环境损害修复和赔偿制度,使此前已经确立的环境民事公益诉讼制度和生态环境损害赔偿制度具备了实体法基础。此外,在司法实践中,各地还积极以恢复性司法理念为指导,在刑事案件中创设补植复绿、增殖放流等裁判方式,并将刑事附带民事公益诉讼作为检察机关推进民事公益诉讼的重心。质言之,我国现行的环境公益保护机制同时涵盖了行政规制(以及由此延伸的环境行政公益诉讼)、民事索赔(以及赖以实现的环境民事公益诉讼和生态环境损害赔偿)与刑事诉讼(包括刑事附带民事公益诉讼)等三种路径。这种制度安排,织密了环境公益保护之网,但也增加了法理和适用冲突的可能性。从现有研究来看,学界关注的焦点主要是各类民事索赔机制的衔接①、政府集监管权与索赔权于一身的悖论②、民刑诉讼衔接的顺位规则③等问题,对环境公益保护为何呈现多种形态的根由以及如何厘清各类环境公益保护机制的关系秩序还缺乏深入爬梳,尚有进一步研究之必要。

---

① 程多威,王灿发.论生态环境损害赔偿制度与环境公益诉讼的衔接[J].环境保护,2016,44(02):39—42.
② 张宝.生态环境损害政府索赔权与监管权的适用关系辨析[J].法学论坛,2017,32(03):14—21.
③ 汪劲,马海桓.生态环境损害民刑诉讼衔接的顺位规则研究[J].南京工业大学学报(社会科学版),2019,18(01):25—34.

一、"形异神似"：环境公益保护的路径分化及其本质

（一）环境公益保护机制的流变与分化

我国公益诉讼制度自设立之初就带有漏洞填补的色彩。在论证其正当性时，学界多认为行政规制体系主要对污染环境和破坏生态行为进行惩罚，不能实现对由此造成之生态环境损害的填补[①]；传统私法体系受制于直接利害关系，又无法对难以归于个体损害范畴的环境公益损害主张损害赔偿[②]。这种认知在《民法典》编纂过程中也有体现。学界对生态环境损害纳入侵权责任编虽有争议，但争点主要是生态环境损害能否见容于以保护个体民事权益为宗旨的《民法典》[③]，而非环境公益保护上已经存在行政规制，因而无须另起炉灶构建一套私法保护机制。

然而，认为行政规制只能针对违法惩处而不能实现损害填补，很可能只是人为限缩了行政规制的边界，将行政机关在公益保护上的角色限定于行政处罚，忽视了在行政处罚之外，行政机关还可以作出相应的行政命令，并在责任人不履行行政命令确定的义务时施以行政强制。以《土壤污染防治法》为例，尽管其设定的法律责任主要针对行为责任，但对于不同违法类型造成的土壤污染，则一般性地规定了土壤污染责任人的修复义务（第45条），并规定了行政机关在责任人未按照规定实施修复时，可以综合运用行政命令、行政处罚和行政强制加以矫正

---

① 梅宏，胡勇．论行政机关提起生态环境损害赔偿诉讼的正当性与可行性［J］．重庆大学学报（社会科学版）,2017,23（05）：82—89.
② 叶勇飞．论环境民事公益诉讼［J］．中国法学,2004（05）：107—113.
③ 孙佑海，王倩．民法典侵权责任编的绿色规制限度研究——"公私划分"视野下对生态环境损害责任纳入民法典的异见［J］．甘肃政法学院学报,2019（05）：62—69.

的权力（第94条），且明确了实施或组织土壤污染状况调查、修复、修复效果评估及后期管理等费用由土壤污染责任人承担（第46条）。

《民法典》第1234条、第1235条则为生态环境损害民事责任提供了请求权基础。根据最高人民法院解读，这两个条文确立了"以实物修复为原则、以金钱赔偿为例外"的责任承担规则。① 结合法律、司法解释以及国家政策的规定，请求主体包括了社会组织、检察机关和行政机关。尽管《民法典》在实体上未加以区分，将之统一涵摄在"生态环境损害侵权责任"之下，但学理和实践中却将之区分为由社会组织和检察机关提起的环境民事公益诉讼，以及由行政机关提起的生态环境损害赔偿磋商和诉讼。除此之外，我国司法实践还在刑事判决中创设了补植复绿、修复生态环境、土地复垦、增殖放流、间接修复等多种生态修复方式；"两高"发布的司法解释也确认了司法实践中推行已久的刑事附带民事公益诉讼。这些实践创新，与前述公法与私法机制共同构成了当前环境公益保护机制的主要渊源。

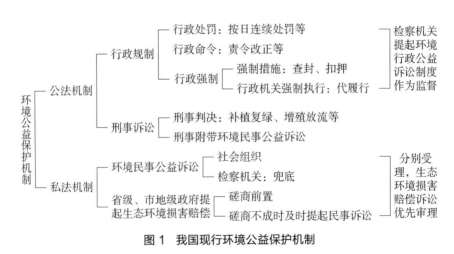

图1 我国现行环境公益保护机制

① 最高人民法院民法典贯彻实施领导小组.中华人民共和国民法典侵权责任编理解与适用［M］.北京：人民法院出版社,2020：548—554.

（二）环境公益公私保护路径的功能趋同

上述环境公益的两条保护路径，因司法和行政本身角色的差异而有所区别，如行政规制更侧重事前预防和事中控制，而司法更多强调末端的损害填补与救济；但是，行政规制体系本身也设有针对损害填补的责任机制，在此层面上将与民事责任机制发生重叠，且这一重叠不仅具有应对过程的相似性，在规范目的和建制功能上也具有高度趋同性，主要表现为：第一，二者的立法目的均是建立对生态环境损害的填补和修复责任；第二，二者的归责基础均需以违反公法管制规范为前提；第三，二者在程序设计上均以修复优先为导向，要求责任人承担修复责任，并以代履行机制作为补充；第四，二者在责任承担上均奉行损害担责原则，要求调查、鉴定、修复和相关管理等费用由责任人承担。

二者的不同点则主要体现在三个方面：一是作出的主体不同，公法责任是以行政机关为主导，私法责任则是以法院为中心；二是代履行的性质不同，公法责任是《行政强制法》上规定的间接强制执行方式，私法责任则是《民法典》《民事诉讼法》规定的民事代履行机制；三是费用承担的范围有所不同，相较于《土壤污染防治法》第 46 条的规定，《民法典》第 1235 条多出了期间费用、永久性损害造成的损失、清除污染的费用以及防止损害发生和扩大的合理费用。

表1　土壤污染修复的公私责任路径比较

程序	适用前提	损害修复	作出主体	费用承担
公法责任	违反本法规定造成土壤污染	责令修复＋（未主动修复时）行政代履行	行政机关	调查、评估、风险管控、修复、管理等费用
民事责任	违反国家规定造成生态环境损害	判决修复＋（未主动修复时）民事代履行	人民法院	期间损害费用；永久性损害费用；调查、鉴定评估费用；清除污染与修复费用；防止损害发生和扩大的合理费用

就此看来，似乎民事责任在范围上更加广泛，更能贯彻"损害担责、应赔尽赔"的精神。但是，如果结合《土壤污染防治法》的规范体系来观察，除了作出主体和适用程序的差异外，在修复和赔偿问题上，公私两种路径并不具有本质差异。之所以存在分歧，原因在于对"修复"概念的理解不同。如果认为"修复"包括了直接修复（针对可修复的情形）和替代修复（针对不可修复的情形），则所有损害——无论是可修复还是不可修复的情形，均可以通过"责令修复"的形式加以解决，区别仅在于是责令进行直接修复还是责令进行替代修复；相应地，期间损害（可修复的情形下存在）和永久性损害造成的损失（不可修复的情形下存在）便均涵盖于广义的"修复费用"项下。对于清除污染以及防止损害发生与扩大等事项，根据《土壤污染防治法》第39条和第44条，行政机关可以要求责任人在实施修复活动前采取移除污染源、防止污染扩散等措施，也可以在发生突发事件可能造成土壤污染时要求责任人采取应急措施，而根据《行政强制法》第50条和第52条，此时行政机关仍然可以采取代履行措施，所需费用由当事人承担。故此可以得出结论，《民法典》规定的民事责任与《土壤污染防治法》规定的修复责任基本是"殊途同归"——均是聚焦于对公益损害的填补和修复，无论是适用前提、责任形态还是责任内容均高度趋同，仅仅是主导填补和修复的主体与程序不同而已。

之所以出现上述功能趋同而又公私分化的应对机制，一方面源于环境立法中公法应对机制的不完善，以及环境执法过度依赖罚款、"以罚代管、以罚代治"现象突出等问题；另一方面则源于法院奉行的强职权主义立场，在这种立场统率下，尽管环境纠纷解决仍然是法院的重要任务，但更为显著的则是司法的政策实施特征，即法院与其他国家机关一道肩负着实施国家政策的功能。[①] 这种政策

---

① ［美］达玛什卡. 国家和司法权力的多种面孔［M］，郑戈译. 北京：中国政法大学出版社，2015：126—130.

实施型特征，或者说司法的公共政策形成功能，在我国环境司法专门化推进过程中有着突出表现。法院本质上是作为环境治理多方共治中的"一方"，服务于国家和区域重大战略；当面临环境立法上的疏漏和行政执法的乏力时，法院在环境治理中的角色逐渐发生转变，通过与行政机关建立协作联动机制来发挥"联合监管者"的作用，或是在刑事判决中创设新的责任形式，更为常见的则是通过环境民事公益诉讼，直接介入环境公益的治理格局，发挥着环境规制"替代者"的功能。① 由于环境民事公益诉讼的启动和审理均无须审查是否存在行政不作为等情形，民事责任机制由此获得了独立于行政规制程序的发展空间，并最终在《民法典》中确立下来，形成了环境公益保护上"公私并行、六诉并存"的局面。

二、"公私并行、六诉并存"的逻辑与经验困境

从性质看，"公私并行"主要是实体层面的问题，司法面对的则主要是"六诉并行"问题。由于法院在受理案件时无须考察"公私并行"的实体冲突问题，"六诉"的潜在冲突很少在法律适用的层面显现出来，故学理和实践的争议中心主要是环境民事公益诉讼与生态环境损害赔偿诉讼的适用顺位问题。但是，如果以体系的思维加以审视，便不难发现现行各种公益保护机制的法理和适用冲突。

(一) 行政规制程序的限缩和虚化

我国在《宪法》第 26 条以国家目标条款的方式规定了国家环境保护的义

---

① 何江. 论环境规制中的法院角色——从环境公益诉讼的模式选择说开去 [J]. 北京理工大学学报 (社会科学版),2020,22 (01)：141—149.

务，对国家权力施加了不同层次的义务。以《环境保护法》为统率的环境立法对此进行了具体化，不仅明确了保护环境是国家的基本国策，而且通过这些立法构筑了以"专责机关—管制规范和标准—监督检查—违法矫正"为主线的环境行政规制体系。在这套规制体系中，违法矫正的对象究竟仅指向违法行为，还是也包括了由此造成的生态环境损害，应视相关立法有无具体规定而定；而一旦作出规定，根据职权法定原则，专责机关不仅不能超越法律行使职权，而且不能限缩法定的职责，否则将可能构成不履行或者不正确履行法定职责，成为行政（公益）诉讼的被告。就此考察《土壤污染防治法》，该法不仅规定了土壤污染责任人进行土壤污染风险防控和修复的义务，而且赋予了监管部门进行违法惩戒（罚款、拘留等）和矫正（责令改正＋行政代履行）的权力/职责。监管部门发现需要修复的土壤污染时，如果仅作出罚款或者责令改正的决定，显然还不属于正确履行职责，尚需在责任人未在规定期间内采取修复措施时，进一步依据《行政强制法》规定的程序采取代履行措施，委托第三人代履行，并在责任人不缴纳代履行费用以及调查、评估等费用时，按不履行金钱给付义务向法院申请非诉强制执行。

上述关于违法惩戒和矫正的规定属于羁束性行政行为范畴，行政机关并无选择余地，否则构成不依法履行职责，检察机关可以依法提起行政公益诉讼。在行政机关也能作为原告提起生态环境损害赔偿后，尽管在法理上，行政机关仍需恪守"法无授权不可为、法定职责必须为"的原则，行政规制在适用上具有排他性与优先性，但是，由于法院在受理行政机关提起的生态环境损害赔偿之诉时，不会对是否存在行政机关不依法履行职责的情形进行审查，从而可能导致行政机关直接放弃行使上述职权对损害进行矫正，转而采取民事责任体制，依托法院进行救济，进而导致行政规制程序在应对生态环境损害上的虚化。

(二) 各类诉讼程序的断裂与脱节

从实践看，除因刑事案件中判决被告人承担生态修复责任为非常规的公益保护机制而难以统计外，其余五类诉讼中，检察机关提起的公益诉讼占据绝对多数，行政机关提起的生态环境损害赔偿诉讼则较为稀少。由于三大诉讼程序均可以直接针对生态环境损害进行补救，且这些诉讼的目的均指向广义的"修复生态环境"（含直接修复和替代修复），其彼此之间就构成了一种相互竞争的关系。但是，从现行制度安排来看，在各类程序的衔接上，明显还存在碎片化和难以周延之处。

一是刑事程序的适用难题。从实践来看，环境公益诉讼通常发生在刑事责任的追究之后，即刑事主要解决惩罚性问题，但近年来，在恢复性司法的大旗之下，刑事责任亦不断扩张，追求在刑事程序中解决生态环境修复问题。其实现方式主要有二：（1）在刑事判决中直接判决被告人承担修复责任；（2）通过刑事附带民事公益诉讼实现修复目标。但是，这两种方式都有着一定的适用难题：（1）在刑事程序前置的情况下，如果审理刑事案件的法院积极能动，判决被告人承担修复责任，则会架空后续的各类诉讼；并且，由于刑事判决中主要解决的是修复问题，鉴定评估等费用则难以涵盖。（2）如果检察机关提起刑事附带民事公益诉讼，在没有履行诉前公告的情况下，会规避《民事诉讼法》的兜底规定，转而成为冲在最前线的主体；而一旦履行诉前公告，允许社会组织或者行政机关另行提起诉讼，则又会丧失附带民事公益诉讼节约司法资源、提高诉讼效率的作用。

二是行政索赔优先可能挫伤社会组织提起诉讼的积极性。从规范目的、适用范围、诉讼请求、责任方式、程序规则等方面进行比较不难发现，行政机关提起的生态环境损害赔偿诉讼与环境民事公益诉讼并无本质差异，仍是具有特殊性的环境民事公益诉讼。① 从实践来看，司法解释作出了行政优位的安排。法院受理因同一行为提起的两类诉讼时，应当中止环境民事公益诉讼的审理，待政府索赔诉讼审理完毕后，再就民事公益诉讼未被涵盖的部分作出裁判。这意味着，无论社会组织起诉之先后，一旦行政机关提起诉讼，社会组织的诉讼就会被中止审理；即便恢复审理，基于两类诉讼性质的同一性，社会组织与行政机关提起的诉讼请求大概率会相同或接近，此时社会组织提起的公益诉讼大概率也会被法院驳回。这一制度安排，显然会极大挫伤社会组织提起环境公益诉讼的积极性，"会在实质上改变《民事诉讼法》《环境保护法》关于公益诉讼提起者的规定，致使环境公益组织提起公益诉讼的资格近乎被取消"②。

三是对生态环境损害赔偿磋商与公益诉讼的衔接缺乏安排。目前，学理和实践主要聚焦于诉讼阶段的行政机关与其他主体的顺位问题，对于磋商是否也应作出与生态环境损害赔偿诉讼一样能够中止其他组织提起的公益诉讼的安排，尚缺乏明确的回答。如果比照前述司法解释的见解，无论其他主体提起公益诉讼在先与否，一旦行政机关启动磋商，就应达到与诉讼同样的效果，即中止其他主体提起的环境民事公益诉讼，视磋商结果来确定进一步的对策。如果当事人拒绝磋商或者难以达成磋商协议，行政机关应当及时提起诉讼，此时进入前述司法解释规定的情境，继续中止审理，待生态环境损害赔偿诉讼终结以后，再视情形对公益诉讼作出裁判；如果经过磋商达成赔偿协议，则法院在进行司法确认后应继续恢复公益诉讼的审理，审查公益诉讼的诉求是否为赔偿协议所涵盖。这种行政优位的制度安排，显然同样会陷入消解其他主体提起公益诉讼积极性的困境。

四是政府索赔性质不清可能压缩环境行政公益诉讼的空间。如果法律作出了

① 周勇飞. 生态环境损害赔偿诉讼与环境民事公益诉讼的界分——功能主义的视角 [J]. 湖南师范大学社会科学学报,2020,49 (05)：47—54.

② 李浩. 民事公益诉讼起诉主体的变迁 [J]. 江海学刊,2020 (01)：143—151.

"责令修复＋代履行"的规定，则行政机关不正确履行此种法定职责，检察机关可以提起环境行政公益诉讼；但是，在《民法典》等赋予行政机关针对生态环境损害进行民事索赔的"权利"之后，当行政机关不及时提出生态环境损害赔偿时，检察机关便难以提起行政公益诉讼，只能在行政机关和社会组织均未提起诉讼时，自行提起环境民事公益诉讼。这一状况，也使得政府索赔在现行法律框架内缺乏有效的监督机制，只能通过非常态性的环保督察等方式予以监督。

三、 超越还原论：环境公益保护机制的规范适用

　　环境公益保护机制上分化的症结与根源，在于长期以来法律在对待环境问题上的还原主义思维。当传统法律部门不得不回应环境问题而进行"绿化"时，由于传统法治体系本身是建立在还原主义基础之上，这些回应也基本是分别推进，试图在自己的场域内解决环境公益的保护问题；在法院内部，环境案件也以其性质被归类为民事、刑事和行政案件，由不同审判庭依不同诉讼程序分而审之，各自均试图通过诉讼来回应环境公益保护的问题。这意味着，无论是立法还是司法实践，在环境公益保护上均是各自为政、单兵推进，在立法或者进行能动司法之前，均未过多考虑是否已有其他法律或程序对环境公益进行保护，使得环境公益从"无人问津"一跃变成"炙手可热"，却也引起学理和适用的混乱。因此，要理顺当前诸多环境公益保护机制的关系，就需要超越还原主义，以系统的视角对环境公益保护进行整体考量，方能作出周延的解释。

（一）明确政府索赔机制的适用前提

　　基于行政职权法定原则，行政规制的适用实际上会压缩行政机关索赔的空

间，故行政机关作为赔偿权利人应当限定于穷尽行政权仍不能对生态环境损害进行有效救济的情形，如立法上未规定行政机关责令修复的权力，或者未明确可以修复包括替代修复的情形，或者未规定调查、鉴定、评估等费用的承担问题，此时行政机关可以基于《民法典》的规定主张修复或赔偿责任。为实现这一目的，需要建立行政索赔的公告机制，在行政机关拟启动磋商程序前，应进行公告，并通知检察机关。检察机关在介入过程中，如果发现行政机关存在不正确履行职责的情形，可以发出检察建议，要求行政机关予以纠正；行政机关不纠正的，检察机关可以提起环境行政公益诉讼；如果未发现存在不正确履行职责的情形，则可以为行政机关提起磋商和诉讼提供法律支持。

（二）区分情形处理行政索赔与公益诉讼的关系

主张行政索赔优先的理由，要么是基于自然资源国家所有权理论，认为行政机关居于优先地位提出索赔是国家所有权行使的应有之义[①]，要么是基于行政机关作为环境公益管理者的身份，具有丰富的监管经验和专业技术能力，在生态环境遭受损害时可采取及时有效的应对处理措施，因而应优先于其他主体[②]。但是，这些观点都很难站得住。自然资源国家所有权难以作为政府索赔权的请求权基础，笔者已在另文中作出详细论述[③]；而政府的监管优势恰恰应当通过行政程序而非司法程序加以展现，正如前文所述。环境公益诉讼的产生，本质上是为解决生态环境利益代表缺位的问题，目的是在防止滥诉的同时，尽可能使有能力与

---

① 黄萍. 生态环境损害索赔主体适格性及其实现——以自然资源国家所有权为理论基础［J］. 社会科学辑刊,2018（03）：123—130.

② 别涛,刘倩, 季林云. 生态环境损害赔偿磋商与司法衔接关键问题探析［J］. 法律适用,2020（07）：3—10.

③ 张宝. 生态环境损害政府索赔制度的性质与定位［J］. 现代法学,2020,42（02）：78—93.

有公益心者加入维护环境公益的行列，故在顺位安排上应主要考虑如何鼓励而非限制满足条件的主体提起诉讼。为节约司法资源并避免被告讼累，同时考虑磋商作为替代性纠纷机制的属性，可以在诉前环节赋予行政机关一定的优先性，但也要防止行政机关滥用优先权。

具体而言：（1）在磋商前，社会组织或者检察机关可以向具有索赔权的行政机关进行举报或发出检察建议，建议其启动磋商机制，并在行政机关无正当理由不启动磋商时，向监察机关或者上级政府进行投诉或反映，同时可以依法提起环境民事公益诉讼，此时应排除行政机关启动磋商和诉讼的权利，并由相关部门进行问责。（2）社会组织或者检察机关提起的环境民事公益诉讼被受理后，有索赔权的行政机关在公告期内可以向法院申请中止审理，由其启动磋商程序；经磋商达成一致的，应将磋商协议提交法院进行审查，若不存在损害环境公益的情形，法院应进行司法确认，并驳回社会组织或者检察机关提起的诉讼；若磋商不成，行政机关向法院提起诉讼的，法院应将其作为共同原告合并审理。（3）社会组织在磋商过程中提起诉讼的，法院应当受理后裁定中止审理，视磋商结果，按照上述第（2）种情形进行处理；鉴于检察诉权的兜底性，以及同为国家机关的属性，检察机关不宜6在磋商过程中提起诉讼，但可以介入磋商过程来提供支持。

（三）限定刑事附带民事公益诉讼的适用条件

在2019年底"两高"出台司法解释明确附带民事公益诉讼需履行诉前公告程序前，实践中一般无须进行公告。赞同者认为，这有助于节约司法资源、提升诉讼效率[①]；批评者则认为，这会导致检察机关成为唯一的起诉主体，检

---

① 谢小剑. 刑事附带民事公益诉讼：制度创新与实践突围——以207份裁判文书为样本［J］. 中国刑事法杂志，2019（05）：92—111.

察公益诉权的谦抑性与补充性将不复存在，适格主体的公益诉权将失去用武之地①。从当前制度安排看，上述批评有其道理，附带民事公益诉讼的大量运用，确实可能造成对其他主体诉权的挤压。但是，公益诉讼的原告本身就是程序启动者的角色，在法院奉行强职权主义，可以进行实质审查的背景下，最为重要的是有"人"为生态环境损害提出主张，而非由"谁"来首先提出主张。故为了提升诉讼效率、促进生态环境损害的快速填补以及贯彻过罚相当原则（如减少普通民事公益诉讼中需要承担的诉讼费用等，以及生态环境损害赔偿对量刑的影响等），宜缩短公告时间，其他主体符合条件的，可以同时作为附带民事公益诉讼的原告；或者改采判决后公告的做法，其他主体发现刑事附带民事公益诉讼判决存在不能周延保护环境公益的情形时，可以另行提起诉讼。

（四）不宜在刑事案件中直接判决承担修复责任

鉴于环境公共利益已有多种保护途径，已经增加诸多协调和衔接的难题，且已经能够周延地保护公共利益，在刑事案件中再直接判决被告人承担生态环境修复责任，不仅有违罪刑法定的要求，同时也面临架空其他公益保护机制、难以涵盖鉴定评估费用等在刑事程序中难以化解的问题。因此，应当抑制刑事程序中的"创新冲动"，回归刑事程序聚焦罪与罚的本质。在侦办或审查环境犯罪的过程中，发现有必要主张生态环境损害责任的，也应当按照刑事附带民事公益诉讼的程序进行。

---

① 刘加良. 刑事附带民事公益诉讼的困局与出路［J］. 政治与法律,2019（10）：84—94.

四、　结论

　　无可讳言，上述解释方案仍然呈现出较强的还原主义色彩，未从根本上解决各类保护机制的碎片化问题。一个可供思考的方向是，在当前各地大力推进环境资源案件跨区域集中管辖和归口审理的背景下，应探索建立实质的"三审合一"机制，在一个程序内同时解决同一行为触发的多种责任。长久之计还是需要秉承整体和系统的思维，对各类环境公益保护机制进行整合，以实现对环境公益的周延保护。例如，将行政规制和行政公益诉讼限定于对污染环境和破坏生态行为的预防与阻止上，生态环境损害的填补则交由民事责任解决。但是，无论何种思路，在立法已对生态环境损害救济作出规定后，不宜再允许在刑事案件中直接作出修复责任的判决，以维护法律体系的协调并减少适用冲突。

新时代我国湿地碳汇交易法律制度研究

林　爽　胡连信　林明海　王泽峰*

摘要：我国湿地资源丰富，发展湿地碳汇具有优势，然而，目前我国湿地碳汇交易法律制度存在多项不足，包括湿地碳汇权属不明确以及监管制度不完善等问题。关于湿地碳汇交易法律制度的已有研究成果主要涉及湿地保护的重要性和湿地碳汇核算方法，滞后于湿地碳汇交易实践对制度的需求。本文采用比较分析法，从湿地碳汇交易实体规范、湿地碳汇交易程序规范以及湿地碳汇交易配套制度等方面，对新时代我国湿地碳汇交易法律制度的完善进行了系统研究，具有重要的时代意义和理论价值。

关键词：碳汇交易；法律制度；核证减排量；京都议定书

＊ 作者简介：林爽，上海体育大学经济管理学院博士生，研究方向为体育产业管理、绿色低碳体育与环境法；胡连信，湖州师范学院信息工程学院讲师，硕士研究生导师，研究方向为人工智能在环境保护中的应用；林明海，湖州师范学院信息工程学院研究生，研究方向为碳汇测算；通讯作者简介：王泽峰，湖州师范学院信息工程学院教授、浙江省省级特评专家、博导，研究方向为基于人工智能技术的生物多样性保护研究、湿地碳汇研究。

引言

2020 年 9 月 22 日，国家主席习近平在第七十五届联合国大会上宣布，中国力争 2030 年前实现碳达峰，2060 年前实现碳中和。为了实现"双碳"目标，我国诸多企业采取了技术升级、碳配额交易和碳汇交易等碳减排措施。然而，技术升级和碳配额交易都存在各自的局限性。相比于碳排放配额交易，发展碳汇交易能够长期稳定地减少温室气体排放量。

现阶段，我国的碳汇交易局限于森林碳汇交易，其他生态系统的碳汇交易少有涉及。碳汇交易若仅局限于某一种生态系统，不仅对该生态系统的可持续发展带来很大风险，而且容易导致交易业务同质化和市场整体扁平化等问题，从而大大削减碳汇交易市场的活力。湿地是最大的碳库，容量达 770 千兆吨碳当量，超过了农场、温带和热带雨林的总碳储量（Faizal Parish and CC Looi, 1999），因此将湿地纳入碳汇交易是必不可少的举措。此外，湿地的固碳速率是连续的，许多湿地在过去 4000—5000 年一直是碳汇（Mauquoy et al., 2002）。

然而，湿地碳汇交易面临着许多挑战，诸如湿地与湿地碳汇测量方法不准确、市场交易制度不完善等。已有的关于湿地碳汇的研究成果，大都涉及湿地碳汇测量技术、预测湿地碳汇前景，法律制度层面的研究较少。本文在界定碳汇及碳交易的相关概念的基础上，梳理了我国湿地碳汇交易市场的现状，并在横向比较分析林业碳汇交易模式和国外碳汇交易相关制度之后，探索新时代我国湿地碳汇交易制度构建的有效途径，从制度层面为我国湿地碳汇交易市场有序运行提供学理支持。

一、 湿地碳汇交易相关概念的法律界定

湿地碳汇交易在我国刚刚起步，湿地碳汇交易数量不多，人们对湿地碳汇的认知度不高，就湿地碳汇、湿地碳汇交易之概念进行清晰的法律界定，是研究和构建湿地碳汇交易法律制度体系的逻辑起点。

(一) 湿地碳汇的法律界定

界定湿地碳汇的概念，首先要明确湿地和碳汇的内涵。关于湿地的概念，国际条约和我国国内法均有明确的规定。1971年的《湿地公约》即《拉姆萨尔公约》规定，湿地系指天然或人造、永久或暂时之死水或流水、淡水、微咸或咸水沼泽地、泥炭地或水域，包括低潮时水深不超过6米的海水区。我国于1992年签署加入了该国际公约。2021年12月24日，全国人大常委会通过《湿地保护法》，第一次在国内法律层面明确了湿地的定义，即湿地是指具有显著生态功能的自然或者人工的、常年或者季节性积水地带、水域，包括低潮时水深不超过6米的海域，但是水田以及用于养殖的人工水域和滩涂除外。《湿地保护法》对《湿地公约》中的湿地定义进行了限缩，将"水田以及用于养殖的人工水域和滩涂"排除在湿地范围之外。湿地的法律界定，有利于湿地碳汇制度体系的科学建构，有利于我国湿地碳汇市场的统一管理。

碳汇概念来源于《联合国气候变化框架公约》关于"汇"的概念。该公约将"汇"定义为从大气中清除温室气体、气溶胶或温室气体前体的任何过程、活动或机制。与之相对应的是碳源的概念，碳源指的是向大气中释放的二氧化碳比它们吸收的要多的过程。1997年的《京都议定书》设立了国际碳排放交易制度，

该议定书将碳汇定义为"从空气中清除二氧化碳的过程、活动、机制"。该议定书是对《联合国气候变化框架公约》的扩展和细化，要求缔约国承诺减少温室气体的排放，并且建立了良性的减排机制，旨在减少公约列举的六种温室气体的排放量。

由以上法律文本可知，湿地碳汇是指湿地生态系统降低二氧化碳在空气中的含量的过程、活动和机制。湿地植物的光合作用能够使湿地持续从大气中吸收碳，许多湿地还充当了一些碳含量较高流域沉积物的捕集器。在湿地的植物生长、促淤造陆等生态过程中，大量的无机碳和有机碳被积累。湿地土壤水分过饱和的状态使其具有厌氧的生态特性，土壤微生物以嫌气菌类为主，微生物活动相对较弱，因此每年湿地堆积大量碳，逐年积累形成了富含有机质的湿地土壤（段晓男等，2008）。

尽管湿地仅占陆地表面的5%—8%，但湿地是重要的碳汇。据估计，地球土壤碳库2500 Pg中有20%—30%储存在湿地。湿地是从大气中吸收和储存碳的最佳自然环境（Mitsch et al.， 2022）。湿地碳汇应当在我国的碳汇交易市场中占据重要地位。

（二）湿地碳汇交易的法律界定

碳汇交易的概念在实践中经常被混淆，很多人往往错误地将碳汇交易等同于碳排放交易，尽管这两个活动的目的都是减少大气中的温室气体，但它们在本质上存在着区别（陈方丽，2013）。碳排放交易和碳汇交易合称为碳交易。碳排放交易通过创建一个温室气体排放额交易市场来限制温室气体的排放；而碳汇交易则是通过投资造林等生态保护项目、买卖碳汇信用额度等方式，让那些需要减少碳排放的主体通过增加碳汇来抵消排放。碳排放交易通过市场手段来直接限制温室气体的排放量，而碳汇交易则以市场为基础，通过一系列增汇措施来减少大气中的温室气体排放量。

关于湿地碳汇交易的法律界定，可以从交易主体和交易内容两个方面来讨论。从市场经济的角度来看，碳汇交易市场的主要主体包括碳汇需求方和碳汇供给方。通常，需求方是对湿地造成破坏的开发者或者因碳排放超标而具有碳汇需求的个人或企业，需要向提供碳汇的一方购买碳汇进行等效补偿。碳汇的供应方，即碳汇服务提供者。由于湿地天然具有固碳制氧的作用，即使不进行额外的干预建设，顺其自然发展也可以实现碳汇的增量，因此湿地碳汇权的所有者大多就是湿地碳汇服务的提供者。以林业碳汇为例，集体林场、国有林场和其他拥有或者经营森林资源的个人、企业以及其他实体是林业碳汇的主要提供者。然而，并非所有的林权所有者都能有效供给林业碳汇，如省市县政府的绿化建设或零散归属于企事业单位的林木和树木等，不能作为有效的碳汇供给者进入碳汇交易市场。

在碳汇交易中，有时会涉及第三方组织或机构的参与。这种特殊的主体通常由私人企业、政府机构或非营利性组织创建，它们在交易过程中扮演着转化碳汇、连接交易双方的角色。供给方将实现的碳汇交由第三方机构评估检测，然后第三方机构将收购的碳汇转卖给需求方。这种交易模式通过独立的第三方将碳汇转化为可供交易的"信用"，相较于供需双方直接交易，更有利于政府的统一监督管理。

此外，湿地碳汇交易的内容也需要在法律中明确规定。供给方不仅需向需求方提供约定质量和数量的可计算碳汇，而且碳汇项目的净碳汇量必须按照批准的方法开发，才能在市场上进行交易。在整个碳交易过程中，只有通过人为干预额外增加的碳储量才能在市场中起到抵消作用，并且需对项目范围内的碳储量进行计量监测，以达到"核证减排量"的要求。这与《温室气体自愿减排交易管理暂行办法》第 17 条第 5 款①提到的"额外性"相关，其核心是除去植被和土壤在自然发展状态下增加的固碳量，只有人为建设导致的固碳量增加才具有碳汇的价值。

二、 我国湿地碳汇交易的市场地位

虽然我国的湿地碳汇交易在国内整个碳汇交易市场中占比较少，但它已经初步起步，并且已经形成了一套可行的交易模式。全国各地也在不断推出湿地碳汇交易的新模式，如湿地碳汇贷等。湿地碳汇交易对碳汇交易市场甚至整个碳交易市场的可持续发展具有重要意义。

（一）我国的湿地碳汇交易实践

根据 2021 年《碳排放权交易管理办法（试行）》，我国国内的碳交易市场大体可分为强制交易市场和自愿交易市场。强制交易市场是针对重点排控企业或个人免费分配碳排放额的方式来进行碳排放配额交易，交易主体是重点排放单位以及符合国家有关交易规则的机构和个人。自愿交易市场就是国家核证自愿减排量交易，即允许非重点排控企业和个人进入碳交易市场，开放交易主体，鼓励企业通过开发可再生能源、林业碳汇、甲烷利用等项目获得温室气体核证减排量与重点排控单位进行交易，或是作为一项金融资产。

我国的碳交易市场将碳排放交易同碳汇交易相连接，在《碳排放权交易管理办法（试行）》中规定，相关企业主体可以用核证自愿减排量即碳汇来抵消本主

---

① 《温室气体自愿减排交易管理暂行办法》第 17 条第 5 款规定，国家主管部门商有关部门依据专家评估意见对自愿减排项目备案申请进行审查，并于接到备案申请之日起 30 个工作日内（不含专家评估时间）对符合下列条件的项目予以备案，并在国家登记簿登记。

体需要清缴的碳排放配额。并且,该试行办法还详细规定了用碳汇抵消碳排放配额不得超过碳排放配额的 5%。这一规定既为企业多开辟了减排道路,发展了国内的碳汇市场,又督促企业完成技术升级。

在国内的自愿核证减排市场中,湿地碳汇交易逐步发展。各地政府对碳交易这一新兴经济进行了探索,涌现出多种新型的碳汇交易模式。例如,"湿地碳汇贷"模式中,银行根据项目范围内的湿地碳汇价值测算出相应的贷款金额,将湿地减碳量的远期收益权进行质押,并进行权利登记和公示,然后向相应企业发放贷款。国内的自愿交易市场可以大力推广各类碳汇产品进行交易,不仅局限于森林碳汇,还包括湿地碳汇等多种类型,通过增汇项目的开发来实现交易。

(二) 湿地碳汇交易的地位

湿地碳汇的合理利用会为我国实现"双碳"目标提供重要推力。虽然森林碳汇是目前发展较早且较成熟的领域,但造林和退耕还林存在一定的限制,不能以此减少我国的耕地面积。第二次全国国土调查以 2009 年底为标准时点,耕地总面积为 20.3 亿亩;第三次全国国土调查以 2019 年底为标准时点,耕地总面积约为 19.18 亿亩。比较十年间两次国土调查的数据可以发现,中国耕地总量约减少1.13 亿亩。故而,我国的耕地现状十分严峻。中国要牢牢坚守 18 亿亩耕地红线,绝对不能通过造林退耕来增加我国生态系统的固碳能力,必须要同时发展和挖掘其他生态系统的固碳能力。碳汇经济的发展仅仅依靠森林也是不够的,碳汇种类的多元化对碳汇市场也是一种良性的促进。

目前,受到高度关注的五种碳汇类型包括森林碳汇、竹林碳汇、草地碳汇、农田碳汇和湿地碳汇。其中,森林碳汇已经在一定程度上得到发展,并成为当前碳汇交易市场的主力军。相较于其他碳汇类型,尽管湿地的面积不及草地广阔,但湿地具有丰富的生态系统，使得其具备较强的碳固定能力。我国湿地面积超过6600万公顷，约占全球湿地面积的10%，在亚洲排名第一，在全球排名第四。与其他国家相比，我国在湿地碳汇的发展方面具有明显优势，且我国的湿地保护意识逐渐增强。

国内已经进行的湿地碳汇交易中所涉湿地均为我国十分重要的，具有深厚文化底蕴和经济价值的湿地。例如，德清县的下储湖湿地，作为国内首笔湿地碳汇交易所涉湿地，其面积约为36平方公里，是国家AAAA级景区；万年县的珠溪国家湿地公园，作为湿地银行的重要试点，湿地总面积为544.2公顷，是国家级森林公园。通过碳汇交易来开发湿地的经济价值，同时推动湿地环境价值的提升，对我国的湿地建设乃至环境建设都具有重要意义。国内湿地碳汇交易的蓬勃发展必将提升我国碳交易市场的国际竞争力，因此湿地碳汇交易是我国国内碳汇交易市场的一个重要组成部分。

三、 我国湿地碳汇交易法律制度现状

目前，我国碳汇交易发展迅速，主要围绕着《京都议定书》所提及的森林生态系统，通过造林项目来提升碳汇进行交易。然而，我国碳汇交易的种类较为单一，湿地碳汇未得到充分重视，同时碳汇交易制度存在较大缺陷。

（一）各省市实施的碳汇政策与地方性法规

目前，我国已有多个碳汇交易试点地区，各试点地区为提升自然资源碳汇能力、应对气候变化，制定了一系列具体政策与地方性法规。但是，各试点省市所出台的政策与地方性法规多聚焦于林业碳汇，湿地碳汇实践起步时间较晚，尚未有政策予以明确规范。下表列举了关于碳汇交易的现有地方法规，虽然这些地方法规的适用范围几乎未涵盖湿地碳汇交易，但可以作为参考，为湿地碳汇交易制度的制定起到一定引导作用和示范作用。

在碳汇方面，多个试点地区的相关政策和规划对"十四五"规划予以响应，提出增强生态系统碳汇能力、完善绿色生态格局、加强技术开发、推动平台建设等策略。并且，各省市政策之间在完善交易平台、开展碳汇交易试点等方面具有共通性。

表1　碳汇交易相关省市政策方案汇总表

	省/市	时间	题目	碳汇交易相关
碳汇	上海	2021年	上海市崇明世界级生态岛发展规划纲要	（1）推进碳排放精细化管理 （2）建立动态监测与预警平台
	重庆	2021年	重庆市"碳汇通"生态产品价值实现机制管理暂行办法	建立"碳汇通"生态产品价值实现机制
	内蒙古	2021年	内蒙古关于加快建立健全绿色低碳循环发展经济体系具体措施的通知	组织实施绿色技术攻关，实施一批碳汇科技重大专项、集成示范先进技术成果
	河南	2022年	河南省"十四五"国土空间生态修复和森林河南建设规划	（1）完善碳汇资源确权、登记、颁证、评估、流转、抵押等体系 （2）开发碳汇林、草地碳汇、湿地碳汇交易项目
林业碳汇	福建	2017年	福建省林业碳汇交易试点方案	开展林业碳汇交易试点
	福建	2021年	福建省龙岩市全国林业改革发展综合试点实施方案	（1）探索开展林业碳汇收益权质押贷款 （2）建立健全以政策性保险为基础、商业性保险为补充的森林保险制度
	贵州	2022年	贵州省毕节市林业碳票管理办法（试行）	建立碳票交易机构或依托现有交易平台，制定碳票交易价格

续 表

省/市		时间	题目	碳汇交易相关
	四川	2019年	四川省林业和草原局关于大力推进林草碳汇高质量发展的意见	构建林草碳汇发展空间格局
	湖北	2022年	湖北省林业发展"十四五"规划	指导地方林业碳汇项目开发、审定、备案、监测、核证、管理及交易
	江苏	2021年	江苏省政府办公厅关于科学绿化的实施意见	(1)提升国土绿化状况监测信息化精准化水平 (2)放活人工商品林自主经营
	江西	2021年	江西省林业碳汇开发及交易管理办法(试行)	(1)建立林业碳汇交易平台 (2)交易主体购买的林业碳汇仅适用于进行温室气体自愿减排或碳中和
蓝碳	广东	2021年	广东省海洋经济发展"十四五"规划	(1)探索海洋生态产品经济价值实现机制 (2)探索培育蓝色碳汇产业,推进蓝碳资源有机碳含量、面积、碳储量评估等本底调查
	山东	2022年	山东省"十四五"应对气候变化规划	(1)推动森林碳汇能力提升,增强和修复农田、湿地碳汇 (2)推动海洋碳汇增汇行动

资料来源:作者整理

(二)我国湿地碳汇交易实体法律规范存在空白

1. 湿地碳汇法律属性不明

碳汇作为交易的主要内容,其法律属性的明确是实现交易的前提,但我国湿地碳汇的法律属性尚未明确。对于碳汇权的具体属性,学界说法不一,但多数学说采"准物权"属性①，认为湿地碳汇一方面具有价值性、可支配性和独立性等物权属性，可以作为湿地碳汇交易的客体；另一方面，湿地碳汇又具有不同于知识产权和债权的物权属性，因其客体具有一定的公法色彩，使其区别于完全意义上的物权。

传统意义上，物指的是一种客观实体存在。用于交易的湿地碳汇只能用数据来表现，就如林业碳汇虽然经过科学的论证被证明是真实存在的，但它却与森林木材相结合，作为森林资源的一个部分表现出来（胡越，2014）。因此，湿地碳汇区别于一般的物，可以在法律上将湿地碳汇视作物权，准用民法物权法的规定（李海棠，2020）。

当然，碳汇市场处于起步阶段，我国立法未对碳汇权作出明确规定，但在法律上明确碳汇权的概念同样是进行湿地碳汇交易的基础。鉴于湿地碳汇属于生态产品②的一种，根据产权理论，对于产权能够界定的生态产品，可将生态产品转变成私人产品，并通过市场来实现供给（曾贤刚等，2014）。因此，当碳汇参与交易时，必须将湿地碳汇在产权确定的基础上转变为私人产品。

2. 湿地碳汇权属制度规定不清

基于自愿市场交易需求，湿地碳汇资源进入市场并转化为一种财产。从法律属性上看，湿地碳汇是湿地资源的孳息物，并蕴含了人类劳动。对于湿地碳汇交易，如果要将其市场推广到全国，就不可避免地需要对湿地碳汇的权属作出明确规定，而要明确湿地碳汇的权属，首先就要明确湿地的权属。

---

① 准物权是指某些性质和要件相似于物权、准用物权法规定的财产权。虽然准物权不是严格意义的物权，但相较于债权，其性质和成立要件与物权更相似，是指以物之外的其他财产为客体的具有支配性、绝对性和排他性的民事财产权。

② 我国在2010年12月发布的《全国主体功能区规划》中首次提出了"生态产品"的概念，指出人类需求既包括对农产品、工业品和服务产品的需求，也包括对清新空气、清洁水源、宜人气候等生态产品的需求。

我国对湿地产权的规范，表现出规定分散、权属不清、权责不明、监管不力等问题，导致交易实践中，总体上呈现出权属混乱现象。这些问题极大地限制了湿地资源的流通，制约了湿地碳汇工作的有效开展。

首先，湿地上设定的产权种类众多是湿地产权产生纠纷的主要因素。湿地产权区分所有权和用益物权。《宪法》对所有权的归属作出了规定，《自然资源统一确权登记暂行办法》① 对所有权的行使加以明确②。用益物权③不同于所有权，湿地作为一个完整的生态系统，其资源涉及的范围较广，包括水资源、土地资源在内的一系列动植物资源和农业产出，湿地上林权证、草原证、土地承包合同、取水证、养殖权等多种产权并存。可见，湿地用益物权的种类繁多，且其归属较为复杂，湿地产权与森林、草原等产权边界不清，而解决湿地用益物权与产权冲突的法律规定缺乏。此外，目前针对湿地资源保护的法律，或针对湿地的某一部分加以保护，或不加区分地适用《环境保护法》等普遍性规范，致使湿地资源保护的对象碎片化、模糊化，因此在法律体系上也表现出分散性、片面性甚至冲突性（张云雁，2019）。

其次，营造良性的湿地碳汇交易市场环境，还需要确认湿地碳汇的产权。湿地碳汇产权是指湿地碳汇的各类权利归属，包括占有权、使用权、收益权和处分权。对于我国的湿地碳汇产权来说，其权属制度也存在一定程度的混乱。主要原因有以下几点：一是湿地与其他资源的产权边界不清，碳汇产权同其他权利的边界难以确定，提高了湿地碳汇交易的成本。湿地上设立了多种用益物权，但当多

---

① 《自然资源统一确权登记暂行办法》由自然资源部、财政部、生态环境部、水利部、国家林业和草原局联合印发，对水流、森林、山岭、草原、荒地、滩涂、海域、无居民海岛以及探明储量的矿产资源等自然资源的所有权和所有自然生态空间统一进行确权登记。

② 《宪法》规定，湿地的所有权归属国家或集体，并由国家或集体委托行政机构对其进行管理。具体而言，根据《自然资源统一确权登记暂行办法》，湿地所有权代表行使主体是自然资源部；中央委托相关部门、地方政府代理行使所有权的，所有权代理行使主体为相关部门、地方人民政府。

③ 用益物权，即权利人对他人财产依法享有占有、使用和收益的权利。

种用益物权与湿地碳汇产权产生冲突时，尚缺少解决冲突适用的法律规范。二是我国湿地资源存在历史遗留问题。例如，在我国部分地区，湿地土壤曾受集体化的影响从集体手中平均分配给个人，湿地的水权则因长期的忽视仅受当地习惯的约束（卞维维，2021）。在目前的土地产权实践中，用"以地定水""水随地走"这种非正式的产权原则来界定"地"与"水"的产权关系。此类分配原则一直为历朝所遵循，逐渐受到乡土社会中的村社成员们的广泛认可。但是，此类规则归根结底仍是一种习惯，缺乏实际的产权界定效力。湿地的水土资源割裂也就意味着其他资源的产权难以界定，权属不清也易导致湿地资源的浪费与破坏，同时产权的争议也会使资源使用效率低下。目前，我国虽逐步形成了自然资源资产分类管理、有偿使用的制度，但具体到湿地碳汇产权的管理制度仍尚存空白。

3. 湿地碳汇市场主体行为规范缺乏

湿地碳汇交易主体多样，对买卖双方的权利义务以及监管主体的权利义务在交易过程中作出明确规定，是维持碳汇交易良性运行必不可少的制度内容。然而，我国目前几乎没有明确规定碳汇交易主体的权利义务。

（1）碳汇交易买卖双方的权利义务

我国目前出台了一些部门规章和规范性文件，如《清洁发展机制项目运行管理办法》《温室气体自愿减排交易管理暂行办法》和《碳排放权交易管理暂行办法》（林旭霞，2013）。然而，现有规范不仅效力层次低，而且分散及不完善。对于整个碳汇交易市场，这些规范只是就设立方面提出了一些要求，如规定了碳交易机构设立的条件以及项目业主企业如何获得核准，并未提及碳汇交易买卖双方的具体权利义务，也未涉及碳汇交易监管制度。这种不足对我国碳汇交易的发展极为不利，容易导致企业进行不受限制的交易。

碳汇交易卖方即项目业主，在项目开发前、开发中和开发后都应该具备特定的权利义务。在项目开发前和开发中，权利义务应该侧重于湿地环境保护，承担起企业的社会责任。碳汇交易项目本身源自对环境的保护，因此除了必要的碳排放外，不能再给环境带来其他的污染和压力。湿地碳汇的独特性很大程度上来自湿地的独特性。湿地是地球上极为重要的生态系统，被誉为"地球之肾"。目前，湿地本身也面临着巨大的生存困境。因此，在落实湿地增汇项目时，更要重视对湿地的保护。对于湿地碳汇项目的交易主体，应增设一定的保护湿地的义务和禁止性规定。

在项目开发后的交易过程中，与买方签订的交易合同属于双方民事法律行为，应严格遵守合同规定的权利义务。此外，项目开发后，增长的碳汇作为交易对象买卖后，该项目所设区域后续的维持义务应包括保护湿地不被破坏、定期提交固碳量检测报告等，这些义务也应明确规定。对于一个大型的湿地碳汇项目，法律应规范项目业主是否可多次交易、能否自主选择买方企业等事项。

碳汇交易买方既包括需要获得核准减排量的企业主体，亦包括其他不需要核准减排量的企业主体。对于那些需要核准减排量的重点排控企业，其主要应当遵守的义务就是按照规定比例，用减排量来抵消碳排放；而对于非重点排控企业，其没有排控压力，自愿投入碳排放交易市场也应秉承公平竞争原则。各企业主体均不得通过欺诈、恶意串通、散布虚假信息等方式来操控碳汇交易市场。

综上，我国目前对碳汇交易主体的权利义务缺乏明确规定，从而会在未来的交易中给湿地碳汇交易市场带来交易乱象，极易出现湿地碳汇价格泡沫。并且，交易主体对生态环境保护义务的缺位，使得交易主体为了得到碳汇而去损害项目范围以外的生态环境，与湿地碳汇交易初衷背离。

（2）监管主体的权利义务

湿地碳汇交易市场管理制度应当包含监管机制，其核心是监管主体的权利义务制度。监管主体在整个碳汇交易中应当发挥重要作用，完善的监管主体权利义务制度是整个湿地碳汇交易良性运行的保障。监管包括政府的监管职责与企业内部的监督管理。在市场的运行中，政府可以以不同的身份参与其中，每一种身份承担不同的职责，且都会对市场的运行产生相应的影响。相比较而言，政府作为集体资源的代理者，其监管职责更为突出。本文仅分析政府监管。

我国国家林业和草原局统一管理全国湿地，国家林业和草原局内设湿地管理司，指导湿地保护工作。湿地管理司承担着组织起草湿地保护的法律法规、监督管理全国湿地资源等职能。我国目前针对碳汇交易缺少专门的监管主体。监管主体的监管职责应该包括生态环境和交易过程两个方面。目前的规范性文件缺少对项目开发过程中生态环境的监管。对于参与交易的企业主体来说，生态环境监管不到位极易产生先违法后补偿的现象，不能及时阻止主体危害行为。2021年，生态环境部门公布了12个大气污染案，其中过半数为监管不到位，有关政府部门只是审核相关企业递交的报告文件，没有在项目进行过程中对项目所带来的生态环境损害予以实质审查。监管不到位对环境的保护是极为不利的，污染已经造成，其后的罚金更多是惩罚作用，难以恢复已经被破坏的大气环境。

监管主体应该具有对交易过程中除商业机密以外的企业行为的监管审查权，但项目所在地政府对碳汇质量的审查、碳汇价格的监管、交易过程中的违法行为，如主体之间恶意串通、虚假信息披露等行为，都没有规定明确的监管审查权利和义务，且监管不成体系，监管主体之间的报告通知机制不完善，所以各级政府部门的监管职责需进一步明确。明确政府的监管职责也是在合理分配政府的权能，让政府在监管的过程中发挥其最大价值。

（三）湿地碳汇交易程序法规范存在缺陷

1. 湿地碳汇交易主体责任规范缺失

湿地碳汇主体责任与其权利和义务相对应，不同主体的权利义务有所区别，责任也会有所不同。完备有效的责任体系一方面可以化解交易过程中产生的诸多问题，另一方面也起着一定的警示作用，通过明确的责任划定，起到一定的预防作用。

（1）碳汇交易买卖双方的责任

碳汇交易过程本质上是交易双方订立与履行合同的过程，对于双方违反合同法规范的行为，应当由违反一方承担违约责任。具体的责任需以合同法的规定为准，这里便不再赘述。需要注意的是，由于碳汇交易合同性质并不纯粹，在民事法律关系的基础上还涉及经济、刑事、行政等多方面内容，相应也会产生各种类型的法律责任，在特殊情形下会产生法律规范的冲突。

碳汇交易的根本目的是通过碳汇在减轻气候负担、恢复湿地环境的同时，将湿地资源变现。碳汇交易双方除遵守合同法上的义务外，也必须做到对湿地的生态维护，违反该项义务的行为会产生相应的法律责任。《湿地保护法》对开（围）垦、填埋自然湿地等破坏湿地的行为责任作出了明确规定。[①] 然而，《湿地保护法》对责任内容的规定有限，无法包括交易中产生的所有违背自然理念、破坏湿地环境的行为。在湿地碳汇交易背景下，作为以湿地碳汇为主要经营对象的专门机构，第三方主体是否需要从重处罚等问题，需要更具体的规范进行规定。

（2）监管主体的责任

《湿地保护法》在规定其他主体的责任之前，首先对政府有关部门工作人员玩忽职守、滥用职权等行为产生的责任进行了规定。[②]《湿地保护法》主要针对

---

① 根据《湿地保护法》第54条，违反本法规定，开（围）垦、填埋自然湿地的，由县级以上人民政府林业草原等有关主管部门按照职责分工责令停止违法行为，限期修复湿地或者采取其他补救措施，没收违法所得，并按照破坏湿地面积，处每平方米五百元以上五千元以下罚款；破坏国家重要湿地的，并按照破坏湿地面积，处每平方米一千元以上一万元以下罚款。

② 根据《湿地保护法》第51条，县级以上人民政府有关部门发现破坏湿地的违法行为或者接到对违法行为的举报，不予查处或者不依法查处，或者有其他玩忽职守、滥用职权、徇私舞弊行为的，对直接负责的主管人员和其他直接责任人员依法给予处分。

政府在湿地保护过程中的监督职能，这一点可以类比到湿地碳汇交易过程中。湿地碳汇交易中，政府也需要履行相同的职责，监督整个碳汇交易过程是否存在破坏湿地的违法行为，但我国目前仍缺少具体到湿地碳汇交易中政府责任的法律规制。此外，与湿地保护不同，湿地碳汇交易中，政府还具备着建立和维护市场秩序的行政职能，政府部门工作人员在消极履行该类职责时如何规制，仍是目前立法亟待解决的问题。

2. 湿地碳汇权救济途径的缺失

对于权利受到侵害的救济途径，一般分为私力救济和公力救济。公力救济主要包括司法救济、行政救济及仲裁救济。湿地碳汇权属于新兴的权利，法律层面的规制尚不健全。我国法律不仅缺少对湿地碳汇权的明确规定，而且在救济途径上不具有专门性。湿地碳汇交易纠纷如果仅归为普通的民事纠纷来审判，极有可能会因为审判人员对碳汇交易的非专业性，造成不公平的审判结果。目前，大多数关于碳汇交易的案件集中于投资委托的纠纷。

表 2　碳汇交易纠纷案例汇总表

案件名称	法院	时间	法院主要观点
江西首例认购碳汇替代修复生态案	江西省井冈山市人民法院	2022 年	被告人邓某某盗伐国家重点公益林林木 24.4 立方米，数量巨大，构成盗伐林木罪。通过主动自愿认购碳汇 40 吨，用以替代生态修复，视为悔罪。
安康铁路法院引入"碳汇"进行生态修复案	安康铁路运输法院	2022 年	滥伐林木案件，因自愿交纳碳汇补偿费用获得从宽处理。以灵活、多样的手段实现对受损生态环境资源的保护和修复，对警醒和提升社会公众的环境资源保护意识具有积极意义。
委托碳汇交易保证合同纠纷	北京市海淀区人民法院	2021 年	合同合法有效，双方应当按照合同的约定全面履行自己的义务，但原告对利息的请求缺乏法律依据，不予支持。

案件名称	法院	时间	法院主要观点
投资购买碳汇公司的碳汇项目产生委托纠纷	广东省高级人民法院	2021 年	本案系合同纠纷，原告主张被告未将案涉款项用于投资碳汇项目，应向其返还尚未收回的投资款碳汇。但是，碳汇公司此前已向原告支付多笔款项，二审对返还尚未收回的投资款及利息的主张不予支持并无不当。驳回原告再审请求。
碳汇交易投资担保纠纷	新疆维吾尔自治区克拉玛依市中级人民法院	2021 年	本案当事人双方投资碳汇交易行为，属于非法网络传销活动，上诉人的委托行为是一种无效民事行为。上诉人作为保证人具有过错。虽然因主合同无效而导致担保合同无效，但上诉人依法应对被上诉人的损失承担三分之一的民事责任。

资料来源：作者整理

(四) 湿地碳汇交易的配套制度

1. 湿地碳汇评估制度不健全

碳汇不是一个有体物，在物权属性上，具有不确定性。碳汇量只能基于科学理论来模拟测量，所以碳汇的测量方法极为重要。如果没有统一、科学的测量方法，那一切碳汇交易都无法进行。

由于不同生态系统的碳汇具有不同的生态特性，无法统一划分测量方法。现有的碳汇测量方法学主要针对森林和竹林。关于湿地的碳汇测量方法学，国家发展改革委员会没有备案。为了发展地方碳汇交易，各省地方政府发布了一系列区域性的碳汇测算方法学，但各省之间的测算方法学较为多样化，亟需发布统一的湿地碳汇方法学为湿地碳汇交易进行指导。没有统一的测算方法学，就无法进行国内统一碳汇交易。

湿地碳汇测量虽然没有统一方法学，但已经有几种科学的测算方法可供使用。湿地生态系统的碳汇核算方法目前有四种：（1）实地勘察法；（2）遥感估算法；（3）模型估算法；（4）微气象学法（谢立军等，2023）。2013年已经由国家发展改革委员会备案的《碳汇造林项目方法学》所采用的，就是通过实地勘察进行的样地勘察法。样地勘察法也是经过政府间气候变化专门委员会（IPCC）认可的。湿地因其生态环境复杂多样，基于现有的遥感技术准确量化湿地区域的生态因子尚存在一定难度。随着日后技术的进步和发展，湿地碳汇方法学也应该更精确。

除了湿地碳汇核算的方法需要明确，湿地本身的测算方法也需要得到明确。湿地种类多样，每种湿地包含的生态类型多样，且不同种类差别较大，所以湿地的测算方式统一化也是必须要进行的。

表 3　碳汇项目方法学汇总表

	年份	方法学名称	方法学编号
国家	2013年	《碳汇造林项目方法学》	AR－CM－001－V01
	2013年	《竹子造林碳汇项目方法学》	AR－CM－002－V01
	2014年	《森林经营碳汇项目方法学》	AR－CM－003－V01
	2014年	《可持续草地管理温室气体减排计量与监测方法学》	AR－CM－004－V01
	2016年	《竹林经营碳汇项目方法学》	AR－CM－005－V01
	2016年	《保护性耕作减排增汇项目方法学》	CMS－083－V01
地方	2018年	《贵州省单株碳汇项目方法学》	201712－V1
	2020年	《广东省林业碳汇碳普惠方法学（2020年修订版）》	2017001－V03
	2021年	《江西省森林经营碳汇项目方法学》	试行
	2022年	《四川省森林经营碳普惠方法学》	送审稿

资料来源：作者整理

2. 交易过程第三方机构缺乏

第三方机构在碳汇交易过程中发挥着重要作用。第三方机构的引入可以大大提升市场的交易效率，同时由于第三方具备更强的公信力，更易实现融资，对交易起到很好的促进作用。相比于传统的交易模式，第三方机构的加入更有利于市场的维护与稳定，但目前国内立法缺少对第三方机构规制的法律文件，对第三方机构的规制尚存完善空间。鉴于相关法律制度的缺失，盲目成立第三方交易机构的风险极大，包括审定和核证机构。

3. 湿地碳汇交易过程规则缺乏

湿地碳汇交易一般涉及多方主体，包括项目业主企业、买方企业、第三方鉴定机构、保险机构、碳汇交易所等。如何在湿地碳汇交易市场的运行中统一协调这些交易主体，成为维持碳交易市场的重要问题。目前，我国的碳交易主体规制制度尚不完善，基于此的碳汇市场交易规则也未形成体系。

我国已发布的碳交易市场的规范性文件已经对项目审批规则作出了一定程度的规范。《温室气体自愿减排交易管理暂行办法》规定，目前的交易规则主要依据的是各个交易机构自行制定的交易规则。[①] 虽然看似是"有章可循"，但是各个交易所制定的交易规则难免存在不同。这种区域性交易规则的制定，对我国湿地碳汇交易市场的整体发展极为不利。

表4　国内碳交易所交易规则汇总表

交易所名称	碳汇交易规则
北京市绿色交易所	《北京绿色交易所国家核证自愿减排量交易规则（试行）》 《北京绿色交易所国家核证自愿减排量交易收费标准》
上海环境能源交易所	《上海环境能源交易所协助办理CCER质押业务规则》
深圳排放权交易所	《深圳排放权交易所核证自愿减排量（CCER）项目挂牌上市细则（暂行）》

---

① 《温室气体自愿减排交易管理暂行办法》第23条规定，温室气体自愿减排量应在经国家主管部门备案的交易机构内，依据交易机构制定的交易细则进行交易。经备案的交易机构的交易系统与国家登记簿连接，实时记录减排量变更情况。

续　表

交易所名称	碳汇交易规则
广州碳排放权交易中心	《广州碳排放权交易中心广东省碳普惠制核证减排量交易规则（2020 年修订）》 《广州碳排放权交易中心国家核证自愿减排量交易规则（2019 年修订）》
湖北碳排放权交易中心	《CCER 定向交易流程》
海峡股权交易中心	《海峡股权交易中心碳资产管理业务细则（试行）》

资料来源：作者整理

4. 湿地碳汇交易信息披露制度缺乏

我国目前没有统一的碳汇交易信息披露平台，并且缺少明确的碳汇交易信息披露制度。湿地碳汇核算方法关乎交易所涉及的标的价值，因此对湿地碳汇的核算方法和依据数据理应进行信息披露。我国目前对碳市场发布的管理规范中，只有碳排放配额交易中概括性提到了要进行信息披露，对具体的碳汇交易没有提及信息披露问题。规范碳汇交易的文件，如《清洁发展机制项目运行管理办法》《温室气体自愿减排交易管理暂行办法》等，均未提到交易主体需要进行信息披露。《碳排放权交易管理办法（试行）》提到，碳排放权注册登记机构以及所有碳排放交易机构应该为交易主体实时更新碳排放配额交易的相关信息。[①] 然而，试行办法的规定过于笼统，既没有规定需要公布交易主体的具体哪些信息，也没有规定需要公布信息的时间等。

目前，国内的多项湿地交易项目以及湿地贷款等，在信息披露方面存在不够明确的问题。湿地碳汇的核算方法应当基于湿地内土壤碳库、水体碳库和植被碳

[①] 《碳排放权交易管理办法（试行）》第23条规定，全国碳排放权注册登记机构应当根据全国碳排放权交易机构提供的成交结果，通过全国碳排放权注册登记系统为交易主体及时更新相关信息。第24条规定，全国碳排放权注册登记机构和全国碳排放权交易机构应当按照国家有关规定，实现数据及时、准确、安全交换。"

库的固碳能力，并通过对湿地的土壤面积、植被面积以及多年平均水资源量的监测与分析，综合评估其固碳能力，然后进行公示。

如果缺乏完善的信息披露制度，极易产生贪污腐化现象。阳光是最好的防腐剂。信息披露制度不健全，对国内湿地碳汇交易市场甚至整个碳市场都十分不利。目前，我国的湿地碳汇交易尚处于起步阶段，因此由交易制度不完善所带来的深层次问题还未浮现。但是，部分发达国家的碳市场形成得比较早，由此而来的制度不健全的问题已经暴露，并得到了一定的改善。加拿大的太平洋碳信托基金（PCT）是于 2008 年成立的从事碳权交易的由省政府控股的国有企业。根据《温哥华商业杂志》报道，太平洋碳信托基金（PCT）把所购买的碳权指标卖给政府部门，以帮助其实现碳中和目标。太平洋碳信托基金（PCT）从学校、医院等公共机构那里收取资金，作为对没有达到碳中和目标的惩罚，然后用这笔钱为重工业和资源部门的可持续发展项目提供资金。这些举措旨在减少温室气体，燃料转换是其中之一。2010 年和 2011 年，卑诗省学区、医院等公共机构被迫向太平洋碳信托基金（PCT）支付 3760 万美元的抵消费。太平洋碳信托基金（PCT）已经资助了 31 个此类项目，但拒绝透露每个项目收到了多少。太平洋碳信托基金（PCT）的拒绝信息披露造成了民众的不满。环境部审查发现，由于太平洋碳信托基金（PCT）所开展的项目没有信息披露，掩盖了其很多项目并没有实现碳中和目标的事实，最后决定关闭太平洋碳信托基金（PCT）。可见，信息披露制度的缺失，一定会给碳汇交易带来巨大的负面影响，影响碳汇市场的正常运转。我国应当建立湿地碳汇交易的信息披露机制。

从上述分析可以看出，我国的湿地碳汇交易法律制度极不完善，这对湿地碳汇交易市场的有序运作是极为不利的。权属制度的不清带来的不仅是主体之间的纠纷，而且会大大打压企业与个人的积极性。救济制度缺失、监管制度不明晰、配套制度不到位等，都是湿地碳汇交易市场可持续发展的阻碍。故而，要想发展碳汇交易，就一定要完善湿地碳汇交易法律制度体系。

四、 完善湿地碳汇交易法律体系的建议

法律制度的构建对保障市场有序运行有着重要作用。碳汇交易作为一个新兴经济业态，在实体法和程序法方面都应具有科学的、合理的法律规范，否则会导致市场乱象。个别企业操纵市场、哄抬价格等行为，不利于国内碳汇交易的发展。国内碳汇市场法律规范的不成熟，必将影响我国在国际碳汇交易市场上的地位。故而，我们从实体法、程序法及市场相关配套制度上提出学理建议。

(一) 明晰湿地碳汇交易的实体法律制度

1. 明确湿地碳汇的权属

湿地碳汇交易主体是湿地所有权或用益物权的主体，湿地碳汇交易主体资格的确定首先取决于湿地权属问题。湿地确权登记制度和分区管理制度的完善有助于划分湿地碳汇的权属，从而科学确定湿地碳汇交易主体资格。

（1） 完善湿地确权登记制度是明确湿地碳汇交易主体资格的首要要求

虽然《湿地保护法》已经颁布并实施，但《湿地保护法》仅是对湿地保护进行笼统的规定，起一个统领的作用。针对湿地产权的争议问题，还需要各地方政府依据不同地区产权的历史规划作出针对性的规定，以此推进产权制度体系的建立。地方湿地权属登记制度的立法还需要符合中央发布的《自然资源统一确权登记暂行办法》的具体要求，需要明确湿地资源上各种用益物权的归属。具体而言，需要关联国土空间规划明确的用途、划定的生态保护红线等管制要求及其他特殊保护规定等信息统筹立法。

（2）进行湿地自然资源分区管理是明确湿地碳汇交易主体资格的必然选择

湿地自然资源的所有权已有法律的明确规定，但用益物权的设定尚需要考虑到湿地资源的整体性。尤其是湿地的组成要素具有系统性、整体性，因此对湿地资源的水源、土地、生物等资源，不能单独设定用益物权，需要对湿地资源实行分区管理。此外，还需要严格审查湿地资源的承包、出租和转让，需将湿地具体可从事的活动根据湿地的具体区域、湿地当前的具体效能进行严格的划分，且开展的活动应当符合湿地的用途，将"生态优先"的原则贯彻始终。通过健全湿地资源产权制度，保护湿地资源，实现湿地资源永续利用。《自然资源统一确权登记暂行办法》根据"登记单元"对湿地进行了明确的划分①，对湿地资源的划分起到了良好的指导作用。

2. 明确湿地碳汇交易对象的法律属性

解决湿地的概念及属性不明确的问题是明确交易对象的必然要求。湿地碳汇中的"湿地"二字尚且面临着法律规定的混淆，在此基础上，湿地碳汇的属性就更加难以把握。所以，在解决湿地碳汇的概念问题之前，首先要解决湿地在法律法规中用语不一的问题。《湿地保护法》的出台虽然在法律层面上统一了湿地的定义，但湿地的概念在民法等其他部门法律中仍旧存在差异，仍需要通过立法或修法进行完善。

湿地碳汇权作为交易的标的，法律必须在明确其属性的基础上，对碳汇交易进行规制。对湿地碳汇权概念的明确，能使其与既有权利理论体系相容，而且也符合实践的需要。将湿地碳汇权定义为"准物权"，符合物权的基本发展道路。

---

① 《自然资源统一确权登记暂行办法》规定,明确国家批准的国家公园、自然保护区等各类自然保护地按照管理或保护范围优先划定登记单元,湿地按照自然资源边界划定登记单元,山岭和滩涂资源在森林、湿地等登记单元中已体现,因此,不再单独划定自然资源登记单元。对于已纳入国家公园、自然保护区、自然公园等自然保护地登记单元内的森林、草原、荒地、水流、湿地等不再单独划定登记单元,作为国家公园、自然保护区、自然公园等自然保护地登记单元内的资源类型予以调查、记载。

3. 明确湿地碳汇交易双方权利义务

湿地碳汇交易双方的权利义务规定不明，不仅会给碳汇交易市场带来乱象，更会破坏原有的湿地生态系统，造成不可弥补的损伤。目前，碳汇交易买卖双方权利义务规定的不明表现在：（1）没有出台统一、完整的碳汇交易法律规范；（2）现有规范没有和环境法做好衔接。故而，应在国家层面出台一部效力层级较高的碳汇交易市场法律，从生态环境保护和碳汇交易市场维护等多个方面对交易主体权利义务进行规制。

第一，要求项目开发主体通过向政府缴纳生态保证金的方式，确保项目范围内的湿地生态系统不遭到破坏。湿地生态系统极其珍贵，一旦被破坏，其修复极其困难甚至无法修复。因此，湿地碳汇交易需提前让项目业主缴纳生态保证金，从而在项目运行之初就警示项目业主严格保护生态。若项目完成后，湿地生态环境并未遭到破坏，则可将该保证金予以退还；若湿地遭到一定程度的损害，保证金将由政府用于修复湿地。保证金相比于罚金的更好之处在于，将项目业主的"生态补偿金"前置，避免因业主项目经营失败而造成资金短缺，从而出现政府作出处罚也无法执行的情况。在这个过程中，除了对项目增汇的检测鉴定有所要求，对环境评价机制也提出了要求。也就是说，在全过程中要引入环评机制，及时止损，避免损失扩大。对保证金的数额也要慎重考量，不能太低，以免保证金沦为"环境使用费"，企业缴纳保证金后肆意破坏环境。保证金也不能太高，以免挫伤企业对湿地增汇项目的积极性。

第二，项目开发主体在项目进行过程中有权不受第三方干扰。项目备案后，项目主体除了应配合进行环境评价以及碳汇增量检测等已提前规定科学检测报告外，不得对项目再次进行审查，从而干扰项目实施。若有政府主体或其他主体对项目实施进行干扰，项目主体有权针对其项目损失向其追偿。

第三，湿地碳汇交易双方都有义务接受有关监管部门的管理监督。交易双方均需要秉承公平交易原则，不得出现操纵市场来扰乱碳汇价格的行为。项目过程中的检测报告都要交予监管部门进行审查，避免交易双方与负责环评和数据检测的主体进行串通，持续性做出破坏环境的行为。

(二) 完善湿地碳汇交易的程序法律制度

1. 明确交易主体责任制度

在碳汇交易运行的整个过程中，交易主体承担着不同类型的法律责任。对应交易主体的权利义务类型，其责任类型也包括民事、经济、刑事、行政法律关系在内的多种形式。因此，需要在《湿地保护法》的基础上制定湿地碳汇交易的专门法律，对交易中存在的多种法律关系、法律责任进行明晰。在专门法中，对湿地碳汇交易的各类主体进行严格的法律界定，并对其法律责任作出详细规定。地方需根据各自的具体情况，结合地方碳汇交易发展现状及湿地碳汇交易的发展潜力，制定出符合地方需要的法律法规等，对中央发布的专门法律进行补充。

2. 明确交易纠纷救济途径

部分碳排放权交易中心对碳排放权的救济进行了一定程度的规定。例如，规定交易参与人之间发生有关 CCER 交易业务纠纷时，可以自行协商解决，也可以依法向仲裁机构申请仲裁或者向人民法院提起诉讼。对于湿地碳汇，可以建立专门处理碳汇交易纠纷的仲裁法庭。相比于诉讼，仲裁立案更快，审理期限更短。并且，碳汇交易纠纷仲裁法庭的专门性会提升仲裁的专业性，能更妥善地解决双方的纠纷。仲裁对当事人的意思自治体现得更为充分，双方当事人可协商事项的范围较广。对于碳汇交易来说，用仲裁来解决纠纷更能保护当事人的商业秘密。

3. 建立碳汇交易市场监管制度

在整个湿地碳汇交易过程中，政府作为特殊的主体，其职能是根据碳汇交易市场的需求，服务与保护市场的有序运行。明确各级政府对市场监管的范围、方式和力度，可以有效地营造良好的市场营商环境。就碳交易监管而言，我国目前缺少相应的政府职能及其责任法律制度。在政府维护碳交易市场有序运行方面，需要法律明确相应的行政职能以及政府部门消极履行该类职责所应承担的法律责任。

（1）明确监管部门

明确监管主体，首先要解决湿地行政管理部门多头管理、条块分割的问题。湿地生态系统比其他生态系统更为复杂，不仅需要管理者有更高的专业性，而且需多个行政部门协调监管。故而，我国可以成立湿地管理委员会，由自然资源部林业与草原局总领，水利部门、土地部门、环保部门、旅游管理部门等联合办公，协调管理市场运行中出现的问题，实现统一管理。

（2）明确政府监管职责

为碳交易市场提供制度是政府的职责，政府需要通过立法对碳汇交易市场的主体、内容及运行程序进行系统而科学的规定，这不仅是政府履行监管职能的法律依据，也是保证政策稳定性的手段。此外，政府还需要投资建立一个第三方平台，一方面鼓励私人部门进入碳汇市场交易，另一方面严格监督市场的准入、交易规则的遵循以及市场价格的调整等。碳汇交易市场的维护需要政府的参与，但这种参与应该是适度且谨慎的。例如，美国湿地保护具有一个特殊形式，即湿地缓解银行（Wetland Mitigation Bank）。① 在这种模式中，政府授权和监督私人缓解银行的建设和运作，政府控制着供求关系，通过对允许的活动施加缓解条件

---

① 湿地缓解银行是发起人通过保护湿地来创造湿地信用，然后将湿地信用以市场价格出售给会对湿地造成破坏的开发者，并从中获利的补偿机制。

来创造对湿地信用①的需求。政府监管供应方,同时许可证持有人必须经政府批准来购买湿地信用(Gardner and Royal C, 2022)。

类比美国政府的监管模式,作为碳汇交易市场的主要监管主体,我国政府需要通过简政放权、放管结合、优化服务等制度改革来建立法治化的碳交易市场环境,不得过度干预市场运行。但是,简政放权不代表政府"放手"。对于碳汇交易这样的新兴经济,依靠市场自律是不可行的,必须对交易主体进行监管,规制主体行为。在碳汇项目开始前,相关部门需要对碳汇权属和主体资格进行审查。在碳汇交易项目进行中,要对有关部门的环评报告和碳汇增量进行审查,比照其是否达到预期目标、是否破坏湿地等生态环境。监督及时才能管理及时,才能更好地维护生态。在交易过程中,着重监管碳汇价格动向,及时对违法企业进行查处。对碳汇交易中的其他主体,包括保险机构、第三方鉴定机构,要定期抽查监督,及时进行信息披露。此外,政府还负有加强碳汇服务意识的宣传,对政策信息的反馈及时处理并对政策不断进行修正的职责。

(三) 健全湿地碳汇交易的配套制度

1. 统一湿地碳汇评估规则

目前,我国尚未发布《湿地碳汇项目方法学》,已有的方法学也未涵盖所有生态系统类型。为便于公众查询,可以将能够进行碳汇交易的生态系统类型和未来可进行碳汇交易的生态系统类型的碳汇项目方法学编入白皮书中。统一发布方法学有助于推进湿地碳汇评估规则的统一,进而激励公众参与碳汇交易项目,如落实户外运动消费者碳普惠机制。随着科技的不断进步,方法学也需不断更新。

---

① 类似于一种虚拟货币,将开发者对湿地保护作出的贡献量化,并以此获利。

因此，湿地碳汇方法学需要保持动态统一。

2. 完善第三方机构法律职责

根据不同交易机构的业务范围，可以将第三方机构划分为不同的种类，主要包括从事环境保护工作的环保组织、为碳汇交易的供给者和需求者提供交易服务的中介者，或者是以特殊主体身份直接参与碳汇交易活动的政府机构等（邹丽梅，2012）。

第三方机构组织也可以成为碳汇市场中的交易主体，我国已有第三方机构参与交易的实例。湖州市德清"两山银行"与下渚湖街道签下首笔湿地碳汇收储合约，以每吨 58.83 元的价格，购买下渚湖湿地一万吨碳汇量。同时，"两山银行"又向正大青春宝、新天纸业、钱江纺织印染等分别出售碳汇。湿地碳汇交易中，企业是排碳方，属于买方；湿地所有方是固碳方，属于卖方；而"两山银行"则是充当了一个交易平台的作用。第三方机构的设立可以对沟通湿地碳汇交易的双方及湿地碳汇交易的运行起促进作用。

目前，我国国内有多家成熟的具有 CCER 第三方审定与核证资质的机构，如中国质量认证中心（CQC）、中环联合（北京）认证中心有限公司（CEC）、环境保护部环境保护对外合作中心（MEPFECO）、广州赛宝认证中心服务有限公司（CEPREI）、北京中创碳投科技有限公司、中国农业科学院（CAAS）、中国林业科学研究院林业科技信息研究所等。

《湿地保护法》规定，第三方中介机构与其他主体一致，同样具有保护环境和维护碳汇交易秩序两方面的义务。一方面，第三方作为买卖双方交易平台，需要承担一定的监督职能和风险保障义务，维护市场的正常运行；另一方面，第三方介入交易时需要承担民事法律义务。当第三方作为民事主体与碳汇交易买卖双方签订合同时，其亦处于平等的地位，此种法律关系为民事法律关系。此时，交易机构也需要受到民法的规制，承担与合同相对方相等的法律责任。

3. 规范碳汇交易规则

《温室气体自愿减排交易管理暂行办法》规定，温室气体自愿减排量交易依照具体交易机构的交易规则进行。当前，我国国内的交易机构主要进行碳排放配额交易。国内目前有 9 家碳排放权交易所，分别是北京市绿色交易所、天津碳排放权交易所、上海环境能源交易所、深圳碳排放权交易所、广州碳排放权交易中心、湖北碳排放权交易中心、重庆碳排放权交易所等。国家针对碳汇交易设立了"国家核证自愿减排量交易平台"。北京市绿色交易所、广州碳排放交易中心等交易机构不仅进行碳排放权交易，也进行核证自愿减排量的交易，并发布了核证减排量的交易规则。

各个交易机构关于自愿减排量的交易规则，大体上均规定了交易市场、交易参与人、交易时间、交易价格、交易监督、协议转让、交易信息、交易纠纷、交易费用九个部分。至于这九个部分的细则，各个交易机构的规定是不同的，如交易价格的调整机制有所不同。除了九个基本部分外，每个交易所还就碳汇交易的其他方面进行了不同规定。例如，广州碳排放权交易中心建立了挂牌点选制度，挂牌点选是指交易参与人提交卖出或买入挂单申报，确定标的数量和价格，意向受让方或出让方通过查看实时挂单列表，点选意向挂单，提交买入或卖出申报，完成交易。上海环境交易所并没有发布自愿减排量交易规则，只对自愿减排量的质押作出了具体规定。

国家层面应制定一个总的碳汇交易市场规则，对市场准入资格、交易价格、交易暂停与中止、恢复规则、交易纠纷处理等作出总的原则性指导，从整体上对碳汇交易的多方主体如何运行进行规定，如第三方鉴定机构的介入时间、监管主体的介入阶段等，保证交易的良性运行。

4. 健全信息披露制度

相比于碳排放配额交易，碳汇交易信息披露制度更加不完善。关于市场信息披露制度，国务院办公厅于 2015 年 8 月发布的《国务院办公厅关于推广随机抽查规范事中事后监管的通知》要求在全国全面推行"双随机、一公开"，即要保证抽查对象随机、执法检查人员随机，并且对监管部门的自由裁量权给予大幅度的限制。对于信息公开，也要形成上下统一的市场信息公开平台，通过信息的及时公开来保障监管部门的监管力度。① 故而，碳汇交易市场也应遵循政府的指导政策，加快建立健全信息公开平台。

第一，政府出台碳交易市场的信息披露法律规范。碳汇交易与碳排放配额交易一样，也需要完整的信息公开渠道。碳汇交易与碳排放配额交易存在关联，因而有必要对整个国内碳市场的信息披露制度作出规范。信息披露内容包括碳汇检测标准、碳汇检测报告等，重点权衡第三方检测机构的信息披露程度。企业往往以商业秘密为借口拒绝信息披露，因此应当在尊重保护企业商业秘密的前提下，做好信息披露内容的法定化。

第二，建立信息披露的激励机制。通过制定激励性规范，鼓励相关企业积极披露相关信息，使企业进行信息披露成为自觉行动。法定的信息披露激励机制，将给予那些信息披露做得好的企业一些优惠政策。同时，依法披露信息也是企业树立优秀形象，增强其信誉的有效渠道。

第三，搭建信息披露平台。湿地碳汇交易涉及环境公共利益，公众应该有知情权。通过搭建统一的碳汇交易信息披露平台，使公众能够更快速方便地查询相关信息。碳汇交易市场的透明有助于公众行使监督权，也会使更多企业打消不必要的顾虑，从而进入湿地碳交易市场进行交易。

---

① 《国务院办公厅关于推广随机抽查规范事中事后监管的通知》规定，"双随机"要建立随机抽取检查对象、随机选派执法检查人员的"双随机"抽查机制，严格限制监管部门自由裁量权。"一公开"指加快政府部门之间、上下之间监管信息的互联互通，依托全国企业信用信息公示系统，整合形成统一的市场监管信息平台，及时公开监管信息，形成监管合力。

5. 发展"碳保险"制度

全国首单"碳保险"在湖北落地。2016 年 11 月，湖北碳排放权交易中心与平安财产保险湖北分公司在中国长江论坛——全国碳市场建设与绿色金融创新分论坛上，签署了"碳保险"开发战略合作协议。这成为我国碳交易风险预防机制的良好开端。碳汇本身的特殊属性会给碳汇交易带来一定程度的风险，因此风险预防机制在碳汇交易中是必不可少的。

"碳保险"主要是为碳汇或碳减排交易等存在的风险进行保障。例如，AIG 与达信保险经纪公司于 2006 年合作推出的碳排放信贷担保，促使私营公司参与减抵项目和排放交易（海外绿色保险值得借鉴中国银行）。"碳保险"对碳交易的作用是巨大的（Repman et al.， 2021）。我国应该大力发展"碳保险"，建立"碳保险"法律制度，完善碳交易的风险管理机制，如发展湿地碳汇保险市场、建立森林湿地碳汇提供者互助基金（徐珺，2010）。除大力发展"碳保险"外，还要建立多样的风险机制，将风险分流。

结语

作为温室气体排放大国，我国肩负着日益沉重的减排任务。碳汇交易作为企业重要的减排方式之一，将在市场中占据一席之地。湿地碳汇所蕴藏的巨大潜力，必然会被未来成熟的交易体系所挖掘。然而，我国碳交易市场正处于初步建立的阶段，湿地碳汇交易刚刚起步，目前存在实体法律与程序法律之间的空白。因此，需要建立与完善全国统一的湿地碳汇交易市场法律制度体系，以保护湿地生态系统，并规范湿地碳汇交易工作。新型交易容易滋生经济犯罪、环境破坏等违法乱纪现象，亟需立法加以规制。从碳汇"变现"而来的绿色资金可以用于反哺湿地生态建设。因此，健全完善的湿地碳汇收储与交易机制有助于实现湿地碳汇的价值，推进碳达峰与碳中和的目标实现。

参考文献：

[1] 卞维维. 湿地水权实践中的成员权表达——基于 D 村 W 大塘的案例分析 [J]. 四川环境，2021，40（02）：230—234.

[2] 陈方丽. 林业碳汇交易运行机制研究 [J]. 中国林业经济，2013，No. 122（05）：1—4.

[3] 段晓男，王效科，逯非，等. 中国湿地生态系统固碳现状和潜力 [J]. 生态学报，2008（02）：463—469.

[4] 海外绿色保险值得借鉴中国银行 [EB/OL]. http：//xw. cbimc. cn/2021-06/28/content _399609. htm.

[5] 胡越. 林业碳汇权的立法性质探讨 [J]. 法制博览（中旬刊），2014（07）：107—108 ＋104.

[6] 李海棠. 海岸带蓝色碳汇权利客体及其法律属性探析 [J]. 中国地质大学学报（社会科学版），2020，20（01）：25—38.

[7] 林旭霞. 林业碳汇权利客体研究 [J]. 中国法学，2013，No. 172（02）：71—82.

[8] 国家地理学会 [EB/OL]. https：//education. nationalgeographic. org/resource/carbon-sources-and-sinks.

[9] 谢立军，白中科，杨博宇，等. 碳中和背景下国内外陆地生态系统碳汇评估方法研究进展 [J]. 地学前缘，2023，30（02）：447—462.

[10] 徐珺. 美国森林碳汇交易机制、实践及启示 [J]. 华北金融，2010（09）：19—21.

[11] 张云雁. 关于湿地资源产权的法律思考 [C]//. 新时代环境资源法新发展——自然保护地法律问题研究：中国法学会环境资源法学研究会 2019 年年会论文集. 2019：151—157.

[12] 中华人民共和国主席 习近平. 坚定信心 共克时艰 共建更加美好的世界——在第七十六届联合国大会一般性辩论上的讲话（2021‐9‐21）. [J]. 一带一路报道（中英文），2021（06）：16—21.

[13] 邹丽梅. 林业碳汇交易的法律规制 [J]. 安徽农业科学，2012，40（17）：9353—9355.

[14] 曾贤刚，虞慧怡，谢芳. 生态产品的概念、分类及其市场化供给机制 [J]. 中国人口·资源与环境，2014，24（07）：12—17.

[15] Gardner， Royal C. Rehabilitating nature：a comparative review of legal mechanisms that encourage wetland restoration efforts. [J]. *Cath. UL Rev*，2022（52）：573.

[16] Mauquoy D.， Engelkes T.， Groot M. H.， et al. High-resolution records of late-Holocene climate change and carbon accumulation in two north-west European ombrotrophic peat bogs. [J] *Palaeogeography, Palaeoclimatology, Palaeoecology*，2002，86（3‐4）：275‐310.

[17] Mitsch, William J.， et al. Wetlands, carbon, and climate change. [J]. *Landscape Ecology*，2022，28：583‐597.

[18] Parish F. Looi C. C. Wetlands, *biodiversity and climate change. Options and needs for enhanced linkage between the Ramsar convention on wetlands* [Z]. 1999.

[19] M. Repman, O. Schelske, D. Colijn, and S. Prasad. *The insurance rationale for carbon removal solutions* [R]. Zürich, Switzerland：Swiss Re institute, 2021.

[20] What is a carbon sink? [EB/OL]. https：//www. clientearth. org/latest/latest-updates/stories/what-is-a-carbon-sink.

公民能源权的法理证成与规范构造

冀鹏飞*

摘要： 权利是人类文明社会进行自我调适的一项重大发明，而能源是人类文明演化的血液和动力。从权利的视角看待人类文明社会的演化，一方面，权利巩固了人类创造的丰富文明成果；另一方面，权利的每一次变革又都伴随着人类社会的冲突与协调。因此，本文从权利的视角切入，辨析利益、权利到基本权利的概念演化，从而借助基本人权的概念架构和制度功能，提出公民能源权作为新兴基本人权的概念构想并予以阐述，目的是为缓解能源危机、应对气候变化、避免能源不正义现象、优化能源监管事权配置等提供一种可供参考的理论方案，以此寻求能够最优承载公民能源利益、彰显能源正义、凝聚能源伦理共识、规范国家能源权力等的破题之论。为此，本文从历史观察、实证分析、现象归纳、法理构造、实现路径五个步骤，论述公民能源权的法理证成与规范构造。

关键词： 公民能源权；新兴权利；基本人权；能源正义

---

* 作者简介：冀鹏飞，中南财经政法大学法学院讲师。

引言

当下对传统能源伦理缺陷的反思，以及生态伦理关怀下的新能源伦理共识的逐步达成，启示了未来能源法学的价值追求。在自然法学的思维架构中，自然法充当着道德守护者的角色，每当现实的法律秩序面临道德危机的时候，自然法学便挺身而出。[①] 公民能源权作为一项新兴基本人权被提出来，权能指向于对抗公民能源利益可能遭受的各类侵害。显然，结合当下的能源状况，这种侵害表现为全球气候变化的应对、能源危机的化解、能源贫困的解决等，而这也从侧面一定程度证明了当下能源法律秩序不能满足人们对能源社会秩序的合理期待。

在后工业化的时代，市场无疑显示了它的诸多优点，但资源富集、贫富差距、阶层分化等问题，已经触及公平正义的底线，尤其是能源不仅充当了商品的角色，还是人们赖以生存的物质基础。传统能源伦理观念追求能源效率和充足供应，将能源资源当作生产资料，而在工业化的进程中，人们对生产资料的攫取是没有限制的，因为充足的生产资料和先进的生产技术，代表着生产力。然而，由此引发的能源危机、能源贫困、气候变化、可持续发展等实际问题，实证主义法学无法应对，这就需要求助于施塔姆勒所秉持的"可变的自然法"思想，法是认识论意义上的一种意识性的意志[②]，即通过人们的理性觉醒，借助新的道德伦理共识，对现实中的法律规范进行价值修正。因此，公民能源权理论基于一种新的能源伦理观被提出，融合了生态伦理、人权价值、可持续发展理念，是对传统能源治理观念一直秉持经济理性的一种修正。

---

① 参见於兴中．法理学前沿［M］．北京：中国民主法制出版社，2015：16．
② 参见［德］施塔姆勒．正义法的理论［M］．夏彦才译．北京：商务印书馆，2012．

一、 晚近权利演化未充分回应公民能源利益诉求

对于权利的历史学考察，通常分为理论史与实践史两条路径，表现为权利的应然理性反思与实然实践考察，二者的分野与联系一直是权利研究的重要领域。但是，从更为宏观的历史视角看待权利演化，权利演化的历史面貌远不单是理论史与实践史所能完整表达的。甚至可以说，权利理论史与实践史仅是人类权利观念觉醒过程的现象表征。究其背后的缘由与动力，还需要透过现象学和谱系学的方法，更加关注人类社会的实践面向，将权利演化放置在更为宏大的人类文明史的背景中观察，不仅要将人类学、生态学等自然科学视角融入其中，还要将地缘因素、文化因素等多元要素纳入其中。

(一) 风险社会视域下后工业时代产生的能源问题

工业时代的两个阶段所蕴含的社会矛盾和问题焦点并不一致，以两次工业革命为界分，第一次工业革命期间，社会矛盾是由生产资料所有制引发的阶级矛盾；第二次工业革命之后，社会矛盾转由可持续发展议题下的经济发展与环境保护之间的矛盾。按照贝克风险社会理论中对风险的定义，"风险是预测和控制人类活动的未来结果，即激进现代化各种各样不可预料的后果的现代化手段，是一种拓殖未来（制度化）的企图，一种认识的图谱"①。因此，贝克定义风险社会的时间背景是基于"现代化"之后的人类社会，他认为风险社会主要有三个面向，即生态危机、全球经济危机和"9·11"事件后跨国恐怖主义网络

---

① ［德］乌尔里希·贝克. 世界风险社会［M］. 吴英姿，孙淑敏译. 南京：南京大学出版社，2004：4.

风险。① 以贝克提出的风险社会理论为代表，在后工业化时代，人们不再单纯地强调扩张工业化的成果，而是逐渐开始理性反思现代化的方向。

贝克的风险社会理论，开启了人们对现代化的反思，能源成为现代化进程的催化剂。风险社会理论对分析后工业时代产生的能源问题具有十分深刻的借鉴意义。后工业时代的能源问题主要有三个类别：（1）能源分配不均导致的局部能源贫困；（2）能源本身的经济、政治、军事等关联属性所引发的能源危机；（3）由化石能源本身的物质属性决定的生态环境问题，其中以温室气体排放导致的全球气候变化应对议题最为典型。

(二) 能源转型背景下的公民能源利益诉求的类型

在新能源转型的复杂背景下，公民的能源利益表现出哪些新的诉求？以及通过何种渠道或方式合理保障公民的能源利益？这是在新旧能源转型过渡期必然要面临和需要解决的基本问题，因为不论是国家还是市场，其存在的终极意义是实现人类社会发展的有序和谐，以及最大程度地保障每个人的幸福生活。

首先，公民能源利益诉求的基础是公民基本用能保障。公民能源利益的底线是保障基本生活所需的用能，内容是在满足生产生活所需的前提下，实现对能源品种清洁化、可持续化的更迭。

其次，公民能源利益诉求的重要内容是实现能源正义。在后工业化社会（或按照贝克的划分标准，人类已经进入风险社会），对公民基本用能需求的能源利益保障已经大致实现，但实现能源正义还有很远距离。能源正义关切的过程节点

---

① ［德］乌尔里希·贝克．"9·11"事件后的全球风险社会 ［J］．王武龙译．马克思主义与现实,2004
(02)：70—83.

集中在能源开发利用的诸多历程当中，其主要强调在能源的勘探与开发、加工与转换、仓储与运输、供应与服务、贸易与合作、规制与管理等方面，相关的主体应得到平等的对待和实质的参与。① 在具体问题应对层面，能源正义需要解决区域和群体两个层面的问题，区域层面是经济欠发达地区的能源贫困问题，群体层面是能源弱势群体的能源分配参与不足问题。

最后，公民能源利益诉求的更高标准是发展新型能源伦理，实现对公民能源利益的更高层次保障，具体表现为跨代际、跨种际的能源利益实现。公民能源利益的代际保障表达为能源开发利用的可持续性，既满足当代人对能源的客观需求，又不损害后代能源开发利用的能力，实现人类社会的永续发展。公民能源利益的种际保障表达为能源活动对生态环境的负外部性降至最低，最终实现人与自然的和谐相处。综上所述，新能源转型背景下的公民能源利益诉求可以划分为三个层次：一是公民基本用能保障；二是能源正义的实现；三是新型能源伦理观的形成。法治是现代社会维持稳定秩序的重要治理手段，而权利是保障公民利益的位阶最高且最有效的形式。所以，要研究公民能源利益诉求的合理保障，法治方式与权利确认不应缺席。

（三）公民能源利益保障诉求还未得到新兴权利的回应

权利演化从古罗马、古希腊城邦兴起之时，开始关注作为个人与他人关系、个人与城邦关系的权利；到中世纪在神创论思想影响下，提出自然权利来源于上帝的命题；再到文艺复兴时期的理性回归，提出古典自然法学思想，神意被理性替代，开始关注人类自身的理性作为自然法或自然权利的来源；再到近代功利主

---

① 张忠民，熊晓青. 中国农村能源正义的法律实现［J］. 中国人口·资源与环境，2016，26（12）：125—132.

义法学、自由主义法学、实证主义法学等思想的兴起，在极端的个人自由主义思想影响下，个人权利的内容和体系迅速扩张；再到现代新自然法兴起，反思"恶法亦法"的命题，从个人本位权利观转向社会本位权利观，并开始逐渐由关注人类本身向关注人与自然和谐关系的方向发展。总之，权利的演化在经过不断的理论反思与实践探索之后，已经形成一个蔚为大观的权利体系。当下，我们正处在一个"权利时代"。甚至可以说，"权利泛化已经成为现代社会公共辩论领域的一种突出现象"①。暂且不论当下"权利繁荣"表象之下，权利泛化的法律现象可能给权利观念带来影响，也暂不辨析新型权利与新兴权利之法律概念范畴，单就当下新能源转型背景下的公民能源利益的保障而言，新兴权利是否能够予以妥善回应呢？

从新兴权利的发展现状来看，按照权利要件和实质标准，可以将新兴权利划分为四大类型：（1）纯粹的新兴权利，即在以往权利体系中没有存在过类似的权利样态，完全是基于新型社会关系演化而来，如基于基因的权利、基于死者的权利、变性人的权利等；（2）主体指向的新兴权利，即"权利客体及其范围不发生变化的情况下，权利主体的范围发生了变化"，导致权利的原有样态和范畴发生了变化，如建设施工合同关系中，发包人、承包人、实际施工人之间的权利关系；（3）客体指向的新兴权利，即"在权利主体及其范围不发生变化的情况下，权利客体的范围发生了变化"，导致权利的范围发生了变化，如信息权、贞操权、信用权等；（4）境遇性的新兴权利，即法律特别设定或者给予某一境遇，符合这一特别境遇标准的主体为合格的权利主体，如安乐死的权利。② 由于在既有和现行权利体系中，从严格的权利范畴划分来看，没有一种权利样态专门描述或保障公民能源利益，因此公民能源利益的法律保障所对应的新兴权利类型属于

---

① 雷磊．新兴（新型）权利的证成标准［J］．法学论坛，2019，34（03）：20—29.
② 参见姚建宗．新兴权利论纲［J］．法制与社会发展，2010，16（02）：3—15.

纯粹的新兴权利。

二、 公民能源权作为新兴基本人权的主体界定

权利主体对法律关系的展开具有实质意义，换言之，一切权利义务关系及其行为规则的设计都是围绕权利主体展开的，因此确定权利主体是对公民能源权进行规范建构的前提和基础。

（一）自然人

公民个人作为公民环境权的主体，比较容易达成学术共识。一方面，文义解释中，公民能源权的表述已经暗含，将公民作为权利的限定主体，只是对公民概念的界定，还需要借助语用学的方法实现概念的表达规范性和表意一致性；另一方面，公民能源权的权能指向是保障公民"合理、平等获取能源的权利"，即便权利外延内含了应对能源贫困、能源伦理、新能源转型等问题，最终指向也仍是保障公民个人的舒适性生活和可持续性发展。

（二）群体

针对群体作为公民能源权的主体之合理性，在现代法治国家，群体和集体经常被赋予权利主体资格，这主要是因为：一方面，伴随社会关系的逐渐复杂，存在大量的侵害不特定群体或特定范围内集体的权益现象，为了便于权利保障和实现公力救济，法律便赋予这部分群体以主体资格，且这一现象在能源领域尤为突出。不同于爱迪生刚发明电灯的早期，私营的供电厂仅为特定少数富人提供服

务，当下能源供应和普遍服务的对象大部分是特定区域集体或不特定群体，因此赋予群体和集体以公民能源权具有重要的实践意义。另一方面，公民能源权是公民能源利益的权利化表达，公民能源利益是符合道德判准的应然利益。虽然在保障公民基本生产用能权益的层面，公民能源利益指向私人利益，但能源作为一项不可再生的、稀缺的、具有战略意义的自然资源，其开发与利用牵涉到国家和公共利益，因此群体和集体基于公共利益基础而具有合法性和合理性基础。此外，能源开发利用过程造成的环境损害还具有生态利益面向，也属于公共利益，如化石能源利用引发的全球气候变化问题，它的利益指向已经超越国家主权的界限，上升到全体人类的公共利益。在这个层面上，公民能源权在特定语境下也应具有国际人权属性。

三、 公民能源权作为新兴基本人权的客体类型

法律上的权利义务关系必有其指向的法律客体，权利主体定义了权利义务的归属问题，客体则定义了权利义务的对象。客体依权利的种类不同而不同。① 比如，物权的客体可以是有体物，也可以是法律确认的可被支配的空间、能源、自然力等拟制物，还可以是权利；人格权的客体指向人格利益；债权的客体指向债的行为。② 公民能源权的客体需要根据其权能指向确定。笔者以为，公民能源权作为新兴基本人权，其客体范畴可以划分为三类：（1）作为有体物与拟制物的能源，包括作为私人物品的能源、作为准公共物品的能源、作为公共物品的能源；（2）享受能源服务和能源福利的资格；（3）人格利益与人格尊严。

---

① 参见梁慧星，陈华彬. 物权法（第三版）[M]. 北京：法律出版社,2005：22.
② 王蓉. 论环境权主体和客体 [J]. 中国政法大学学报,2009（03）：5—18＋158.

（一）作为有体物与拟制物的能源

公民能源权的客体之一是可被人类支配和利用的能源，包括煤炭、石油等有体物，也包括太阳能、风能、水能等无体但被法律确认的拟制物。公民能源权中的能源类型应包括作为私人物品的能源、作为准公共物品的能源、作为公共物品的能源。作为私人物品的能源，通常较为容易被定义和理解，如有特定所有权范围的一吨煤、一升汽油、一立方天然气等。这是能源产品交易的基础，可以通过财产权的规范，排除他人的占有、使用、收益和处分等行为。作为准公共物品的能源，通常指还未被获取占有的能源，不能排除他人占有，因此也容易发生"公地悲剧"的现象，如未被获取的天然气、石油等，只有被获取之后才能明确开发、利用和交易等法律关系。作为公共物品的能源，指难以被占有、控制和转让的能源，如阳光、风、水流等，很难完整表达所有权，也很难完成交易。比如，太阳能发电厂产生的电能可被控制和交易，但很难实现对阳光的捕获、控制或交易。同时，所有人都共同享用阳光，且互相之间不能排除各自的合理使用。

（二）享受能源服务和能源福利的资格

资格作为公民能源权的客体，主要指公民获取能源服务、享受能源福利的资格，包括两个层面：第一，公民个人为了满足其生活和发展所需的基本用能需求而具有的，平等享受国家能源服务的资格；第二，为了保障能源弱势群体的能源利益，或者缩小能源贫困差距，国家给予一定的能源救济措施，如能源补贴等能源福利，这部分能源弱势群体或能源贫困地区的公民，依法具有享受国家给予能源福利的资格。例如，法国 2000 年颁行的《电力公共服务现代化和发展法》第 1 条明确了

"满足每个人获得电力供应的权利"，其颁行的《反贫困法》亦规定"符合条件的贫困个人和家庭有权利向地方政府申请保障其能源供应，享受福利电费和燃气费"。①

（三）人格利益与人格尊严

人格作为公民能源权的客体，主要指向与能源服务和供应相关联的人格利益与人格尊严。人格尊严又称为人性尊严（human dignity），被认为是基本人权之核心②，或基本人权之基础③。《德国基本法》第 1 条第 1 款首次将人格尊严权益写入宪法，即"人之尊严不可侵犯，尊重及保护此项尊严为所有国家机关之义务"。④ 目前，能源领域的人格尊严的利益保护还未引起重视，但在环境保护领域已有所实践，"美国在环境权理论兴起之初，已经注意到了其所包含的环境人格利益，并进行了相应的司法实践"⑤。能源贫困与生活质量、发展水平、幸福指数等有着密切关联，从生命健康的角度来说，能源供应是否充足、稳定，获取是否便利、廉价，质量是否清洁、高效，均事关公民的身体和精神健康。此外，从人权实现的角度来看，公民能源权是自由权、财产权、生存权、发展权等其他基本人权实现的前提和保障。

四、 公民能源权作为新兴基本人权的内容范畴

依据对公民能源权的主体界定和客体划分，可以较为清晰地勾勒出公民能源

---

① 参见胡德胜. 能源法学［M］. 北京：北京大学出版社,2017：84.
② 参见法治斌，董宝城. 宪法新论［M］. 北京：元照出版有限公司,2004：203.
③ 李慧宗. 宪法要义［M］. 北京：元照出版有限公司,2004：74.
④ 吴卫星. 环境权理论的新展开［M］. 北京：北京大学出版社,2018：97.
⑤ 付淑娥. 美国环境人格权历史探源［J］. 人民论坛,2014（08）：244—246.

权的大致范畴。笔者以为，公民能源权作为一项新兴基本人权，其在理论上的内容范畴应至少包括四个方面，即公民能源基本使用权（公民基本用能权）、能源状况知情权、能源事务参与权、能源利益损害救济请求权。

（一）公民能源基本使用权

公民能源基本使用权，也可称为公民基本用能权。公民能源权的核心在于保障公民公平获得基本的能源供应与能源服务，以满足人类生存和经济社会运转的基本需要。根据前文对公民能源利益实现层次的划分，公民能源利益保障的前两个层次是，保障公民基本用能需求的权益、公民合理获取满足体面生活需要的能源的权益。基本生存的用能需求是实现生存权的基础，合理获取满足体面生活需要的能源则关乎发展权、自由权、人格尊严权的实现，所以公民能源基本使用权是实现其他基本人权的关键。此外，按照公民能源权的客体类型划分，作为物的意义上的能源包括私人物、公共物、准公共物。一方面，公民能源基本使用权的确立意味着，为公民使用能源产品提供了正式的合法性依据，不仅便于划分公民的权利义务范围，而且公民基本用能权被法律所确认，有利于用能权制度的进一步完善，进而便于用能权交易制度等关联制度的顶层设计。另一方面，公民能源基本使用权作为一项实体性权利，是衍生其他程序性权利的基础。比如，公民能源基本使用权的确立，意味着国家能源普遍服务义务的边界明晰，形成"通过保障私权以规制公权"的权力衡平思路，因为"用能权是在国家能源消费总量控制的大背景下，由国家初始分配和市场二次分配的以能源使用配额为主要内容的复合性财产利益"[1]；此外，能源事务的知情权、参与权、损害赔偿请求权也是基

---

[1] 韩英夫，黄锡生.论用能权的法理属性及其立法探索 [J].理论与改革,2017 (04)：159—169.

于该实体性权利，才具有合法性的基础。

（二）能源状况知情权

能源状况主要包括能源开发利用状况、能源事务管理状况，该权利既是公民有效参与能源事务的前置条件，又是行使决策参与权、监督公权力行使、请求损害赔偿的必经程序。一方面，国家行政机关有义务就国家或地区的能源开发利用状况向公众公开说明，并且有必要对拟发布的能源政策和法律法规等能源决策，向公众进行充分的信息披露，听取意见、接受监督。另一方面，行政机关行使公权力应严格按照法定程序进行，应向公众开放查阅和获取能源决策的形成过程、考虑因素、决策结果等关键性信息，这是依法行政的应有之义。

（三）能源事务参与权

公民积极参与到能源事务管理中，能有效避免公民能源利益受到政策偏向之消极影响。"有关行政机关和其他公共机构在进行能源决策时，尤其是在涉及公共利益和安全的重大能源决策时，必须高度重视公众参与，增强能源决策的科学性和可接受性。"① 例如，《价格法》（1997 年）规定："制定关系群众切身利益的公用事业价格、公益性服务价格、自然垄断经营的商品价格等政府指导价、政府定价，应当建立听证会制度，由政府价格主管部门主持，征求消费者、经营者和有关方面的意见，论证其必要性、可行性。"公民参与能源事务主要包括对能源决策制定过程的参与、对能源决策实施过程的参与、对能源公共利益纠纷调解

---

① 胡德胜. 能源法学［M］. 北京：北京大学出版社，2017：86.

的参与等。这不仅需要通过法律确认的方式来保障公民拥有合法参与能源事务的机会，而且需要设置合理的参与通道和程序，以防止公权力机关变相剥夺或削弱公民的参与能力。具体而言，能源事务的参与实践包括能源价格决策、能源基础设施项目建设决策等。例如，对于发电厂建设选址等决策事项，必须要经过公开论证和听证程序；对于能源价格调整等关切到民生的能源决策，也需要听取公众的意见，以提高决策合理性，类似于我国《价格法》中的相关规定①。

（四）能源利益损害救济请求权

"无救济则无权利"，所以公民能源利益损害救济请求权一方面是保障其他权利的有效实施，另一方面是当公民能源基本使用权、能源状况知情权、能源事务参与权等得不到或没有充分得到实现，从而造成利益损害时，权利人有权请求公权力救济。救济主要有两个渠道：一是求助于行政体制内部的自我纠错机制，即通过行政复议等手段；二是求助于司法救济，其中涉及公民能源权的可诉性问题。公民能源基本使用权作为实体性权利，是救济请求权的合法性基础，而关于请求权的概念射程，学界观点不一，我国民法学界的主流观点是请求权既包括实体法功能，也包括程序法功能，即请求权具有可诉性。② 由此，根据请求权的主体和权能即可确定适格的原告资格，继而分为私益诉讼和公益诉讼，而公益诉讼主体还可以细分为社会组织和检察机关。关于不同主体间的诉权关系，又是另一个复杂的理论论证过程，囿于本文主题所限，此处仅作为观点提出，不展开论证。这一权利推演过程，从实体权到请求权再到诉权，也从侧面佐证了公民能源

---

① 《价格法》（1997年）第24条规定，政府指导价、政府定价制定后，由制定价格的部门向消费者、经营者公布；第25条规定，政府指导价、政府定价的具体适用范围、价格水平，应当根据经济运行情况，按照规定的定价权限和程序适时调整。消费者、经营者可以对政府指导价、政府定价提出调整建议。
② 王利明. 民法总则研究［M］. 北京：中国人民大学出版社,2003：215.

权理论的合理性、合法性、可行性。

五、 结论

在当下的中国，不论是生态文明建设、法治国家建设，还是"双碳"目标愿景、"美丽中国"愿景，都需要一个良好和谐的法律体系予以支撑。我国作为能源消费大国，在能源革命的时代背景下，经济发展与环境保护之间的主要矛盾逐渐投射到能源领域的治理与革新。譬如，气候变化应对的关键是绿色低碳能源的换代；实现"双碳"目标愿景的重点在于能源结构、产业结构的转型；生态文明建设和可持续发展理念要求新能源、可再生能源、绿色低碳能源的全面升级；法治国家建设要求通过能源法治的方式来实现能源善治的目的。因此，公民能源权理论的提出，主要意图并非仅限于对权利本身的逻辑证成和规范构造，还期望能借此凝练出新的能源伦理共识，进而引起人们对能源私权领域的广泛关注，以便达成公民、国家、企业多方主体参与、多元利益衡平的能源善治目标。

环境公共地役权建构研究

韩　睿[*]

摘要： 现行生态用地方式无法完全满足日益增长的环境保护需求，需要寻找一种新的生态用地方式。在域外，环境公共地役权是一项保护环境的重要手段，具有效率高、成本低、稳定性强的优势。我国《民法典》没有明确规定这一手段，但其却实质性地出现在其他立法规定与环境保护实践中。环境公共地役权兼具私权利和公权力的混合性质，使得其建构既应当参照地役权的权利模型，又必须通过严格的程序来防止运行过程中的公权力扩张。

关键词： 环境保护；环境公共地役权；权利结构；比例原则；补偿标准

---

* 作者简介：韩睿，清华大学法学院环境与资源保护法学博士研究生。

一、问题的提出

（一）我国现行生态用地取得方式存在的问题

随着气候变化、生物多样性丧失等环境问题的日益严重，环境保护作为影响人类生存和社会发展的重要因素，受到全世界人民的共同关注。如何高效地改善环境质量、兼顾环境保护与经济发展，成为各国政府亟需解决的一大难题。基于生态系统的整体性，对生态环境的保护必须在以土地或其他不动产为基础的空间范围内展开，这势必会引发环境保护与土地等财产利用之冲突。基于此，2019年5月23日颁布的《国土空间规划体系若干意见》规定，国土空间规划要以生态环境保护优先，对国家公园、重要水源地等地区进行特殊保护。国土资源部发布的《自然生态空间用途管制办法（试行）》列举了土地征收、协议管护、生态补偿等生态用地方式。然而，现行的生态用地方式在处理生态公共利益与经济利益间的关系时存在弊端。按照是否需要与当事人达成合意，可以将现行的生态用地方式分为强制性生态用地方式（如征收与生态补偿）与非强制性生态用地方式（包括租赁、购买与置换）。[1] 就非强制性生态用地方式而言，基于生态环境的公共产品属性，采取此类方式为土地添设生态用途无疑会增加交易成本；且在涉及的权利人数量较多时，将增加环境保护的行政成本。就征收而言，在不需要农民完全退出土地利用的情形下，这种方式不必要地剥夺了农民对土地的利用权利[2]，造成土地资源的浪费。尽管为了实现生态保护的目标，有时需要对土地利

---

[1] 参见秦天宝：《论国家公园国有土地占主体地位的实现路径——以地役权为核心的考察》，载《现代法学》2019年第3期，第58—59页；黄胜开：《林地资源经济价值与生态价值的冲突与协调——以公共地役权为视角》，载《理论月刊》2018年第8期，第141页。

[2] 参见秦天宝：《论国家公园国有土地占主体地位的实现路径——以地役权为核心的考察》，载《现代法学》2019年第3期，第60页。

用权利进行限制，但并非所有的生态用地都需要完全剥夺土地的利用权利，如国家公园的一般控制区用地。此外，生态保护不是土地征收的唯一用途。随着我国对耕地保护的重视，大量的农用地被划定为永久基本农田，增加了土地征收的难度，因此实践中频频出现生态建设用地取得与耕地保护发生冲突的情形。生态建设硬指标带来的强劲需求，使得一些地方通过违法违规占用耕地的方式来获取生态用地，导致生态文明建设与耕地的"争地"现象。①

为避免前述问题的发生，应当采取措施提高土地利用效率，探索和采用更加便捷有效的生态用地方式。对域外立法进行考察可以发现，环境公共地役权在域外生态用地的取得上发挥了重要作用。例如，《法国环境法典》第 L331—4 条就国家公园核心区的建构作出了公共地役权的相关规定；《瑞典环境法典》第七章多次就区域保护设定中央政府或其指定的机构可以发布在特殊区域内使用土地或水资源权力的"限制性规则"。对于确无必要征收土地的情形，通过设立环境公共地役权的方式可以最大限度地降低对土地产权的限制，盘活剩余的土地利用价值，从而提高资源的利用效率。

(二) 环境公共地役权的构建意义

环境公共地役权指的是借助法定的强制方式，在为了实现环境保护公共目的的前提下，对他人的不动产设置某种不利益或负担的一项权利，属于公共地役权与环境地役权的下位概念。相较于民法上的地役权，环境公共地役权的设立目的在于保护环境公共利益，不以提高私人利益为主要目的。

实践中，环境公共地役权的设立，既可以为生态补偿等制度提供更合适的法

---

① 参见《生态建设与耕地保护"争地"难题如何解?》，载中国国土资源报网，https://news.fang.com/open/31908056.html。

律工具，又有利于提高公民的合作意愿。生态补偿是一种为提供或确保生态系统服务的土地管理实践而进行的价值交换。[①] "签订生态补偿协议 + 支付补偿" 是这一制度的重要运作模式，这与环境公共地役权十分相似。但是，生态补偿协议系为了实现生态环境保护的公共目标，由行政机关与公民、法人或其他组织签订的关于如何实现各自在生态保护领域所享有的公法上的权利义务的行政协议。现行流域生态补偿法律机制的本体系以协商性的行政协议为载体。[②] 行政协议的合同性质使得生态补偿具有一定的时效性。环境公共地役权作为用益物权的一种，除特殊情形外，通常具有永久性。从《生态保护补偿条例（公开征求意见稿）》的规定来看，为提高资源利用率，降低生态补偿需求，国家鼓励建立自然资源的社会主体交易机制。环境公共地役权尽管系对土地等资源的限制，但其作为一种物权，在交易过程中更有利于促进资源的流转、减少不必要的纠纷。加快环境公共地役权制度的确立与完善，系为生态补偿等生态用地制度提供新的实现手段。

二、 环境公共地役权的权利构成

（一）环境公共地役权的主体

1. 供役地权利人

环境公共地役权的主体包括供役地权利人和地役权人。环境公共地役权的供役地权利人是指为保护环境公共利益而负有容忍义务的一方，包括供役地所有权人与供役地用益物权人。我国实行土地公有制，用益物权在一定程度上取代了所

---

① James Salzman, Genevieve Bennett, Nathaniel Carroll, Allie Goldstein & Michael Jenkins, *Payments for Ecosystem Services: Past, Present and Future*, 6 Tex. A&M L, 2018, p. 205.

② 参见邵莉莉：《跨界流域生态系统利益补偿法律机制的构建——以区域协同治理为视角》，载《政治与法律》2020 年第 11 期，第 96 页。

有权的权利功能①，用益物权人因此具备成为供役地权利人之资格，这一点在《荷兰民法典》中也得到了认可。② 当供役地上同时存在所有权人与用益物权人时，对供役地权利人的选择实质上是对受偿主体的选择。环境公共地役权的供役内容是不作为的容忍义务。当所有权人将供役地使用权转让给用益物权人后，用益物权人系受到环境公共地役权限制的直接义务人，直接与用益物权人设立环境公共地役权更能起到对财产权限制的补偿作用，这一选择更有利于环境保护目的之实现。

2. 地役权人

在公共地役权领域，地役权人的范围已经突破权利人的限制，转向公共利益代表人。在俄罗斯，环境公共地役权经申请设立，公民、企业、社会组织、政府及行政机关均可成为环境公共地役权的设立人。③《法国环境法典》规定，国家、地方政府或地方政府联合体等行政主体可以申请设立环境公共地役权。在美国，《统一保护役权法案》明确规定，保存地役权的设立主体为有权的州或联邦政府以及环境保护公益组织。④ 可以看出，环境公共地役权设立主体的范围较为广泛，从政府到环保组织甚至个人都有设立环境公共地役权之可能；其中，政府及其指定的机构是最主要的设立人，为各国立法普遍认可，环保组织或个人能否设立环境公共地役权则因国家规定而异。我国《民事诉讼法》第55条以及《环境民事公益诉讼司法解释》规定了符合条件的环境公益组织作为原告就污染环境、破坏生态行为提起诉讼的主体资格，此系对适格环境公益组织参与环境保护法律活动的许可。但是，与诉讼法律关系旨在恢复被破坏的环境法律秩序不

---

① 参见孙鹏、徐银波：《社会变迁与地役权的现代化》，载《现代法学》2013年第3期，第76页。
② 参见《荷兰民法典》，王卫国译，中国政法大学出版社2006年版，第131页。
③ 参见张建文：《现代俄罗斯法上的公共地役权制度》，载《武汉科技大学学报（社会科学版）》2011年第1期，第65页。
④ 参见速力：《构建我国法定地役权制度的探讨》，云南大学2017年硕士学位论文，第155页。

同，设立环境公共地役权旨在创设新的环境保护法律行为，且具有法定性和强制性，而环境公益组织作为民事主体不具备直接行使公权力的资格。此外，环境公共地役权的存续期间长且需要持续投入资金加以维系，并非所有的环境公益组织都具备长期持有及支付环境公共地役权对价的资格与能力，因此环境公益组织申请设立环境公共地役权，必须经过一定的委托与审查程序。

（二）环境公共地役权的客体

1. 供役客体

环境公共地役权的客体包括供役客体与需役客体，是环境公共地役权主体行使权利、履行义务的对象。拉伦茨认为，权利客体包括"支配行为的标的"与"处分行为的标的"，前者系第一顺位，优先于后者。[①] 供役地作为地役权人的支配客体，是环境公共地役权的第一顺位客体。环境公共地役权的供役地是指为实现环境保护目的而忍受不利益或限制的"区域"，如国家公园中的控制区、自然保护区的缓冲区等，但并不限于土地这一种自然要素。土地作为供役地最主要的类型，也是早期地役权理论中唯一可作为供役对象的要素。随着经济社会的快速发展，水流、海洋等其他自然资源的利用逐渐频繁，土地利用的概念逐渐被吸收进自然资源利用的概念之下，相对完备的土地权利体系也成为水流、海洋等其他自然资源权利构建的借鉴对象。这使得供役地的类型从土地扩大至其他自然要素，如水域、海域。从我国现行规定来看，虽然与地役权相关的其他法条仍采用土地概念，但《民法典》第 372 条已明确将地役权的客体范围扩大至不动产，且该条起到对地役权进行定义的作用，系实质上扩大了地役权的客体范围。

[①] 参见［德］卡尔·拉伦茨：《德国民法通论》（上册），王晓晔等译，法律出版社 2003 年版，第 377—378 页。

另一方面，供役地的范围从平面转向立体。受生态系统整体保护观念的影响，环境保护领域对空间利用的需求日益增加，从较小的空间需求，如对古树的保护，其所需立体空间不小于树干垂直投影外 3—5 米的空间；到较大的空间需求，如国家公园本身的整体空间范畴[1]，无不体现了生态空间概念对环境保护的重要性。

2. 需役客体

环境公共地役权的需役客体是需役地。虽然在传统民法地役权结构中，需役地系一项重要组成部分，但公共地役权理论多因地役权人的抽象性及公共性而认为在公共地役权关系中不存在需役地客体[2]，甚至将其作为公共地役权的重要特征之一[3]。在环境公共地役权领域，根据所保护对象的不同，对需役地的需求程度亦不相同。如前文所述，环境公共地役权既可为提高公产环境利益而设立，又可为维护不确定范围内的环境公共利益而设立。前者以公产所在地为需役地，后者不以需役地的存在为必要。

(三) 环境公共地役权的内容

1. 供役地权利人的权利义务

环境公共地役权的内容是环境公共地役权权利构成的核心，具体表现为供役地权利人与地役权人各自的权利义务。供役地权利人在环境公共地役权设立之前，便负有依法缔约的义务。这一义务既来源于现有法律的规定或行政命令，又

---

① 参见王如松、李锋、韩宝龙等：《城市复合生态及生态空间管理》，载《生态学报》2014 年第 1 期，第 1—11 页。

② 参见"台湾行政院"1956 年判字第八号判例，转引自谢在全：《民法物权论》（中册），中国政法大学出版社 2011 年版，第 511 页。

③ 参见肖泽晟：《公物的二元产权结构——公共地役权及其设立的视角》，载《浙江学刊》2008 年第 4 期，第 138—139 页。

是财产权社会义务在环境保护领域的体现。在环境公共地役权设立后，作为供役主体，供役地权利人首先应当承担其供役义务，即依法履行其不作为或容忍义务，且不得妨害地役权人依法行使权利①，这是相关环境公共利益得到保护的基础。此外，基于环境公共地役权的公权力性质，供役地权利人作为行政相对人负有受地役权人监督、检查的义务②，应当积极配合地役权人的合法职务行为。

除义务外，为合理保障财产权，供役地权利人享有请求地役权人给予补偿的权利。由于环境公共地役权的设立系为保护环境公共利益，且因此剥夺了供役地权利人的一部分自由行使财产权的权利，为防止这一公权力的扩张，还应当赋予供役地权利人与之对抗的能力。相应地，当环境公共地役权设立的环境保护目的不复存在时，供役地权利人当然享有申请解除的权利。③ 此外，若地役权人滥用环境公共地役权导致侵权，供役地权利人还享有救济权利，如排除妨害请求权、损害赔偿权等。

2. 地役权人的权利义务

与供役地权利人相类似，地役权人在环境公共地役权设立前，享有强制缔约的权利或权利资格。在环境公共地役权设立后，要求供役地权利人履行供役义务是地役权人最主要的权利。与此同时，地役权人还享有监督供役地权利人履行义务情况和制止其不合理利用土地行为的权利（力）。此外，由于供役地权利人享有求偿权，地役权人相应地承担依照法律规定或合同约定进行补偿的义务。④

---

① 参见张红霄、杨萍：《公共地役权在森林生态公益与私益均衡中的应用与规范》，载《农村经济》2012年第1期，第64页。

② 参见秦天宝：《论国家公园国有土地占主体地位的实现路径——以地役权为核心的考察》，载《现代法学》2019年第3期，第65页。

③ 参见唐孝辉：《我国自然资源保护地役权制度构建》，吉林大学2014年博士学位论文，第85页。

④ 参见张红霄、杨萍：《公共地役权在森林生态公益与私益均衡中的应用与规范》，载《农村经济》2012年第1期，第64页。

三、 环境公共地役权的运行机制

(一) 环境公共地役权的设立审查

环境公共地役权的审查程序旨在防止公权力对私人财产的侵害，是设立环境公共地役权的前置程序，包括形式审查与实质审查。形式审查指的是对设立环境公共地役权的法律依据进行审查。国家公权力限制财产权的正当性来源于明确的法律规定。[1] 基于环境保护涉及领域的多样性与特殊性，环境公共地役权的法律依据根据所保护环境要素的立法状态不同而处于不同的效力位阶。形式审查的法律范围应当作扩大解释，不局限于狭义范围上的法律，还应当包括行政法规、地方性法规等广义上的法律。

环境公共地役权的实质审查需要判断具体的设立行为是否符合比例原则。比例原则是限制公权力扩张的最重要的原则，包括目的的适当性、手段的必要性以及狭义比例原则三项基本标准。首先，关于目的的适当性，其审查范围包含两项内容，即保护利益的高位阶性与保护利益的范围。一方面，环境公共地役权的设立目的在于保护环境公共利益。由于公共利益优于个人财产利益[2]，因此环境公共地役权的保护利益相较于牺牲利益具有更高的价值位阶。另一方面，所谓环境公共利益，是指对人类有益或能够为人类所共同利用的，通过环境所获得的公有利益。[3] 对某一环境要素的保护会同时涉及对环境公共利益和私人利益（不仅限于环境私益）的保护。任何对环境要素的保护行为都涉及对环境公共利益的保护，但并非所有的

---

① 参见张翔：《机动车限行、财产权限制与比例原则》，载《法学》2015 年第 2 期，第 14 页。
② 参见王利明：《民法上的利益位阶及其考量》，载《法学家》2014 年第 1 期，第 79 页。
③ 参见刘惠荣：《环境利益分配论批判》，载《山东社会科学》2013 年第 4 期，第 145 页。

环境保护行为均可成为设立环境公共地役权的原因行为。基于环境公共地役权的强制性，为保障民主原则，当且仅当以环境公共利益为行为的主要目的或行为所产生的环境公共利益具有效果上的普惠性时，才允许运用公权力设立环境公共地役权。

其次，关于手段的必要性，是指在存在多个可供实现目的之手段时，应当选择干预基本权利最轻的手段[1]，亦即造成损害最少的手段，但若手段具有唯一性，则不存在对必要性的考量[2]。对土地、其他不动产以及空间进行生态利用的方式包括征收等行政手段，以及购买、置换、租赁等私法手段。从对财产权的干预和损害程度来看，私法手段的干预和损害程度显然低于公法手段。审查环境公共地役权的设立是否符合手段必要性标准，应当与可能采取的私法手段和公法手段进行比较。从可能造成的损害程度来看，设立环境公共地役权可致供役地权利人丧失对土地及其他供役客体的利用可能，或者不能通过供役客体实现其主要利用目的，此时这种财产限制超出了环境公共地役权的设立范围，属于事实上的征收，应当采取征收方式。[3]

最后，关于狭义比例原则，是指手段欲达到的目标与其将造成的损害之间具有相称性。[4] 在环境公共地役权的情形下，狭义比例原则表现为因设立地役权导致的损害不得超出其所能获得的收益。这里的损害与收益在衡量时均须从实质角度出发，既包括直接损害，即在财产权上设立的容忍负担，又包括间接损害，即因忍受设立负担而给行使财产权造成的损失或不便。除环境利益外，因设立环境公共地役权而获得的收益还包括间接产生的经济利益、精神利益等。

---

[1] 参见郑晓剑：《比例原则在民法上的适用及展开》，载《中国法学》2016 年第 2 期，第 145 页。

[2] 参见余凌云：《论行政法上的比例原则》，载《法学家》2002 年第 2 期，第 34 页。

[3] 例如，《瑞典环境法典》第三十一章第 8 条规定，如果因第 4 条第 1 款所指的具体案件中（包括了设立环境公共地役权的情形）对不动产的使用现状造成了重大损害，不动产所有人有权要求强制购买而非根据第 4 条的规定获得赔偿。

[4] 参见金俭、张先贵：《财产权准征收的判定基准》，载《比较法研究》2014 年第 2 期，第 36 页。

(二) 环境公共地役权的设立方式

与一般地役权通过协商设立不同，环境公共地役权采取依法设立的设立方式，这一方面取决于环境保护的公益性目的①，另一方面可以克服因涉及的供役地权利人数量较多而产生的过高交易成本。② 具体内容包括设立模式、设立程序与登记效力三部分。对域外经验进行总结可以发现，环境公共地役权存在两种设立模式：一是依照法律规定直接设立，意大利、德国、法国、日本等均存在相关规定。在这一模式下，法律直接规定了设立环境公共地役权的情形。由于法律具有普遍性，此类规定只是在抽象层面上设立了环境公共地役权，地役权人还必须通过具体的设立行为来进一步明确环境公共地役权的内容，包括通过契约设立和通过法院判决设立两种行为方式。③ 通过契约设立环境公共地役权是与传统地役权最相符的设立行为，但环境公共地役权的供役地权利人负有强制缔约义务，其缔约自由受到法律限制。强制缔约包括对缔约自由的限制与对缔约内容的限制，（环境）公共地役权仅限制了缔约自由，对缔约内容仍保留部分协商可能。④ 具言之，签订环境公共地役权合同的目的仅在于明确地役权的内容、范围、地点等，并可在法定范围内商讨补偿事宜，与强制缔约的法定性之间并不存在直接冲突。⑤ 当双方无法就合同内容达成一致时，通过判决设立则为保障环境公

---

① 参见秦天宝：《论国家公园国有土地占主体地位的实现路径——以地役权为核心的考察》，载《现代法学》2019年第3期，第66页。

② 参见耿卓：《地役权的现代发展及其影响》，载《环球法律评论》2013年第6期，第13页。

③ 如《意大利民法典》第1032条第1款规定了法定地役权的契约设立和判决设立两种方式。

④ 参见于凤瑞：《民法典编纂中法定地役权的体系融入与制度构造》，载《新疆社会科学》2020年第1期，第92页。

⑤ 例如，《瑞典环境法典》第七章第4条规定："为了保存生物多样性，保护和保存珍贵的自然环境……郡行政议事会或市政当局可以宣布土地或水域为自然保护区。"第5条规定："建立自然保护区的决定应当包括一份陈述，指出作出决定的原因。该决定还应当详细阐述为了实现保护目的而对土地和水域使用权作出的必要限制，如禁止开发、兴建栅栏……"参见《瑞典环境法典》，竺效译，法律出版社2018年版，28—29页。

共地役权的顺利设立提供了兜底功能。二是通过申请设立。在这一模式下，法律没有直接就是否设立环境公共地役权进行明确规定，地役权人必须通过申请获得许可后，才能获得强制设立环境公共地役权的权利。① 事实上，两种设立模式之间并不存在冲突。相较于依法直接设立的模式，申请设立模式对缔约自由的限制较弱，适合于环境保护需求较低的供役地；而依法直接设立的模式完全剥夺了供役地权利人的缔约自由，适合于环境保护需求较高的供役地。我国立法实践中已有类似的规定②，但相关立法在设立程序上尚付之阙如。

环境公共地役权的设立程序可以分为两个阶段：一是取得设立资格的程序；二是落实设立内容的程序。就前者而言，不同模式应当适用不同的设立程序。对于法律直接规定设立的环境公共地役权，由于其强制性较强，只要按照相关法律（如《城乡规划法》）规定的程序取得设立资格即可；对于申请设立的环境公共地役权，对环境公共利益的保护程度较弱，其设立资格的取得有必要在现行法律规定的批准程序外加入公众听证环节，既能保障公众参与环境保护的程序性权利，又有利于缓解因限制土地利用而可能导致的供役地权利人之不满，有助于后续环境公共地役权的执行。就后者而言，落实设立内容的程序可以借鉴一般地役权的设立程序，通过合同具体明确环境公共地役权的内容。我国实践中已有借鉴《民法典》有关传统地役权的设立规定，通过签订环境公共地役权合同进行设立的情形。③ 签订合同的目的在于使相对模糊的权利义务更加明确，有利于双方

---

① 如《法国环境法典》第 L515—9 条规定，经许可申请人或兴建设施的市镇的市长申请或者经省长提议，可决定在设施周围划定的范围内创设公用地役权，并强调定义地役权和范围的草案必须按照法律规定提交公众调查，同时提交范围所覆盖的市镇的市议会发表意见。

② 如《自然保护区条例》第 28—32 条关于缓冲区的规定旨在依法直接设立环境公共地役权，第 28 条、第 32 条有关外围地带的规定则仅在有必要时，需要依地役权人的申请设立环境公共地役权。

③ 2020 年 4 月 12 日，百山祖国家公园管理单位与浙江省龙泉市兰巨乡官埔垟村通过签订集体林地地役权合同，取得了对该片区林地的管理权。参见《浙江发出首张集体林地地役权证!》，载微信公众号"浙商杂志"，https：//mp.weixin.qq.com/s/nOsPYG8QvRQp_Ptq-Jp2DQ。

行使权利及履行义务；即便没有签订合同，地役权人亦可依据法律规定或听证内容，要求供役地权利人履行供役义务。

(三) 设立环境公共地役权的补偿

环境公共地役权的补偿内容决定了对供役地权利人所承受损失的弥补程度。在不同的确立方式下，可能形成的补偿内容也有所不同。（环境）公共地役权的补偿既不能完全依照法定主义，亦不能采取绝对的协商主义。① 在法定主义下，供役地权利人的财产自由将受到更严苛的限制。在协商主义下，由于环境公共地役权牵涉的供役地权利人通常数量较多，法定补偿标准的缺失使得协商面临较高的交易成本，且会增加供役地权利人漫天要价的可能性。因此，需将两种方式结合，由法律明确规定环境公共地役权的补偿范围、补偿标准和补偿方式，即提供一个法定补偿基准，再由当事人在该补偿基准之上进行协商。

环境公共地役权的补偿范围，即补偿对象，是指因供役地权利人所承受的超出财产权社会义务而构成了"特别牺牲"的损失，包括财产的损失和对剩余财产权的损害。② 财产的损失是指因设立环境公共地役权而对供役客体造成的直接损失，即供役客体受到限制部分的价值。在将供役客体分为公产和剩余财产后，因设立环境公共地役权而为公益所用的部分为公产，即前述供役客体受到限制的部分，公产之外仍为供役地权利人享有的部分即剩余财产部分。③

---

① 参见汪洋：《公共役权在我国土地空间开发中的运用：理论与实践》，载《江汉论坛》2019年第2期，第126页。

② 参见王明远：《天然气开发与土地利用：法律权利的冲突和协调》，载《清华法学》2010年第1期，第147页。

③ 参见肖泽晟：《公物的二元产权结构——公共地役权及其设立的视角》，载《浙江学刊》2008年第4期，第142页。

环境公共地役权的补偿标准是解决给予多少补偿的问题，决定了补偿的深度。[①] 由于环境公共地役权对供役客体的限制程度明显比征收更轻，有学者认为其补偿标准也应当比征收的补偿标准更弱。[②] 实际上，环境公共地役权应当适用与征收同样的标准。一是采取何种补偿标准反映了国家对财产权的不同保护态度；二是既然二者对财产权的侵害程度不同，环境公共地役权的补偿范围自然小于征收的补偿范围，即二者在补偿的广度上有着自然的区别。即便采取同一标准，适用相同的补偿深度，环境公共地役权的最终补偿额亦低于征收补偿额。因此，采用与征收相同的充分补偿标准，是公平对待供役地权利人与被征收人的体现。

环境公共地役权的补偿方式具有多样性，包括金钱补偿、税收减免和延长权利期限等。金钱补偿是最为普遍的补偿方式，也是最容易计算的方式。采用金钱方式补偿的，地役权人需要设立专门的资金，以保障供役地权利人能按时获得充分补偿。在美国，税收减免是为供役地权利人提供补偿的重要方式，并且很好地激起了公民自主签订环境保存地役权的意愿。[③] 除金钱补偿与税收减免外，还可以通过延长产权期限的方式来进行补偿。[④] 供役客体可能为建设用地使用权等有期物权，若地役权人有权决定供役客体使用期限的，可以选择通过延长产权期限的方式来弥补供役地权利人的财产损失。

---

① 参见王兴运：《土地征收补偿制度研究》，载《中国法学》2005 年第 3 期，第 139 页。
② 参见张力：《公共地役权在我国民法典中的制度构建》，载《中国不动产法研究》2018 年第 2 辑，第 12 页。
③ "许多保护地役权因此全部或部分被作为慈善捐赠转让，授予人可以根据联邦税法第 170（h）条，要求获得联邦慈善所得税的减免。" McLaughlin, N. A.; Pidot, J., *Conservation easement enabling statutes: Perspectives on reform*, 2013, p. 814.
④ 参见张理：《公共地役权在封闭小区开放中的适用问题研究》，载《理论与改革》2016 年第 4 期，第 60 页。

四、 结论

　　环境公共地役权的构建对于丰富我国生态用地手段，提高环境保护效率具有重要意义。现行的生态用地方式无法完全满足日益增长的环境保护需求。纯粹的公法或私法手段均难以平衡环境保护与私人利益之间的矛盾。环境公共地役权混合权利的性质可以弥补这一缺陷。基于其私权利性质，环境公共地役权的建构首先要参照地役权模型来搭建主体、客体和内容。为防止其内含的公权力扩张，环境公共地役权在运行时需要受到公法规制，在设立前应当经过严格的形式审查和实质审查，根据实际需要来选择设立方式，并向供役地权利人提供充足的补偿。

论环境诉讼中技术改造的规范化

梁晓敏[*]

摘要： 环境诉讼实践中的技术改造并非直接来源于法律规定。环境诉讼中的技术改造是指在责任人作出改变技术手段、升级设备或进行企业转型等行为并产生优化结果的基础上，相关主体主张、判决或建议基于技术改造结果对环境诉讼法律责任产生影响的一种责任承担方式。目前，诉讼实践中适用技术改造缺乏规范性，这可能导致该制度的适用偏离设立初衷，甚至影响环境诉讼实现制度目的。技术改造的规范性塑造应当从主体、对象和程序三方面入手。法院是决定适用技术改造的适格主体，其作出决定时的价值判断强度依据案件类型有强弱之分。技术改造对象的范围依据结案方式和提出适用主体的立场而呈现不同程度的开放性。技术改造适用中的程序关键是技术改造的验收和审核，包括主体、时间节点和参照对象三项要求。特定类型的技术改造适用还应有相应的程序要点予以规范。

＊ 作者简介：梁晓敏，法学博士，中共浙江省委党校（浙江行政学院）法学教研部讲师。

关键词：技术改造；规范化；价值判断；适用对象；适用程序

自 2014 年江苏省高级人民法院在（2014）苏环公民终字第 00001 号判决中创造性地运用以企业针对排污设备的技术改造为条件的法律责任抵扣以来，环保技改费用抵扣便成为一项成功的司法实践创新经验开始向全国推广。[①] 技改抵扣，又称环保技改费用抵扣，是指在环境诉讼[②]中，用责任人污染设备升级或技术改造的投入抵扣一定比例赔偿金的方式来履行赔偿义务的责任承担方式。从具体适用来看，技改抵扣具有较强的"技术性问题"外观，但是这种技术性只是技术改造适用过程的一个环节。就本质而言，技改抵扣是一项基于司法创新的法律制度，需要在法律维度上进行全面的审视。从司法实践的情况看，技改抵扣的适用已经突破其概念范围和适用方式，是以技术改造为名在环境诉讼中对法律责任产生影响。技术改造是以效果为导向的制度创新，但是规范性也同样重要。

一、 问题的提出

技术改造最初是以技改抵扣的方式在环境诉讼中适用，但是随着环境诉讼实践发展，其逐渐在更宽泛意义上以对法律责任产生影响的方式适用。以技术改造对责任主体法律责任有影响为筛选标准，笔者从北大法宝和个别地方法院官网共

---

① 参见朱明远：《江苏高院发布生态环境类案件审理指南》，中央广电总台国际在线，http：//js. cri. cn/ 20180723/36a612da-5dc5-9b2d-de40-e481f6d2ac8f. html？ from＝timeline；郭士辉：《交答卷 议改革 展愿景——第二次全国法院环境资源审判工作会议综述》，中国法院网，https：// www. chinacourt. org/article/detail/2018/11/id/3583405. shtml；丁国锋：《改革引领环境资源审判新格局 访江苏省高级人民法院院长夏道虎代表》，法制网，http：//www. legaldaily. com. cn/locality/ content/2019-03/07/content _ 7791800. htm。

② 环境诉讼不是一个法律术语，由于司法实践中，技术改造适用的环境诉讼类型较多，为方便行文，本文将此类诉讼统称为环境诉讼，作为本文的讨论场域。

筛选到 18 例环境诉讼案例文书。^① 从案件的类型上看，涉及环境民事公益诉讼 12 例（其中，社会组织提起 9 例，检察机关提起 3 例），环境行政公益诉讼 2 例，生态环境损害赔偿诉讼 1 例，以及刑事附带民事公益诉讼 3 例。除 1 例案件针对渔业资源破坏外，其他 17 例案件均为大气污染（7 例）和水污染（10 例）案件。

技术改造是经由环境诉讼实践创设的一种新型环境法律责任承担方式。在这个适用语境下，技术改造一词并非指动宾结构意义上的行为，而是追求行为之后的优化结果。通过优化的技术改造结果来实现更优环境效果是这项制度的创设初衷，但也正是由于对更优结果的过分追求，技术改造在环境诉讼实践适用中处于一种无序状态。这种无序状态表现为：（1）诉讼实践中提出适用技术改造的主体无序。就搜集到的环境诉讼案件而言，法院、检察院、社会组织、政府和责任人均在个案中提出过适用技术改造，没有特定主体标准和特定判断标准的技术改造适用在很大程度上导致适用技术改造的正当性不足。（2）诉讼实践中技术改造的对象选择呈现无序状态。这表现为个案中适用技术改造的对象范围有大有小，在不考虑主体立场和案件类型的情况下盲目选择适用对象。这种随意性使技术改造的适用结果处于不确定状态。（3）诉讼实践中适用技术改造的程序无序。技术改造的适用目的是影响法律责任，目前尚无具体程序规定，导致诉讼实践中技术改造适用的审查和监督规范空白。这种规范漏洞可能导致法律责任逸脱，从而偏离技术改造制度的设立初衷。

---

① 案例搜集时间截至 2020 年 6 月 26 日。个别案例经历了不同的审理程序，有些案例在后续审判程序中坚持了前审法院对技术改造的态度，如（2015）民申字第 1366 号；有些案例进入到二审程序后，相关主体提出了技术改造抵扣或者减轻法律责任的诉讼请求，如（2018）苏民终 1316 号，此处以文书中技术改造对法律责任产生影响的首次出现为有效计数。同时，由于本文选取的一些典型案例中，技术改造运用于行政部门履行检察建议的阶段，检察机关提起检察建议是进入司法程序的前序环节，为方便行文，本文将这些案例也统称为环境诉讼实践案例。

技术改造是为了落实环境诉讼救济生态环境损害目的而创设的一项带有浓厚功能主义色彩的制度。就司法实践情况而言，尚处于探索阶段的技术改造制度产生了较好效果，但同时也具有规范漏洞导致潜在制度风险的可能性。一项法律制度应当是功能主义和规范主义的有机集合。作为一项创新制度，效果不能成为主导技术改造适用的因素，规范性也同样应受到重视。法律责任的落实一直是诉讼的要点和难点，技术改造制度以解决此问题为出发点。在规范性不足的情况下，技术改造的适用可能损害环境诉讼的效果。技术改造制度的创设源于诉讼实践需求，同样可以依据诉讼实践的情况并结合相关理论，从主体、对象和程序三个方面实现环境诉讼技术改造的规范化。

二、 环境诉讼中技术改造的界定

技术改造在环境保护类法律①中并非一个较新的概念，相关法律中有关于技术改造的条款。环境诉讼中的技术改造源于司法实践中创新使用的技改抵扣。那么，立法中的技术改造和诉讼实践中的技术改造有何区别与关联？本文讨论的环境诉讼技术改造如何界定？

(一) 法律中的技术改造规定

环境保护类法律中的技术改造规定最早出现于 1984 年的《水污染防治法》。截至目前，我国立法历史上有综合性环境基本法、污染防治法、自然资源法和物质循环与节能法共六种环境保护类法律的相关条款规定了技术改造，涉及

---

① 这里所用的环境保护类法律是一个最宽泛的概念，泛指一切与环境保护内容和目的相关的法律。

二十三个条文、两类主体（政府和企业）、四种内容（政府职责、政府支持、企业义务和企业要求）。

就目前有效的法律条款所涉法律类型而言，出现政府支持类技术改造条款的《清洁生产促进法》和《节约能源法》属于促进型立法。这两部法律以提高资源/能源利用效率为立法目的，因此在法律条款中规定企业的技术改造义务主要以鼓励为主。作为与资源、能源相关的法律，《矿产资源法》和《节约能源法》规定的政府职责的内容指向政府及其相关部门的职责和对企业技术改造的一般指导义务。《水污染防治法》和《大气污染防治法》是针对特定环境要素污染防治的单行法，其中涉及的技术改造规定为企业的义务①，条款在"污染防治措施"一章中，内容为要求企业通过技术改造控制大气和水污染物排放。

表 1　环境保护类法律中的技术改造条款情况②

法律名称	年份	条文	法条位置		条款主体	条款类型
《水污染防治法》	1984 年/1996 年	第 11 条	第三章	水污染防治的监督管理	政府	职责
	2008 年/2017 年	第 40 条/第 41 条	第四章	水污染防治措施	政府、企业	职责、义务
《矿产资源法》	1986 年/1996 年/2009 年	第 38 条	第五章	（乡镇）集体矿山企业和个体采矿	政府	职责
《环境保护法》	1989 年	第 25 条	第四章	防治环境污染和其他公害	企业	义务

---

① 《水污染防治法》（2017 年修正）第 44 条规定："国务院有关部门和县级以上地方人民政府应当合理规划工业布局，要求造成水污染的企业进行技术改造，采取综合防治措施，提高水的重复利用率，减少废水和污染物排放量。"本条涉及了政府和企业两类主体，但是政府履行的职责主要是督促企业落实技术改造义务。相较其他的政府职责条款，本条的内容更具有实际操作意义，并且从条款排布的章节来看，将此条归类为企业义务条款进行分析具有合理性。

② 本表内容依据北大法宝法律法规数据库检索内容编制，不同年份同一条款号表明修法过程中并未涉及本条款的修改，条款内容未变动或未有涉及技术改造内容的实质性改动。

续 表

法律名称	年份	条文	法条位置		条款主体	条款类型
《节约能源法》	1997 年	第 11 条	第二章	节能管理	政府	职责
	2007 年/ 2016 年/ 2018 年	第 30 条	第三章	合理使用与节约能源	政府	职责
	2007 年/ 2016 年/ 2018 年	第 65 条	第五章	激励措施	政府	支持
《清洁生产促进法》	2002 年/ 2012 年	第 19 条	第三章	清洁生产的实施	企业	要求
	2002 年/ 2012 年	第 33 条/ 第 31 条	第四章	鼓励措施	政府	支持
《大气污染防治法》	2015 年/ 2018 年	第 41 条	第四章	大气污染防治措施	企业	义务
	2015 年/ 2018 年	第 43 条	第四章	大气污染防治措施	企业	义务

技术改造主要作为企业的一般性义务内容出现，在表述上多采用"应当采取技术改造"，或者表现为企业进行技术改造所应当遵守的要求。涉及政府的技术改造条款主要表现为政府一般职责或者政府提供资金支持的形式，在表述上多为"应当指导/要求/推动"和"给予资金支持/加大资金投入"。这些规范均未有对应的法律责任条款。从法律规范的类型看，涉及技术改造的政府职责和政府支持条款主要是行政事务规范。[①] 这些规范之所以未设定具体的法律责任，主要是由于这类规范对应广泛意义上的政治责任。涉及企业义务和企业要求的条款是指导性规范，目的是为企业提供一定的行为指导，属于命令性较弱的义务规则。[②] 环境法中的企业责任主要由企业违反强制性规范而引发，因此这类技术改造规则也没有相应的法律责任条款与之对应。

---

① 参见叶金方：《行政法规范类型初探》，载《人民论坛》2015 年第 21 期。
② 参见张文显：《法理学》，高等教育出版社、北京大学出版社，2007 年版，第 120 页。

综上所述，目前法律中的技术改造条款的内容仅是以行政事务规范或指导性规范的形式出现，并没有强制效力，不会直接对相关主体的法律责任产生影响。因此，环境诉讼中的技术改造并非直接源于立法规定。

（二）本文讨论的技术改造

环境诉讼实践中的技术改造是在司法实践中创设的技改抵扣之基础上逐渐发展而来的。但是，在诉讼实践适用过程中，与技改抵扣相比，技术改造实现了双重突破。

第一重突破是技术改造这一概念本身的范围不断扩大。技改抵扣在创设之初指向责任人污染设备本身的升级，但目前的环境诉讼实践中，"技术改造"一词的语意是广泛的。其中，"技术"并非普通汉语意义上的技术装备[①]；"改造"也并非行为意义上的，而是在结果意义上指向所有改变技术手段或升级设备以适应新形势或需要的优化结果。因此，诉讼实践中的技术改造在内涵上不仅包括污染设备升级、技术改造，也包括生产技术优化，即所有有利于产业技术升级、减少污染产生的内容都囊括在内。

第二重突破是技术改造对法律责任的影响形式呈现多样化。技改抵扣对法律责任的影响仅指抵扣一定的赔偿金数额，而在司法实践中，技术改造的适用并非全部体现为对责任人赔偿责任的抵扣，也包括因技术改造而同意责任人分期支付赔偿金、将技术改造作为责任人本身应履行的责任，或者将技术改造作为刑事案件量刑因素等多种形式。当然，也有法院在确定法律责任时拒绝考量技术改造因素的案例。因此，目前诉讼实践中的技术改造能否在确定法律责任时适用尚未统

---

① 参见中国社会科学院语言研究所词典编辑室编：《现代汉语词典》，商务印书馆，2002 年版，第 598 页。

一；就算得以适用，其适用的类型也远未形成统一标准。

就"行为—结果"的模式而言，对法律责任产生影响的结果建立在实行技术改造的基础之上。在适用过程中，技术改造的结果影响或者试图影响法律责任。在这种结果导向的制度创设初衷指导下，技术改造的环境诉讼实践中的内涵和适用结果呈现不断扩大的趋势。

综上所述，法律中规定的技术改造规范不具有强制效力，以鼓励相关主体进行或者指导技术改造为目的，故法律规范中的技术改造与诉讼实践中的技术改造并无直接关联。但是，从鼓励政府和企业进行技术改造的立法意图来看，司法实践中进行适用技术改造的创新也存在一定的合法性基础。技术改造概念的不确定性在一定程度上导致其在环境诉讼中的适用处于无序状态。为统一用语、明确讨论场域，本文讨论的环境诉讼中的技术改造是指在责任人作出改变技术手段、升级设备或进行企业转型等行为并产生优化结果的基础上，相关主体主张、判决或建议基于技术改造结果对环境诉讼法律责任产生影响的一种情形。诉讼实践中的技术改造在性质上属于责任承担方式。[①]

三、 环境诉讼中技术改造的主体规范化

环境诉讼实践中适用技术改造的主体，是指环境诉讼中主张、建议或者决定采纳技术改造以试图确定其结果对法律责任大小或方式产生影响的主体，包括法院、责任人、原告（包括社会组织、检察机关、政府）和行政公益诉讼的主体（检察机关和行政机关）。这些主体在提出或者决定适用技术改造时，从其自身的立场出发阐述理由。这种在主观意志推动下提出的适用理由，主观倾向明显，

[①] 参见《最高人民法院办公厅关于印发江必新副院长在全国法院环境公益诉讼、生态环境损害赔偿诉讼审判工作推进会上讲话的通知》（法办〔2019〕347号）。

若被直接采纳，将在很大程度上损害技术改造的规范性。因此，特定的主体需要依据一定标准进行判断，以实现主体规范化。

（一）诉讼实践中各主体适用技术改造的理由

技术改造在环境诉讼中的适用主体类型多样，依据其在环境诉讼中的角色，可以将这些主体分为提出适用主体和决定适用主体。前一类主体包括原告（社会组织和政府）、责任人、环境行政公益诉讼中的检察机关（包括行政机关）①、环境民事公益诉讼中的检察机关和法院；后一类主体则仅指法院。由于法院同时作为提出主体和适用主体时，两类理由相同，在这种情况下，法院作为决定适用主体进行讨论。

就提出适用的主体而言，责任人是较为普遍的一类。责任人提出适用技术改造的理由分为两类：第一类，在环境民事公益诉讼中，成本高昂造成企业经营困难，为平衡这种矛盾，应当适用技术改造；第二类，在刑事附带民事环境公益诉讼中，将技术改造作为积极悔罪的表现，建议在量刑时予以考虑。

诉讼实践中，原告提出适用技术改造有2例案件：一例案件中，作为原告的社会组织将责任人进行技术改造以停止损害继续发生作为一项诉讼请求；另一例案件中，作为原告的政府将责任人进行技术改造作为考虑其资金紧张的前提。

检察机关作为提出适用主体的案件涉及环境行政公益诉讼案件和环境民事公益诉讼案件两类。从搜集的2例环境行政公益诉讼案件看，在检察机关发出检察建议后，为实现检察建议的内容，责任人在环境行政机关的协助或者督促下进行

---

① 环境行政公益诉讼中涉及的主体包括检察机关、行政机关和责任人。但是，搜集到的案例文书中没有很清晰地介绍行政机关情况的文书，只能从文书中提取到检察建议之后行政机关配合的情况，故这里结合两类主体与环境行政公益诉讼的制度目的进行分析。

了技术改造。在搜集到的1例刑事附带民事环境公益诉讼案件中，检察机关提起附带民事公益诉讼时，以类似环境行政公益诉讼中提起检察建议的方式，督促环境行政机关指导责任人进行了技术改造。

法院是决定适用技术改造与否的主体。依据是否同意前述相关主体提出的技术改造适用，可以将决定适用理由分为支持适用的理由和拒绝适用的理由。支持适用的理由可以依据一定的标准进行分类：（1）调解或和解的案件以双方当事人达成合意为基础①；（2）以协调矛盾为出发点，或平衡经济发展与环境保护的矛盾，或平衡执法活动与民生的矛盾，或平衡法律关系主体双方的矛盾②；（3）其他角度，包括督促企业转型③、实现个案的社会导向作用④以及技术改造预防污染⑤。环境诉讼中，法院拒绝适用技术改造时阐述的理由有三类，分别为：技术改造是企业应当履行的责任⑥；技术改造并非法定的责任方式⑦；技术改造不能弥补已经造成的环境损害，且赔偿数额不大，无须分期⑧。

---

① （2016）苏01民初2048号；（2016）辽02民初267号；2019年度人民法院环境资源环境公益诉讼及生态环境损害赔偿典型案例之五；"自然之友诉现代汽车环境民事公益诉讼在北京四中院调解结案"，北京四中院网站，http://bj4zy.chinacourt.gov.cn/article/detail/2019/05/id/3965982.shtml。

② （2014）苏环公民终字第00001号，由于最高人民法院再审（2015）民申字第1366号维持了技改抵扣的二审意见，故本文对相关内容的探讨以江苏高院二审文书的内容为主；最高人民检察院发布26件公益诉讼典型案例之十三；青岛中院发布环境资源审判十大典型案例之十，青岛新闻网，http://news.qingdaonews.com/wap/2020-06/03/content_21824792.htm；（2016）苏01民初1203号；（2018）苏民终1316号；最高人民检察院发布12起检察机关服务保障长江经济带发展典型案例（第二批）之四；最高人民检察院发布"守护海洋"检察公益诉讼专项监督活动典型案例之九。

③ 最高人民检察院公布26起检察机关提起公益诉讼试点工作典型案例之二；（2018）苏民终1316号；最高人民检察院发布12起检察机关服务保障长江经济带发展典型案例（第二批）之四。

④ （2016）吉02民初146号。

⑤ （2018）渝0112刑初1458号；（2018）冀民终758号。

⑥ （2018）琼01民初737号。

⑦ （2015）德中环公民初字第1号。

⑧ （2018）渝01民初669号。

（二）实现技术改造适用主体规范性的标准

基于前述主体在提出或者决定适用技术改造时用以支持论证的理由，可以将这些适用主体的立场分为两大阵营：一类以影响法律责任为目的；另一类以获得更佳的环境治理效果为目的。由于技术改造是以追求环境目标为目的之制度创新，因此不论哪个阵营，都有可能基于其立场进行无限度的创新。这需要一定主体依据相对确定的标准进行价值判断，以此来实现技术改造适用主体的规范性。

法院应为确定技术改造适用主体规范性标准的适格主体。"环境审判具有较强的政策形成功能"[①]，因此在环境诉讼中，法院的职权主义色彩更浓，较为突出的表现有环境公益诉讼中法院的主动释明、法院通知行政部门、推定原告主张成立、调查收集证据和委托鉴定、不予确认原告的不利证据等[②]。这种政策形成功能不仅给予法院其他诉讼中没有的职能，以更好实现救济社会公共利益的诉讼目的，而且也要求法院在发挥职能的同时，确定一定的价值标准来实现相应制度的功能性与规范性平衡。后者应是法院在决定适用技术改造时的立场，也是法院确定技术改造主体规范性的判断基准。就环境诉讼中技术改造主体的规范性而言，法院在确定其标准时，需要同时考虑该主体的立场、该主体在个案中提出适用技术改造的理由以及相关法律规定。依据这些内容，法院在确定适用技术改造时所作的价值判断强度可以作出以下区分：

第一类是和解与调解案件中的弱价值判断。在和解与调解结案的案件中，适

---

① 参见吕忠梅：《环境司法理性不能止于"天价"赔偿：泰州环境公益诉讼案评析》，载《中国法学》2016年第 3 期。

② 分别对应《最高人民法院关于审理环境民事公益诉讼案件适用法律若干问题的解释》第 9 条、第 12 条、第 13 条、第 14 条和第 16 条。

用技术改造的正当性理由为双方达成合意，法院审查合法。依据法律规定，适用和解与调解结案的环境诉讼应当是民事案件。在民事诉讼中，和解与调解制度设立的目的是实现当事人的意思自治，因此只要不违反法律的强制性规定，就能够以当事人达成合意为适用条件。环境诉讼涉及社会公共利益，赋予法院更多职权性义务。[①] 法律规定法院需要依法对协议进行审查，以协议内容不损害社会公共利益为标准。因此，在以和解与调解方式结案的环境诉讼中适用技术改造，法院进行价值判断需考虑的因素是相关法律规定，即司法解释中要求的法院对协议内容是否损害社会公共利益进行审查。这种类型中，法院进行价值判断的余地较小。

如前所述，除和解与调解结案的案件外，其他以判决结案的案件均需要法院最终判定是否应当适用技术改造。依据提出主体和适用结果，可以将这些案件分为三类：其他主体提出、法院决定适用；法院提出并决定适用；其他主体提出、法院拒绝适用。前两类法院决定适用的案件中，法院进行价值判断的理由是协调矛盾和其他理由。这些理由有些是提出适用的主体阐述，法院在进行价值判断时进行参考；有些是法院在进行价值判断时直接阐述。不论是哪种情况，法院在进行价值判断时都贯彻恢复性司法理念、实现公共政策补充功能。[②] 恢复性司法理念是基于环境要素本身以及环境诉讼本身的目的特殊性而确立的一种审判理念，以该理念为指导的司法活动将修复或者恢复生态环境作为审判活动的最终目标。基于此目标，以技术改造为代表的新型环境诉讼责任承担方式应运而生。法院在恢复性司法理念下适用技术改造的价值判断义务较强，其需要结合主体立场、建议的理由及司法的政治责任进行综合考虑。这种强论证义务在环境诉讼实

[①] 《最高人民法院关于审理环境民事公益诉讼案件适用法律若干问题的解释》第 25 条第 2 款规定："公告期满后，人民法院审查认为调解协议或者和解协议的内容不损害社会公共利益的，应当出具调解书。"
[②] 也有一些文章将其称为修复性司法。参见江必新：《环境权益的司法保护》，载《人民司法》2017 年第 25 期；王旭光：《论环境资源司法的基本功能》，载《人民法院报》2015 年 9 月 9 日。

践中主要为协调矛盾与督促企业转型。

协调矛盾在司法实践中表现为协调经济发展与环境保护之间的矛盾和协调当事人双方的矛盾,后者主要为执法双方的矛盾。协调矛盾主要反映的是协调利益在环境诉讼司法实践中的重要性。环境诉讼需要协调生存价值与经济价值、个人利益与社会利益、个案正义与制度平衡,这种功能多元性要求司法进行价值功能拓展。从协调矛盾的角度出发,环境诉讼的目的不仅是惩罚违法行为以实现法律效果,还应当在更高的层次上寻求社会效果和法律效果的统一。尤其是强行单线落实法律责任导致的双方主体之间的矛盾激化所带来的负面影响,会突破特定主体向整个社会蔓延,损害生态文明建设的成果。这种创新的责任承担方式柔化对立关系,缓和主体矛盾。

督促企业转型是司法落实公共政策的需要,表现为司法推进环保供给侧改革[①]和落实前述法律中有关技术改造的"软性"规定。由于法律中的技术改造规定不具有强制效力,在环境诉讼中通过创新责任承担方式的形式来督促企业落实技术改造,既不违背法律规定,也可以很好地实现治理已经造成的污染并预防污染继续产生的目的。在个案中倒逼企业升级改造,是技术改造在司法中补充公共政策的一种表现。在这个意义上,法律中规定的技术改造条款为环境诉讼中的技术改造适用提供了正当性。

如前所述,还有一类案件是其他主体提出、法院拒绝适用技术改造的。在这类案件中,法院进行价值判断的理由需要结合恢复性司法理念进行评述。技术改造是一种基于恢复性司法理念进行创新的责任承担方式,因此以技术改造为非法定责任方式[②]而直接拒绝其适用的做法不具有说服力。适用技术改造、督促企业进行技术升级既可实现停止侵害,也能预防新的损害发生。在一定程度上,预防

---

① 《关于积极发挥环境保护作用促进供给侧结构性改革的指导意见》(环大气〔2016〕45号)。
② (2015)德中环公民初字第1号。

新损害发生对生态环境利益的保护更为重要，因此不能弥补已经造成的环境损害①不能成为拒绝适用的合理理由。法律中规定的技术改造是一种对企业的弱命令性义务规范，以技术改造是企业应当履行的责任②为由不支持技术改造适用，不利于调动企业的积极性以实现更高的价值秩序。

综上所述，环境诉讼中的各类主体均可以在诉讼过程中基于其立场提出适用技术改造，但是最终是否可以适用技术改造，需要特定主体依据一定的标准进行价值判断，以实现主体规范性。基于公共政策补充功能，法院成为适格主体。依据法院在决定过程中所作出的价值判断强度进行区分，和解与调解案件中是弱价值判断义务，法院仅需对协议结果是否损害社会公共利益进行审核；基于恢复性司法理念而选择适用技术改造需履行较强的价值判断义务，法院在这种价值判断中的考虑因素较多，其在司法实践中主要表现为协调矛盾和督促企业转型。

四、 环境诉讼中技术改造的对象规范化

环境诉讼的技术改造是在恢复性司法理念基础上所创新的责任承担方式。在创设之初，技改抵扣针对的是个案中造成污染的设备。随着对良好环境治理效果的追求或为了影响法律责任，在诉讼实践中，技术改造的适用范围逐渐突破污染设备而指向更为多样的对象。虽然扩大技术改造对象的范围在一定程度上有利于追求更优的生态环境，但是不能用目的来裹挟规范，仍需要在规范的视角内选择技术改造适用的对象，达到规范与效果的平衡。

---

① (2018) 渝 01 民初 669 号。
② (2018) 琼 01 民初 737 号。

（一）环境诉讼实践中技术改造适用对象的现状

环境诉讼的技术改造是针对特定对象进行的，一般是造成污染的设备，目的是停止损害或者预防损害产生。但是，从搜集到的环境诉讼案例文书中反映的信息看，目前环境诉讼中技术改造的适用对象范围在不断扩大。针对个案中技术改造的指向对象，可以作出以下分类：

（1）为实现污染物排放达标而对产生污染的设备进行的技术改造，这种技术改造针对的是产生污染而引发案件的设备，故可称为"案内改造"。① （2）针对已进行技术改造且达标的设备/技术或者与本案无关的设备/技术进行进一步的升级改造，故称之为"案外改造"。在具体适用时，"案外改造"一般与"案内改造"一并适用。② （3）非针对本案当事人，而是要求相关主体对案外普遍存在的违法设备进行改造，使之符合一定标准，以避免违法行为产生潜在危害，此种情况称为"案外普遍改造"。③ （4）为了实现技术改造对法律责任的影响，要求责任人实现企业转型，这在一定程度上要求责任人承担与污染无直接关系的责任，可将之称为"案外企业转型"。④ 从案例情况看，结案方式对技术改造指向对象的选择也有一定影响。

① (2015) 德中环公民初字第 1 号；(2018) 渝 01 民初 669 号；(2018) 琼 01 民初 737 号；(2014) 苏环公民终字第 00001 号；青岛中院发布环境资源审判十大典型案例之十，青岛新闻网，http: // news. qingdaonews. com/wap/2020-06/03/content _ 21824792. htm；(2016) 苏 01 民初 1203 号；"自然之友诉现代汽车环境民事公益诉讼在北京四中院调解结案"，北京四中院网站，http: // bj4zy. chinacourt. gov. cn/article/detail/2019/05/id/3965982. shtml；最高人民检察院发布 12 起检察机关服务保障长江经济带发展典型案例（第二批）之四；最高人民检察院公布 26 起检察机关提起公益诉讼试点工作典型案例之二；(2016) 辽 02 民初 267 号；2019 年度人民法院环境资源环境公益诉讼及生态环境损害赔偿典型案例之五；(2018) 渝 0112 刑初 1458 号；(2016) 吉 02 民初 146 号。
② 最高人民检察院发布 26 件公益诉讼典型案例之十三；(2018) 冀民终 758 号。
③ 最高人民检察院发布"守护海洋"检察公益诉讼专项监督活动典型案例之九。
④ (2018) 苏民终 1316 号。

（二）技术改造适用中不同主体的立场

环境诉讼实践中，提出适用技术改造的主体包括法院、责任人、检察机关和社会组织。这些主体在提出或者决定适用技术改造时的不同立场，决定了在具体案件中的技术改造指向对象的选择有所区别。

如前所述，技术改造是为落实公共政策而创设的责任承担方式。因此，在提出适用技术改造的环境诉讼中，法院都以恢复性司法理念为出发点，或以这种做法可以从根本上控制污染源、有利于实现环境法的立法意图、协调经济与环境发展为理由[①]，或以责任人技术改造实现了诉讼外的公益维护并且社会导向作用明显为理由[②]。在这种理念的指导下，为促成公共政策的形成与落实，法院可能突破法律的规定进行制度创新，也有可能针对案外设备等适用技术改造。

责任人是直接承担法律责任的主体，法律中未将技术改造作为强制性法律义务，因此其在环境诉讼中进行技术改造，并提出适用技术改造的主要目的是换取法律责任的"宽容"。因此，责任人是提出适用技术改造的主要主体类型，且其主张基本都为影响责任方式或者责任大小。其中，影响责任方式较为典型的表现是以进行技术改造为由请求分期支付赔偿金；影响责任大小则表现为对赔偿金额的数量或刑事案件量刑产生影响。责任人提出这种请求的立场是通过技术改造来减轻法律责任，或者改变责任方式为企业正常经营预留时间和资源。基于此种立场，其他主体主张适用或者决定适用技术改造，对于责任人来说就是一种很大的"诱惑"，为促成这一结果，责任人也能接受案外改造甚至是案外企业转型等突破个案范围的技术改造对象选择要求；或者是以自身提出案外技术改造等方式，

---

① 参见（2014）苏环公民终字第 00001 号。
② 参见（2018）冀民终 758 号。

作为换取企业后续发展的条件。

检察机关在我国环境民事公益诉讼和环境行政公益诉讼中的职能不同，其在两类环境公益诉讼中所持立场有所区别。在环境民事公益诉讼中，检察机关主要是以兜底环境公共利益救济的角色出现的，目的是治理和预防生态环境损害。检察机关这一诉讼主体实际参与到环境民事公益诉讼中时，其与社会组织的职能差别不大。在环境行政公益诉讼中，检察机关的主要职能是督促行政机关正确履行职权。在检察机关提起公益诉讼的威慑之下，行政机关很有可能突破法律规定，对违法的行政相对人提出更高的整改要求，甚至突破个案的限制，普遍提高日常的执法手段，改善一个地区的企业表现。在这个过程中，检察机关是以诉前实现公益保护为立场，促使行政机关正确或者超标准地履行行政职责。

社会组织提起的环境民事公益诉讼和政府提起的生态环境损害诉讼中，要求企业进行技术改造是完全治理污染及预防损害发生的最有效办法，因此在这两种诉讼中，两类主体都尽可能多地以争取社会公共利益为目标，提出要求企业进行技术改造的诉讼请求。

除了以判决结案及通过检察建议后未进入到诉讼程序的案件外，还有一部分通过和解与调解方式结案的案件适用技术改造。和解与调解案件适用技术改造的正当性基础有两个：（1）当事人之间自愿达成合意；（2）法院审查不违反社会公共利益。其中，当事人之间自愿达成合意是前提。责任人、检察机关和社会组织为了促成理想结果，会在协商过程中尽可能依据自己的立场作出可以容忍的让步，或者为自己代表的利益争取更大的权益，因此可供选择的技术改造适用对象范围较广。

(三) 环境诉讼中技术改造对象规范性的标准

在适用技术改造时，前述主体因立场不同而选择不同的改造对象。不同立场在一定程度上代表了利益冲突，若没有选取个案技术改造适用对象的特定标准，则将无意地缩小适用范围或有意扩大适用范围。技术改造的对象规范性标准依据案件的结案方式和主体的立场而呈现不同的开放性。

首先，技术改造适用选择对象空间最大的两类是以和解与调解方式结案的案件和责任人主动提出适用技术改造的案件。第一，从案件的结案方式看，与以判决结案的环境诉讼相比，以和解与调解方式结案的案件中，双方当事人享有较大的自主协商权利，因此技术改造适用对象的选择只要不违背双方的自由意志即可。法院依据职权，有权对协议结果进行审查，但是此审查中，法院只需要把握最低阈值，即技术改造选择的对象及已经产生的或预期产生的结果不低于原本追究法律责任所应产生的效果。对于双方达成的超过最低阈值的协议，不作上限限定。第二，环境诉讼中，责任人选择技术改造对象的空间也较大。处于被追究法律责任的地位，从为企业争取发展时间和机会的角度考量，责任人为实现减轻法律责任或变更法律责任承担方式的结果，可以在最大程度上适用技术改造。由于法律中对企业进行技术改造条款的规定是弱命令性规范，这种情境是督促企业落实此类规范的较好时机。理论上，这两类情形中，对技术改造适用对象的选择可以分"案内改造""案外改造"和"案外企业转型"三类。

其次，环境行政公益诉讼中，检察机关的职能是督促行政机关履行职权，这种督促行政机关履行职权以促使企业将技术改造提上议事日程的方式，是一种变相督促行政机关落实行政事务规范的方式。如前所述，环境保护类法律中，针对此类规范并未设定配套的法律责任。因此，以提起环境行政公益诉讼为威慑，要求行政机关积极、正确履行职权具有积极意义，这也正是"案外普遍改造"这一适用对象产生的原因。同时，由于行政机关履行职权可以针对某一地区的某类事务，因此"案外普遍改造"这种适用对象选择在一定程度上具有类型垄断性。但是，需要注意的是，这类适用对象选择要严格遵守行政机关的职权清单。

再次，环境民事公益诉讼中的检察机关和社会组织与生态环境损害赔偿诉讼中的政府提出适用技术改造的案件中，选择适用对象的空间受到一定限制。除非与责任人达成协议，否则以原告提出诉讼请求的方式提出适用技术改造，即使针对案内设备，也可能被法院以非法律规定的责任方式为理由而拒绝适用。环境民事公益诉讼的原告提出技术改造能否落实及对象的选择，主要取决于责任人是否自愿或双方可否达成协议。

最后，在选择技术改造适用对象时，最受限制的主体是法院。这种方式是法院为了平衡企业压力和修复生态环境而依职权创设，但是作为审判机构，法院在选择主动适用时应当谨慎。这一方面是由于环境公益诉讼相关的法律及司法解释基于职权主义对法院的有限授权；另一方面是因为比起落实公共政策，法院的中立地位具有更高的价值。例如，泰州市环保联合会诉江苏常隆农化有限公司等企业环境污染民事公益诉讼案①中，被告企业就此种方式是否侵害企业的经营主权提出异议。需要坚持的立场是，可以基于目的进行一定制度创新，但是创新不能忽视法院本身的机构职能，不能"任性"。② 一个好的制度应当是目的理性和价值理性的有机结合。

综上所述，技术改造是法院为践行恢复性司法理念而创设的责任承担方式。

---

① (2014) 苏环公民终字第 00001 号，由于最高人民法院再审 (2015) 民申字第 1366 号维持了技改抵扣的二审意见，故本文对相关内容的探讨以江苏高院二审文书的内容为主。
② 参见吕忠梅：《环境司法理性不能止于"天价"赔偿：泰州环境公益诉讼案评析》，载《中国法学》2016 年第 3 期。

这种方式的适用可以实现更优的环境效果，甚至在一定程度上能协调矛盾，以实现一定社会效果。但是，不能"效果替代规范"，从而无限扩大适用对象的范围。环境诉讼中，技术改造对象的范围依据结案方式和提出适用主体的立场而呈现不同程度的开放性。以和解与调解方式结案的案件，以及责任人提出适用技术改造的案件，适用对象选择范围最广；环境行政公益诉讼中，检察机关因督促行政机关履行职责而协助责任人进行技术改造的对象选择具有特定性；环境民事公益诉讼中的原告和生态环境损害赔偿诉讼中的原告提出适用技术改造的案件，对象的选择关键在于与被告达成协议的内容；法院的技术改造适用对象选择范围最小。

五、 环境诉讼中技术改造的程序规范化

环境诉讼中技术改造的适用结果是对法律责任产生影响。从诉讼实践看，技术改造对法律责任的影响形式多样在具体明确个案技术改造适用时，既要坚持主体规范性和对象规范性，也要从程序上进行规范性把控，目的是守住技术改造适用的底线，即确保技术改造的适用效果不会比正常履行法律责任的结果更差，以避免导致法律责任逸脱，从而最终实现救济和预防生态环境损害的目的。

(一) 环境诉讼实践中技术改造的适用类型

从适用结果看，技术改造能否在环境诉讼中对法律责任产生影响以及产生的影响类型，并未在司法实践中达成共识。依据环境污染和生态破坏产生之后，责任人进行的技术改造是否对法律责任产生影响，可以将技术改造的适用情况分为

"适用"和"不适用"① 两种。依据技术改造具体对法律责任产生影响的类型，可以将司法实践中的"适用"之情形进行细分。

（1）将已经支出或者未来将产生的技术改造费用在最终确定的赔偿金额中进行抵扣，简称"技术改造抵扣"②；（2）因技术改造的费用普遍较高，同时进行技术改造和履行赔偿义务的压力较大，为了协调利益，允许责任人在技术改造的基础上，对其应当履行的赔偿义务实行分期支付，简称"技术改造分期"③；（3）由于责任人的排污设备未正常运行或者设备本身不达标等情况导致污染环境和破坏生态，虽然技术改造行为本身未对法律责任产生大小或者方式的影响，但是技术改造行为对本案或者企业后续的发展产生了影响，从而将技术改造作为责任人履行责任的一部分，简称"履行责任本身"④；（4）在环境刑事附带民事公益诉讼中，将责任人技术改造的情况作为量刑的考量因素，简称"量刑因素"⑤；（5）其他⑥，即不能归类为前述四种情况，但是技术改造也确实对相关主体的责任产生了一定影响。

---

① （2015）德中环公民初字第 1 号；（2018）渝 01 民初 669 号；（2018）琼 01 民初 737 号。

② 最高人民检察院发布 26 件公益诉讼典型案例之十三；（2018）冀民终 758 号；青岛中院发布环境资源审判十大典型案例之十，青岛新闻网，http://news.qingdaonews.com/wap/2020-06/03/content_21824792.htm；（2016）苏 01 民初 1203 号。

③ （2016）苏 01 民初 1203 号；（2018）苏民终 1316 号。需要注意的是，在司法实践中，存在同时符合"技术改造抵扣"和"技术改造分期"的案例，参见（2014）苏环公民终字第 00001 号。

④ 《自然之友诉现代汽车环境民事公益诉讼在北京四中院调解结案》，北京四中院网站，http://bj4zy.chinacourt.gov.cn/article/detail/2019/05/id/3965982.shtml；最高人民检察院发布 12 起检察机关服务保障长江经济带发展典型案例（第二批）之四；最高人民检察院公布 26 起检察机关提起公益诉讼试点工作典型案例之二；（2016）苏 01 民初 2048 号；（2016）辽 02 民初 267 号。

⑤ 2019 年度人民法院环境资源环境公益诉讼及生态环境损害赔偿典型案例之五；（2018）渝 0112 刑初 1458 号。

⑥ 最高人民检察院发布"守护海洋"检察公益诉讼专项监督活动典型案例之九；（2016）吉 02 民初 146 号。

(二) 适用技术改造的程序关键

前文介绍了技术改造在环境诉讼实践中的多种适用类型，不论其以何种类型在实践中呈现，所有适用技术改造的案件都涉及对技术改造的验收和审核，这个程序的完善与否决定了这项制度的适用效果。

技术改造的验收和审核主体应当是环境行政机关。这是一项技术性工作，作为审判机构的法院之主要职能是审判，因此从职能划分角度，其并不适宜承担这项工作。如前所述，指导、协助企业进行技术改造是法律赋予行政机关的一项职能。虽然诉讼实践适用技术改造并非目前法律上规定的技术改造，但是就验收和审核工作的内容与性质而言，可以参照相关法律规定，将此项工作纳入行政机关工作范围，这在诉讼实践中也已有先例。这需要在诉讼实践活动中做好司法机关与环境行政机关的联动与配合。从促进技术改造在环境诉讼中适用的角度出发，应当以立法或者文件的形式，明确履行这项职责的主体。

技术改造验收和审核的时间节点，应当依据技术改造的类型进行分类把握。诉讼实践中创设了多种技术改造适用类型，不同类型技术改造的验收和审核时间点可结合其所处的不同诉讼阶段进行分类。由于技术改造适用的目的是影响法律责任，而法律责任在案件判决时予以确定，因此以判决为时间点。在诉讼过程中，已经进行的技术改造应当在判决之前进行验收和审核，以便在确定责任人的法律责任时予以考虑。这类技术改造类型主要涉及前述的"技术改造抵扣"、将技术改造作为"履行责任本身"、将技术改造作为"量刑因素"，以及将技术改造作为原告撤回某项诉讼请求的条件。另一类涉及相关主体在案件结束之后将技术改造作为履行责任的一部分。这个需要在案件结束后，于文书确定的时间节点内进行验收和审核，类型上包括"技术改造分期"、"技术改造分期"基础上的抵扣和检察公益诉讼中涉及的后续改造。

技术改造验收和审核的参照对象不应当仅为单一标准。依据诉讼实践情况，针对污染物排放造成的损害案件，技术改造验收和审核的标准是污染物排放标准；针对渔业资源损害的案件，技术改造验收和审核的标准是部门技术标准。就污染物排放标准而言，其考核的指标较为单一，主要为污染物排放的浓度。① 由于适用技术改造的目的是影响法律责任，在实现影响法律责任的结果之基础上，应当在技术改造的验收和审核方面考虑法律的技术改造要求。例如，综合考虑资源利用率、循环利用、污染物排放标准和污染物总量控制指标。② 因此，技术改造中"技术"的含义目前还较为片面，主要指污染物排放技术。应当从更广泛的层面上考虑"技术"之内涵，可适当借鉴国外的"最佳可行技术""最佳污染控制技术""最佳可得技术"等，丰富"技术"的内涵。

（三）特定类型技术改造适用的程序要点

除了适用技术改造的程序关键外，在具体的适用类型中，也有需要注意的程序要点。这些程序要点应依据其在个案中的适用类型不同来分别予以讨论。

环境诉讼的目的是救济受到损害的生态环境利益，其以责任人停止侵害并治理造成的损害为主要职能。技术改造是在此基础上为责任人提出了更高的要求，因此在将适用技术改造作为责任人应当履行的责任本身之情形中，适用技术改造

---

① 参见吕忠梅、刘超：《环境标准的规制能力再造——以对健康的保障为中心》，载《时代法学》2008 年第 4 期。

② 如《清洁生产促进法》（2012 年修正）第 19 条规定："企业在进行技术改造过程中，应当采取以下清洁生产措施：（一）采用无毒、无害或者低毒、低害的原料，替代毒性大、危害严重的原料；（二）采用资源利用率高、污染物产生量少的工艺和设备，替代资源利用率低、污染物产生量多的工艺和设备；（三）对生产过程中产生的废物、废水和余热等进行综合利用或者循环使用；（四）采用能够达到国家或者地方规定的污染物排放标准和污染物排放总量控制指标的污染防治技术。"

本身并不影响责任主体履行本来应当履行的法律责任。在这种意义上，责任人"超额"完成了法律规定之任务，因此不存在一般意义上损害社会公共利益的技术性漏洞，故无须进行专门审查和把控。

需要重点进行程序把控的技术改造适用类型是对法律责任大小或者履行期限产生影响的两种情况。

第一类，试图通过适用技术改造来影响法律责任的大小。这种情形又基于案件性质分为环境民事案件中的"技术改造抵扣"和环境刑事案件中将技术改造作为"量刑因素"两类。首先，在环境民事案件中，确定"技术改造抵扣"的比例是程序关键。"技术改造抵扣"是指因进行技术改造而无须支付一定比例的赔偿金额。折算比例在个案中并未统一，但这部分金额的折算比例是关系到环境诉讼法律责任效果的关键。从相关文书资料和法律规定来看，目前没有明确的折算标准要求。就适用程序而言，相关主体在确定比例时应当借助环境技术，且详细说明并公开折算的理由。因此，在这类案件中，详细说明理由并公开是关键的程序要求。

其次，环境刑事案件中将技术改造作为"量刑因素"应有细化的司法解释依据。《最高人民法院、最高人民检察院关于办理环境污染刑事案件适用法律若干问题的解释》（2016年）第5条规定："实施刑法第三百三十八条、第三百三十九条规定的行为，刚达到应当追究刑事责任的标准，但行为人及时采取措施，防止损失扩大、消除污染，全部赔偿损失，积极修复生态环境，且系初犯，确有悔罪表现的，可以认定为情节轻微，不起诉或者免予刑事处罚；确有必要判处刑罚的，应当从宽处罚。"修复生态环境作为量刑情节是法院在量刑过程中需要考虑的事实①，而责任人进行技术改造是积极修复生态环境的行为表

---

① 参见杨红梅：《修复生态环境的量刑适用研究——兼议法释［2016］29号第5条的得与失》，载《重庆大学学报（社会科学版）》2020年第3期。

现，因此在量刑时应当予以考量。但是，与"技术改造抵扣"相同，应当有相对明确和细化的标准。

第二类，将适用技术改造作为影响赔偿责任履行期限的方式。就环境诉讼案件的具体情况来看，适用"技术改造分期"的目的主要是缓解责任人的资金压力。这类适用类型的程序关键是确保赔偿资金及时且足额到位。第一，赔偿资金及时到位。赔偿资金是实现生态环境损害救济的关键，在具体适用中，损害填补一般需要资金的分批投入，所以在确定分期的数量和每期的数额时，应当借助损害填补方案来确保每次支付的金额不影响损害救济的进度。同时，在前述案例中，针对未按期支付的情况附加了强制执行全部的赔偿金额作为保障条款的经验可以借鉴。第二，赔偿资金应当足额到位。适用"技术改造分期"的主要目的是缓解责任人经营的资金压力，因此适用时可能会出现后续资金无法支付的风险。为了平衡两种矛盾，应当在有充分证据评估经营风险的基础上，要求责任人提供相应价值的担保。

另外，针对实践中出现的责任人进行技术改造来获得原告谅解并撤回某项诉讼请求之情形，法院应当依职权对技术改造与该项诉讼请求之间的相关性和同质性进行审查。

综上所述，环境诉讼中技术改造的程序规范性主要是指如何通过程序把控，使技术改造的适用不偏离环境诉讼制度设立的初衷，并使技术改造适用符合目的理性。技术改造适用中的程序关键是技术改造的验收和审核。其中，验收和审核的主体是行政机关；验收和审核的时间节点应依据判决分为判决前和判决后两种；验收和审核的参照关键应当是法律规定的技术改造的倡导性要求。特定类型的技术改造适用还有相应的程序要点。"技术改造抵扣"中，民事案件需要借助技术手段对抵扣的份额进行详细说明并公示，刑事案件则需要有法定的抵扣比例细则；"技术改造分期"需要有相应机制来确保赔偿资金及时且足额支付。

六、结论

诉讼实践中的技术改造是不同于法律规定中的技术改造的一种司法实践创新。作为一项落实环境诉讼法律责任的制度，若技术改造制度的规范性不足，将从根本上动摇环境诉讼的制度根本和其自身的设计初衷。在评价技术改造制度时，应当兼顾效果与规范，坚持功能主义与规范主义的双重立场。由于目前制度规范层面的漏洞，在总结实践经验的基础上，技术改造规范化应当从主体、对象和程序三个方面实现。本文以讨论技术改造的规范化之必要性和可行性为主旨，但因篇幅有限，未就规范如何设计进行具体讨论，后续将继续研究。

检察公益诉讼案件范围如何拓展？
——以 23 个省级人大常委会关于加强检察公益诉讼的专项决定为分析样本

梁 忠[*]

摘要： 检察公益诉讼案件范围的拓展形式有三种：一是"等"内拓展；二是"等"外拓展；三是"双向"拓展。各地检察公益诉讼案件范围的拓展内容差异较大，无统一规则和标准。为充分发挥检察机关的法律监督职能，在法律允许的制度空间内，检察公益诉讼案件范围宜保持开放，使任何可能损害公共利益和国家利益的行为都有被提起诉讼的可能，从而对潜在损害行为形成有效威慑。鉴于检察力量有限，可结合党和国家工作大局以及地方实际，确定部分重点案件领域。在重点案件领域内，应不断探索新的案件类型。为实现检察公益诉讼案件范围拓展的有序化，可制定统一的案件范围拓展规则。对于实践成熟或共识度高的

---

* 作者简介：梁忠，深圳市人民检察院检察官助理、法治前海研究基地兼职研究员，法学博士。

典型案件领域，应及时通过立法予以明确。

关键词： 检察公益诉讼；案件范围；制度空间；拓展规则

引言

检察公益诉讼是法律赋予检察机关的一项新的职能，也是检察机关推进国家治理体系和治理能力现代化的重要举措。根据《民事诉讼法》第 55 条、《行政诉讼法》第 25 条、《英雄烈士保护法》第 25 条、《未成年人保护法》第 106 条、《安全生产法》第 74 条、《军人地位和权益保障法》第 62 条，检察公益诉讼的案件范围主要限于生态环境和资源保护、食品药品安全、国有财产保护、国有土地使用权出让、侵害英雄烈士权益、未成年人保护、安全生产、军人权益保障等领域。党的十九届四中全会提出，要"拓展公益诉讼案件范围"。① 然而，检察公益诉讼案件范围究竟应当如何拓展，至今仍无清晰的规则和标准。

截至 2020 年 12 月，全国已有 23 个省级人大常委会对检察公益诉讼作出专项决定，但各省关于检察公益诉讼案件范围的规定各不相同。② 由于缺乏明确的

---

① 《中共中央关于坚持和完善中国特色社会主义制度　推进国家治理体系和治理能力现代化若干重大问题的决定》，载《人民日报》2019 年 11 月 6 日。

② 参见《重庆市人民代表大会常务委员会关于加强检察机关公益诉讼工作的决定》《广西壮族自治区人民代表大会常务委员会关于加强检察机关公益诉讼工作的决定》《河北省人民代表大会常务委员会关于加强检察公益诉讼工作的决定》《河南省人民代表大会常务委员会关于加强检察公益诉讼工作的决定》《黑龙江省人大常委会关于加强检察机关公益诉讼工作的决定》《湖北省人民代表大会常务委员会关于加强检察公益诉讼工作的决定》《湖南省人民代表大会常务委员会关于加强新时代人民检察院法律监督工作的决议》《吉林省人民代表大会常务委员会关于加强检察机关公益诉讼工作的决定》《辽宁省人民代表大会常务委员会关于加强公益诉讼检察工作的决定》《内蒙古自治区人民代表大会常务委员会关于加强检察公益诉讼工作的决定》《宁夏回族自治区人民代表大会常务委员会关于加强检察机关公益诉讼工作的决定》《青海省人民代表大会常务委员会关于加强公益诉讼检察工作的决定》《山东省人民代表大会常务委员会关于加强新时代检察机关法律监督工作的决议》《陕西省人民代表大会常务委员会关于加强检察公益诉讼工作的决定》《新疆维吾尔自治区人民代表大会常务委员会关于加强检察公益诉讼工作的决定》《云南省人民代表大会常务委员会关于加强检察机关公益诉讼工作的决定》《浙江　（转下页）

规范指引，各地检察机关在拓展公益诉讼案件范围方面的实践也千差万别，呈现出一定程度的无序状态。当前，对检察公益诉讼案件范围拓展的理论研究，主要聚焦于某个特定领域，如文物保护①、安全生产②、个人信息保护③等，缺乏整体性关照，难以为案件范围的拓展提供系统性思路。为此，本文拟以 23 个省级人大常委会关于加强检察公益诉讼的专项决定为样本，梳理和总结已有经验，在此基础上对检察公益诉讼案件范围的拓展进行理论上的反思，并提出检察公益诉讼案件范围拓展的基本思路。

一、 检察公益诉讼案件范围拓展的基本形式

《民事诉讼法》和《行政诉讼法》对检察公益诉讼案件范围的规定，采取了"概括 + 列举"的立法模式，一方面明确列举若干具体案件领域，另一方面以"等"字作概括性规定。④ 因此，检察公益诉讼案件范围的拓展包含两个向度：一是在法律明确列举的案件领域内对具体案件类型作进一步拓展；二是在法

（接上页）省人民代表大会常务委员会关于加强检察公益诉讼工作的决定》《上海市人民代表大会常务委员会关于加强检察公益诉讼工作的决定》《广东省人民代表大会常务委员会关于加强检察公益诉讼工作的决定》《海南省人民代表大会常务委员会关于加强检察公益诉讼工作的决定》《甘肃省人民代表大会常务委员会关于加强检察公益诉讼工作的决定》《安徽省人民代表大会常务委员会关于加强检察公益诉讼工作的决定》《江苏省人民代表大会常务委员会关于加强检察公益诉讼工作的决定》。

① 参见钱武生、金庆微：《公益诉讼视野下不可移动文物的保护路径》，载《中国检察官》2020 年第 15 期。

② 参见唐张：《公益诉讼"等外"领域探索——以安全生产领域为视角》，载《人民检察》2020 年第 7 期。

③ 参见张炜达、呼啸：《大数据时代下个人信息行政公益诉讼制度之建构》，载《西北大学学报（哲学社会科学版）》2020 年第 4 期。

④ 《民事诉讼法》第 55 条第 2 款规定："人民检察院在履行职责中发现破坏生态环境和资源保护、食品药品安全领域侵害众多消费者合法权益等损害社会公共利益的行为，在没有前款规定的机关和组织或者前款规定的机关和组织不提起诉讼的情况下，可以向人民法院提起诉讼。"《行政诉讼法》第 25 条规定："人民检察院在履行职责中发现生态环境和资源保护、食品药品安全、国有财产保护、国有土地使用权出让等领域负有监督管理职责的行政机关违法行使职权或者不作为，致使国家利益或者社会公共利益受到侵害的，应当向行政机关提出检察建议，督促其依法履行职责。行政机关不依法履行职责的，人民检察院依法向人民法院提起诉讼。"

律明确列举的案件领域外拓展新的案件领域。前者一般称为"等"内拓展，后者一般称为"等"外拓展。在23个省级人大常委会关于检察公益诉讼的专项决定中，共有19个省份对案件范围的拓展作出明确规定①，但拓展形式各不相同。具体而言，可分为三种形式：一是"等"内拓展；二是"等"外拓展；三是"双向"拓展，即同时进行"等"内拓展和"等"外拓展。

（一）"等"内拓展

"等"内拓展是在法律明确列举的案件领域之内，对其中所包含的具体案件类型进行拓展。采取"等"内拓展形式的省份仅有1个，即黑龙江省。《黑龙江省人大常委会关于加强检察机关公益诉讼工作的决定》第2条规定，检察机关依法重点办理六个领域的公益诉讼案件。其中，前五个领域皆为现行法律明确列举的领域，即生态环境和资源保护、食品药品安全、国有财产保护、国有土地使用权出让、英雄烈士权益保护；第六个领域为兜底性规定，即"其他依法应当由检察机关办理的公益诉讼案件"。在法律明确列举的案件领域内，黑龙江省作了进一步细化，如在生态环境和资源保护领域，规定重点办理"黑土地、大气、水、固体废物污染，破坏自然保护地、饮用水水源地、湿地及土地资源、矿产资源、林业资源、草原资源"等类型案件。

---

① 对检察公益诉讼案件范围的拓展作出明确规定的省份包括广西、河北、河南、黑龙江、湖北、辽宁、内蒙古、宁夏、青海、陕西、新疆、云南、浙江、上海、广东、海南、甘肃、安徽、江苏。值得注意的是，部分省份虽未对检察公益诉讼案件范围的拓展作出明确规定，但其规定了检察机关可以"依法提出监督意见"的范围。例如，《山东省人民代表大会常务委员会关于加强新时代检察机关法律监督工作的决议》规定："在开展法律监督工作中，注重研究发现教育、就业、安全生产、道路交通安全、文物和文化遗产保护、网络信息安全、金融等领域存在的侵犯国家利益和社会公共利益问题，依法提出监督意见。"

(二)"等"外拓展

"等"外拓展是在法律明确列举的案件领域之外，增加新的案件领域。采取"等"外拓展形式的省份共有 13 个，分别是广西、河北、河南、湖北、辽宁、宁夏、青海、浙江、上海、海南、广东、安徽、江苏。以广西为例，《广西壮族自治区人民代表大会常务委员会关于加强检察机关公益诉讼工作的决定》第 3 条规定，检察机关探索办理安全生产、历史文化古迹和文物保护、互联网侵害公益、众多公民信息保护、大数据安全、损害国家尊严或者民族情感等领域的公益诉讼案件。

(三)"双向"拓展

"双向"拓展是指在拓展检察公益诉讼案件范围时，同时采取"等"内拓展与"等"外拓展两种形式。采取"双向"拓展形式的省份共有 5 个，分别是内蒙古、陕西、新疆、云南和甘肃。以内蒙古为例，《内蒙古自治区人民代表大会常务委员会关于加强检察公益诉讼工作的决定》第 2 条对法律明确列举的五个案件领域作了细化，同时又增加了新的案件领域，包括"安全生产、进出口商品质量安全、铁路交通安全、互联网侵害公益和文物保护领域的公益诉讼案件"和"违反《中华人民共和国国旗法》《中华人民共和国国徽法》《中华人民共和国国歌法》的公益诉讼案件"。

表1　各省份检察公益诉讼案件范围拓展形式统计表

拓展形式	"等"内拓展	"等"外拓展	"双向"拓展
省份数量	1	13	5

需要说明的是，《未成年人保护法》修订于 2020 年 10 月 17 日，除安徽、江苏两省外，其他省份在作出检察公益诉讼专项决定时，该法尚未修订①，故大部分省份将"未成年人保护"列入"等"外拓展内容。《安全生产法》（修订）与《军人地位和权益保障法》均于 2021 年 6 月 10 日通过，各省份在作出检察公益诉讼专项决定时，"安全生产"与"军人权益保障"也尚未纳入公益诉讼法定案件范围，因此也属于"等"外拓展内容。本文在对各省份专项决定进行分析时，以该决定作出时的法律规定来作为区分"等"内拓展与"等"外拓展的标准。

二、 检察公益诉讼案件范围拓展的主要内容

不同省份对检察公益诉讼案件范围的拓展，不仅形式不同，内容也差异甚大。本部分将从"等"内拓展与"等"外拓展两个方面，分别对各省份检察公益诉讼案件范围拓展的主要内容进行分析。

（一）"等"内拓展的内容

由前文可知，采取"等"内拓展形式的省份有 1 个，采取"双向"拓展形式的省份有 5 个，合计共 6 个省份对"等"内拓展作了规定。6 个省份"等"内拓展的具体内容如下表所示：

---

① 《安徽省人民代表大会常务委员会关于加强检察公益诉讼工作的决定》于 2020 年 11 月 13 日通过，《江苏省人民代表大会常务委员会关于加强检察公益诉讼工作的决定》于 2020 年 11 月 27 日通过，两者通过时间皆在《未成年人保护法》修订之后。

表2　6个省份"等"内拓展内容统计表

省份 领域	黑龙江	内蒙古	陕西	新疆	云南	甘肃
生态环境和资源保护	黑土地、大气、水、固体废物污染；破坏自然保护地、饮用水水源地、湿地及土地资源、矿产资源、林业资源、草原资源等	破坏林业资源、草原资源、土地资源、矿产资源；自然保护地、饮用水水源地、湿地、土壤、大气、水、固体废物污染等	秦岭生态环境保护、黄河流域生态环境保护、汾渭平原大气污染防治领域、野生动物保护等	雪山冰川、戈壁沙漠、绿洲草原、野生动植物等	大气、水体、土壤、固体废物、放射性、噪音、农业面源等污染；破坏自然保护区、风景名胜区、饮用水水源地、湿地及土地资源、矿产资源、林业资源、草原资源、水资源等	大气、水体、土壤、固体废物、放射性、噪音、农业面源等环境污染案件；破坏自然保护区、风景名胜区、饮用水水源地、湿地及其他土地资源、矿产资源、林业资源、草原资源、水资源等
食品药品安全	生产、销售有毒有害或者不符合食品安全标准的食用农产品、食品；生产、销售假药、劣药等	生产、销售的食品药品存在缺陷；虚假宣传等	食品药品安全	食品药品安全	生产、加工、流通、销售等环节的食品药品安全	生产、加工、流通、销售等环节的食品药品安全
国有财产保护	经营性、行政事业性、税收类、费用类、财政补贴类、社会保障类等	经营性、行政事业性、税收类、费用类、财政补贴类、社会保障类等	国有财产保护	国有财产保护	经营性、行政事业性、税收类、费用类、财政补贴类、社会保障类等	经营性、行政事业性、税收类、费用类、财政补贴类、社会保障类等

2020—2022年中达环境法论坛论文集

续 表

省份 领域	黑龙江	内蒙古	陕西	新疆	云南	甘肃
国有土地出让	国有土地使用权出让收入流失、违法使用土地、违法许可等	国有土地使用权出让收入流失、违法使用土地、违法许可等	国有土地使用权出让	国有土地使用权出让	国有土地供应、出让、监管等	国有土地供应、出让、监管等
英雄烈士权益保护	侵害英雄烈士的姓名、肖像、名誉荣誉；侵占、破坏、污损英雄烈士纪念设施等	侵害英雄烈士的姓名、肖像、名誉、荣誉；侵占、破坏、污损英雄烈士纪念设施等	英雄烈士保护；英烈纪念设施保护	英雄烈士权益保护	侵害英雄烈士的姓名、肖像、名誉、荣誉；侵占、破坏、污损英雄烈士纪念设施等	侵害英雄烈士的姓名、肖像、名誉、荣誉；侵占、破坏、污损英雄烈士纪念设施等

在生态环境和资源保护领域，6个省份皆列举了若干具体案件类型。其中，云南与甘肃所作规定相同，其他4个省所作规定有所差异。实践中，生态环境和资源保护领域的检察公益诉讼最为成熟，各省份所列举的具体内容对案件范围的确定影响不大，但反映出了各省份的关注点和侧重点所在。黑龙江、陕西和新疆便突出强调了对本省份特有环境资源的保护。例如，黑龙江规定了对"黑土地"的保护，陕西规定了"秦岭生态环境保护、黄河流域生态环境保护、汾渭平原大气污染防治"，新疆则规定了对"雪山冰川、戈壁沙漠、绿洲草原"的保护。

在食品药品安全领域，陕西与新疆未对检察公益诉讼案件范围作进一步细化，黑龙江、内蒙古、云南和甘肃则作了更为具体的规定。其中，云南和甘肃的规定完全一致。从4个省份所规定的内容来看，存在一个共同特征，即都是从食品药品的生产与流通环节来进行规定；不同之处则在于，各省份对生产与流通环节进行列举的详细程度不同。此外，对于食品药品的范围，部分省份也作了细化。例如，黑龙江将食用农产品与食品并列于食品的范围之中，在药品概念下则列举了假药与劣药两种类型。对于与食品药品"安全"相关的情形，部分省份同样作了细化，如内蒙古规定，生产、销售的食品药品存在"缺陷""虚假宣传"等情形，便属于涉及"安全"范围。

在国有财产保护领域，陕西与新疆对检察公益诉讼案件范围同样未作进一步的规定。黑龙江、内蒙古、云南和甘肃在国有财产保护领域的检察公益诉讼案件范围的规定上则完全一致，都规定了"经营性、行政事业性、税收类、费用类、财政补贴类、社会保障类等"。在某种程度上，相同的规定意味着，对国有财产保护领域的检察公益诉讼案件范围已达成初步共识。

在国有土地出让领域，陕西与新疆对检察公益诉讼案件范围同样未作细化。黑龙江和内蒙古对国有土地出让领域的检察公益诉讼案件范围的规定则完全一致，都规定了"国有土地使用权出让收入流失、违法使用土地、违法许可等"。云南和甘肃对国有土地出让领域的案件范围的规定也完全一致，但在内容上与黑龙江和内蒙古有所不同，其规定的内容为"国有土地供应、出让、监管等"。对比可知，黑龙江与内蒙古的规定更为具体，而云南与甘肃的规定更为全面，但4个省份的规定并无本质区别，只是侧重点不同。

在英雄烈士权益保护领域，新疆在检察公益诉讼案件范围上未作进一步规定。陕西除了对英雄烈士保护作出规定，还单独规定了对英烈纪念设施的保护。黑龙江、内蒙古、云南和甘肃对英雄烈士权益保护领域检察公益诉讼案件范围的规定则完全一致，都规定了"侵害英雄烈士的姓名、肖像、名誉、荣誉；侵占、破坏、污损英雄烈士纪念设施等"。可见，对英雄烈士权益的保护，已普遍扩展至对英烈纪念设施的保护。英雄烈士权益具体包括"姓名、肖像、名誉、荣誉"等内容，《英雄烈士保护法》第25条对此已有明确规定；而对英雄烈士纪念设施的保护，则涵盖了"侵占、破坏、污损"等行为。

综上，黑龙江等 6 省份在"等"内拓展上进行了初步探索，其中不乏值得借鉴之处。例如，在生态环境与资源保护领域拓展案件范围时，紧扣地方实际，突出对本省份特有环境资源的保护。同时，不足之处也显而易见。例如，"等"内拓展的规定仍然不够具体明确，个别领域甚至只是重复法律的既有规定。

(二)"等"外拓展的内容

目前，有13个省份对检察公益诉讼案件范围进行了"等"外拓展，5个省份进行了"双向"拓展，合计18个省份对"等"外拓展作了规定。各省"等"外拓展的内容不同，如甘肃、宁夏、新疆等省份拓展的范围较大，青海、浙江、湖北等省份拓展的范围较小，具体内容如下表所示：

表3　18个省份"等"外拓展内容统计表

省份	"等"外拓展内容
甘肃	15 类：安全生产、消防安全、交通安全、公共设施安全、公共卫生安全、个人信息安全、残疾人权益保护、老年人权益保护、未成年人权益保护、妇女权益保护、网络侵害、乡村振兴、扶贫攻坚、文物和文化遗产保护、红色文化资源保护
宁夏	14 类：违反《国旗法》《国徽法》《国歌法》，以及安全生产、公共卫生、生物安全、残疾人权益保护、老年人权益保护、未成年人权益保护、妇女权益保护、文物和文化遗产保护、扶贫、个人信息安全、互联网
新疆	12 类：办理安全生产、卫生健康、公共安全、产品质量、农产品质量、互联网公益、文物和文化遗产、未成年人保护、妇女权益保护、儿童权益保护、老年人权益保护、扶贫开发
海南	11 类：旅游消费、公共卫生安全、金融安全、反不正当竞争、网络侵害、未成年人权益保护、妇女权益保护、知识产权保护、文物和文化遗产保护、扶贫、安全生产
内蒙古	8 类：安全生产、进出口商品质量安全、铁路交通安全、互联网侵害公益、文物保护，以及违反《国旗法》《国徽法》《国歌法》

续 表

省份	"等"外拓展内容
河北	8类：安全生产、防灾减灾、应急救援、文物和文化遗产保护、个人信息保护、大数据安全、互联网侵害公益、弘扬社会主义核心价值观
云南	8类：安全生产、旅游消费、文物和文化遗产保护、公民个人信息保护、未成年人保护、老年人权益保护、互联网、农业农村领域
辽宁	7类：安全生产、互联网、妇女权益保护、儿童权益保护、扶贫、涉众型侵害公民隐私、文化遗产保护
陕西	6类：人民群众关注的切身利益领域、防灾减灾和应急救援、公共卫生安全、历史文化古迹和文物保护、危化品管理、个人信息安全
广西	6类：安全生产、历史文化古迹和文物保护、互联网侵害公益、众多公民信息保护、大数据安全、损害国家尊严或者民族情感
河南	5类：生产安全、产品质量安全、公共交通安全、文物和文化遗产保护、不特定公民个人信息保护
广东	5类：安全生产、公共卫生安全、特殊群体合法权益保护、互联网个人信息保护、文物和文化遗产保护
上海	5类：城市公共安全、金融秩序、知识产权、个人信息安全、历史风貌区和优秀历史建筑保护
安徽	4类：安全生产、公共卫生安全、文物和文化遗产保护、个人信息保护
江苏	4类：安全生产、公共安全、文物和文化遗产保护、个人信息安全
湖北	3类：安全生产、文物和文化遗产保护、电信互联网涉及众多公民个人信息保护
浙江	3类：安全生产、个人信息保护、公共卫生安全
青海	2类：公共卫生、应急管理

经初步统计,18 个省份共新增 42 个案件领域。① 其中，规定频次最多的领

① 此处所统计出的 42 个案件领域，只是一个粗略的统计。部分新增案件领域之间存在重合，如金融安全与金融秩序，归为一个领域；交通安全、公共交通安全、铁路交通安全归为三个领域；公民信息保护与互联网归为两个领域；特殊群体合法权益保护涵盖未成年人保护、妇女权益保护、儿童权益保护、老年人权益保护，但也单独算一个领域。此外，部分新增案件领域与现行法律明确列举的案件领域存在重合，本文将重合部分排除在新增案件领域之外。例如，《青海省人民代表大会常务委员会关于加强公益诉讼检察工作的决定》在法律明确列举的案件领域之外，新增"野生动物保护"作为单（转下页）

域是"文物和文化遗产保护",共有 16 个省份作了规定;其次是"安全生产"领域,共有 15 个省份作了规定;再次是"公民信息保护"领域,共有 13 个省份作了规定;"互联网"领域也受到较多关注,有 9 个省份作了规定。各案件领域的具体规定次数如下表所示:

表 4　各案件领域规定次数统计表

案件领域	规定次数	案件领域	规定次数	案件领域	规定次数
文物和文化遗产保护	16	大数据安全	2	弘扬社会主义核心价值观	1
安全生产	15	防灾救灾	2	交通安全	1
公民信息保护	13	应急救援	2	公共交通安全	1
互联网	9	公共安全	3	铁路交通安全	1
公共卫生	8	产品质量	2	涉众型侵害公民隐私	1
妇女权益保护	5	旅游消费	2	生物安全	1
扶贫	5	残疾人权益保护	2	应急管理	1
未成年人保护	5	儿童权益保护	2	反不正当竞争	1
老年人权益保护	4	损害国家尊严或者民族情感	1	特殊群体合法权益保护	1

（接上页）独的一个领域。根据学界通说和公众日常认知,"野生动物保护"属于生态环境与资源保护领域事项,本文也持此种观点,因此将"野生动物保护"从新增案件领域中剔除。另外,如前文所述,本文在对各省份专项决定进行分析时,以该决定作出时的法律规定来作为区分"等"内与"等"外的标准。各省份在作出检察公益诉讼专项决定时,《未成年人保护法》《安全生产法》《军人地位和权益保障法》尚未修订或制定,因此"未成年人保护""安全生产"与"军人权益保障"属于"等"外拓展的内容。

续　表

案件领域	规定次数	案件领域	规定次数	案件领域	规定次数
违反《国旗法》	2	卫生健康	1	人民群众关注的切身利益	1
违反《国徽法》	2	农产品质量	1	农业农村领域	1
违反《国歌法》	2	进出口商品质量安全	1	消防安全	1
知识产权	2	公共设施安全	1	乡村振兴	1
金融秩序	2	红色文化资源保护	1	危化品管理	1

从统计结果来看，"等"外拓展的内容具有以下特征：其一，新增案件领域广泛，涉及社会各个方面；其二，新增案件领域高度分散，其中"文物和文化遗产保护""安全生产""公民信息保护""互联网"得到多数省份认同；其三，不同省份的新增案件领域差异较大，无论是新增案件领域数量，还是新增案件领域内容，都有显著差别；其四，各省份的新增案件领域具有一定的地域性特征。从新增案件领域数量来看，甘肃、宁夏、新疆等西部经济欠发达省份的新增案件领域数量较多，广东、上海、江苏、浙江等东部经济发达省份的新增案件领域数量较少。原因可能在于，经济发达地区对国家利益和社会公共利益保护投入资源更多，保护力度更大，保护效果更好，检察公益诉讼需要承担的保护任务较轻。从新增案件领域内容来看，各省份在增加新的案件领域时兼顾了本地实际情况，如宁夏、新疆、辽宁等经济欠发达省份把"扶贫"纳入案件范围，旅游大省海南则把"旅游"纳入案件范围。

三、 检察公益诉讼案件范围拓展的理论反思

从 23 个省份关于检察公益诉讼案件范围拓展的形式和内容可知，检察公益诉讼案件范围的拓展并无统一的规则和标准，各地规定差异甚大，呈现出一定程度的无序状态。为更好地贯彻落实党的十九届四中全会提出的"拓展公益诉讼案件范围"的要求，充分发挥检察公益诉讼的制度效能，需要在总结现有经验基础上，从理论层面作进一步反思，以理清检察公益诉讼案件范围拓展的基本思路。

(一) 检察公益诉讼案件范围拓展的制度空间

检察公益诉讼案件范围的拓展，需在现行法律规范框架内进行。《民事诉讼法》第 55 条和《行政诉讼法》第 25 条规定，凡"损害社会公共利益的行为"，皆在检察民事公益诉讼案件范围之内；凡"负有监督管理职责的行政机关违法行使职权或者不作为，致使国家利益或者社会公共利益受到侵害的"，皆可纳入检察行政公益诉讼的案件范围。就文义解释而言，无论是"社会公共利益"和"国家利益"，还是"损害"和"侵害"，都是具有高度不确定性的概念，无法对其内涵和外延作出清晰界定。而且，随着社会变迁，上述概念的内涵和外延也会发生改变。因此，试图从概念层面明确界定检察公益诉讼案件范围，必将徒劳无功。从积极角度来看，检察公益诉讼案件范围的拓展只要不明显违背法律规定，皆可视为在现行法律规范的制度空间之内。

需注意的是，检察民事公益诉讼与检察行政公益诉讼的案件范围并不相同，但各省份人大常委会关于加强检察公益诉讼的专项决定中对此却未作明确区分。司法实践在确定检察公益诉讼案件范围时，应对检察民事公益诉讼和检察行政公

益诉讼分别进行考量，特别要注意区分两者所保护的客体。《民事诉讼法》第 55 条和《行政诉讼法》第 25 条规定，检察民事公益诉讼的案件范围主要限于损害"社会公共利益"的行为，而检察行政公益诉讼的案件范围除了包括侵害"社会公共利益"的行为，还包括侵害"国家利益"的行为。从国家为个人之集合的观点看，国家利益也属于社会公共利益，但就检察公益诉讼而言，国家利益与公共利益是并列的概念①，属于两种不同的利益。社会公共利益与国家利益的区分，可将利益主体作为区分标准。利益主体为国家的，则属于国家利益；利益主体为非特定公民的，则属于公共利益。

（二）检察公益诉讼案件范围拓展的重点领域

在法律允许的制度空间内，检察公益诉讼案件范围应保持开放，使任何可能损害公共利益或国家利益的行为都有被提起诉讼的可能，从而对潜在损害行为形成威慑。但是，基于实践考量，检察机关力量有限，不可能对所有损害社会公共利益和国家利益的行为进行全面监督。因此，在开展检察公益诉讼时，应当并且只能有所侧重，聚焦于部分重点领域。选择重点领域开展检察公益诉讼，也符合检察机关的职能定位和检察公益诉讼的功能定位。从机构职能来看，行政机关是保护公共利益和国家利益的主导者，检察机关只是补充性力量，检察权不宜过度侵入行政权的范围。② 就诉讼形式而言，公益诉讼属于客观诉讼，是对传统主观诉讼的补充，并非主要诉讼形式，检察公益诉讼的定位也是"补充之诉"。③

---

① 参见张建伟：《公益诉讼视野内的公共利益》，载《检察日报》2020 年 8 月 27 日。
② 参见胡卫列：《国家治理视野下的公益诉讼检察制度》，载《国家检察官学院学报》2020 年第 2 期。
③ 参见张雪樵：《检察公益诉讼比较研究》，载《国家检察官学院学报》2019 年第 1 期。

在确定检察公益诉讼重点案件领域时，一方面应紧扣党和国家工作大局，另一方面应结合地方实际情况。对此，各省份关于检察公益诉讼的专项决定中已有体现。例如，河南要求检察公益诉讼聚焦党和国家工作大局，积极服务黄河流域生态保护和高质量发展重大国家战略实施，紧紧围绕人民群众关注的切身利益问题；又如，湖北要求检察公益诉讼聚焦党和国家工作大局，紧紧围绕助推打好"三大攻坚战"、服务长江经济带高质量发展、推动"一芯两带三区"发展战略实施以及人民群众关注的切身利益问题；再如，新疆要求检察公益诉讼持续聚焦丝绸之路经济带核心区建设、生态环境保护、经济高质量发展和人民群众关注的切身利益问题。

在明确检察公益诉讼重点案件领域之后，可在各领域内探索新的案件类型。以生态环境与资源保护领域为例，可探索建立预防性检察环境公益诉讼。当前的检察环境公益诉讼是一种事后救济性诉讼，即在生态环境和资源遭受损害之后才提起。就保护生态环境而言，预防才是最佳方式，我国环境立法也已明确规定了预防原则，并规定了环境影响评价、"三同时"、排污许可等预防性措施。[1] 检察公益诉讼应贯彻预防原则，将具有生态环境损害风险的行为纳入检察公益诉讼案件范围，探索建立事前预防性检察公益诉讼机制。[2] 与传统救济性诉讼相比，预防性诉讼在理念和制度上明显不同，难度也较大。例如，预防性检察环境公益诉讼指向的乃是环境损害风险，其救济对象并不明确，将有限的司法资源投入尚未产生损害的案件，存在诸多风险，法院对预防性环境公益诉讼极为谨慎。[3] 然而，预防性诉讼的可行性已为实践所证明。在自然之友诉新平公司等环境污染责任纠纷案中，自然之友以戛洒江一级水电站建设项目存在环境风险可

---

① 参见竺效：《论中国环境法基本原则的立法发展与再发展》，载《华东政法大学学报》2014年第3期。
② 参见于文轩：《生态文明语境下风险预防原则的变迁与适用》，载《吉林大学社会科学学报》2019年第5期。
③ 参见张旭东：《预防性环境民事公益诉讼程序规则思考》，载《法律科学》2017年第4期。

能造成绿孔雀种群灭绝为由，提起预防性公益诉讼，诉请法院判令停止修建水电站，得到了法院的支持。① 2020 年 8 月，深圳市人大常委会通过全国首部公益诉讼地方立法，即《深圳经济特区生态环境公益诉讼规定》，其第 2 条第 2 款也明确规定，对存在重大环境损害风险的行为，可以提起生态环境民事公益诉讼。②《广东省人民代表大会常务委员会关于加强检察公益诉讼工作的决定》也对预防性诉讼作了间接性规定。③

（三）检察公益诉讼案件范围拓展的制度保障

为避免各地司法实践差异过大，实现检察公益诉讼案件范围拓展的有序化，应及时总结实践经验，并通过制度化方式对检察公益诉讼案件范围的拓展进行规范。具体而言，宜尽快制定统一的检察公益诉讼案件范围拓展规则，为司法实践提供统一、明确的指引。案件能否进入公益诉讼审判程序，最终取决于法院。当前，绝大多数检察公益诉讼案件只进行到诉前程序，进入法院审理阶段的案件数量较少④，

---

① 参见 (2017) 云 01 民初 2299 号、(2020) 云民终 824 号。

② 值得注意的是，《深圳经济特区生态环境公益诉讼规定》只规定了可以提起预防性的生态环境民事公益诉讼，但未明确规定是否可以提起预防性的生态环境行政公益诉讼。《深圳经济特区生态环境公益诉讼规定》第 2 条第 3 款规定："生态环境行政公益诉讼，是指人民检察院对生态环境和资源保护等领域负有监督管理职责的行政机关违法行使职权或者不作为，致使国家利益或者社会公共利益受到侵害的行为，向人民法院提起的行政诉讼。"

③《广东省人民代表大会常务委员会关于加强检察公益诉讼工作的决定》提出："检察机关在开展公益诉讼工作中发现国家利益和社会公共利益可能遭受严重损害的风险，或者发现其他普遍性问题的，可以向有关国家机关提出检察建议，增强检察公益诉讼的预防功能和治理效能。"根据上述表述，检察机关对于存在损害风险的情形，虽不能提起诉讼，但可提出检察建议。

④ 据最高人民检察院统计，截至 2020 年 7 月 1 日，公益诉讼检察制度已全面实施三周年，全国检察机关共立案办理公益诉讼案件 31 万余件。其中，检察机关共办理诉前程序案件 27 万余件，包括向行政机关发出诉前检察建议 26 万余件、发出民事公益诉讼公告 1 万余件，提起诉讼仅 1 万余件。参见《检察公益诉讼全面实施三年办理案件 31 万余件》，载最高人民检察院官方网站，https://www.spp.gov.cn/xwfbh/wsfbh/202007/t20200708_472509.shtml。

法院与检察院之间关于检察公益诉讼案件范围的认识分歧尚不明显，但这并不意味着法院与检察院之间的认识完全一致。为减少分歧，保障检察公益诉讼顺利进行，检察公益诉讼案件范围的拓展规则宜由最高人民法院与最高人民检察院联合制定。

检察公益诉讼案件范围的拓展规则可分为两个部分：一是实体性规则；二是程序性规则。实体性规则应细化"公共利益""国家利益""损害""侵害"等实体性标准，程序性规则应明确检察公益诉讼案件范围拓展所必须遵循的基本程序。与实体性规则不同，程序性规则具有较强的确定性，可有效弥补实体性规则的模糊性，降低检察公益诉讼案件范围拓展的随意性，因此应充分重视和发挥程序性规则的作用。程序性规则的设计可从两个方面进行：一是完善公众参与程序，如拓展检察公益诉讼案件范围应向社会公告、组织听证、听取代表委员意见等，以凝聚社会共识，强化检察公益诉讼案件范围拓展的民主正当性；二是完善专家咨询程序，以强化检察公益诉讼案件范围拓展的科学专业性。

此外，对于实践成熟或共识度高的典型案件领域，应及时通过立法予以明确。《民事诉讼法》和《行政诉讼法》采取"概括＋列举"的立法模式，兼顾了法律的明确性与灵活性。在现行立法模式下，可适当增加法律所列举的案件领域数量，将实践成熟或共识度高的典型案件领域通过立法加以明确。各省份普遍认可的"文物和文化遗产保护""安全生产""公民信息保护""互联网"等案件领域，可在下次修改《民事诉讼法》和《行政诉讼法》时予以明确规定，或通过修改相关领域的单行法予以分别规定，如2020年10月修订的《未成年人保护法》将"未成年人保护"纳入了检察公益诉讼案件范围，2021年6月修订通过的《安全生产法》则将"安全生产"纳入了检察公益诉讼案件范围。当然，也有学者建议对公益诉讼进行单独立法，以统一规定公益诉讼相关问题。① 但是，考虑到公益诉讼单独立法的成本较高，理论和经验也尚为薄弱，短期内难以实现，并非拓展检察公益诉讼案件范围的最佳立法选择。

结语

检察公益诉讼案件范围是检察权范围的体现，案件范围的拓展需考虑检察权的定位以及国家权力结构的平衡，检察权既不能缺位，也不能越位。为充分发挥检察机关的法律监督职能，在法律允许的制度空间内，检察公益诉讼案件范围宜保持开放，使任何可能损害公共利益或国家利益的行为都有被提起诉讼的可能，从而对潜在损害行为形成有效威慑。鉴于检察机关力量有限，在司法实践过程中，各级检察机关可结合党和国家工作大局以及地方实际，确定部分重点案件领域。为实现检察公益诉讼案件范围拓展的有序化，可从实体和程序两方面入手，制定统一的案件范围拓展规则。对于实践成熟或共识度高的典型案件领域，应及时通过立法予以明确。

---

① 参见湛中乐：《探索公益诉讼的中国方案——公益诉讼单独立法的必要性与可能性》，载《检察日报》2020 年 11 月 26 日。

碳普惠制在体育旅游业中的具体适用、主要困境及未来路径

严采真　林　爽*

摘要： 随着体育旅游业的高速发展，人们发现其产生的碳排放量也不容小觑，在体育旅游领域实现"双碳"目标具有必要性。文献资料分析和比较研究发现，目前我国的低碳体育旅游管理和相关研究主要围绕体育旅游企业端展开，缺少对游客端的管理和相关研究；将碳普惠制引入体育旅游业的游客端管理之中，以激励机制降低游客端在体育旅游过程中因交通、住宿、购物、运动等活动而产生的碳排放量，对整个体育旅游业的碳排放量减少大有裨益。我国目前的碳普惠制仍处于试点阶段，保障碳普惠制发展的相关法律制度存在诸多缺陷，如缺乏统一的法律体系、缺乏低碳行为的量化方式、缺乏明晰的监管制度等。针对碳普惠制以上制度缺陷，将体育旅游业作为推进碳普惠制法律制度完善的突破口和制度实施的重点示范领域，为我国碳普惠制的普及、低碳消费时

＊ 作者简介：严采真，郑州大学国际学院 2019 级学生，研究方向为法学；通讯作者：林爽，上海体育大学经济管理学院博士生，研究方向为体育产业管理、绿色低碳体育与环境法。

尚的形成，提供先行先试经验。

关键词：体育旅游；碳普惠制；碳积分；低碳消费；法律制度

体育旅游是一种新兴的旅游类型。不同于传统旅游的观光消费，体育旅游强调游客亲临赛场的观赛，或亲自参与到体育项目中的体验，或亲自到具有历史意义的体育场馆的参观。体育与旅游的融合契合了越来越多游客的多元化需求，尤其是近年来，人们加大了对身体素质和健康水平的追求，体育旅游成为越来越多游客的优先选择。随着体育旅游业在全球范围内的迅猛发展，该产业的巨大碳排放量也成为亟待解决的严重问题。联合国旅游组织和国际交通论坛的研究显示，从 2005 年到 2016 年，旅游业的二氧化碳排放量至少增加了 60%。[①] 报告显示，2016 年，与旅游交通相关的碳排放量为 15.97 亿吨，占交通领域碳排放总量的 22% 和所有人为碳排放总量的 5%。[②] 2021 年 11 月，第 26 届联合国气候变化大会期间，由世界旅游组织、联合国环境署等多方组织共同签署的《格拉斯哥宣言：对旅游业十年气候行动的承诺》（以下简称《格拉斯哥宣言》）指出，除非我们加速去碳化，否则到 2030 年，旅游部门的二氧化碳排放量可能比 2016 年增加 25% 或更多。2016 年，国家旅游局和国家体育总局联合发布了《关于大力发展体育旅游的指导意见》，该意见在指导思想中明确指出，发展体育旅游要牢固树立创新、协调、绿色、开放、共享的发展理念。2020 年 9 月，国家主席习近平在第七十五届联合国大会上宣布，中国力争 2030 年前实现碳达峰，2060 年前实现碳中和。[③] 为了落实"双碳"目标，2022 年，生态环境部、国家发展

---

① 《格拉斯哥宣言：对旅游业十年气候行动的承诺》，世界旅游组织网站，https://www.unwto.org/the-glasgow-declaration-on-climate-action-in-tourism。
② 《2030 年全球旅游交通碳排放可达 19.98 亿吨》，联合国新闻网站，https://news.un.org/zh/story/2019/12/1046761。
③ 《坚定信心　共克时艰　共建更加美好的世界》，载《人民日报》2021 年 9 月 22 日。

和改革委员会等七个部门联合印发的《减污降碳协同增效实施方案》着重指出，要积极探索并建立碳普惠制等公众参与机制。

根据 2023 年 3 月 1 日《广州市碳普惠自愿减排实施办法》的定义，碳普惠制是运用相关商业激励、政策鼓励和交易机制，带动社会广泛参与碳减排活动，以减少温室气体排放及增加碳汇的管理制度或措施。本质上，碳普惠制就是一种引领、鼓励社会公众选择绿色低碳生活方式的普惠性工作机制。将碳普惠制融入体育旅游过程中，引导与激励游客在进行体育旅游活动时选择低碳行为，降低碳排放量，不仅有助于推动我国体育旅游业的发展，而且有助于降低我国体育旅游业的碳排放量。体育旅游的主要形式是户外运动，与地理自然环境具有共生关系。在体育旅游的独特氛围下，更容易引导游客认知自然、亲近自然和享受自然，进而能更好地激励游客尊重自然，身体力行去保护自然。所以，相比于其他消费形式，体育旅游领域更容易开展碳普惠制先行先试工作。

早在 2015 年，广东省就开始探索碳普惠制，倡导全社会低碳行动。但是，实践中，已有的碳普惠法律制度存在诸多缺陷，如缺少量化低碳行为的方法学、缺乏明晰的监管制度等，碳普惠制在全国各领域尚未切实有效地推开。本文在界定碳普惠制及绿色低碳体育旅游的相关概念之基础上，梳理了我国碳普惠制在体育旅游中的适用现状，并通过横向对比目前国内各省在各个领域实施的碳普惠制情况，针对我国体育旅游领域推进碳普惠法律制度提出建议。

一、 碳普惠制的价值取向、法律地位及其主要实践

碳普惠制是一个新兴概念，虽然多地政府和多家企业已推行了自己的碳普惠平台，但社会公众对碳普惠制的认知较少。清晰界定碳普惠制的内涵和法律地位，是推行碳普惠制的前提条件。

(一) 碳普惠制的内涵及价值取向

我国自 2016 年加入《巴黎协定》以来，一直积极履行气候责任，在控制高污染、高排放企业的碳排放量的同时，加快碳交易市场构建。目前，我国的碳排放交易已经小有成效，但是碳排放交易主要限制在一些重点排放企业，主体范围较窄，这对于我国"双碳"目标的有效实现远远不够。于是，针对社会公众减碳的碳普惠制应运而生。碳普惠制是通过碳积分措施，引导和激励小微企业、家庭、个人等微观主体实施碳减排行为的微观碳减排制度。碳普惠制的适用对象是小微企业、家庭、个人等微观主体，主要技术手段是对微观主体所实施的碳减排行为进行具体的量化核算，通过多元的碳积分制度赋予减碳行为一定的价值，碳积分可以在碳交易平台交易或者用以购买商品或服务。碳普惠制将减少碳排放的群体扩大，使能作出减碳贡献的不仅是重点企业，更是广大的小微企业、家庭，尤其是个人。

国际层面，很多国家已经致力于碳减排工作，在主抓重点行业碳减排的同时，大力支持社会公众端的碳减排工作。联合国环境署发布的《2020 年排放差距报告》显示"家庭消费约占全球温室气体排放量的三分之二"，并指出要最大限度地减少气候变化的影响，就必须迅速转变人们的生活方式，转变我们组织社会、机构和基础设施的方式。可见，社会公众端的碳排放量是巨大的，减排的潜力也是巨大的。2022 年 4 月，政府间气候变化专门委员会（IPCC）发布的《气候变化 2022：减缓气候变化》工作报告指出，未来我们应在多行业采取减少碳排放量的措施。只有落实了正确的政策、科学的技术和基础设施，改变了我们的生活方式和日常行为，到 2050 年才可以使温室气体排放量减少

40%—70%。① IPCC文件虽未使用碳普惠制或者类似工作制度的定义，但提到的采取措施"改变人们的生活方式和行为来降低碳排放"与碳普惠制的宗旨是相同的。

2022年10月16日，党的二十大在北京召开。二十大报告明确指出，到2035年，我国发展的总体目标包括"广泛形成绿色生产生活方式，碳排放达峰后稳中有降，生态环境根本好转，美丽中国目标基本实现"。碳普惠制的核心价值是从社会公众层面着手减少碳排放量，致力于让全社会公众参与到我国的"双碳"事业当中来，与碳排放交易、碳汇交易一同构筑我国的碳交易市场。可见，碳普惠制是实现"美丽中国"目标的具体措施，是从社会公众端助力我国的"双碳"目标实现的重要手段，它的有效实施必将为人类可持续发展奠定一定的生态价值基础。

（二）碳普惠制的法律地位

碳普惠制是从社会层面实现普遍减排的一种新的碳减排机制。在我国，碳普惠制是由地方试点先行，相关的法律法规最早是由地方政府出台。虽然我国早期国家层面环境法律法规中未提及"碳普惠制"这个名词，但大都呼吁公民采取低碳生活方式，从公民的日常生活中减碳，这与碳普惠制的宗旨是一致的。这也就意味着，我国较早就关注到了从社会层面降低碳排放量的途径。比如，2015年1月正式实施的《环境保护法》第6条就规定，公民要承担环境保护义务，采取低碳生活方式。2018年6月，生态环境部、中央文明办、教育部等五个部门联合发布的《公民生态环境行为规范（试行）》较为详细地列举了一些生活中的低碳行为，如合理设定空调温度，夏季不低于26度，冬季不高于20

---

① *The evidence is clear: the time for action is now. We can halve emissions by 2030*，政府间气候变化专门委员会网站，https://www.ipcc.ch/2022/04/04/ipcc-ar6-wgiii-pressrelease/。

度。但是，该行为规范内容较少，无法涵盖生活方方面面，且均为倡议性，只能起到引导作用。只有呼吁性、引导性的法律指导是无法真正起到从社会公众端降低碳排放的，只有建立有效的激励机制或者强制性的法律规范，才能切实让公民落实生活中的减排。2020 年 3 月，国家发展和改革委员会、司法部联合印发的《关于加快建立绿色生产和消费法规政策体系的意见》在对工业、农业、服务业提出推广绿色技术的要求，加强各行业尤其是能源行业和服务行业的有关绿色标准的立法的同时，要求大力推行绿色生活方式①，并明确指出由"国家发展改革委、生态环境部、住房城乡建设部、财政部等按职责分工负责"。上述意见的印发表明了我国从法治层面对绿色低碳消费的重视以及从社会端降低碳排放的决心。

"碳普惠"一词被列入国家性政策文件是在 2021 年 10 月 28 日，中国驻《联合国气候变化框架公约》的国家联络人向公约的秘书处正式提交了《中国落实国家自主贡献成效和新目标新举措》。该文件指出，中国推进碳普惠制试点建设，激励全社会减排行动。② 之后， 2022 年 6 月，生态环境部、国家发展和改革委员会等七部门联合印发《减污降碳协同增效实施方案》，明确提出积极探索并建立碳普惠制等引导公众参与的减碳工作机制。③ 碳普

---

① 《关于加快建立绿色生产和消费法规政策体系的意见》规定："（十一）推行绿色生活方式。完善居民用电、用水、用气阶梯价格政策。落实污水处理收费制度，将污水处理费标准调整至补偿污水处理和污泥处置设施运营成本并合理盈利水平。加快推进城乡居民生活垃圾分类和资源化利用制度。制定进一步加强塑料污染治理的政策措施。研究制定餐厨废弃物管理与资源化利用法规。推广绿色农房建设方法和技术，逐步建立健全使用绿色建材、建设绿色农房的农村住房建设机制。"
② 《中国向联合国气候变化框架公约秘书处提交国家自主贡献报告》，载《新华每日电讯》2021 年 10 月 29 日。
③ 《减污降碳协同增效实施方案》规定："（七）加快形成绿色生活方式。倡导简约适度、绿色低碳、文明健康的生活方式，从源头上减少污染物和碳排放。扩大绿色低碳产品供给和消费，加快推进构建统一的绿色产品认证与标识体系，完善绿色产品推广机制。开展绿色社区等建设，深入开展全社会反对浪费行动。推广绿色包装，推动包装印刷减量化，减少印刷面积和颜色种类。引导公众优先选择公共交通、自行车和步行等绿色低碳出行方式。发挥公共机构特别是党政机关节能减排引领示范作用。探索建立"碳普惠"等公众参与机制。"

惠制的建立在国家层面得到明确认可，但是目前仍缺乏国家层面的法律文件支持。与国家层面的鲜少规定相比，地方政府积极出台建设碳普惠制的地方法规。截至2023年2月，已经有22个省或直辖市发布构建碳普惠制政策方针、碳普惠工作实施管理办法。①

我国最早进行碳普惠制试点的省份是广东省。广东省发改委于2015年7月17日印发了《广东省碳普惠制试点工作实施方案》，该方案指出省直部门的四项工作任务包括：建设全省统一的碳普惠制推广平台；建立省级碳普惠制减碳行为量化核证体系；建立基于碳普惠制的核证减排量交易机制；建立基于碳普惠制的商业激励机制。广东省致力于构建由省发改革委牵头，其他部门分工配合的政府工作体系。上述方案提到，省旅游局也应承担起建立碳普惠制减碳行为量化核证体系的责任②，由此可看出广东省政府充分考虑到了旅游过程中高碳排放的问题，并有意在旅游产业推行碳普惠制。

广东省率先推行碳普惠制之后，许多省市相继推行本地区的碳普惠制（见表1）。同时，各地政府为了配套各省市的碳普惠制，也相继发布了地方性法规来管理各地碳普惠制的实施。

---

① 《中国碳普惠发展与实践案例研究报告》，能源基金会网站，https://www.efchina.org/Reports-zh/report-comms-20230227-zh。

② 《广东省碳普惠制试点工作实施方案》规定："三、主要任务：（一）省直部门工作任务。……2. 建立省级碳普惠制减碳行为量化核证体系。制定小微企业、公众自愿减碳行为量化核查指南，组织开发和审定省级碳普惠制量化核算办法和核证方法学。指导和支持各试点地区开发具有地方特色的减碳行为量化核算办法和核证方法学，由省里统一组织论证和审定后在全省组织推广。通过报纸、网络、微信等平台集思广益，鼓励企业、公众提出既有创新意义又具备可操作性的自愿减碳行为量化核算方法或意见建议，研究论证后予以推广。"

表 1　政府主导的碳普惠平台

名称	主导单位	主要内容
北京 MaaS① 平台	北京市	市民通过公交、地铁等低碳出行方式获得低碳能量
碳惠通	重庆市	"碳惠通"是全国唯一涵盖碳履约、碳中和、碳普惠的"互联网＋"生态产品价值实现平台，提供企业端和个人端两个端口； 在个人端方面，"碳惠通"平台扮演着鼓励公众实施低碳行为、养成绿色生活方式的角色，并且鼓励大家在互联网平台分享碳普惠收益； 该平台可根据公众绿色出行、办理低碳电子政务、参与公众碳惠林的程度、节约资源等低碳行为的相关数据，同时参照规定的行为减碳标准，给予用户相应积分，用户可用积分来兑换平台的各项奖品或者福利
宁夏碳普惠	宁夏回族自治区	由宁夏发改委启动建设，并与蚂蚁集团等单位展开合作，联动"蚂蚁森林"已有的碳减排方法学、低碳场景以及数据资源，在用户授权的前提下，"积分式量化"社会公众的低碳减排，并以碳普惠的形式进行适当奖励
低碳冬奥	2022 年北京冬奥会	衣食住行多个场景中进行低碳行为获取平台奖励
津碳行	天津市	市民可通过步行、公交、地铁等绿色出行方式获得碳积分并计入个人碳账户，可用来兑换纪念品或权益。
三晋绿色生活	山西省	用户在省内不同平台上实施的多样绿色行为都将被量化记录到个人碳账本中，如出行乘坐公共交通、骑行共享单车、驾驶新能源汽车、自带餐具、光盘行动、旧物回收等； 实施的绿色行为可获得相应的绿色积分，这些积分还可兑换消费券、优惠券多种奖励； 小程序还会通过生成官方认证、个人专属的"减排证书"，表彰市民通过参与不同形式的活动所积累的减排量，市民可以对该证书进行保存分享

---

① MaaS（Mobility as a Service，出行即服务）是近年来全球交通领域出现的新理念，其核心是从拥有车辆转变为拥有交通服务，通过一体化交通出行和一站式服务，改善市民公共出行体验，目前已成为全球各大城市重点关注和共同追求的国际趋势。《国内首个一体化出行 MaaS 平台上线》，北京市交通委员会网站，http：//jtw. beijing. gov. cn/xxgk/tpxw/201912/t20191213 _ 1166267. html。

名称	主导单位	主要内容
绿宝碳汇	江西省	用户可使用绿宝碳汇 APP 通过步行、地铁出行、在线阅读、低碳知识竞答、零碳会议、智能垃圾回收、绿色消费、新能源汽车充电、光盘行动、志愿服务这 10 个低碳场景获取绿币积分
低碳星球	深圳市	随着用户公共出行次数以及微信步数的增加，小程序中一款名叫"低碳星球"的小游戏将不断累积个人成长值，逐渐解锁出"沐光之森""绿能群岛""海绵绿都"等不同主题形态，让参与者可以亲身感受到我们的地球家园从一片灰霾到碧空如洗、从灰色的工业城市到绿色的低碳家园； 同时，用户个人碳账户也将相应累计碳积分，该小程序还与腾讯乘车码的兑换商店进行联通，实现相应的积分礼品兑换，进一步激发用户的参与热情

资料来源：作者整理

（三）碳普惠制的主要实践

碳普惠制的创新性和核心在于，对公众的绿色低碳行为进行普惠性质奖励，通过市场机制和经济手段来最大程度地激发起全社会参与节能减碳的积极性，其程序大体包括四个环节：首先是个人碳减排行为的发生，其次是碳减排量核算，再次是将碳减排量换算为相应碳资产，最后是碳资产价值实现。

由于碳普惠制是先试点推行，各地的碳普惠制不尽相同。根据目前各地已经实施的碳普惠制，可将其分为政府主导的碳普惠机制和企业主导的碳普惠机制。政府主导的碳普惠机制就是由政府牵头，围绕着市民用水、用电等生活的方方面面广泛开展碳普惠制实践。最典型的以政府为主导的就是广东省的碳普惠机制。广东省政府将省内的建设试点分为三类：以社区（小区）为试点建设碳普惠制；以公共交通为试点建设碳普惠制；以旅游景区为试点建设碳普惠制。不同的试点建设项目略有差异，但大体一致，即参与碳普惠的公众在省统一的碳普惠平台上注册填写相关信息，通过实施低碳行为获取"碳币"，"碳币"可用来进行优惠购物或换取公共服务。以旅游景区为试点建立碳普惠制也需要游客在统一碳普惠平台上注册账户，政府会通过各单位来获取居民或游客的低碳行为信息，将其导入到碳普惠平台或直接将数据系统与省统一的碳普惠平台对接，确保减碳的实际有效。广东省政府还将碳普惠制与碳排放交易接轨，碳普惠制下产生的地方核证自愿减排量（PHCER）在满足使用同一省级碳普惠行为方法学和累计达到 500吨及以上两个条件就可以转为省级 PHCER，进而等同于本省产生的国家温室气体核证自愿减排量（CCER）参与碳排放交易。

与政府主导的碳普惠机制相比，企业主导的碳普惠机制的适用范围较窄。企业大部分会围绕其业务开展绿色创新，推动消费者进行碳减排也是从业务领域着手。目前，国内多家大型企业都推出了低碳活动，顾客通过选择特定业务场景下的低碳行为来获取绿色积分、绿色能量等碳资产，之后就可以利用这些碳资产来获得企业提供的优惠服务。以企业为主导的碳普惠机制最为公众所熟知的就是蚂蚁集团推出的"蚂蚁森林"。2016 年，蚂蚁集团推出"蚂蚁森林"，依托支付宝平台，经用户授权后，测算用户的网络购票、共享出行等绿色低碳行为的碳减排量，将减排量转化成虚拟的绿色能量，用户可使用绿色能量进行种树。等到虚拟树长成以后，"蚂蚁森林"和与其合作的公益组织就会种下一棵真树，让人们切实参与进绿色公益，获得成就感。据统计，蚂蚁集团已经累计栽种 3.26 亿棵树。[①] 美团也在 2017 年推出了"青山计划"，引导美团平台的消费者和商家实施低碳行为。在用户端，美团外卖会记录用户"无需餐具"的下单次数，给予成

[①]《蚂蚁集团 2021 可持续发展报告（无障碍版）》，蚂蚁集团网站，https://www.antgroup.com/esg/reportdetail? SustainabilityReport。

就勋章、外卖优惠券等激励。① 许多金融机构也同样搭建了碳普惠平台，如衢州农商银行的个人碳账户、中信银行的个人碳账户、建设银行的个人碳账本等。金融机构在获得用户授权的前提下为用户开设碳账户，获取用户的绿色行为，进行碳积分。用户可以使用碳积分来获得相应的优惠服务。例如，平安银行推出"低碳家园"碳账户平台，该平台设定骑行、步行、地铁出行、不使用一次性餐具等17种低碳行为场景，将用户的低碳行为经过科学的碳减排核算模型核算后，转换成用户碳账户中的个人碳资产，帮助其获得绿色权益。② 用户可以用平台积累的绿色能量兑换植树公益，还有单车券、公交地铁券、动物救助、数字藏品等。浙江衢州农商银行推出个人碳账户，客户累积的碳减排量会被换算成个人碳积分。根据账户中的个人碳积分差异，客户被分成三个等级，分别是"深绿""中绿""浅绿"。不同级别的客户在授信额度、贷款利率、办理流程这三个方面会享受有差异的优惠政策。③

碳普惠制的主体是个人、家庭及小微企业等社会公众。虽然有些以政府为主导的碳普惠机制设定了碳普惠制与碳排放交易的衔接转换途径，但二者还是存在区别的。碳普惠制旨在减少社会公众层面的碳排放量，通过设定激励政策，引导公民进行碳减排，目前不具有强制性。碳排放交易分为强制性交易市场和自愿交易市场。碳排放交易针对的主体是重点排控企业，即允许未按要求达到减排量的企业可以通过购买其他企业的碳排放配额或经国家核证的减排量来弥补自身不足。两者虽有不同，但很显然，碳普惠制可以成为碳排放交易的重要补充。做好碳普惠制的量化工作，可以使碳普惠制下产生的减排量步入碳交易市场，从而能

---

① 《美团青山计划五周年进展报告》，美团网站，https：//waimai. meituan. com/cpc/csrpc/index. html。
② 唐家才：《平安银行：科技引领数字化发展，践行服务国家战略》，载《中国金融电脑》2022年第9期。
③ 《个人碳账户信贷落地衢州》，载《中国银行保险报》，http：//www. cbimc. cn/content/2021-08/27/
　　content_407692. html。

进一步盘活我国的碳交易市场。

二、 碳普惠制适用于体育旅游业的时代意义及具体实践

碳普惠制是从社会公众层面减少碳排放，适用到体育旅游产业中就是从游客端、消费端减少碳排放。我国目前在交通出行、居民生活等多方面都推广了相应的碳普惠制，也有针对旅游产业的碳普惠实践，但数量较少。我国应大力在体育旅游等旅游产业中推广碳普惠制，出台相应的法律制度，减少整个体育旅游产业的碳排放量。

（一）碳普惠制适用于体育旅游业的时代意义

根据国家旅游局和国家体育总局 2016 年发布的《关于大力发展体育旅游的指导意见》，体育旅游是旅游产业和体育产业深度融合的新兴产业形态，是以体育运动为核心，以现场观赛、参与体验及参观游览为主要形式，以满足健康娱乐、旅游休闲为目的，向大众提供相关产品和服务的一系列经济活动，涉及健身休闲、竞赛表演、装备制造、设施建设等业态。目前，我国体育旅游产业主要以冰雪体育旅游、滨海体育旅游、体育赛事旅游等形式开展。2020 年，国内参与体育旅游的人数突破 10 亿，达到我国旅游总数的 15%，体育旅游总体消费已超过 10000 亿元。我国体育旅游整体发展成上升趋势，加之冬奥会的成功举办，国内体育旅游迅猛发展。

体育旅游不同于文化旅游、购物旅游等旅游形式，其更注重游客对运动的参与，且体育旅游目的地大都是依自然地理而建的旅游景区。体育旅游虽然具有绿色属性，但一些游客在参与体育项目过程中，因缺乏环保意识而实施环境不友好

行为，破坏了体育旅游目的地的生态环境。例如，最高人民法院发布的第 26 批指导案例中的 147 号指导案例——张永明、毛伟明、张鹭故意损毁名胜古迹案中，当事人在景区核心区世界自然遗产打岩钉，实施了环境不友好的户外运动行为，不仅对自然遗产的稳定性和完整性造成了严重破坏，而且对该自然景区的环境也造成了不可逆的伤害。

鉴于当今体育旅游业的碳排放量不断上升，引入碳普惠制，在体育旅游中践行绿色低碳理念，具有必然性和重要性。碳普惠制是发展绿色低碳体育旅游的主要内容和重要手段之一。碳普惠制在体育旅游业中的适用，必将推进体育旅游业的低碳发展。以碳普惠制推广绿色低碳体育旅游，不仅能实现"健康中国"的目标，更能降低体育旅游业的碳排放量，引领绿色低碳旅游的发展。目前，我国体育旅游业的碳排放主要来源于住宿（约占 60%），其次是体育旅游交通（约占 35%），剩余约 5% 是旅客在体育旅游过程中的消费购物和观光游玩。[①] 当前，我国对体育旅游低碳化的研究与实践众多，但大部分都聚焦于体育旅游企业，多引入"零碳社区"的概念来倡议绿色低碳体育旅游基础设施，即在体育旅游目的地使用低碳技术或清洁能源等，最大限度地减少体育旅游目的地二氧化碳的排放，对游客端实施的碳减排措施较少。事实上，不管是住宿、交通还是购物游玩，都可以通过游客自主的选择来实现碳减排。发挥游客的主动性和积极性，不仅能够在游客端减少碳排放，更能使体育旅游相关企业实施的低碳技术和设施最大限度发挥效用，在整个体育旅游过程中真正实现碳减排。

[①]《探寻中国环保旅行之道－中国旅游业可持续发展联合研究报告》，麦肯锡公司网网站，https：//www.mckinsey.com.cn。

(二) 体育旅游中适用碳普惠制的实践

随着全球碳排放量的增加，绿色低碳体育旅游成为全世界时兴的旅游方式，我国也出台了一列的政策法律支持其发展。国务院在 2009 年发布的《关于加快发展旅游业的意见》指出，通过体育旅游产业融合，培养新的旅游消费热点[①]，同时倡导低碳旅游[②]。2021 年，国务院印发的《"十四五"旅游业发展规划的通知》明确提出，要在发展体育旅游的同时注重降低碳排放量，改善旅游消费环境，引导公众绿色消费。部分地方政府也出台法规指南来规范当地体育旅游的绿色低碳发展。例如，北京市发布的《北京 2022 年冬奥会和冬残奥会低碳管理工作方案》从能源技术、场馆建设、交通体系等多个方面提出了低碳要求，倡导通过采取碳减排和碳中和措施，实现北京冬奥会低碳目标。

2022 年北京冬奥会成功将碳普惠制适用于体育旅游实践，根据《北京 2022 年冬奥会和冬残奥会低碳管理工作方案》，上线了"低碳冬奥"小程序。该小程序用一套科学的计算量化标准，将用户衣食住行所产生的碳排放进行量化。具体方法是，用户既可以将自己实施的垃圾分类、光盘行动等低碳行为拍照上传，也可以授权小程序获取微信步数来计算绿色出行的减排量，还可以通过自主打卡确认、冬奥知识答题等方式获得碳积分和"低碳达人"等荣誉勋章，获得的碳积分

[①]《关于加快发展旅游业的意见》规定："（九）培育新的旅游消费热点。大力推进旅游与文化、体育、农业、工业、林业、商业、水利、地质、海洋、环保、气象等相关产业和行业的融合发展。支持有条件的地区发展生态旅游、森林旅游、商务旅游、体育旅游、工业旅游、医疗健康旅游、邮轮游艇旅游。"

[②]《关于加快发展旅游业的意见》规定："（十二）推进节能环保。实施旅游节能节水减排工程。支持宾馆饭店、景区景点、乡村旅游经营户和其他旅游经营单位积极利用新能源新材料，广泛运用节能节水减排技术，实行合同能源管理，实施高效照明改造，减少温室气体排放，积极发展循环经济，创建绿色环保企业。五年内将星级饭店、A 级景区用水用电量降低 20%。合理确定景区游客容量，严格执行旅游项目环境影响评价制度，加强水资源保护和水土保持。倡导低碳旅游方式。"

可以用来兑换奖励。"低碳冬奥"小程序所依托的碳排放计算标准是北京市《低碳出行碳减排方法学（试行版）》。截至2022年2月底，参与"低碳冬奥"活动人数达到270万，累计减排次数达到9000多万次，产生减排量1.9万吨。[①] 在冬奥会中推行碳普惠制不仅实现了碳减排，为我国其他的体育旅游项目推行碳普惠制作出了示范，也提升了我国的国际形象，得到国外媒体的关注和赞扬。

广东省是我国率先推行碳普惠制试点的省份，其发布的《广东省碳普惠制试点建设指南》详细规定了旅游景区建设碳普惠制的具体思路。参与碳普惠制的游客要到省统一的碳普惠平台注册成为会员，通过实施购买非一次性门票、乘坐环保车、低碳住宿等绿色行为来获得相应的"碳币"，游客可以用获取的"碳币"进行优惠购物或者换取公共服务。

相关研究发现，在体育旅游的交通环节中，航空业排放量最大，占比约20%。[②] 中国国际航空股份有限公司在国航APP中也推出了绿色出行服务"净享飞行低碳行"板块，乘客可通过办理自助值机、领取电子发票、承诺自带水杯等绿色生活行为来抵消碳排放，或者通过现金支付、参与植树造林等减排项目来获得国航APP平台的虚拟货币，抵消航行过程中产生的碳排放。

碳普惠制在体育旅游中的有效适用，重点在于游客对低碳行为的选择，这需要让游客清晰地了解其消费产品和服务的碳排放信息。碳标签的引入对碳普惠制的实现有着极大的帮助。碳标签是指企业以标签形式把产品或服务的碳排放信息清晰地标注出来，以引导顾客选择低碳产品。德国饭店协会Viabono就利用碳标签来实现住宿减碳，客人每晚的住宿活动包括建筑、食品、饮料、印刷材料和清洗等都会产生一定的二氧化碳排放量，饭店根据客人产生的二氧化碳排放量不

---

① 《中国碳普惠发展与实践案例研究报告》，能源基金会网站，https：//www.efchina.org/Reports-zh/report-comms-20230227-zh。

② 《探寻中国环保旅行之道－中国旅游业可持续发展联合研究报告》，麦肯锡公司网网站，https：//www.mckinsey.com.cn。

同而赋予相应的颜色代码，将不同的颜色代码和排放量的数据提供给客户，并列出具体消费项目的排放量，游客可通过这个碳标签，一目了然地了解自身活动带来的二氧化碳排放。我国国内也有酒店设置了碳标签，如中国质量认证中心向江苏省的昆山裕元花园酒店颁发了首个减碳标签证书。

三、 碳普惠制在体育旅游业中的适用困境

碳普惠制的推行在我国尚处于起步阶段，在体育旅游业等各领域的具体实施过程中难免遇到大量问题。在推行碳普惠制时，体育旅游业与其他各领域面临着共同问题，即围绕碳普惠制没有形成统一的法律体系、各地试点标准不一致、碳普惠制中的"碳币"等核心概念的法律属性不够明确等。这些困境不仅给参与碳普惠制的公民带来不便，也难以在全国建立统一的碳积分交易市场。

（一）缺乏统一的法律制度体系

一种制度的推行必然要有一个完善的法律体系的支撑，缺乏完善的法律体系就会使该制度的实施漏洞百出，从而无法顺利推行，也会使得法律纠纷频现，影响公民合法消费权益行使。我国的碳普惠制没有形成一套自洽的法律保障体系，具体表现在，我国并没有出台国家层面的碳普惠制法律制度供各省市和各行业参照遵守，只有一些倡导性政策性文件呼吁地方发展碳普惠制。在法律层级上，我国现有的碳普惠制法律制度均为地方法规，各个试点地区的政府针对各自省份的实际情况，发布了适合自己省市的碳普惠制实施方案和建设指南等。广东、河北、成都、重庆、深圳等9个省市已经明确发布了碳普惠方案和管理办法，广东等地还建立了碳普惠专家库和方法学库。

各省市推行碳普惠制的法律制度不尽相同，相应地，碳普惠管理平台也不相同。例如，广东省政府要求参与碳普惠制的消费者要到省统一的碳普惠平台注册成为会员。深圳市印发的《深圳市碳普惠管理办法》则规定，碳普惠统一管理平台由市生态环境主管部门负责组织建立，并将该平台与深圳碳排放权交易系统相对接。该管理办法鼓励企业开发碳普惠应用程序，经生态环境部门登记后与市统一管理平台对接。可以看出，深圳市将市内不同的碳普惠平台进行对接，实行统一管理，但是深圳市与广东省又分属两个不同的平台，无法实现对接，从而导致不管是游客还是市民，都只能局限在某一地区来使用特定场景下的碳普惠优惠。这不仅难以提升游客参与碳普惠制的积极性，更会给参与多个城市的碳普惠制的游客带来交易上的不便。因此，在国家层面推行统一的碳普惠法律制度有其重要意义。

（二）碳积分法律属性不明确

碳普惠制在推行过程中的关键问题，是要正确判断一个行为是否属于低碳行为以及该行为能够降低多少碳排放量。为了准确量化参与者行为的碳排放量，便于计算降低的碳排放量，通常会使用一个中间媒介，即碳积分、"碳币"、"绿色能量"等，不同碳普惠平台的称呼会有所不同。各种碳普惠制的推行都以碳普惠平台为依托，参与者在平台上注册开户，通过低碳行为来积攒碳积分，进而可以获得相应的优惠产品和服务。从这个角度来说，碳积分会给参与者带来经济利益，属于一种资产，类似于目前的企业碳资产。从广义上来说，碳资产是指企业通过碳交易、技术升级、节能减排或其他事项形成的，由企业拥有或者控制的，具有价值属性且可以精确计量的，预期能给企业带来直接或间接经济利益的，与碳减排相关的有形的和无形的资产。碳普惠制下累积的碳积分与碳资产的广义定义高度符合，只不过主体由企业变为个人，是一种个人碳资产。

作为参与碳普惠公民的个人碳资产，这些碳积分的法律属性并不明晰。广义上的网络虚拟财产是指，所有存在于网络空间并具有财产价值的虚拟事物。碳积分符合网络虚拟财产的定义，但我国目前对网络虚拟财产的法律属性并没有作出明确的规定，《民法典》仅设定了有关网络虚拟财产的引致条款①。

一些推行碳普惠制的试点省市在政府发布的碳普惠管理办法中明确声明，碳积分不属于货币。例如，海南省政府 2023 年 2 月印发的《海南省碳普惠管理办法（试行）》在碳积分管理条款中明确表示："碳积分可用于兑换普惠商品或服务，不具有货币属性，不得用于市场交易，已兑换的碳积分将自动扣减。"并且，该管理办法写明，个人碳账户中的碳积分有效期最长不超过 5 年。同样，深圳市印发的《深圳市碳普惠管理办法》也声明"碳积分不具有货币属性，不得转让、交易"。

有些学者则认为，碳积分、碳信用等具有货币的属性，未来应该建立一套系统的碳货币体系。货币具有价值尺度、流通手段、贮藏手段、支付手段和世界货币的职能。碳积分、"碳币"等能够行使货币的职能。价值尺度是用来衡量和表现商品价值的一种职能，碳积分能够换取不同价值的商品，即能度量商品价格。碳积分也可以作为贮藏手段，退出流通领域被保存。货币的支付手段是指货币用于清偿债务、支付赋税、租金、工资等的职能，即在货币转移的同时没有出现商品的交换，支付手段使商品交换出现赊购、赊销，利于经济发展。碳普惠制的参与者可以通过实施一定的低碳行为来获得碳普惠平台发放的碳积分，累积到一定数量后可以换取商品券等优惠服务，所以碳积分具有支付手段的职能。深圳市推行的碳普惠制中，设定了企业的碳普惠平台与政府统一的碳普惠平台的衔接，甚

---

① 引致条款，即本身没有独立的规范内涵而单纯引致到其他具体规范，法官需要从所引致具体规范的目的去确定其效果的法律条款。

至将碳普惠平台与碳排放交易平台相衔接，证明碳积分可以在一定区域内流动，具有流通手段的职能。

我国对虚拟货币尚没有法律进行明确规定，碳积分的法律属性更是模糊不清。2021年，最高人民法院《关于新时代加强和创新环境资源审判工作为建设人与自然和谐共生的现代化提供司法服务和保障的意见》的新闻发布会中就提到，未来要准确把握碳排放权、碳汇、碳衍生品等涉碳权益的法律属性。因此，明确碳积分、碳信用的法律属性是亟待解决的问题，对顺利推行碳普惠制有重要作用。

（三）缺乏低碳行为的量化方法学

碳普惠制减碳是通过激励个人、家庭或小微企业实施绿色低碳行为来减少社会层面的碳排放。但是，一种低碳行为究竟能减少多少碳排放量是需要进行科学量化的，并且只有得到量化的低碳行为才能够被纳入碳普惠制。目前，中国标准化协会、中国经济技术协会等专业协会已经出台了部分团体标准来量化日常生活中的低碳行为。中国汽车工程学会发布了《电动汽车出行碳减排核算方法》，该标准确定的基准线情景是传统燃油车出行环节所产生的碳排放，项目情景为电动汽车出行环节所产生的碳排放，该方法学基本涵盖了所有的电动汽车类型，为我国的碳排放交易与碳普惠制推行提供了有效的科学支持。中华环保联合会发布了《公民绿色低碳行为温室气体减排量化导则》，对公民绿色行为碳减排量化的要求和方法进行了规范，涉及40项绿色低碳行为。团体标准通常都是由该领域的专业协会发布，与政府牵头开发的方法学相比，更具有科学性、专业性，更容易在实践中操作。同时，实施碳普惠制的试点省市也开发了本省市的量化低碳行为的方法学。广东省作为实施碳普惠制的典型城市，从2017年到2022年，相继开发了 13 套碳普惠方法学（见表 2），涉及自行车骑行、废弃衣物再利用、使用高效节能空调等多个领域。

表 2　广东省碳普惠方法学

发布单位	名称	发布时间
广东省发展和改革委员会	《广东森林保护碳普惠方法学》（编号：2017001－V01）	2017 年 6 月
	《广东省森林经营碳普惠方法学》（编号：2017002－V01）	
	《广东省安装分布式光伏发电系统碳普惠方法学》（编号：2017003－V01）	
	《广东省使用高效节能空调碳普惠方法学》（编号：2017004－V01）	2017 年 9 月
	《广东省使用家用型空气源热泵热水器碳普惠方法学》（编号：2017005－V01）	
广东省生态环境厅	《广东省自行车骑行碳普惠方法学》（编号：2019001－V01）	2019 年 5 月
	《广东省林业碳汇碳普惠方法学（试行）》（2019 年修订版）	
	《广东省废弃衣物再利用碳普惠方法学（试行）》	2020 年 11 月
	《广东省安装分布式光伏发电系统碳普惠方法学》（2022 年修订版）	2022 年 8 月
	《广东省废弃衣物再利用碳普惠方法学》（2022 年修订版）	
	《广东省使用高效节能空调碳普惠方法学》（2022 年修订版）	
	《广东省使用家用空气源热泵热水器碳普惠方法学》（2022 年修订版）	
	《广东省林业碳汇碳普惠方法学》（2022 年修订版）	

资料来源：作者整理

我国已有的碳普惠方法学大部分具有地域性，只能在特定省市作为碳普惠参照标准，且各省市的方法学有所差异。我国尚缺少国家级碳普惠方法学，不能统一规范各地的量化标准，从而会导致同一低碳行为在不同地区折算碳减排量不同、获得的碳积分不同，十分不利于碳普惠制在体育旅游产业的推行。公民的低碳行为涉及范围广，但不管是专业协会发布的方法学还是地方政府开发的方法学，覆盖的低碳行为种类都较少。目前，针对体育旅游业这种碳排放产业的碳普惠方法学较少，虽然各省市都开发了交通出行方面的方法学，但针对性较差。因此，应加大碳普惠方法学的开发力度，解决量化难的问题。

（四）碳普惠制监管制度不明晰

碳普惠制因涉及公民生活的方方面面，故在实施过程中一定涉及多个政府部门的监管责任。目前，国内的碳普惠制主要分为企业主导的碳普惠制和政府主导的碳普惠制，所以企业和政府部门都应设立健全的监管流程，防止滥发超发碳积分，造成市场乱象。但是，我国多个省市发布的碳普惠工作实施方法中并没有明确规定各个政府部门的监管责任。广东省的碳普惠制工作方案只规定了各个省直部门建设碳普惠制的主要任务，概括性地提到市生态环境主管部门应当定期组织对碳普惠统一管理平台进行监督检查等。监管制度的不明晰不仅会造成碳积分管理方面的乱象，更会导致碳普惠制在多个产业领域无法顺利推行。体育旅游涉及体育企业、旅游企业、景区当地政府、交通运输企业、景区当地商家等多方主体，如果碳普惠制的监管落实不到位，不仅不能有效引导体育旅游产业进行碳减排，更会增添体育旅游产业乱象。2017年的世纪欺诈案就是世界著名的碳普惠制监管不力的案例，犯罪分子利用碳积分交易进行税金欺诈，致使法国政府损失了16亿欧元，欧盟损失了50亿欧元。[1]

---

[1] 田颖：《碳交易犯罪十宗罪》，载《现代世界警察》2022年第6期。

四、 碳普惠制在体育旅游业中实施的未来路径

我国碳普惠制想要在体育旅游领域推广，就应及时解决目前存在的问题。具体而言，在国家立法层面或行业规章层面统一碳普惠制法律体系，使碳普惠制在体育旅游中的推行有法可依；明确体育旅游碳普惠制碳积分的权属，避免造成体育旅游碳市场的乱象；出台体育旅游低碳行为的量化方法学，使体育旅游碳普惠制更有针对性；建立体育旅游市场中碳普惠制监管制度，切实维护各相关利益方的权益。

（一）建立国家或行业层面统一的碳普惠制法律制度体系

各试点地区虽然已经发布了碳普惠制地方性法规，但是地方性法规的适用范围具有地域性，很难在全国推广碳普惠制。我国应该尽快出台国家层面的碳普惠制法律规范，明确碳普惠制在我国的法律地位，为各地碳普惠的实施工作提供法定依据。在国家立法层面，可以通过修订我国现有的《环境保护法》，加入碳普惠制的有关指导思想和理念；或者由国务院相关部委出台碳普惠制单行法，规范各地各行业的碳普惠制实施；或者就体育旅游而言，在体育旅游行业规范层面，可由国家体育总局联合国家文旅部等机关，结合体育旅游领域已有的碳普惠制试点经验，制定《体育旅游碳普惠制工作指导意见》。

我国虽然多地已开展了碳普惠制的推广试点，但是社会公众对碳普惠制的认知较浅。根据笔者的调查，听说过碳普惠制的人数与没听说过碳普惠制的人数基本持平，但听说过的人对碳普惠制也没有深切的了解，仅是听说过该名词。公众对参与碳普惠制的积极性很高，只是苦于没有便捷途径有效参与。公民有时已经

参与了碳普惠制，但因为对碳普惠制不了解，无法最大限度地享受相应的优惠服务并获得低碳减排的体验。

国家层面或行业层面出台碳普惠制的法律规范，能够使各地政府和公民更加了解碳普惠制。可以将地方已有的被实践证明有效的碳普惠政策或最佳实践上升为国家层面的法律规范，或在行业规章层面，借鉴地方有效做法，在体育旅游领域就碳普惠制开展先行先试，进而与其他行业领域的碳普惠制实现统一协调。通过行业立法将碳普惠制引入到体育旅游的场景中来，游客在体育旅游消费中凭借自己的低碳行为降低的碳排放量不仅在体育旅游目的地有效，在离开体育旅游目的地后仍能在异地体育旅游项目中享受其带来的优惠政策。体育旅游消费者积攒的碳减排量能够在多地的体育旅游市场流通，就会大大提升体育旅游消费者参与碳普惠制的积极性。

(二) 明确体育旅游中碳积分的法律属性

我国目前有关虚拟财产的法律规范缺位导致我国的民法体系尚不完善，且多地的碳普惠制地方法规缺少碳积分的管理方法。地方法规对碳积分的性质与权属问题大多回避，只是简要表明碳积分不是货币，这对碳普惠制的发展是极为不利的。我国碳交易市场的发展对我国"双碳"目标的实现意义重大，碳排放交易、碳汇交易、碳普惠制的发展都涉及一定的网络虚拟财产，故我国应当尽快确定网络虚拟财产的法律性质。

碳普惠平台上存在积分、优惠券、代金券等多种网络虚拟财产。虽然我国司法解释中并无专门针对积分、优惠券的意见，但是根据电子优惠券的性质可以看出，其具有单方作出性、直接法律效力性，因此电子优惠券从法律角度上属于单方允诺。

我国已有的碳普惠制实践中，协会主导的行业碳普惠机制占比较大，公民参与数量较多。在缺少国家相关立法的情况下，行业部门可以根据本行业的特点，制定针对本行业的规章制度。国家体育总局应该联合国家文旅部等相关部门，组织国家单项体育协会和相关体育旅游研究机构，系统研究体育旅游领域的碳足迹和碳减排的场景与特点，结合已有理论、最佳实践，明晰体育旅游领域碳积分的法律属性，完善碳积分所有权受到侵害时的行业救济制度，减少相关的法律纠纷。只有明确碳积分的权属和法律性质，才能更有利于保护体育旅游者的财产性利益，避免有些行业恶意利用法律漏洞。

（三）出台体育旅游中具体低碳行为的量化方法学

在体育旅游中推广碳普惠制，既要保证碳普惠制体系科学合理，易于游客参与，也要保证具有统一的量化标准。虽然不同省市都在大力开发碳普惠制方法学，但缺少国家官方机构出台或认可的方法学，各地出台的方法学也就无法统一，从而会导致同一种低碳行为，游客在甲景区实施后折算的减排量与在乙景区实施后折算的减排量不同，获得的碳积分也不相同，享受的优惠政策自然就会有所差别。这就会大大影响游客的旅游体验，也会减弱游客参与碳普惠制的积极性。不同地区的方法学不同，使得每个碳积分在不同地区代表的减排量不同，从而导致各个碳普惠平台之间不能相互衔接流通，这对未来全国范围内推广碳普惠制是极为不利的。在此背景下，体育旅游行业主管部门可以专门制定针对体育旅游的行为量化方法学。

体育旅游主管部门应当成立专门机构或者委托指定部门开发量化体育旅游低碳行为的的行业标准或团体标准《体育旅游碳普惠方法学》，或者肯定已有的科学方法学，如《广东省自行车骑行碳普惠方法学》（编号：2019001‐V01）。此外，为大众熟知的提倡短途采用单车出行、不用一次性餐具、出行乘高铁代替飞机、选择电子门票、选择低碳酒店住宿等低碳生活方式，也可以纳入《体育旅游碳普惠方法学》。出台《体育旅游碳普惠方法学》，从行业层面统一制定体育旅游低碳行为量化标准，既能为游客参与体育旅游碳普惠制项目提供便利，也能为碳普惠制下的减排量接入碳排放市场进行交易提供方便。

（四）建立体育旅游市场中碳普惠制监管制度

首先，碳普惠制监管制度应该明确监管主体。碳普惠制不仅由政府主导，更有企业的参与，且体育旅游市场涉及多种商业主体、多个政府部门，只有成熟完善的监管制度才能协调多部门、多主体，使碳普惠制合理运行。所以，要明确监管主体，考虑多部门联合监管还是单独设立监管碳普惠制实施的行政部门。

其次，碳普惠制监管制度要明确监管的主要内容。低碳体育旅游主要涉及体育旅游目的地对体育项目、体育设施的开发和设计，而涉及户外大型体育运动的体育旅游往往存在各种风险，这就需要当地政府、体育局、应急管理部门共同对体育旅游过程进行监管，避免因盲目设置低碳体育项目而削减安全设置。在体育旅游中实施碳普惠制的核心，就是通过获取游客的低碳行为来核算游客的碳减排量，进而给予奖励。这必然涉及游客的隐私问题，因此碳普惠制监管机制应该将维护游客隐私权作为监管的主要内容之一，以避免或减少碳普惠平台对游客隐私权的侵害。此外，还需要针对碳普惠制，完善体育旅游市场信用监管制度。也就是说，将体育旅游碳普惠制的实施情况纳入全国旅游监管服务平台信用管理系统，优化体育旅游市场信用监管工作综合协调机制。

最后，碳普惠制监管制度要明确监管的主要手段。碳普惠制的实行依赖于碳普惠平台，国家文化和旅游部、国家生态环境部、各地的政府部门等应当协同联动起来，建立统一的体育旅游碳普惠平台，这是对体育旅游碳普惠制的推广进行统一监管的重要手段。

结语

我国碳普惠制实施工作刚刚起步，需要法律制度的支持与规制。一方面，需要通过科学的法律体系，指导碳普惠制推广工作的全面开展；另一方面，碳普惠制容易滋生如经济犯罪、非法获取个人信息等诸多方面的违法乱纪现象，必须有专门的法律加以规制。作为温室气体排放大国，我国承担的碳减排任务日益加重。当前，我国体育旅游业的发展也呈现出迅猛势头。体育旅游业作为高排放、高污染产业，从消费端开展碳普惠制度，具有积极的时代意义。碳普惠制在体育旅游领域的顺利推广，不仅可以为体育旅游业减少碳排放量，更能为碳普惠制在多领域的推广提供可资借鉴的实践经验。

环境侵权惩罚性赔偿制度的构成研究
——《民法典》第 1232 条的解释与完善

董宜君*

摘要：我国《民法典》第 1232 条首次确立了环境侵权惩罚性赔偿制度。现行的环境侵权惩罚性赔偿的构成要件包括污染环境和破坏生态的违法行为、严重的损害后果、行为与后果间的因果关系、主观上的故意。这些构成要件各自存在不足，环境侵权的一般性构成要件是惩罚性赔偿构成要件的基础和前提。可以对现行环境侵权惩罚性赔偿制度进行如下改进：删除违法性要件；界定"严重"的标准，将"后果"限定在人身、财产损害；扩大主观范围至重大过失，在"违法视为过错"的基础上，结合特殊要素确定主观状态；利用"避责可能性"理论，综合考虑多方因素，制定环境侵权惩罚性赔偿的数额计算规则。

关键词：环境侵权；惩罚性赔偿；民法典；构成要件

---

* 作者简介：董宜君，中国政法大学。

　　惩罚性赔偿是英美法系中的一个重要制度，并对大陆法系国家也产生了较大影响。英美法学者将惩罚性赔偿定义为"当被告的行为是轻率、恶意、欺诈时，判处的超过实际损害的损害赔偿"[①]。其中，"欺诈"指向的主要是合同纠纷，"轻率"和"恶意"则主要指向侵权纠纷。我国的惩罚性赔偿制度在侵权纠纷和合同纠纷中都得到了合理应用，并且随着《民法典》的正式通过，这一制度被首次引入环境侵权领域，其司法解释也得以出台。新制度在刚起步的时候很难做到尽善尽美，还需要深入讨论和研究使其逐步完善。学界对惩罚性赔偿的研究非常丰富，在《民法典》制定之前，也有很多关于在环境侵权领域适用惩罚性赔偿的建议，但这些研究只是在环境侵权惩罚性赔偿制度确立之前所作的各种推测和假想，其内容与现行法律的规定难免有所出入。尽管在《民法典》的制定过程中，有学者对环境侵权惩罚性赔偿的规定进行了探讨，但多停留在征求意见阶段，具有较强的针对性，且这些对环境侵权惩罚性赔偿制度的研究较为零散，少有学者在《民法典》和司法解释正式发布后对这一制度进行体系化的解读。另外，关于环境侵权惩罚性赔偿的司法解释的内容也较为简单，难以满足实践的复杂需求。本文在现存的关于惩罚性赔偿和环境侵权研究的基础上，以构成要件为线索，对《民法典》第1232条的文字进行细致的解构，指出环境侵权惩罚性赔偿的规定在各个要件上的不足，且以表格的形式对违法性要件存在的合理性进行探析；同时，在借鉴两大法系制度经验的基础上，结合逻辑分析，针对要件的不足提出改进方案，并试图引入"避责可能性"理论来确定惩罚性赔偿数额的计算规则，以求体系化理解环境侵权惩罚性赔偿制度，为制度的解释和完善作出探索。

[①] 转引自李珂、冯玉军：《惩罚性赔偿制度的法经济学分析——兼论中国〈消法〉第49条的法律适用》，载《首都师范大学学报（社会科学版）》2005年第4期，第42页。

一、《民法典》第 1232 条的解构与不足的分析

《民法典》第 1232 条规定："侵权人违反法律规定故意污染环境、破坏生态造成严重后果的，被侵权人有权请求相应的惩罚性赔偿。"此条是环境侵权惩罚性赔偿制度的来源和依据。透过本条的表述，运用文义解释、体系解释等多种解释方法，可以更好地理解环境侵权惩罚性赔偿的构成要件。

(一) 客观要件

从文字表述可知，环境侵权适用惩罚性赔偿具有三个客观构成要件：污染环境、破坏生态的违法行为；严重的损害后果；以及行为和后果之间的因果关系。

1. 污染环境、破坏生态的违法行为

这一要件实质上可以分解为两个条件：一是侵权人实施了污染环境、破坏生态的行为；二是这种行为具有违法性。对于条件一，值得注意的是，《民法典》在《侵权责任法》的污染环境侵权行为的基础上增加了破坏生态的行为类型，这一做法从生态保护的宏观角度来看是一种立法上的进步，并且有利于全面保护受害人因环境问题而受到威胁的民事权益。但是，若以微观视角仔细审视，就会发现生态破坏和环境污染是两种截然不同的环境问题，二者的主体、行为方式、损害形成和计算等方面都有各自的特性，是否能将二者归入同一个法律框架，以相同的法律手段进行规制，是需要讨论的。要解决这一问题，只有通过司法实践发现其中的矛盾之处，并依靠后期的立法和司法解释进行细化。根据现有的法典条文，只需明确污染环境和破坏生态的侵权行为都可以适用惩罚性赔偿。

对于条件二，《民法典》第 1232 条明确指出，只有违反法律规定的环境侵权

行为才适用惩罚性赔偿。可见，违法性要件是环境侵权惩罚性赔偿制度的必要条件。但是，环境侵权的一般构成要件并不包含违法性的要求，即使是合标排污，只要造成损害，就要承担侵权责任。学界对环境侵权是否要求违法性一直都存有争议，直至 2009 年《侵权责任法》正式颁布，在对环境侵权的表述中并未提及违法性要求，相关的争议才逐渐淡出学术舞台。违法性要件的添加体现出立法者对引入惩罚性赔偿的慎重，只有极其恶劣且通过补偿性赔偿等责任形式已经无法遏制的严重侵权，才能主张惩罚性赔偿，而立法者显然认为违反法律是极其恶劣的侵权行为的必备特征。但是，这一违法性要件是值得怀疑的。

第一，法条的文字是"违反法律规定"，这种表述非常模糊。"法律规定"是一个可大可小的概念，可以用解释的方法对其范围进行不同程度的限定。对"法律规定"的狭义理解就是国家所有关于环境保护的具体法律规定，这种法律法规主要集中在行政法领域，而违反法律规定也因此更多地体现为污染环境和破坏生态的行为超出环境标准，也就是说，合标行为只需承担补偿性赔偿，而超标行为则有可能同时承担补偿性赔偿和惩罚性赔偿。对"法律规定"的广义理解就是国家所有法律规定，这些规定不仅包括环境保护相关法律，还包括宪法、民法、刑法、行政法等领域的法律。这种广义的解释走向极端的结果就是将法律原则、法律精神等抽象的规则囊括其中。一旦接纳这种广义的理解，违法性要件就会形同虚设。《民法典》有很多关于人身权、财产权的原则性规定，如第 1004 条规定："自然人享有健康权。自然人的身心健康受法律保护。任何组织或者个人不得侵害他人的健康权。"事实上，环境侵权无论严重与否，都会对自然人的健康或财产造成伤害。只要实施了环境侵权，就不可避免地违反了《民法典》对健康权、财产权等权利的规定。此时，在惩罚性赔偿条款中再规定违法性要件就是多此一举。无论规定与否，结果都是一样的，因为环境侵权都是违法的，就不存在"违法的环境侵权才能适用惩罚性赔偿，不违法的环境侵权不能适用惩罚性赔偿"的区别意义了。因此，对"违反法律规定"的精细化解释是必要的。

第二，违法性要件可能会掩盖不违法侵权行为的恶劣。如果严格要求惩罚性赔偿的适用对象只能是违反法律规定的环境侵权行为，就意味着其他符合现行法律规定的恶意环境侵权行为无法应用惩罚性赔偿，这是不合理的。符合现行法律规定的恶意环境侵权行为也有可能会造成十分严重的侵权后果。同时，法律具有滞后性和空白性。由于法律必须保持一定的稳定性，因此就很有可能会滞后于社会生活的变化。现行的标准很可能并未考虑新出现的致害因素，对标准的计算方式也可能会受制于制定标准时的技术水平而有失科学性。另外，法律不可能规范所有的加害行为，新出现的社会现象不能即时更新到法律中去，符合现行的法律规定并不代表其行为一定会受到法律的认可。这些因素都表明，如果墨守成规，固执地坚持违法性要件，就可能会遗漏本应适用惩罚性赔偿的侵权行为。惩罚性赔偿的目的是惩罚极其恶劣的侵权行为，而违法可能只是恶劣行为的外观之一。

2. 严重的损害后果

与环境侵权一般性构成要件一样，适用惩罚性赔偿的环境侵权也对损害后果提出了要求。对于没有造成严重后果的侵权行为是不能主张惩罚性赔偿的，而且这一损害后果必须是已经产生的实际存在的后果，不能是还未发生的利益损失。不足的是，《民法典》第1232条中的"严重后果"的表述是十分模糊的，很容易使人产生疑惑。

第一，"严重"的标准未被指出。相比于一般性环境侵权构成要件，惩罚性赔偿的适用要件对损害后果的要求更为严苛，必须要达到"严重"的程度。但是，仅有"严重"的表述是不够明确的，会给司法实践带来损害程度衡量上的困难。什么样的什么程度的损害后果可以被认定为"严重"？是否可以用数额来衡量"严重"的标准？这些都需要司法解释进一步确定。

第二，"后果"一词会让人产生歧义。本条的文字使用的是"后果"，并没有像第1229条一般使用"损害"这一表述。由污染环境、破坏生态的行为所导致的"后果"，广义上既包括民事权益中的人身和财产的损失，也包括环境本身受到的严重毁坏，后者是一种环境利益的减损。我国侵权法规范的是侵害民事权益的行为，而环境利益是否属于侵权法所保护的民事权益是值得商榷的。由此就会产生司法实践中，法院是否认可被侵权人主张的单纯的环境利益的损失这一问题。因此，对惩罚性赔偿所要求的后果进行清晰界定势在必行。

3. 行为和后果之间的因果关系

法条的文字并未指出因果关系，但因果关系作为要求加害人为自己的侵权行为承担责任的必要条件，是隐含在所有的侵权关系中的一项不可或缺的客观要件。学界对因果关系的探讨由来已久，因果关系问题似乎已经成为法学的不解之谜，其复杂程度令人咋舌。对环境侵权因果关系的研究中，多数都同意降低因果关系的证明标准，使其低于高度盖然性的程度，在因果关系的举证责任上则适用因果关系推定的规则。虽然惩罚性赔偿的适用条件具有特殊性，但其规范的对象本质上仍为环境侵权，只是比一般的环境侵权更为恶劣而已，若没有特殊的规定，理论上其构成要件仍应与一般的环境侵权保持一致。由此，适用惩罚性赔偿的因果关系也应当降低盖然性的认定标准，并且沿用因果关系推定规则。

(二) 主观要件

惩罚性赔偿主要是针对恶意侵权制定的制裁制度，恶意的主观状态是适用惩罚性赔偿的前提条件。环境侵权中，适用惩罚性赔偿也要求侵权人具有主观恶意。《民法典》第 1232 条将"故意"作为环境侵权惩罚性赔偿制度的唯一主观构成要件，表明其适用的是有限的过错责任原则，这与一般环境侵权坚持的无过错责任原则形成鲜明对比。自《侵权责任法》确定了环境侵权的无过错责任原则后，学界对环境侵权归责原则的一元化现象就有所诟病，多元化的呼声总是不绝于耳，而引入惩罚性赔偿后的环境侵权则打开了过错原则的缝隙，实质上标志着环境侵权归责原则从一元化开始走向多元化。

过错责任原则有两种过错证明形式：一种是原始的过错证明形式，即遵循谁主张谁举证的原则，由原告举证证明被告主观上的过错，若不能证明，则由原告承担不利益；另一种是后产生的过错推定形式，即推定被告具有过错，由被告对自己没有过错进行举证，如果不能证明过错不存在，被告就应承担侵权责任。尽管在环境侵权中，原告处于弱势地位，而过错推定可以减轻原告的举证责任，但在主张惩罚性赔偿的环境侵权中，却不宜适用过错推定规则。适用过错推定的情形多为原告维权困难的侵权纠纷，在此类侵权中，原告连主张补偿性赔偿都有很大困难，为了维护公平秩序，法律选择减轻原告的证明责任，将过错的举证责任分配给被告，从而降低维权难度。这种推定的过错并不是严重的恶意，而是包括一般过失在内的过错，并且推定的适用仅限于一般性侵权责任的认定。对于主张惩罚性赔偿的情形，有两点特征决定其超越了过错推定的适用范围：一是惩罚性赔偿要求主观状态必须为故意。在原告主张惩罚性赔偿时，如果适用过错推定，就相当于预先假设被告具有故意，而故意相对于一般的过错而言具有极大的恶意，法律一开始就假设被告具有这种极端的恶意明显是有失公允的，是一种对未被确定是否承担惩罚性赔偿责任的当事人的恶意揣测。二是惩罚性赔偿责任比一般性侵权责任的承担方式更为严厉。过错推定是法律对原告的一种倾斜性帮助。在适用过错推定的情形下，法律仅仅是通过推定的规则来帮助举证困难的原告获得一般性的救济，被告败诉后所承担的也仅为较轻的一般性侵权责任，这种帮助是基础层面的帮助。若在惩罚性赔偿中适用过错推定，经过法律的倾斜调整，被告败诉的概率加大，被告败诉后所要承担的是远重于其他责任的惩罚性赔偿，违背了过错推定在基础层面上帮助原告的初衷。当然，环境侵权也属于原告维权困难的侵权纠纷，但法律已经用倾斜程度远高于过错推定的无过错原则维护了诉讼的公平。环境侵权惩罚性赔偿是建立在适用无过错原则的一般性环境侵权的基础上的，在惩罚性赔偿中再适用过错推定就相当于对原告进行了双重倾斜，这对被告是不公平的。因此，在环境侵权惩罚性赔偿制度中，应直接适用原始的过错责任证明方式，不可采取过错推定。

不可否认的是，原告要想证明惩罚性赔偿所要求的被告的主观状态是非常困难的。主观世界变幻莫测，尤其是过去的主观状态更加难以捉摸。如果要求原告还原被告抽象的主观状态，惩罚性赔偿制度将很难得到欢迎和落实，也不可能收获成效。要解决这一问题，就要为主观状态确立合理的客观衡量标准，透过客观看主观，用具象代表抽象。然而，我国并没有对主观状态的客观标准进行规定，这会给司法实践带来诸多困难，更会给原告带来举证上的压力。

主观要件规定中的另一个不足，是我国《民法典》将惩罚性赔偿的主观要件限定在"故意"这一点。故意包括直接故意和间接故意，前者的主观心态是明知自己的行为会导致危害发生且希望其发生，后者的主观心态是明知自己的行为可能会导致危害发生仍放任这种危害结果发生。这两种故意都具有极大的恶意，因为危害结果的发生都没有超出两种主观意愿的范围。但是，对故意的限定否定了其他可能与故意造成同样恶劣后果的主观状态，这就是重大过失。"虽然重大过失仍然属于过失，但是其表明了对他人的生命和财产毫不顾及、对他人权利极不尊重的状态，这种对其负有的法定义务处于漠视的心理状态，与故意极为相似。"① 重大过失是一种侵权人严重违反注意义务的心态，这种对注意义务的违反不是由于行为人自身能力的缺失，而是其主观上恣意妄为的结果，这与故意一样具有极大的恶意，是对自身责任和义务的无视，对惰性和无知的刻意放纵，只不过这种恶意可能在一开始并没有特定指向，但一旦遇到对象，就会给其造成巨

---

① 杨立新、李怡雯：《生态环境侵权惩罚性赔偿责任之构建——〈民法典侵权责任编（草案二审稿）〉第一千零八条的立法意义及完善》，载《河南财经政法大学学报》2019 年第 3 期，第 19 页。

大的伤害。由此，重大过失所造成的侵权也应当适用惩罚性赔偿。

（三）与环境侵权一般构成要件的联系

环境侵权一般构成要件包括环境侵权行为、损害、损害与行为间的因果关系。与惩罚性赔偿的构成要件相对比可以发现，只要满足了惩罚性赔偿的构成要件，就必然满足一般性环境侵权的构成要件，即一般性环境侵权的成立是惩罚性赔偿得到承认的基础与前提。但是，反过来，满足了一般性环境侵权的构成要件却并不必然会适用惩罚性赔偿，只有当侵权人具有故意的主观状态、侵权行为造成的损害达到了严重的程度，以及根据现行法，侵权行为具有违法性的时候，法院才会支持惩罚性赔偿的请求。也就是说，相比于一般性环境侵权，适用惩罚性赔偿的环境侵权有三个要件发生了变动，即主观要件、损害要件、违法性要件。由于违法性要件的存在还有疑问没有解决，因此可将主观恶意和客观恶果作为惩罚性赔偿的两个核心要件，二者缺一不可。在裁决是否适用惩罚性赔偿时，法官往往需要先判断其前提条件——是否构成一般性环境侵权，在此基础上再通过损害的严重性、主观的恶意程度等个性特征来进行判断。

二、 环境侵权惩罚性赔偿制度的改进

基于我国《民法典》第 1232 条建立起来的环境侵权惩罚性赔偿制度较为粗糙，一些制度细节模棱两可，构成要件具有很大的讨论空间。以理论分析为基础，借鉴其他国家和地区的成功经验，可以对目前初步构建的环境侵权惩罚性赔偿制度进行如下几方面的改进：

（一）删除违法性要件

《民法典》第 1232 条对惩罚性赔偿违法性要件的表述是"违反法律规定"，这种表达并未指明"法律规定"的具体范围。对"法律规定"的解释可分为广义和狭义。经分析，如果立法采纳的是广义的解释，那么违法性要件就没有存在的必要性了。因此，如果要坚持违法性要件，就只能从狭义的角度去理解。但是，若在此基础上对违法性要件进行进一步剖析，将狭义的违法与主观的恶意程度以及损害后果的严重性这三个惩罚性赔偿的特殊要件相联系来判断惩罚性赔偿，就会发现新的问题。假设环境侵权行为已经具备成立一般性环境侵权责任的条件，即具有环境侵权行为、损害后果、行为和损害之间存在因果关系，通过对上述三个惩罚性赔偿特殊要件进行排列组合得到八种侵权行为，命名为侵权一、侵权二……侵权八，并且结合违法导致行政罚款的考量，根据《民法典》现阶段的表述和行政法的相关规定，可以得到如下表格：

表 1　要求违法性要件的结果

	是否违法	是否有足够恶意	是否造成严重损害	是否适用一般性赔偿	是否适用惩罚性赔偿	是否适用行政罚款
侵权一	√	√	√	√	√	√
侵权二	√	√	×	√	×	√
侵权三	√	×	√	√	×	√
侵权四	√	×	×	√	×	√
侵权五	×	√	√	√	×	×
侵权六	×	√	×	√	×	×
侵权七	×	×	√	√	×	×
侵权八	×	×	×	√	×	×

从表 1 可以看出，只有满足所有特殊要件的侵权一才能适用惩罚性赔偿。与此同时，因为要求违法性要件，此类侵权行为在公法上还会受到行政法上的处罚，多重惩罚的安排充分体现了法律对此种侵权的严厉否定。然而，问题在于，并非只有违反法律规定的行为才会造成严重的后果，也并非符合法律规定的行为人就一定不具有主观恶意，符合法律规定也可能会形成诸如侵权五这样的具有足够主观恶意的行为人实施的侵权行为造成严重损害后果的情形。原因在于，法律具有滞后和空白性，法律规定不可能及时囊括所有新出现的侵权类型。同时，由于技术等原因的限制，现行的法律所确定的标准可能已经滞后于实践，并未将新的污染破坏因素计算在内，或者计算方法并不科学。因此，如果将现行的法律规定奉为圭臬，可能会导致具有主观恶意且造成严重损害的行为人借助法律漏洞逃避惩罚性赔偿制裁的现象，而从侵权的恶劣程度来看，此种侵权行为符合惩罚性赔偿的目的和价值，完全应当适用惩罚性赔偿。另外，通过表 1 可知，侵权五不仅不能适用惩罚性赔偿，也不会受到行政处罚，因为行政处罚的作出并不考虑主观恶意，只看是否违反了行政法的相关规定。这种结果会导致理应受到严厉惩罚的恶劣侵权最终只需承担一般补偿赔款这种不痛不痒的责任，既没有惩罚性赔偿，也没有行政罚款的补足，这一现象无疑是荒谬的。如果侵权五这样的侵权行为不能适用惩罚性赔偿，就很难达到威慑和预防的作用，反而会助长侵权之风，对于被侵权人和整个社会而言都不公平。要解决这一问题，就应该删除违法性要件，把判断惩罚性赔偿的重点放在恶意和恶果的认定上，对主观恶意和客观恶果进行精细化规定，尽量清晰地划定惩罚性赔偿与补偿性赔偿等一般侵权责任之间的界限，以实现惩罚性赔偿的区分性，避免对这一制度的滥用。

如果删除违法性要件，即违法与否不再影响惩罚性赔偿的认定，那么惩罚性赔偿就只剩恶意和恶果两个特殊要件，在侵权行为符合一般环境侵权的构成要件时，只需判断其是否符合这两个特殊要件，就能裁决是否适用惩罚性赔偿。可以根据删除违法性要件后的情况列出以下表格（表格中并未将违法性一栏删去，只是不再将是否违法作为惩罚性赔偿的判断标准之一，其不再对惩罚性赔偿的判定产生实质影响）：

表2　不要求违法性要件的结果

	是否违法	是否有足够恶意	是否造成严重损害	是否适用一般性赔偿	是否适用惩罚性赔偿	是否适用行政罚款
侵权一	√	√	√	√	√	√
侵权二	√	√	×	√	×	√
侵权三	√	×	√	√	×	√
侵权四	√	×	×	√	×	√
侵权五	×	√	√	√	√	×
侵权六	×	√	×	√	×	×
侵权七	×	×	√	√	×	×
侵权八	×	×	×	√	×	×

可以发现，表2和表1的区别仅在侵权五，删除违法性要件只会将惩罚性赔偿的适用范围由原来的侵权一扩展为侵权一和侵权五，而这两种侵权在严格把控主观恶意和严重损害这两个特殊要件的前提下，属于极为恶劣的环境侵权行为，理应适用惩罚性赔偿。同时，其他不符合恶意和恶果要件的侵权行为并没有因为删除违法性要件而承担与其不相匹配的惩罚性赔偿这一重责。由此可得，删除违法性要件并不会造成惩罚性赔偿的滥用。

综上，如果从广义角度解释违法，那么违法性要件就会被架空，在法律中规定已经形同虚设的违法性要件只是画蛇添足，应当删去这一要件；如果从狭义角度解释违法，通过表格的列举可以发现，违法性要件的限制反而会使得恶劣的侵权行为因为法律的漏洞而逃脱制裁责任，而删除违法性要件之后，不但不会造成惩罚性赔偿滥用的现象，还能使恶劣侵权的行为人承担应有的责任，实现社会公平。

（二）廓清损害后果

《民法典》使用"严重后果"的表述极易引起歧义。要解决这一问题，就需要清晰界定"严重"的标准，同时要正确认识侵权损害的性质，明确"后果"的内涵。

第一，要清晰界定何为"严重"。倘若删除违法性要件，主观恶意和客观的严重损害就是判断是否适用惩罚性赔偿的最重要的要件。因此，将"严重"的认定精细化是避免惩罚性赔偿被滥用、被搁置的必要措施。如果将标准定得太低，就会导致惩罚性赔偿的适用门槛过低，很可能会引发制度的滥用；反之，如果将标准定得太高，就会导致适用门槛过高，再加上环境侵权中，受害人本身在举证的过程中就会遇到诸多困难，制度的可行性就会降低，最终被搁置。环境侵权行为分为污染环境和破坏生态两种，不同的侵权行为所造成的损害形态、损害程度、损害范围等都有所差异，这就要求在确定"严重"的标准时，要区分不同的侵权行为来分别进行。同时，由于环境侵权所造成的侵害是多方面的，在认定严重程度时，应进行多维度的计算衡量。另外，"严重"的标准应当根据现实情况的变化而灵活调整。由于对惩罚性赔偿数额的计算会参考损害的严重程度这一要素，因此对"严重"程度的划分以多阶段、多层次为佳。

第二，明确"后果"的内涵，将损害限制在人身、财产的损害，摒弃纯粹的环境损害后果。从字面意思来理解，环境侵权造成的严重后果包括受害人的人身损害、财产损害，以及环境本身受到的损害。前两者都属于《民法典》所保护的民事权益，是一种私人权益的损失，这些权益受到损害时，被侵权人享有不受质疑的追究侵权责任的请求权；而最后一种损害是否可以适用侵权法的相关规定，是存有疑问的。对环境本身的损害可以采取两种解释：一是将环境损害直接解释为单纯的环境利益的损失，这属于一种社会公共利益的减损；二是将其归入私权受损的范围，认为环境损害造成的是个人环境权的损害，在此基础上将环境损害解释为一种新型的私权损害。

对于解释一，应当在环境侵权惩罚性赔偿制度的"后果"要件中排除作为社会公共利益的环境利益的损害。由《民法典》第 1164 条可知，侵权责任编调整的只是因为侵害民事权益所产生的民事关系，只有民事权益的损害才能适用侵权责任的规定。侵权法是对私权利的特殊救济，其救济对象并不包括私人权益之外的公共利益。对公共利益的救济可以通过环境公益诉讼、生态环境损害赔偿诉讼以及公法的相关规定来实现，并不通过侵权法来实现救济。如果在环境侵权惩罚性赔偿中允许对单纯的环境损害这一公共利益损害进行救济，那么请求救济的主体也不应该是被侵权人，而应该是行政机关和相关组织等代表公共利益立场的主体，但《民法典》第 1232 条规定有权请求惩罚性赔偿的恰恰是被侵权人这一私主体。因此，如果采纳解释一的观点，就必须将环境损害排除出惩罚性赔偿的"后果"要件。

对于解释二，以环境权的损害作为借口，试图将环境损害纳入私权损害范围的努力，同样不能使其具有存在合理性。的确，环境侵权救济的范围为私权损害，但根据体系解释，侵权责任编适用的民事权益应当是为民法所承认和保护的私权利。根据《侵权责任法》第 2 条，我国的侵权责任法所保护的民事权益仅包括生命权、健康权、姓名权、名誉权、所有权、用益物权、知识产权、继承权、股权等人身、财产权益。根据《民法典》的相关规定，侵权责任编的民事权益应当为包括物权、人格权、继承权、婚姻自主权等在内的人身、财产权益。《民法典》并未有任何条款明确规定环境权，也就是说，环境权目前不属于民法保护的民事权益。因此，将环境损害解释为环境权损害而将其纳入民事权益损害是不成立的。由此，不论采取何种解释，都必须要将环境损害剔除出惩罚性赔偿的"后果"要件，不承认被侵权人以单纯的环境权益受损害为由主张的惩罚性赔偿。

当然，这种对构成要件的改进本应直接修改原来的条款，也就是将"后果"的表述替换为"人身、财产损害"，但由于《民法典》刚刚颁布，短期内不可能对其进行修改，因此为了避免接下来司法实践对其形成误解，也为了兼顾立法的效率，最佳的选择就是在未来的立法和司法解释中廓清"后果"的范围。至于"严重"程度的划分，也应当通过司法解释的形式实现。

（三）扩大主观范围，确定主观标准

《民法典》将环境侵权惩罚性赔偿的主观要件限定为"故意"，对这一要件的改进应分为两个方面。

第一，应扩大主观要件的范围，纳入"重大过失"的主观状态。惩罚性赔偿制裁的对象是具有相当的主观恶意的主体，故意是这种主观恶意的极端表现，但主观恶意并不仅限于故意，还应当包括重大过失，因为重大过失同样可能造成和故意同等强度的损害，而且其和故意一样具有主观上的可责难性，对重大过失适用惩罚性赔偿并不算是对侵权人的苛责。故意是一种行为人放纵自我、刻意作恶且不拒绝损害发生的心态，而重大过失也是一种对自我的过度放纵，行为人本应履行一定的注意义务，但由于过于不合理的疏忽大意、盲目自信，侵权人放任自己忽视注意义务的行为，本应采取有效预防或补救措施而不实施或采取无效的措施，导致难以挽回的严重损害后果。这种结果并不是由于行为人的能力不足或外在因素所导致的，而是在行为人完全有能力阻止损害发生的前提下，由于行为人怠于履行注意义务而产生的。行为人的态度本质上就是对他人权益的蔑视和极度

不尊重，也应当被评价在主观恶意的范围内，只有这样才能通过惩罚性赔偿警醒行为人，以与重大过失的危害性相匹配的惩罚金额及时纠正行为人的轻蔑态度，使其给予他人权益足够的重视和尊重，预防侵权的再度发生。如果认为环境侵权惩罚性赔偿的主观要件只有故意，就会导致对具有重大过失的行为人的放纵，传递出即使不重视和尊重他人的权益也不会受到太重惩罚的错误信息。同时，通过比较法的研究，可以发现，不论是英美法系还是大陆法系，都承认过失可以适用惩罚性赔偿。另外，我国《民法典》关于产品责任的惩罚性赔偿也规定了"没有依据前条规定采取有效补救措施"的条件，这同样包含了重大过失的情形。由此，应当在环境侵权惩罚性赔偿的规定中添加重大过失的主观要件。当然，重大过失的恶意程度总体来说是低于故意的，在确定惩罚性赔偿数额时，不宜对二者作出同等评价。重大过失的惩罚性赔偿数额原则上应低于故意的数额，但其他要件的衡量可能会减少或逆转数额的差距。

第二，要为主观要件的判断确立衡量的标准，实现主观客观化。可以将环境侵权惩罚性赔偿主观要件的判断分为两个层面：一是过错层面，即判断侵权人是否具有主观恶意的第一步就是用简单明了的方法判断其是否具有过错，如果行为人连笼统的过错条件都不符合，自然就不需要再去判断其主观过错是否达到恶意的程度；二是恶意层面，即经过第一层的判断，确定了侵权人具有过错后，再通过其他因素的衡量，判断行为人的过错是否属于惩罚性赔偿要求的故意和重大过失。

在过错层面，主观世界的抽象性决定了证明侵权人的主观心态是非常困难的，要解决过错证明的问题就必须寻求替代之法。自从过错责任原则成为侵权法的归责原则之一，学界就开始不停地探索证明过错的方法。在此过程中，产生了诸多证明过错的替代性思路，"过错客观化""违法视为过错""过错推定"就是其中的代表。"过错推定"已经被论证不宜适用于环境侵权惩罚性赔偿，因此可从另外两个理论着手。"过错客观化"是指将是否违反客观的注意义务作为判断过错的标准，这就意味着可用客观过错替代主观过错，降低了过错的证明难度。但是，此种方法要求确定注意义务的来源和范围，无形中加大了证明的难度，给司法实践提出了新的难题。因此，不宜使用此种方法作为认定过错的手段。"违法视为过错"是指只要行为人符合违法这一外观条件，就认定其具有过错。这里的"法"应当是广义的概念，包括所有法律法规，以及法律原则和精神等。① 如果对"法"进行狭义解释，认为其仅仅是指某一领域的法律或现行的法律法规，就会产生合法行为即使造成损害也没有过错，无须承担责任的结果，这明显是不合理的。采取广义的解释时，行为人只要实施了侵权行为，就不可避免地违反了抽象的或具体的"法"，就可被认定为具有过错。此时，只要根据特定的衡量要素来判断行为人的过错是否属于故意或重大过失即可。

在恶意层面，由于过错包含了一般过失、重大过失、故意等不同的主观形态，不同的过错具有程度上的差别，因此经过了"违法视为过错"的检验，被认定具有过错的行为人还要根据特定的标准来判断其过错是否属于重大过失或故意。应在判断违法性的基础上，"根据行为人的动机、行为等判断其是否具有故意；或根据行为人的专业能力等，判断其是否具有重大过失"②。另外，还可将是否违反具体的法律作为衡量故意的要素。若未违反具体的国家规定，则可否定行为人具有故意，"但是否构成重大过失还要根据具体情形具体对待"③。

---

① 宋宗宇、孙红梅、刘树利：《环境侵权的归责原则》，载《河北法学》2005年第5期。
② 杨立新、李怡雯：《生态环境侵权惩罚性赔偿责任之构建——〈民法典侵权责任编（草案二审稿）〉第一千零八条的立法意义及完善》，载《河南财经政法大学学报》2019年第3期，第22页。
③ 杨立新、李怡雯：《生态环境侵权惩罚性赔偿责任之构建——〈民法典侵权责任编（草案二审稿）〉第一千零八条的立法意义及完善》，载《河南财经政法大学学报》2019年第3期，第22页。

（四）增加数额计算规则

我国《民法典》仅规定被侵权人可以请求"相应的"惩罚性赔偿，并未确定数额计算的具体规则，这将会给惩罚性赔偿的适用带来实践上的迷茫，也给予了法官过大的自由裁量权，可能造成不同法官裁决的数额悬殊过大的局面。确立相对稳定的惩罚性赔偿数额计算规则，有利于限制法官过度自由的裁量权，引导法官裁决合理的惩罚性赔偿，以实现适当威慑的目标。惩罚性赔偿数额的计算方法可以参考波林斯基教授和谢威尔教授所提出的"避责可能性"理论，再结合其他的因素进行综合考量。

根据波林斯基教授的理论，惩罚性赔偿应当能够填补由于"避责可能性"的存在而产生的原本应该承担的补偿性赔偿数额与平均责任承担数额之间的差距。这里的本应承担的补偿性赔偿是指行为人每次实施侵权行为都应当承担的补偿性赔偿，而平均责任承担数额是指多次侵权中被发现且被裁决承担责任的那次所承担的补偿性赔款的数额平均分摊到每一次侵权上的数额。假设侵权人的侵权行为被发现且被裁决承担责任的概率为 p，在环境侵权中，$p < 1$，同时假设侵权人每次实施概率为 p 的侵权所造成的实际损害为 X，侵权人在全部的概率为 p 的侵权次数中所应承担的全部损害赔偿数额为 Y，则可将 X、Y、P 三者间的关系表述为：$Y = X * (1/p)$；若设惩罚性赔偿数额为 Y_1，则 $Y_1 = Y - X = X/p - X = X(1 - p)/p$。[①] 可根据这一公式，确立初步的惩罚性赔偿额。当然，在适用公式时，需要对 p 的数值进行科学认定。

公式是一种高度抽象的数额确定规则，在具体案件中，还需要综合考虑其他

---

① 陈德敏、郭海蓝：《论侵权型惩罚性赔偿责任特殊构成要件的引入与适用——以"避责可能性"理论为视角》，载《东北大学学报（社会科学版）》2020 年第 1 期。

具有影响力的因素，以对公式的计算结果进行合理调整。这些因素包括：（1）侵权人的主观恶意程度：恶意越大，数额越高；（2）侵权行为造成的损害后果的严重程度：损害越严重，数额越高；（3）侵权人的经济状况：过低的数额对于行为人来说是九牛一毛，达不到威慑的效果，而过高的数额则会影响行为人的生存与发展，扰乱社会经济秩序；（4）侵权人从侵权行为中获利多少：获利越多，数额越高；（5）侵权人应当承担的补偿性赔偿：这是惩罚性赔偿适用的基础；（6）其他影响数额的因素，如受害人的过错、外力因素导致的损害、加害人事后的补救等。

三、结论

《民法典》第1232条标志着环境侵权正式引入惩罚性赔偿制度进行调整。根据法条的表述，环境侵权惩罚性赔偿的构成要件包括污染环境和破坏生态的违法行为（包含行为和违法性两个层次）、严重的损害后果、行为和后果之间的因果关系这三个客观要件，以及故意这一主观要件。这些要件在规定的合理性、清晰性与完整性上都存在瑕疵，需要在逻辑分析的基础上，结合其他国家和地区有关惩罚性赔偿制度的经验，予以完善。具体的改进包括：首先，在表格分析的基础上，否定违法性要件存在的合理性，直接将其排除出构成要件；其次，确定"严重"程度的多层次认定标准，并将"后果"的含义限定在人身、财产损害的范围内，剔除纯粹的环境损害；再次，扩大主观要件的范围，将重大过失添加进惩罚性赔偿的主观要件，同时确立适当的主观认定标准，以"违法视为过错"为基础，结合特殊的要素，判断侵权人的主观状态是否属于故意或重大过失；最后，制定环境侵权惩罚性赔偿数额的计算规则，借助"避责可能性"理论得出计算公式，以此为核心，综合考虑其他会对数额的裁决产生影响的因素，确定惩罚性赔偿数额。

环境民事诉讼专家辅助人制度完善研究
——以 2016—2021 年判决书为考察样本

李 明*

摘要： 随着环境案件技术性和复杂性的日益增加，环境民事诉讼对专业知识的依赖程度也是有增无减。在环境民事诉讼中，法官和当事人囿于自身知识结构，在理解认识专业性问题时存在困难。同时，鉴定制度又暴露出鉴定能力不足、周期长且费用高等诸多问题。因此，专家辅助人制度对破解环境司法这一难题具有重要价值。本文以环境民事诉讼判决书为样本进行实证研究，分析专家辅助人制度在环境民事诉讼中的适用现状，并以实证研究结果为依据，深入剖析我国环境民事诉讼专家辅助人制度存在的问题。在现有框架下，本文针对当前专家辅助人制度存在的问题，从专家辅助人诉讼地位、专家意见证据地位、专家辅助人资质审查管理和专家辅助人庭审参与规则方面提出相应的完善建议。

关键词： 环境司法；环境民事诉讼；专家辅助人；司法裁判；专家意见

---

* 作者简介：李明，武汉大学。

绪论

环境民事诉讼专家辅助人指《民事诉讼法》（2021 年修正）第 82 条、《最高人民法院关于审理环境侵权责任纠纷案件适用法律若干问题的解释》（2020 年修正，以下简称《环境侵权若干问题解释》）第 9 条等法律文件中所称"有专门知识的人"。近年来，环境民事案件新型化、技术化、复杂化的趋势对环境司法提出了更大挑战，诸多专业性问题认定需要借助有专门知识的人。[①] 环境民事诉讼中的专家辅助人制度在保障当事人诉讼权利、推动庭审实质化、增强环境司法专业性等方面具有重要价值。[②] "裁判文书承载着利益各方的诉求表达和主张妥协的最终结果。"[③] 环境民事诉讼判决书中所展现的争议焦点、认识分歧、观点主张等，是专家辅助人制度在环境民事诉讼中适用现状的最集中反映。本文借助实证分析，以期最大限度发现与还原专家辅助人制度的司法应用现状，并通过最客观又直观的数据，为分析环境民事诉讼中的专家辅助人制度之"症结"并提出应对之策提供依据。

一、 样本来源与研究对象的确立

（一）样本来源

本文样本来源于中国裁判文书网。通过检索比对中国裁判文书网、中国法院

---

① 李永泉：《功能主义视角下专家辅助人诉讼地位再认识》，载《现代法学》2018 年第 1 期。
② 沈德咏编：《最高人民法院环境侵权责任纠纷司法解释理解与适用》，人民法院出版社 2016 年版，第 116 页。
③ 张忠民：《生态破坏的司法救济——基于 5792 份环境裁判文书样本的分析》，载《法学》2016 年第 10 期。

网等数据库发布的裁判文书发现，中国裁判文书网收录的裁判文书具有总量更为庞大、类型更为全面、内容更为完整、庭审细节更加还原、裁判要点更加具体等优点，为了解案例详细情况、还原庭审现场原貌、分析司法实践现状提供了较为全面可靠的分析样本。故而，本文选取中国裁判文书网作为样本来源数据库，以通过该数据库检索到的判决书作为分析样本。

本文以"2016 年 1 月 1 日至 2021 年 12 月 31 日"作为检索时间范围，以该期间的环境民事诉讼判决书作为分析样本。我国 2015 年修订的《最高人民法院关于适用 〈中华人民共和国民事诉讼法〉 的解释》（以下简称《民诉解释》）、《环境侵权若干问题解释》及《最高人民法院关于审理环境民事公益诉讼案件适用法律若干问题的解释》（以下简称《环境民事公益诉讼解释》）等一系列文件对环境民事诉讼专家辅助人的专家意见、费用负担、诉讼活动等内容作出了进一步的明确与规范，2015 年对我国环境民事诉讼专家辅助人制度的发展具有阶段性意义，2016 年相关新法均实现了由颁布到实施的过渡。所以，本文选取的环境民事判决书起讫时间为 2016 年 1 月 1 日至 2021 年 12 月 31 日。

（二）样本筛选与研究对象确立

在中国裁判文书网上，以"民事案由—侵权责任纠纷—环境污染责任纠纷"为案由，法院层级为"全部"，案件类型为"民事案件"，文书类型为"判决书"，裁判日期为"2016 年 1 月 1 日至 2021 年 12 月 31 日"进行检索，全文检索词为"专家辅助人""专家证人""专门知识的人"，共得到判决书 108 份。进一步剔除同一案件重复、系列案件重复、信息不完整案件等无效样本后，剩余共计 46 份判决书。本文的全部样本均由人工方法逐一筛选，由于中国裁判文书网本身案例录入存在一定局限，因此本文检索期间内的裁判文书样本存在一定的遗漏可能性，但这一微小误差对研究的影响近乎于无，当前获取的样本基本足够反映环境民事诉讼专家辅助人制度司法适用的总体情况，满足作为研究样本的基本条件。故本文将以这 46 份判决书作为考察样本，分析我国环境民事诉讼专家辅助人制度司法适用现状，为在环境民事诉讼视角下对我国专家辅助人制度提出制度完善建议提供客观可靠的依据。

二、 样本情况统计分析

（一）专家诉讼活动情况

统计样本中，占样本总量 50% 的环境民事诉讼案件中的专家辅助人是作为鉴定人的替代者，对案件涉及的专门性问题提出专家意见。这些案件多因鉴定材料不足导致无法达到鉴定所需客观条件、无法找到具备资质的鉴定机构，或鉴定成本过高以至于不申请鉴定等而未进行鉴定，此类案件的专家辅助人实际上扮演着鉴定人的角色。约占样本总量 8.7% 的环境民事诉讼案件中的专家辅助人在庭审中对鉴定意见进行巩固和加强，而全部样本中约有 10.87% 的案件中的专家辅助人对鉴定意见提出质疑，专家辅助人主要协助当事人行使诉讼权利，角色近似于诉讼代理人。样本中有 6.52% 的案件中的专家辅助人主要对专门性问题进行说明，接受咨询并进行解答，其角色更接近于技术顾问。全部样本中，约有 23.91% 的环境民事诉讼案件中的专家辅助人针对专门性问题发表专家意见，为生态修复方式等问题提供专业性依据，其往往以专家证人的身份参与环境民事诉讼活动，更近似于证人。

专家诉讼活动内容

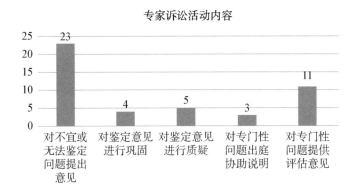

■ 专家诉讼活动内容

专家意见属性认识

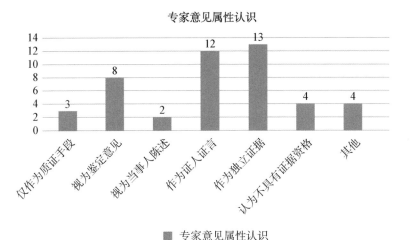

■ 专家意见属性认识

（二）专家意见属性认识

在统计样本中，约有6.5%的案件认为环境民事诉讼中的专家意见仅作为质证手段，约占样本总量17.39%的环境民事诉讼中的专家意见被视同鉴定意见。统计样本均为《民诉解释》（2015年）实施后的裁判文书，但全部样本中，仅有约4.35%的判决书将专家意见明确认定为视为当事人陈述。约有26.09%的案件基于对专家辅助人是专家证人之诉讼地位的认识，认为专家意见属于证人证言；另有约占总量 28.26% 的环境民事诉讼判决书认为，专家意见是独立证据。全部样本中，约 8.7% 的环境民事诉讼判决书认为，专家意见不具有证据资格或不属于法定证据类型；另有约占案件总量 8.7% 的环境民事诉讼判决书对专家意见存在其他认识。可见，环境民事诉讼司法实践中，法院对专家意见属性认识仍存在分歧。

（三）专家资质情况分布

全部样本中，有 76.1% 的环境民事诉讼判决书对专家辅助人资质情况进行了说明。分析可知，由于专家辅助人资质尚无明确规定，当事人为确保专家适格，倾向于选择在专业领域具有高级职称或行政职务、具有较高社会或行业影响力的人员作为专家辅助人，极大程度上限缩了当事人的选择范围；法院为了防止专家辅助人因专业能力不足而无法胜任诉讼辅助工作的风险，为有专门知识的人参与诉讼设置了较高门槛，这可能是该制度适用率较低的原因之一。虽然部分地方法院、检察院进行了建立环境资源司法保护专家库的尝试[①]，但由于目前环境民事诉讼专家库建设缺乏统一规范性文件的指导，尚不具规模且适用范围狭窄，不利于充分保障当事人申请专家辅助人出庭发表意见的权利。

（四）专家意见采信情况

全部样本中，约有 31% 的环境民事判决书未对专家意见相关情况进行说

[①] 参见 2021 年浙江省人民检察院《关于申请入选浙江省检察机关对外委托鉴定机构名册和推荐有专门知识的人的公告》。

专家辅助人资质情况

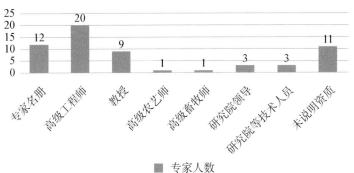

■ 专家人数

专家意见采信情况

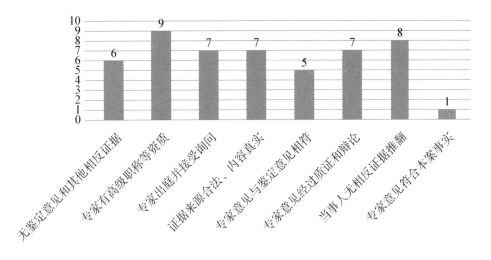

■ 案例数量

明。该类判决书大多仅提及诉讼中有专家意见或专家辅助人，但并没有对专家
意见内容、所涉专业问题、是否经询问或质证、法院采信理由等进行说明。约
有54%的判决书虽对专家意见采信进行说理，但却颇为简单含糊，未对专家
意见实质内容的科学性进行充分的分析和论证。仅有约15%的环境民事判决
书对专家意见采信进行了相对较为充分的说理。可见，环境民事诉讼中的专家
辅助人制度程序性规范之缺失，使得法院在进行专家意见采信时，缺乏明确统

一规范的指引，裁判文书说理也大多缺乏对专家意见的专门回应和具体评价。

三、 环境民事诉讼专家辅助人制度存在的问题

(一) 专家辅助人诉讼地位不明确

诉讼地位不明确导致了环境民事诉讼专家辅助人出庭规则等配套规定不足，程序性规范的缺失和现有立法规定的模糊使得专家辅助人制度适用难度大，容易造成司法实践中该制度被虚置。从法院对专家辅助人称谓的使用混乱情况可以看出，由于立法未明确专家诉讼地位，法院对专家诉讼立场和诉讼功能的认识莫衷一是。[①] 专家诉讼立场的不稳定性极大地降低了专家意见的可信度和可靠性，法官在形成心证时，往往认为专家意见采信风险性过高，从而选择忽视。因缺乏明确的诉讼地位，法院对专家意见的客观性和专业性存在较强的戒备心理，使得专家辅助人制度难以实际发挥促进法官形成合理心证的作用。法院对专家意见的不信任态度，导致专家意见的质证效果大为削弱，对鉴定意见的制衡功能化为空谈。专家意见的可信度降低，难以实现使法官在专业性问题事实认定时"兼听则明"的制度初衷。[②]

(二) 专家辅助人意见属性不合理

《民诉解释》（2022 年修正）第 122 条对专家意见拟制属性的现有规定，激化了司法实践对专家意见中立性需求与立法规定对专家立场偏向性驱动这二者之

---

① 李永泉：《功能主义视角下专家辅助人诉讼地位再认识》，载《现代法学》2018 年第 1 期。
② 窦淑霞：《法官对专家辅助人意见的采信与心证形成的路径分析》，载《法学杂志》2018 年第 2 期。

间的矛盾。专家意见的客观中立性与专家辅助人对当事人的诉讼辅助义务本身并不冲突，专家辅助人可以在不违背科学的前提下进行信息"裁剪"，客观如实地在专家意见中重点提出有利于聘请方当事人的内容①，如此便可兼顾对当事人和法庭的义务。但是，视为当事人陈述之规定动摇了专家意见中立性的基础，当事人陈述必然带有利己主义色彩，将专家意见视为当事人陈述无疑会助长专家的立场偏向性。专家辅助人审判辅助功能的发挥，要求专家首先应当是"科学的代言人"②，从而激化了专家意见中立性与专家立场倾向性的制度内在冲突，进一步抑制了该制度功能的发挥。

（三）专家辅助人资质要求不明确

专家意见建立在专家自身理解认知能力的基础上，专业资质是专家能参与专门性问题法庭审理的根本所在。专家辅助人资质要求未能明确，则易降低专家意见的可信度，削减专家辅助人对鉴定意见的质证能力和对专业问题的意见效力，影响其对法官心证的作用。③专家辅助人资质审查缺乏明确标准，意味着专家意见的专业性存在极大的不稳定性，将其作为事实认定的根据难免会质疑颇大。在专家意见发挥对鉴定意见的质证功能时，一方是资质要求不明确的专家辅助人，另一方是资质明确且管理规范的鉴定人，专家意见尚且难以使人信服，遑论同鉴定意见相抗衡了。资质要求的不明确可能导致难以实现专家辅助人制度在环境司法中辅助进行事实认定的科学判断和弥补鉴定意见不足的制度价值。④

---

① 高通：《刑事诉讼中有专门知识的人出庭功能多元化之检讨》，载《法学》2021年第6期。
② 毕玉谦：《专家辅助人制度的机能定位与立法性疏漏之检讨》，载《法治研究》2019年第5期。
③ 季美君：《专家证据的价值与我国司法鉴定制度的修改》，载《法学研究》2013年第2期。
④ 刘鑫、王耀民：《论专家辅助人资格的审查》，载《证据科学》2014年第6期。

（四）专家辅助人庭审规则不完善

专家辅助人庭审规则缺乏明确具体的法律依据。庭审质证方面，专家出庭后居于何种席位、是否允许参与旁听、什么诉讼阶段发表意见等均尚无立法规定。样本中，有将专家意见列入证人证言进行质证，有对专家意见适用鉴定意见质证规则，也有将专家意见单独列出试图剥离其倾向性，可见专家辅助人庭审质证规则司法现状之混乱。在对法官心证辅助方面，缺乏对专家意见的质证规则，难保司法判决最终取决于专家的专业能力而不是"巧言令色"。[1] 专家意见和鉴定意见具有相同的科学证据特点，若未能经有效质证，法官在采信专家意见时，无法根据自身经验常识来辨别真伪并对事实作出准确判断，从而易受专家社会地位、语言技巧、个人表现力等外部因素的影响，不利于环境司法的公正裁判。此外，当前我国民事诉讼法对专家辅助人的诉讼权利义务、法律责任与惩戒措施尚无明确的规定，不利于该制度的司法适用。[2]

四、 环境民事诉讼专家辅助人制度完善建议

（一）明确专家辅助人独立诉讼地位

环境民事诉讼中，专家辅助人虽同证人、鉴定人等在部分功能上存在交集，但其与这几类诉讼参与人在参诉目的、诉讼价值等方面存在着本质的不同，将专

---

[1] 张凌燕、刘妍君：《专家辅助人的执业定位与诉讼规则》，载《中国人民公安大学学报（社会科学版）》2020 年第 4 期。

[2] 王连昭：《公益属性专家辅助人制度研究》，载《中国司法鉴定》2020 年第 5 期。

家辅助人归于其中是不符合法理和实践的。从环境民事诉讼角度看，通过立法赋予专家辅助人以独立诉讼参与人地位是必要之举。① 随着环境保护法治化的推进，环境民事诉讼对专家辅助人的现实需求也大幅增加，独立诉讼参与人地位能够为在环境民事诉讼立法上根据专家辅助人制度功能进一步确立意见效力、诉讼规则等提供必要的理论铺垫。② 从诉讼经济的角度，创设新的专家证人或专家陪审制度必然成本巨大，不如在现有法律制度框架内③，以独立诉讼地位并配以程序性和保障性规范来激发环境司法中的专家辅助人制度之活性，使专家辅助人制度能够与鉴定人制度既各司其职又协同互补，从而提高环境诉讼专业性问题事实认定的科学性与准确性。

（二）赋予专家意见独立的证据地位

从《环境侵权若干问题解释》《环境民事公益诉讼解释》规定专家意见"可以作为认定事实的根据"，以及《民诉解释》规定的"视为当事人陈述"都可以看出，民事诉讼对专家意见证据功能和证据价值是认可的。专家意见是以科学原理或技术方法为工具，以案件具体事实和证据为材料，经由科学充分的论证而得出，本质同鉴定意见并无不同。特别是环境诉讼中，在无法鉴定或不宜鉴定的情况下，专家意见实质上作为鉴定意见的替代者，为法官形成合理心证提供支撑与依据，显然具备作为独立证据的能力。④

---

① 李永泉：《功能主义视角下专家辅助人诉讼地位再认识》，载《现代法学》2018 年第 1 期。

② 沈明磊、董蕾蕾：《民事诉讼专家辅助人制度适用问题研究》，载《法律适用》2017 年第 1 期。

③ 朱晋峰：《以审判为中心诉讼制度改革背景下科学证据审查的困境及出路》，载《法律适用》2018 年第 13 期。

④ 陈元庆：《民事诉讼专家辅助人意见应为独立证据方法——兼评最高法《民诉法解释》第一百二十二条第二款》，载《绍兴文理学院学报（人文社会科学）》2019 年第 3 期。

专家意见具有协助裁判者进行事实认定和真相查明的独立职责，可以作为法院事实认定的依据，而非仅仅是作为证据审查的手段。专家意见是专门知识的人根据案件材料，借助专业知识进行的说明，具有客观性；是对案涉问题进行说明，与待证事实存在关联性；并且《民事诉讼法》等相关法律规定中有证实其合法性的法律依据。可见，专家意见符合证据客观性、关联性和合法性的要求，有资格被作为独立的证据种类。① 专家意见符合作为独立证据的标准，立法上赋予专家意见以独立证据地位，契合庭审实质化对专家意见和鉴定意见平等对抗的要求，有利于为法院在环境民事诉讼中作出判决时对专家意见进行采信说理提供法律依据，亦有利于根据专家意见的独特性来进一步完善相关证据规则。②

（三）完善专家辅助人资质审查管理

环境民事诉讼专家辅助人应设置较为宽松的资质审查标准，根据案件具体情况，需要采用主客观标准相结合方式，为制度运行提供充足从业人员保障。③ 2018 年，最高人民检察院对《关于指派、聘请有专门知识的人参与办案若干问题的规定（试行）》进行解读时，明确说明专家辅助人"不需要某种特定的专门资质或'资格证书'"，对其资质审核应采用主客观标准相结合的规范方式灵活把握④，这对环境民事诉讼具有较好的借鉴意义。鉴于环境诉讼的复杂性和专业性，环境民事诉讼专家辅助人审查可采用形式与实质标准相结合的方式，

---

① 江伟编：《民事诉讼法学原理》，中国人民大学出版社1999 年版，第 472 页。
② 李义松、马翠霞：《探析专家参与环境公益诉讼的路径》，载《环境保护》2015 年第 19 期。
③ 张立平、杨丹：《民事诉讼专家辅助人的法律定位及其制度完善——以法条与司法解释的逻辑解读为基点》，载《湘潭大学学报（哲学社会科学版）》2014 年第 1 期。
④ 赵志刚、刘品新、幸生、周颂东、赵宪伟、朱梦妮、唐超琰：《〈关于指派、聘请有专门知识的人参与办案若干问题的规定（试行）〉理解与适用》，载《人民检察》2018 年第 10 期。

采用较为宽松的专家资质要求，更有助于环境案件事实认定中专业问题的解决。①

探索建立环境资源司法保护专家库，并出台相应的环境司法专家辅助人管理办法来加强管理。此举并非为限制环境民事诉讼中的有专门知识的人之范围，而是为了给当事人选择专家辅助人提供便利渠道②，也利于法院提高审查效率。可以结合环境民事诉讼中的专业性问题之类型并依据专家辅助人的专业领域进行分类并登记造册，建立一套科学规范的专家能力评估机制，通过对未在库专家的专业能力进行有效评估，认定其实际具备案件相关专业知识，亦认可其专业资质。③

（四）细化专家辅助人参与庭审规则

环境诉讼存在专业性强和鉴定难的特点，可以探索创新环境民事诉讼中的专家辅助人之质证手段，如除了传统的质证方式外，可以通过当庭演示、现场模拟等较为直观的方式，便于专家辅助人在庭审中对专门性问题的说明质证。④ 通过对专家辅助人法庭质证规则的完善，帮助裁判者获得尽可能多的事实认定线索，推动实现环境民事诉讼庭审实质化。

同时，进一步明确专家辅助人的诉讼权利与义务。一是保障专家辅助人诉讼权利，如阅卷权、质询权、独立发表意见权、安全保障权等，为环境民事诉讼中

---

① 刘鑫、王耀民：《论专家辅助人资格的审查》，载《证据科学》2014 年第 6 期。
② 潘广俊、陈喆、胡铭：《专家辅助人制度的现状、困境与改善建议——以浙江省为例的实证分析》，载《证据科学》2014 年第 6 期。
③ 张立平、杨丹：《民事诉讼专家辅助人的法律定位及其制度完善——以法条与司法解释的逻辑解读为基点》，载《湘潭大学学报（哲学社会科学版）》2014 年第 1 期。
④ 王连昭：《公益属性专家辅助人制度研究》，载《中国司法鉴定》2020 年第 5 期。

的专家辅助人制度充分发挥制度功能提供保障。二是明确专家辅助人诉讼义务，如意见客观中立的义务、遵守法庭秩序的义务、涉密信息保密的义务等，有效对专家辅助人的诉讼活动进行约束。此外，还应明确专家辅助人违反诉讼义务的相关法律责任，规范环境司法中的专家辅助人制度之运行。

结语

随着法治国家建设不断推进以及生态文明理念深入人心，专家辅助人制度在环境民事诉讼中必然大有可为。环境民事诉讼的专业性、科学性、技术性和复杂性使得专家辅助人制度在环境司法中的重要性日益凸显，制度地位的提升必然推动学术界与实务界对该制度进行更加全面深刻的检视与探析。应当加快完善环境民事诉讼专家辅助人制度的相关规定，建立健全保障专家辅助人制度有效实施的配套制度，通过一系列程序性规则的完善来促进专家辅助人在环境民事诉讼中的价值实现。以优化环境司法专门性证据规则为手段，进一步完善环境资源审判诉讼规则，破解环境司法实践中的专门性问题裁判难题，让专家辅助人制度在环境诉讼中更好地发挥制度价值，为推进我国生态文明建设提供有力支持。

生物遗传资源所有权：困境与化解

唐　克[*]

摘要： 生物遗传资源包括三类客体，即作为有体物的遗传材料、作为自然资源集合物的生物物种与作为无形财产的数字序列信息。在建构生物遗传资源所有权制度时，立法者主要面临三重理论困境，即自然资源国家所有权属性含混、统一确权登记制度功能存疑与《民法典》对无形财产的规制缺失。理论界应当首先从"受所有制约束之所有权"与"非受所有制约束之所有权"两条线索重塑对所有权的理解，这是化解困局的前提。在第二条线索内部，应当尝试构建一种三阶层的技术方案来实现生物物种的特定化，并寻求所有权理论由客体模式向主体模式的范式转换，以应对数字序列信息的可所有权性问题。

关键词： 生物遗传资源；所有权；困境；模式

---

* 作者简介：唐克，中国政法大学环境与资源法研究所。

一、 生物遗传资源的法律性质与特征

生物遗传资源由遗传材料、生物物种与数字序列信息三类客体共同构成，故其法律性质由有体物、自然资源集合物与无形财产三者杂糅而成。立法者在建构生物遗传资源所有权制度时面临的困境，正是根源于生物遗传资源的此种属性，故对其法律性质与特征进行分析，有助于理论界厘清困境成因并求得解决方案。

(一) 生物遗传资源的自然资源属性

"生物遗传资源"概念的外延范畴颇为广泛，它不仅包括具有单一性和特定性的客体类型，如动物、植物与微生物的样本，而且也将更加广泛的生物种群涵盖在内。这一论断根源于《生物多样性公约》（以下简称《公约》）第1条之规定，即保护生物多样性是本公约三大目标之首。《公约》对生物多样性的保护目标与国际社会对生物遗传资源的规制目标具有本质上的契合性，体现在三个方面：第一，生物遗传资源是生物多样性的构成基础，生物多样性实际上就是指生物遗传资源的丰沛性。生物遗传资源在种类与数量上的匮乏，势必表现为生物多样性水平的降低。第二，生物遗传资源是生物多样性的功能寓存，生物多样性的功能奠定了生物遗传资源在解决人类需求方面的可用性。第三，生物遗传资源是生物多样性的价值承载。生物多样性能够供给人类在经济、生态与文化三个层面上的价值，但人类只能通过对生物遗传资源展开利用的方式才能赎回这些价值。尽管《公约》与《粮食和农业植物遗传资源国际条约》将"生物遗传资源"定义为一种"遗传材料"，但此处所谓之"材料"自应涵盖动物、植物与微生物物种，否则便与《公约》的基本精神相冲突。我国《宪法》第9条、《民法典》第

251 条，以及《野生动物保护法》第 3 条等法律规定，生物物种资源乃是一类重要的自然资源。故在我国法律构建起的规范语境中，生物遗传资源具有自然资源属性。

（二）生物遗传资源的集合客体属性

资源的本质是对人类具备有用性的客体集合①，故生物遗传资源必定具备集合性。此种集合客体之属性具有两方面的表现形式：一方面，生物遗传资源是各具独特性的多类客体的集合。除遗传材料外，生物物种与数字序列信息同样属于生物遗传资源。遗传材料是特定的有体物，数字序列信息是无形的数据财产，而生物物种则属于自然资源之一类，三者的法律属性截然不同。生物遗传资源正是由上述三种彼此殊异之客体共同集合而成。另一方面，生物物种资源，即动物、植物与微生物种群，在我国法律的语境下是作为自然资源之一类而存在的。我国理论界通说认为，自然资源具有集合物的性质②，生物物种向自然资源范畴的归入使其所隶属之上位概念，即生物遗传资源，亦同时具备集合客体的属性。由此观之，生物遗传资源表现出显著的集合物之规范特征。

（三）生物遗传资源的无形财产属性

高度发达的现代生物科技使人类能够通过干涉生物体 DNA 或 RNA 碱基序列的方式来实现对动物、植物与微生物遗传形状的改变，遗传信息的经济与生

① 蔡守秋主编：《环境与资源保护法学》，湖南大学出版社2011 年版，第 3 页。
② 孙宪忠等：《国家所有权的行使与保护研究：从制度科学性入手》，中国社会科学出版社2015 年版，第 398—402 页。

态价值遂逐渐超越遗传材料并成为国际社会的关注重点。生物体 DNA 或 RNA 碱基的排布顺序及其所对应的遗传性状表达，是遗传信息的核心内容。数字序列信息则是遗传信息的数字化形式，它由计算机系统对遗传信息进行二进制转换而形成。与物质性的遗传材料相对，遗传信息具有非物质性和无形性。无论是在香农（C. E. Shannon）的传统信息论，还是弗洛里迪（L. Floridi）的现代信息哲学范式下，信息都远非一种物质[1]，更遑论具备空间有限性。信息的本质就是数据，但信息不同于数据，只有结构良好、含有意义的数据才能组成信息。从莫里斯的符号学来看，数据的本质又是符号序列。这样一来，信息就可以被定义为"有含义的符号序列"。莫里斯通过三项要素来阐释符号对人发生作用的机理，即符号所指、符号载体与解释项。[2] 例如，符号所指（孔雀）借助某种载体（羽毛）向人发出符号（开屏），人借由一定的逻辑模式来解释此种符号并作出反应（理解出求偶的含义）。故纵使符号载体通常是有形的，符号本身也是无形客体。数字序列信息既然是一种结构良好、含义明确的符号序列，并且具有显著的经济价值，则其无形财产的属性是颇为显而易见的。

二、 生物遗传资源所有权的立法困境

生物遗传资源的三重法律属性是立法者于其上建立所有权制度时所面临困境

---

[1] Claude E. Shannon, "The Mathematical Theory of Communication", in *Collected Papers of Claude E. Shannon*, edited by N. J. A. Sloane and Aaron D. Wyner, New York: The Institute of Electrical and Electronics Engineers Inc. , 1993, p. 5. ; Luciano Floridi, *The Philosophy of Information*, Oxford: Oxford University Press, 2011, pp. 83 – 84.

[2] Charles W. Morris, "Foundations of the Theory of Signs", in *International Encyclopedia of Unified Science*, edited by Otto Neurath (editor-in-chief), Vol. 1, No. 2, Chicago: Chicago University Press, 1938, p. 3.

的主要成因。作为有体物与特定物，遗传材料并未给上述工作带来任何阻碍。但是，由于生物物种具备资源性与集合性，且数字序列信息是无形财产，这些独特性质为所有权建构带来理论挑战。

（一）资源所有权在中国法体系下的含混性

我国生物遗传资源所有权立法所面临的首要困境，来源于自然资源所有权制度在中国法体系下的属性混乱与功能含混。马克思与恩格斯认为，社会主义制度既以消灭私有制为目标，则社会主义社会中的民法既不可能也不应当具有私法的属性。[①] 如列宁所言："我们不承认任何私法，经济领域中的一切都应当属于公法，而不属于私法范围。"[②] 在"私法否定论"精神的指引下，斯大林进一步将"所有制"与"所有权"形成对应性关联，使一种所有权成为反映与固定一种所有制的工具。[③] 受苏联民法学理论与立法实践的影响，我国立法者也在相当长的时间内将国家所有权制度视为对全民所有制经济的反映与固定。[④] 国家所有权制度的此种特质与大陆法系民法的所有权理论并不兼容，故我国理论界围绕该制度的法律属性问题形成了极大的理论争议。很多学者为此提供了多种解释

---

① 迟方旭：《马克思恩格斯私法思想研究——兼及"列宁否认私法论"》，中国社会科学出版社2014年版，第31—40页。

② 《列宁全集》（第36卷），人民出版社1963年版，第587页。转引自《列宁是否以及如何否认了私法——兼论斯大林对待私法的态度》，载迟方旭主编：《马克思、恩格斯、列宁、斯大林论私法》，中国社会科学出版社2012年版，第257页。

③ 孙宪忠等：《国家所有权的行使与保护研究：从制度科学性入手》，中国社会科学出版社2015年版，第58页。

④ 何勤华、李秀清、陈颐编：《新中国民法典草案总览（增订本）》（上卷），北京大学出版社2017年版，第128页。

方案，可以将其归纳为四种流派，即私权说①、公权说②、非权利说与混合说③。自然资源国家所有权的法律性质争议，本质上是对其制度功能之含混性的集中反映。由于国家垄断着位于中国产业链上游的资源供给，国家所有权制度的管辖范围自然也就涵盖一切主要社会生活领域。在不同的领域中，国家垄断资源之目的虽无差别，但却具有不同的价值侧重，这决定了国家所有权制度的功能因事而异、因时而异。生物遗传资源既然属于一类独特的自然资源，那么其就无法绕过国家所有权制度所面临的理论困境而独善其身。

（二）当前自然资源特定化方法的力有不逮

《民法典》中的所有权制度具备对接资源市场、增进经济效率的独特功能，这一特征为其他部门法中的所有权制度所不具备，以民法所有权制度的方法来实现对生物遗传资源的保护与利用遂无可替代。有鉴于生物遗传资源的集合客体属性，立法者能否对其实现特定化，决定着民法所有权制度有无干涉空间。从法律文化继受的历史来观察，我国《民法典》的起草工作始终受到德国民法理论的影响。一方面，民国旧法统下的《民法》在中华人民共和国成立之后虽已被废弃，

---

① 谢海定：《国家所有的法律表达及其解释》，载《中国法学》2016 年第 2 期，第 96 页；梁慧星：《中国物权法草案建议稿——条文、说明、理由与参考立法例》，社会科学文献出版社2000 年版，第 212 页；程淑娟：《国家所有权民法保护论》，法律出版社2013 年版，第 14 页。

② 巩固：《自然资源国家所有权公权说》，载《法学研究》2013 年第 4 期，第 23—27 页；巩固：《自然资源国家所有权公权说再论》，载《法学研究》2015 年第 2 期，第 116 页；巩固：《自然资源国家所有权"非公权说"检视》，载《中国法律评论》2017 年第 4 期，第 144 页。

③ 非权利说可参见徐祥民：《自然资源国家所有权之国家所有制说》，载《法学研究》2013 年第 4 期，第 42—47 页。混合说可参见单平基：《自然资源之上权利的层次性》，载《中国法学》2021 年第 4 期，第 63—67 页；税兵：《自然资源国家所有权双阶构造说》，载《法学研究》2013 年第 4 期，第 14 页。

但其中的一些基本制度被注入了新的阶级内容，获得了崭新生命力①；另一方面，苏联民法也继受自德国民法，这使后者得以在大陆地区继续传播其影响力。以上两方面共同决定了中华人民共和国的民法仍属大陆法系。② 德国民法学者认为，受《德国民法典》调整的"物"特指受人类控制的、具有空间维度的有体物，并不单独强调物必须具有"特定性"。但是，理论上认为，"整体集合物"（Sachgesamtheiten）并非《德国民法典》第 90 条所称之"物"③，不能依据第 929 条转让其所有权④。故德国民法理论将"整体集合物"排除在物权客体范畴之外⑤，其本质正是提出了特定性的要求。受德国民法之影响，我国民法理论和立法实践也均肯定物权客体必须具有特定性。我国大陆地区《民法典》第 114 条第 2 款规定，"物权"是"对特定之物的权利"。我国台湾地区的理论通说也认为，特定性要件是实现"一物一权"原则的必要条件，因为同一个所有权不能存在于两个物之上。⑥ 主张"自然资源国家所有权"乃是一种私权的国内学者，多寄希望于自然资源统一确权登记制度能够使自然资源取得特定性⑦，认为只要将自然资源类型化并探明其储量和位置，就可以实现自然资源的特定化⑧。然

① ［苏］玛·巴·卡列娃等：《国家和法的理论》（上册），李嘉恩等译，中国人民大学出版社1956 年版，第 78 页。转引自胡志民：《苏联法学理论对新中国法学的影响》，人民出版社2020 年版，第 28 页。

② 梁慧星：《当前关于民法典编纂的三条思路》，载徐国栋编：《中国民法典起草思路论战——世界民法典编纂史上的第四大论战》，中国政法大学出版社2001 年版，第 5 页。

③ Paul Oertmann, *Zum Rechtsproblem der Sachgesamtheit*, AcP, 136. Bd., H. 1, 1932, pp. 88－104.

④ ［德］本德·吕特斯、［德］阿斯特丽德·施塔德勒：《德国民法总论（第 18 版）》，于馨淼、张姝译，法律出版社2017 年版，第 94 页。

⑤ Martin Wolff, *Reichsverfassung und Eigentum*, in *Festgabe für Wilhelm Kahl zum Doktorjubiläum*, Tübingen: Paul Siebeck, 1923, pp. 5－6.

⑥ 史尚宽：《物权法论》，中国政法大学出版社2000 年版，第 8 页；王泽鉴：《民法物权（第 2 版）》，北京大学出版社2010 年版，第 41 页。

⑦ 郭洁：《自然资源统一登记的物权法问题及其破解》，载《法学》2020 年第 3 期，第 136—138 页；韩英夫：《自然资源统一确权登记改革的立法纾困》，载《法学评论》2020 年第 2 期，第 163—164 页。

⑧ 郭志京：《自然资源国家所有的私法实现路径》，载《法制与社会发展》2020 年第 5 期，第 136 页；张力：《自然资源分出物的自由原始取得》，载《法学研究》2019 年第 6 期，第 54—57 页。

而，采取"空间区隔"模式、以"生态一物"为标准的自然资源统一确权登记制度，实际上是立法者向两个根本性问题作出妥协后的产物。其一，并非生态空间区块范围内的所有自然资源都有被特定化的必要性，但统一确权登记制度缺乏相应的筛选功能。由于统一确权登记的对象是总括性的生态空间，空间内的自然资源未必均具有交易可能性。无法被分出取得、其产品无法参与市场流转的自然资源资产并不是物权客体，因而不具备特定化潜质。其二，并非所有空间区块范围内的自然资源都能够通过登记种类、数量与分布的方式取得特定性，如具有迁徙性的生物物种。动物迁徙行为通常是季节性的，其目的往往是满足繁殖、进食和哺育后代的需要。① 迁徙物种依照其自身天性和生存繁衍需要而处于季节性、周期性的长途运动之中，不可能被某一固定的生态空间所约束和控制。基于上述两点理由，我国当前用以特定化自然资源的方法还不足以实现生物遗传资源的特定性。

（三）民事立法对无形财产权属安排的缺位

民法创设财产关系的核心目的是，帮助主体兑现客体的使用价值与交换价值。数字序列信息固然具有显著的经济价值，但主体只有通过在民法下运作的市场经济方能兑现此种价值，这为民法物权制度带来了在规制无形财产方面的挑战。在罗马私法中，无形物并不具有所有权客体属性②，而在日耳曼法中，

---

① Gretel H. Schueller and Sheila K. Schueller, *Animal Behavior: Animal Migration*, New York: Chelsea House, 2009, p. 8.; Kennedy, J. S., "A Turning Point in the Study of Insect Migration", *Nature*, vol. 189, pp. 785 - 791., cited from: Katherine A. Cresswell, William H. Satterthwaite, and Gregory A. Sword, "Understanding the Evolution of Migration Through Empirical Examples", in *Animal Migration: A Synthesis*, edited by E. J. Milner-Gulland, John M. Fryxell, and Anthony R. E. Sinclair, New York: Oxford University Press, 2011, p. 7.
② 贾婉婷：《罗马物权法：所有权与占有》，中国法制出版社2019年版，第8页。

"Gewere"的支配力虽及于权利这类无形物[1]，但"Gewere"并不是抽象意义上的物权或所有权[2]。到了《法国民法典》的时代，所有权的客体变成了财产，立法者不再纠结于"有体物"这样的抽象概念，但这一点没有被《德国民法典》所坚持。现代德国学者仍然秉持着《德国民法典》第90条意义上的"物"（Sache）必须是物理意义上的物之观点，其核心思路是认为只有作为有体客体的物才能在物理意义上被占有、在真正意义上被支配[3]；或者说，物权法只有在有体物之上才能实现对物之取得、移转与保护的规范功能[4]。我国《民法典》并没有将"物"明文限制为"有体物"，但由《民法典》释义所代表的权威与通说观点则认为，物权法律制度上的"物"必须具备有体性。[5] 更徒增困惑的是，我国《民法典》第127条将数据与网络虚拟财产的规制问题交由其他法律解决，未能给无形财产确权与权利实现提供有效思路。因此，要使数字序列信息得以成为民法所有权的客体，理论界只有两种选择：其一，强硬地证成数字序列信息的有体性；其二，实现民法所有权理论的范式转换。

三、 我国遗传资源所有权的理论应对

生物遗传资源所有权的建构困难重重，但此种困境并非不能被化解。有鉴于自然资源国家所有权在属性与功能上的含混性是引发困境的导火索，理论界应当首先厘清所有权概念在中国法语境下的内涵，方能破解其他技术性问题。

---

① 李宜琛：《日耳曼法概说》，中国政法大学出版社2002年版，第60页。
② 林榕年、叶秋华主编：《外国法制史（第4版）》，中国人民大学出版社2017年版，第73页。
③ Burkhard Boemke/Bernhard Ulrici, *BGB Allgemeiner Teil*, Berlin: Springer, 2009, S. 434.
④ Franz Gschnitzer, *Sachenrecht*, Berlin: Springer, 1968, S. 54.
⑤ 黄薇主编：《中华人民共和国民法典总则编释义》，法律出版社2020年版，第302页。

（一）厘清所有权概念的中国法表达

我国自然资源国家所有权制度之所以出现定位不清、属性不明与功能含混的弊病，其根本原因在于立法者与理论界均未能实现外国法学理论与中国本土社会生活之间的调适。国家所有权制度所发挥的现实功能，同立法者与研究者理解该制度的理论线索之间存在明显的隔阂与分歧。一方面，在苏联财产法哲学与民事立法实践的影响下，施行于中华人民共和国的财产所有权制度具有计划经济下的政权性色彩；其存在并非为了满足财产流转之需要，而是确保执政者能够顺畅地对社会资源展开垄断控制与计划调配，故其必然强调作为主要生产资料而存在的社会财富之权属的公共性，并使国家成为最具优先地位的民事主体，这显然不契合在私权神圣原则下运作的西方个人财产所有权制度。另一方面，苏联法学理论对所有权概念的片面认知与苏联社会的经济凋敝和资源浪费紧密相关，故在一定程度上，"去苏联化"并与社会主义市场经济接轨成为改革开放后我国所有权制度的发展方向。国家实施自然资源物权化的改革，实现自然资源的所有权与使用权相分离，便是有力佐证。由此观之，就当前我国自然资源国家所有权制度而言，其政权性之保留使其有别于大陆法系中的"对物所有权"，亦不同于英美法系财产法中的"个人财产权"；其与市场经济的高度接轨性，又鲜明地体现出了"去苏联化"的特征。是故，我国自然资源国家所有权制度，乃至于更宽泛的所有权概念本身，均具有显著的本土性与独特性。理论界若罔顾此种性质，便不能科学地建构起生物遗传资源所有权制度。

我国《宪法》作为最原初的社会契约，应当是理论界考察所有权制度的起点。我国《宪法》第6条至第13条的规范文本围绕"所有制""所有制经济"与"所有权"三个概念形成一个逻辑闭环。生产资料所有制是经济运行逻辑的始端，它决定着劳动力与生产资料的结合方式，进而在社会中塑造起以生产资料为核心的经济关系。所有制经济是被生产资料所有制类型化的经济组织形式。所有权则是所有制经济运行的必要条件与必然结果。以上述逻辑线索为基础可知，处于上游位置的中国政治经济结构牢固地把控着下游的所有权概念之内涵与所有权制度之结构，唯独个人所有权是个显著的例外。作为马克思主义政治经济学理论体系中的核心概念，生产资料被界定为生产力中与物有关的一切因素。但是，公民个人的财产大多由终端消费品构成，故个人所有权与生产资料所有制并无瓜葛。我国《宪法》第 11 条对有关生产资料所有制的问题进行规定后，又于第 13 条强调保护公民个人财产所有权，此种体系安排无疑反映着生产资料所有制与生活资料所有权之间的互不干涉。由此观之，我国《宪法》中的所有权制度被分为两类：其一是"受所有制约束之所有权"；其二是"非受所有制约束之所有权"。其中，前者无须套用民法所有权制度所遵守的限制性规则。由于《宪法》具有最高位阶，此种分类方式同样渗透进《民法典》与自然资源单行立法之中，并适用于其中的自然资源所有权制度。以此为基础，不同类别的生物遗传资源可以具有不同的法律属性，从而适用不同类型的所有权制度，进而突破由当前自然资源所有权制度之混乱性所带来的困局。

（二）构建遗传资源特定化技术方案

自然资源统一确权登记制度在特定化生物遗传资源时力有不逮，这根源于该制度缺乏筛选功能，无法将缺乏特定性潜质的生物遗传资源类别排除在外，进而导致确权登记效力与资源特定化效力在整体上存疑。突破此种困局的关键方法，是在保留现有确权登记制度中实施种群调查内容的基础上，融入对生物遗传资源的筛选功能。同时，无法应对生物物种的迁徙性也是自然资源确权登记制度的短板，因此生物遗传资源的特定化技术方案亦应当将迁徙性问题考虑在内。

以上述目标为基础，生物遗传资源的特定化技术方案应当由三阶层的内容组成。第一阶层是甄别与分离出具有私权性、不属于所有制管辖的生物物种，这项工作具有前置性。如被列入《国家重点保护野生动物名录》内的物种由国家专有，此种所有权便不具有私法意义，属于"受所有制决定之所有权"，立法者便无须将上述物种特定化。第二阶层是对具有私权性的生物物种实施种群调查，包括两个步骤，即确定资源类型与确定资源单元。确定资源类型是为自然资源进行命名、归类与确定数量的过程，它使国家能够摸清资源存量；确定资源单元是通过勘探、调查等方法来确定自然资源所处的空间位置与空间范围的过程。① 第三阶层是将生物物种资源的特定性落脚在分出取得许可证上，并以许可证表征具有交易相关性之物种部分种群。首先，许可证所载明的物种及其数量，分别对应传统民法特定性要件中的种类特定要素与数量特定要素。其次，许可证是被许可人实施开发利用和分出取得的前置条件，故其代表着生物物种资产本身而非物种资源产品。最后，不能取得许可证的生物物种属于禁止流通物，无须讨论其特定性之有无。但是，行政机关颁发许可证的行为难谓市场行为，而民法必须与市场接轨，故许可证必须满足如下两个条件之一才能发挥特定化之功能：

（1）申请人通过招标、拍卖等方式取得某类生物物种资源之分出取得许可证；

（2）某类生物物种资源之分出取得许可证可以在二级市场交易和流转，且其价格仅受供求关系等市场因素的影响。

---

① 张力：《自然资源分出物的自由原始取得》，载《法学研究》2019年第6期，第55—56页。

（三）探索数据财产的物权规制方法

从本体论出发进行分析可知，信息的本质正是数据，而数据则只是对符号的单纯记录。即便信息载体可能具备确定的物理形态，信息本身也无法占据固定的空间范畴，其有体性无法被证成。可见，无形财产所有权所遭受的现实困境，在现有理论体系下无法得到根本解决。唯有实现所有权理论由客体模式向主体模式的范式转换，方能突破此种困境。

客体模式是所有权制度所遵循的传统理论范式。在客体模式下，人体现在物之上的管控力并非先验地生成于人相对于外部世界而言的主体性，而是产生自物借助法律规范有限地、后验地迎合人的领会。如《德国民法典》与《荷兰民法典》将"物"限定为"有体物"，只认可人在有体物之上的支配力展开。此种情形下，与其说是人的主体性决定物，毋宁说是物的客体范畴划定人的支配力范围。故所有权客体范畴之受限，本质上反映的是立法者对法律主体决定外部客观世界之能力的不自信。在主体模式下，使人得以享有所有权的是人自身之"所有人担当"的主体地位。"担当"凸显着人在所有权中的主体性，它一方面展现人具有承担某项重任的能力和资质，另一方面又表明人应为此负担的责任。故"所有人担当"的本质正是主体自主决定物之命运的自发性意愿与能力，即自决力。自决力取决于人对客观世界的认识水平与控制能力，与立法者之个人偏好并不相干。在主体模式下，数据等无形财产能否被人所有并不受限于立法者预先设定的客体范畴，而是要考察主体对数据的自决力是否完整。是故，实现所有权理论由客体模式向主体模式的范式转换，是突破数字序列信息所有权理论困境的关键。

四、 结论

所有权制度并非专属于民法。在我国法律体系下，所有权制度具有私权、公权与政权的多面性。受惠于此种性质，以所有权之方法保护我国生物遗传资源具有理论可行性。但是，"成也萧何，败也萧何"，由于理论界未能正确界分不同部门法领域中所有权制度的不同属性，自然资源所有权制度的理论结构愈发臃肿，其现实功能也愈发含混，这无疑拖累了立法者对生物遗传资源所有权制度的建构。突破这一困局的根本方法，是以我国法律体系为中心语境，重新梳理出理解所有权概念的两条线索，即"受所有制约束之所有权"与"非受所有制约束之所有权"。在"非受所有制约束之所有权"内部，生物遗传资源的可所有权性又面临着来自传统民法所有权客体范畴的质疑。在特定性缺失问题上，立法者应当考虑以"属性甄别—种群调查—颁发许可"的三阶层方案来实现生物遗传资源的特定化。对于数字序列信息的有体性困局，则只能借由实现所有权理论由客体模式向主体模式的范式转换来加以突破。

浅谈保护优先原则
在国土空间规划立法中的确立与适用

吴可婷[*]

摘要： 近几十年来，由我国经济持续高速增长衍生的一系列资源环境生态问题在生产生活的各方面逐渐显露出后果，面向可持续发展的转型压力也随之增加，区域和空间协调发展面临日益严峻的挑战。[①] 在我国现有空间规划的立法及相关文件中，关于保护与开发二者关系的规定分散而混乱，这导致了不同类别空间规划在实践中的割裂与冲突，以及体系庞杂不清、职能划分不明、沟通协调受阻等顽症痼疾的存在；同时，在编制、实施以及管理等领域，部门之间"条条"分割、区域之间"块块"分割、部门与区域之间"条块"分割的三大尖锐矛盾日渐突出，亟待通过保护优先原则的确立来厘清国土空间规划中开发与保护的关系问题。

关键词： 国土空间规划；保护优先原则；开发

---

* 作者简介：吴可婷，北京大学。

① 顾朝林：《我国国土空间规划的过程和趋势》，载顾朝林、武廷海、刘宛主编：《国土空间规划经典》，商务印书馆 2019 年版，第 269—281 页。

2018 年，《党和国家机构改革方案》明确了空间规划体系的建立与监督实施由自然资源部负责，以实现"一张蓝图干到底"。2019 年，《关于建立国土空间规划体系并监督实施的若干意见》对"多规合一"的实现路径与效力进行了规定，要将主体功能区规划、土地利用规划、城乡规划等现有的空间规划融合为协调统一的国土空间规划。2020 年 10 月，中共十九届五中全会提出，要优化国土空间布局，构建高质量的国土空间布局和支撑体系。我国国土面积广阔、情形复杂多样，在建立协调统一的国土空间规划体系的过程中，必然面临着价值选择与权利排序的难题。在布局谋划这一以空间为基础、以开发保护问题为核心的新格局的过程中，最为关键的问题之一，便是厘清国土空间规划中开发与保护的关系问题。

一、 保护优先原则的概念与内涵

保护优先原则是环境法领域处理生态环境保护与经济发展关系的一项原则。尽管过去在环境法领域，有着排列组合一般的环境优先原则、生态优先原则、保护优先原则、生态环境保护原则以及相类似的禁止现存环境受更恶劣破坏之原则（又称现状保护原则）等[1]，但经过协调发展原则的确立及转变与保护优先思想的萌芽，最终在 2014 年修订的《环境保护法》中，保护优先被作为我国环境法

---

① 徐祥民：《生态保护优先：制定海岛法应贯彻的基本原则》，载《海洋开发与管理》2006 年第 2 期，第 66—70 页；曹明德：《生态法原理》，人民出版社 2002 年版，第 211 页；王灿发：《让"环境优先"称为环境法基本原则》，载《法制日报》2006 年 2 月 20 日；曹明德：《生态法新探》，北京人民出版社 2007 年版，第 227 页；王树义：《俄罗斯生态法》，武汉大学出版社 2001 年版，第 215 页；杨群芳：《论环境法的基本原则之环境优先原则》，载《中国海洋大学学报》2009 年第 2 期，第 63—64 页；陈慈阳：《环境法总论》，中国政法大学出版社 2003 年版，第 192 页；曹建章：《试论环境保护优先原则》，载《法制与社会》2015 年第 4 期，第 276 页、第 277 页、第 281 页。

的一项基本原则确定下来。过去,各个学者对该原则的理解虽大体相似,但也略有不同。综合来看,主要有以下几种观点:

绝对优先说认为,在生态环境利益与经济利益产生了明确冲突的宏观建构或具体场景下,要将生态环境利益置于一个更为优先的位置。同时,必须要在法律层面确立生态环境保护的优先性,并将此作为相关领域法处理问题的准则之一。① 尽管在该种观点下,判断的标准较为明确,但却没有考虑到制度本身背景与适用范围的复杂性。

相对优先说受到过去经济和环境发展相协调的立法宗旨以及可持续发展理念的影响,其指出,生态环境利益的优先性地位不是绝对的、永远成立的②,应当对不同的行为适用绝对优先与相对优先③。在持该说的学者中,具体又分为:(1)不可调和说,从冲突性的角度出发,认为经济发展与生态环境保护并不必然处于一种紧张与冲突的关系当中,自然也不全然对立,只有在两者产生了不可调和的冲突时,才应当优先选择保护环境。④(2)价值判断说或利益估价说,从利益比较的视角出发,认为生态环境保护优先是对具体的生态环境利益和经济利益的价值加以权衡比较并最终作出选择的结果⑤,在面对两类正当价值的抵牾时,要奉行统筹兼顾的衡平理念⑥。(3)承载力判断说,提出了更为具体的环境承载力原则,认为只有在生态环境的承载力不足以负担同一时期经济发展与资源开发的速度和规模所带来的污染水平以及资源消耗水平时,经济利益才应当让位

---

① 曹明德:《生态法原理》,北京人民出版社 2002 年版,第 211 页。

② 杨欣:《"环境正义"视域下的环境法基本原则解读》,载《重庆大学学报》2015 年第 6 期,第 159—166 页。

③ 王社坤、苗振华:《环境保护优先原则内涵探析》,载《中国矿业大学学报》2018 年第 1 期,第 26—41 页。

④ 唐绍均:《论基于利益分析的"环境优先"原则》,载《重庆大学学报》2016 年第 5 期,第 144—149 页。

⑤ 王继恒:《论生态环境保护优先原则》,载《河南省政法管理干部学院学报》2011 年第 Z1 期,第 79—85 页。

⑥ 李启家:《环境法领域利益冲突的识别与衡平》,载《法学评论》2015 年第 6 期,第 134—140 页。

于环境利益。（4）从实际性出发，考虑协调发展理念的制约、具体领域具体政策的实施情形、对地区竞争及未来发展的影响等因素①后确定优先的范围与程度，并进一步探讨保护优先原则排除适用的例外②情形。

最后，有极少数学者持风险预防原则的观点，从体系解释的惯例出发指出③，在已经设置单独的法条规定了"保护和改善环境……"为立法目的④、"保护环境"为基本国策以及"经济社会发展与环境保护相协调"这一新目标⑤的情况下，争执已久的优先性问题已经足够明确，排列于其后的"原则"条款⑥中的"保护优先"不必再一次承担厘清这一问题的重要职责，以避免体系上的重复。竺效老师进一步提出，保护优先原则承担的功能与同条中的预防为主功能互补——两者的分岔点在于生态环境面临的风险是否具有科学不确定性。

二、 空间规划及国土空间规划的概念与特点

"规划"是一个普遍使用的术语，每个人或组织都在从事一定形式的规划活动。⑦ 空间规划指的是以空间实体为主要研究对象的规划，城市规划、区域规划、土地规划、景观规划、国土空间规划等都属于不同尺度的空间规划的范畴，

---

① 周卫：《论〈环境保护法〉修订案中的保护优先原则》，载《南京工业大学学报》2014 年第 3 期，第 6—12 页。

② 如优先保护可能引起更严重的环境风险时、优先保护导致显失公正的、优先保护导致低收入人群生活质量明显受到消极影响且未能提供相应经济补偿的、优先保护可能导致严重违宪结果的、优先保护导致基本权利受到损害时等。

③ 竺效：《论中国环境法基本原则的立法发展与再发展》，载《华东政法大学学报》2014 年第 3 期，第 4—16 页；但是，从《绿色发展理念与环境立法创新》中可以隐约看出，竺效老师的观点正在渐渐发生转变。

④ 《环境保护法》（2014 年修订）第 1 条。

⑤ 《环境保护法》（2014 年修订）第 4 条。

⑥ 《环境保护法》（2014 年修订）第 5 条。

⑦ 吴次芳、叶艳妹、吴宇哲：《国土空间规划》，地质出版社 2019 年版，第 48 页。

由于各自的层级、类别不一，且问题、需求、目的多样，因此最终被划分形成了不同的、相互交叉的复合型层次结构。①

以国土空间为对象的规划便是国土空间规划，它是对一定区域国土空间的开发、保护在时间与空间上作出的布局安排。② 相较于西方国家相对统一的、层次分明的空间规划体系，我国的几类主要空间规划在横向上既相对独立又互相牵连，在纵向上则内部上下连贯、自成体系，最为鲜明的特点是"条块分割、多龙治水"③——这与我国规划的发展史及行政体系密切相关。我国的空间规划主要包括土地利用总体规划④、城乡规划⑤、主体功能区规划⑥和生态环境保护规划⑦这四大类，它们均具有突出而敏感的"空间"属性和"空间"规划指向⑧。

首先，土地利用总体规划制度在我国 1997 年《土地管理法》中首次被赋予法律地位⑨，是指根据当地自然条件以及发展要求，对土地的开发、利用、治理、保护在时空上所作的总体安排布局。土地利用总体规划内容丰富、涉及领域广，划分为全国、省（自治区、直辖市）、市、县和乡镇共五级，其核心在于宏观调控与均衡调整土地利用结构和用地布局，将有限的土地资源尽可能地在时空

---

① 吴良镛、武廷海：《从战略规划到行动计划——中国城市规划体制初论》，载《城市规划》2003 年第 12 期，第 13—17 页。

② 张晓瑞、杨西宁、刘复友：《国土空间规划：理论、方法与案例》，合肥工业大学出版社 2019 年版，第 1 页。

③ 张晓瑞、杨西宁、刘复友：《国土空间规划：理论、方法与案例》，合肥工业大学出版社 2019 年版，第 26 页。

④ 由原国土资源部门主持编制的各级土地利用总体规划。

⑤ 由原住房和城乡建设部门主持编制的各级城乡总体规划。

⑥ 由国家与各省级发展和改革委员会主持编制的全国及各省（市、自治区）的主体功能区规划。

⑦ 由原环境保护部门主持编制的各级生态环境保护规划。

⑧ 李浩：《中国规划机构 70 年演变：兼论国家空间规划体系》，中国建筑工业出版社 2019 年版，第 123 页。

⑨ 在各级行政区域内，根据当地自然条件以及国民经济和社会发展的要求，协调土地总供给和总需求，对土地的开发、利用、治理、保护在空间上、时间上所作的总体安排和布局。

上进行合理配置。① 从立法目的来看，土地利用总体规划必须要保护、开发土地资源，并促进社会经济的可持续发展②，虽未明确体现"保护优先"的字样，但在针对土地资源的措辞上，将"保护"放在了"开发"之前，已然体现了前者更高的法律地位。

其次，城乡规划以《城乡规划法》为依据，分为城镇体系规划、城市规划、镇规划、乡规划和村庄规划五类，前两类又可分为总体规划和详细规划。这是目前自身规划体系最全、种类最多、尺度最广的一类空间规划③，其目的在于加强城乡规划管理、协调城乡空间布局、改善人居环境、促进城乡经济社会全面协调可持续发展④。城乡规划更偏向内部的管理协调，注重的也是空间资源的可持续发展与人居环境的改善，因此在空间资源的保护方面，与开发利用相比，总体上也处于更为优先的地位。

再次，针对主体功能区规划，2006年的"十一五"规划纲要首次明确提出区域主体功能区的概念，目的在于协调统一经济发展与人口、资源、环境的关系，推动国土空间发展进入全面协调可持续发展的轨道。《关于印发全国主体功能区规划的通知》（国发〔2010〕46号）将区域分成了两大类，一类注重开发，另一类注重保护。⑤ 可见，在生态环境保护与资源开发利用及经济发展的关系上，主体功能区规划采取的是并重的思路，但其仍然坚持将以人为本、增强可持续发展能力作为基本原则。

---

① 张晓瑞、杨西宁、刘复友：《国土空间规划：理论、方法与案例》，合肥工业大学出版社2019年版，第28页。
② 《土地管理法》（2019年修订）第1条。
③ 张晓瑞、杨西宁、刘复友：《国土空间规划：理论、方法与案例》，合肥工业大学出版社2019年版，第30页。
④ 《城乡规划法》（2019年修正）第1条。
⑤ 张晓瑞、杨西宁、刘复友：《国土空间规划：理论、方法与案例》，合肥工业大学出版社2019年版，第26—28页。

最后，生态环境保护规划是由原环保部所主导的一种空间性规划，它是对一定时期内生态环境保护目标和措施作出的具体方案，《环境保护法》赋予了其法定地位，并且明确适用保护优先的基本原则。与城乡规划、主体功能区规划等不同，生态环境保护规划着眼于生态环境的保护而进行一系列的规划活动[①]，专一性极强，又具有综合性、区域性等特点。

因此，除主体功能区规划对保护与开发利用采取了基本并重的态度之外，在其余的我国主要空间规划立法及相关文件中，保护优先原则已经有了或直接或间接的不同程度的体现。各类规划在保护与开发关系上的不一致及不确定，必然在"多规合一"的进程下走向协调统一。

三、 国土空间规划立法中确立保护优先原则的必要性

（一）解决空间规划重视开发、忽视保护问题的根本路径

考虑到发展历史的原因，传统规划对其自身的定位便是通过空间资源的开发利用来发展地方经济、促进社会建设，因此在内容上往往也更注重区域的扩张性谋划，而最为薄弱的环节则是限制性开发和保护性发展的理念。传统规划不能起到指引生态环境保护涵养的作用，具体表现为规划目标、发展定位、城市部署的不统一以及空间资源的错配，激化了资源供需的矛盾，与可持续发展背道而驰。尽管在市场经济发展以来，国家越来越强调生态环境保护与经济发展具有同样的重要性，但落实到具体的空间规划层面，对保护的重视程度往往是打折扣的。

因此，在国土空间规划体系的改革中，"矫枉"不可不"过正"，必须走出

---

① 张晓瑞、杨西宁、刘复友：《国土空间规划：理论、方法与案例》，合肥工业大学出版社 2019 年版，第 29—30 页。

"先污染后治理"的认识和实践误区，牢固树立生态优先观念；在"多规合一"的背景下，要以科学统一的视角来审视未来的国土空间规划格局，加强生态环境空间管制，突出空间规划的生态环境保护导向，促进资源开发利用与生态环境承载力相协调①，坚持节约优先、保护优先、自然恢复为主的方针②。

(二) 解决国土空间规划体系顶层设计难题的客观需求

放眼全国区域内，空间规划面临着"条块分割、多龙治水"的严峻问题，"多规合一"的改革正在从多方面解决这一难题，但仅仅从规划体系的角度出发，仍不足以彻底厘清规划内部编制、规划之间实施的关系。

我国规划体系在大体上按照级别与类别划分，规划的级别与行政层级、规划的类别与部门管理体系分别相对应配套，呈现出"多级多类"的格局③，纵向按照行政层级划分，横向按照功能类别以及事权划分，各部门中还可能进一步编制各种具体的细分规划，但规划边界模糊交叠、内容体系上定位不清，导致规划越编越多、越编越杂。目前的国土空间体系正在向"五级三类四体系"的方向变革，但在改革过程中仍然存在技术标准不尽一致、缺少有效的协调联动机制所导致的各类空间规划之间不衔接等问题，造成空间资源难以得到有效的配置。

除了在国土空间规划这"一张蓝图"上对各相关空间规划的地位、关系予以明确外，还应在法律体系上建立可用于具体分析与比较的效力规则，强化顶层引领作用，用顶层原则来约束并未明文规定效力级别的两种或两类规划的冲突，联动同级、协调上下，进一步整合规划体系，创建复合型、一体化的规划体系。保

---

① 黄勇等：《"多规合一"的基本理念与技术方法探索》，载《规划师》2016年第3期，第82—88页。
② 《关于建立国土空间规划体系并监督实施的若干意见》。
③ 黄勇等：《"多规合一"的基本理念与技术方法探索》，载《规划师》2016年第3期，第82—88页。

护优先原则作为一项法律原则，正是可以在规划的编制、审批与实施过程中贯穿其中的顶层引领。

(三) 我国现有空间规划体系发展的必然选择

新中国成立以来，我国的规划体系从无到有，经过 70 多年的发展和演化，从一开始以国民经济计划和城市规划为主导到现在形成了多部门组织、多类型规划并存的局面[①]，国土空间规划体系也作为其中相当重要的一部分在此过程中一步步演化而来。我国国土空间规划的发展史，从某种程度上来讲，也是生态环境保护与经济发展、资源开发利用的博弈史。

中国最早发展起来的现代空间规划是在多种西方思潮的影响下逐渐形成的城市规划[②]，19 世纪 50 年代以前，空间规划并未成型；建国以后到 19 世纪 60 年代，空间规划一直以不断扩大的开发利用需求为主导，尽管在粗放的发展模式下生态环境遭到了很大程度的破坏，但由于资源承载力的限度以及人们的意识问题，开发与生态环境保护之间的冲突并不显著，这是开发的扩张期与保护的静息期；之后的十余年又回到了潜伏状态；改革开放以后，伴随着国民经济计划转型、城市规划体系完善以及国土规划的试点，空间规划进入了快速发展期，环境问题的重要性亦逐步提升，这一时期也是资源开发利用的爆发期，也是生态环境保护的初创期；1989 年后，空间矛盾也逐渐凸显，被开发利用行为所挤占的生态环境保护更进一步地受到重视，保护的地位在摇摆中日益提升，更长远地来说，保护地位的提升是未来发展的必然。

---

① 李浩：《中国规划机构 70 年演变：兼论国家空间规划体系》，中国建筑工业出版社 2019 年版，第 103 页。

② 中国城市规划学会编著：《中国城乡规划学学科史》，中国科学技术出版社 2018 年版，第 9 页；孙施文：《中国城乡规划学科发展的历史与展望》，载《城市规划》2016 年第 12 期，第 103—112 页。

21 世纪以来，伴随着工业化和城市化的快速发展，生态文明建设正在向纵深推进，保护优先的战略方向势不可挡。在新的生态文明背景下，社会的主要矛盾一步步转化，要在规则的宏观构建与衔接上处理好资源开发利用与生态环境保护的关系，必然以保护优先地位的确立为基础。

四、 保护优先原则在国土空间规划体系中的规范内涵

简单地把保护优先原则理解为环境保护优先于经济发展并以此为基础进行政策制定与实施，可能会导致学理上与实践中的双重困境，需要进一步进行规范解读。

从人类与环境的关系来进行描述，人类与环境之间的关系实质上是一种利用关系。通说认为，环境利用行为可以划分为两大类，即本能利用行为和开发利用行为。[1] 后者可以归结于公民的社会经济权利，具体是指向环境排放废弃物物质或能量、开发利用自然资源及能源等来谋取自然资源、环境容量的经济利益的利用和改变环境的行为活动[2]，即与"保护"相对应的"开发"概念。

就对象而言，也有学者指出，从字面上看，"保护优先"的含义可以有保护优先于开发利用、污染治理、恢复改善这三种理解。[3] 本文认为，污染治理与恢复改善相类似，都是在事后对环境作出的一些积极行为；二者与事前的保护相比，都是将生态环境置于比经济发展更高的位置，只是在追求环境效益上采取了不同时期的不同手段。保护优先中的"保护"并不局限于狭义的事前预防，只要

---

[1] 汪劲等：《类型化视角下的环境权利研究》，北京大学出版社 2020 年版，第 19 页；汪劲：《环境法学》，北京大学出版社 2018 年版，第 67—68 页。
[2] 汪劲等：《类型化视角下的环境权利研究》，北京大学出版社 2020 年版，第 19 页；汪劲：《环境法学》，北京大学出版社 2018 年版，第 67—68 页。
[3] 李嵩誉：《生态优先理念下的环境法治体系完善》，载《中州学刊》2017 年第 4 期，第 62—65 页。

是对生态环境有益的行为——无论是限制、预防还是修复、治理，都可以被纳入生态环境保护的范畴。

因此，保护行为所优先的只能是开发行为，并且只能是以谋取环境容量或者自然资源的经济利益为目的的开发利用行为。

进一步地，"优先"并不应当是一个严格的标准。保护其作为生态环境组成要素发挥生态效益的功能，必须优先于开发其作为产生经济效益的空间资源的功能；开发利用空间资源以服务经济社会发展，必须服从于使空间资源正常发挥其生态功能的可持续发展限度。[①] 最终的标准在于生态环境承载力的平衡点，这是一个相对的、动态的平衡点，任何对空间资源的开发利用行为都不能越过这个平衡点，不能超过生态环境的直接承载力与自我修复能力。

在这样的分析框架下，保护优先原则蕴含了显著的道德层面的价值判断与宣示意味，最终作出的是一个综合性的、可进行个案认定的判断。具体到更细的部门制度构建上，有赖于对保护优先原则在过去各制度中的实践与反馈情况进行微观观察，进而针对不同类型的行为与不同的价值来确定不同的标准。

五、 国土空间规划法律体系中保护优先原则的建构

（一）强化法律支撑，赋予国土空间规划体系权威性

目前，关于我国国土空间规划体系的构建工作刚刚起步，只有党内法规、相关规范性意见以及原有空间规划的相关法律法规作为依据，尚未制定相应的国土空间规划法以及针对新体系下更具体的专项规划、区域性规划的相关法律法

---

① 刘正跃、刘国清、张嘉木：《生态优先的实践途径》，载《经济纵横》2000 年第 6 期，第 50—51 页。

规等。

第一，必须加快国土空间规划体系的法治化建设。缺少法律层面的支撑，保护优先原则的确立就失去了权威性的土壤，很难依靠环境法的大原则来起到约束的作用，更难作为一种习惯法被运用于规划的编制与实施过程中。

第二，通过立法来厘清体系内各规划之间的关系，包括国民经济与社会发展规划中空间性的部分和非空间性的部分分别与国土空间规划体系之间的关系、"五级三类四体系"结构下内部各法定规划之间的层级关系、体系内法定规划与其他空间相关的非法定规划的关系等，并且要架构好非法定规划向法定规划转换的桥梁。①

第三，需要转变方法论，进行整体性立法。过去，我国分散、交错的空间规划体系是典型的还原主义思维下的立法成果。未来，在立法上，必须要用整体性思维进行综合性立法，由单要素转向综合要素，将全域空间要素作为一个整体进行考虑。② 这个整体的核心，也就是国土空间规划体系的界定，将以国土空间为主线和根本出发点。

(二) 完善顶层设计，确立保护优先原则

在进行整体性立法的过程中，必须确立保护优先原则。

确立价值取向是国土空间规划体系立法作为立法行为的内在需求，其本身便要求立法者必须对所追求的各种利益进行平衡及有所取舍③，最终由立法者从主观能动的角度出发来权衡利弊并作出决定。开发与保护的关系，引领着我国空间

① 周劲：《从"二维"控制到"三维"管理的规划对策》，载《规划师》2007年第6期，第66—69页。
② 吕忠梅：《寻找长江流域立法的新法理——以方法论为视角》，载《政法论丛》2018年第6期，第67—80页。
③ 吴占英、伊士国：《我国立法的价值取向初探》，载《甘肃政法学院学报》2009年第3期，第10—15页。

规划领域资源利用理念与方式的转变，体现出整体性、系统性和辩证统一的思维；而开发与保护关系的厘清——确立保护优先原则，也为实现我国社会绿色发展与可持续发展提供了新路径。

（三）并规划不并部门，纳入环境保护规划

从开发与保护的互动关系来细看，在开发这一层面上，我国空间规划是改革开放以来市场化、分权化的改革所引领的。为了在市场化背景下发展经济而分权牵制，又为了保持秩序而适度地加以集中控制。①

针对这一症结，现实中出现了两种解决思路：一是针对与空间规划相关的机构，收拢职权、实行统一管理，形成所谓的"超级规划"；二是在大致保留各规划编制程序的基础上，从框架体系、内容到实施途径上实现多种规划的"合一化"。② 地方政府首先想到的是前者，开始将城市规划与国土资源机构等合并，只编制一个国土规划或城市规划③，渐渐出现了"两规合一""三规合一"甚至"多规合一"。这种思路也体现在了目前我国的体系改革中，造成理论上的割裂。

一方面，生态环境保护规划大体上属于空间规划，如采用机构调整的方法来统一国土空间规划体系，将之独立在外，会造成体系上的割裂。另一方面，将生态环境保护规划独立是基于生态环境保护的特殊性，部门上的独立有助于权力的制衡，进一步平衡资源开发利用与生态环境保护之间的关系，防止开发压过保护，但这就不应当采取统一国土空间规划体系的思路，否则会造成方法论上的

---

① 袁奇峰等：《"国土规划与城市规划的对话"主题沙龙》，载《城市建筑》2018 年第 18 期，第 6—14 页。

② 王美飞：《"多规合一"背景下城市总体规划应对》，载《上海城市规划》2017 年第 4 期，第 114—118 页。

③ 袁奇峰等：《"国土规划与城市规划的对话"主题沙龙》，载《城市建筑》2018 年第 18 期，第 6—14 页。

割裂。

因而，职能机构层面的"多规合一"仅仅只是解决了政府内部的高效协调机制问题，并没有从规划体系的内部形成自洽的体系，更难以在部门内部建立保护优先的法律原则。依靠行政职能部门的合并来实现国土空间规划体系的整合，将局限于协调行政部门间不同任务诉求的功能，并不符合我国国土空间规划体系的目标。

本文认为，建立统一协调的国土空间规划体系应当以第二种思路为主，即从规划体系本身的层面来厘清各规划的层级关系，对内容重复的规划进行合并删减，并在此基础上对规划的责任部门进行相应调整，将政府职能机构与合理的规划工具相匹配是实现治理效率的有效支撑。

因此，在国土空间规划体系的改革中，并入体系的应当是各类空间规划而非负责各类规划的部门。实现保护优先原则下的"一部规划、统一编制、分头实施"，或许是较为理想的国土空间规划体系之构建路径。

(四) 融合绿色发展理念，动态调整平衡

寻找国土空间开发与保护之间以生态环境承载力为标准的平衡点，是一个随着具体的国土空间规划领域的不同及时代的变化而动态平衡的过程。

维持这种动态平衡，需要国土空间规划在体系建构中遵循绿色发展的约束。必须以已经开展的规划区域资源环境承载力评价为基础，为规划的编制提供最基础的科学依据。更具体地，在实现保护优先动态平衡的路径选择上，应当综合多种方案，用科学的技术手段及方法来构筑资源开发底线，达到合理控制国土空间开发程度的效果。

最后也必须看到，构建高效运作的国土空间规划体系将是一项长期而艰巨的

任务，其中涉及相当多要素的关联以及利益关系，并且具有极强的时空特异性，是一个随着社会经济发展而不断发展、随着环境资源情况变化而不断调整的动态过程，需要阶段性地调整目标和具体任务①，在动态平衡中向前发展。

① 周宜笑、张嘉良、谭纵波：《我国规划体系的形成、冲突与展望——基于国土空间规划的视角》，载《城市规划学刊》2020 年第 6 期，第 27—34 页。

可再生能源电力消纳法律机制的模式选择

王若谷*

摘要： 基于伯克利法学派对法律模式的观察与分类，为了明确可再生能源电力消纳法律机制的模式选择，可再生能源电力消纳未来应当向回应型法模式迈进。融入了国家在场理论的可再生能源电力消纳法律机制的构建，经过"获得—拓展—反作用"三个阶段，实现国家角色在可再生能源电力产生到应用、消纳过程中的转化，依循直接和间接两条路径对可再生能源电力消纳法律发挥反哺作用。在可再生能源的发电端和输配端，国家角色呈现强在场；在消费端，为了激发电力交易灵活性和提高社会主体的参与度，国家角色呈现弱在场。

关键词： 可再生能源；电力消纳；法律机制

在完善可再生能源电力消纳相关的法律体系的基础上，回应型法模式是应对气候变化背景下可再生能源法律机制的适当选择。明确可再生能源法律

---

* 作者简介：王若谷，中国政法大学环境与资源保护法学专业2021届博士。

机制的模式，也成为进一步保障公法机制与私法机制各自发挥功能的必要前提。

一、 回应型法模式下的国家在场实现

可再生能源电力消纳的法律模式应当面对"弃风弃光"的现实挑战，作出法律模式的选择。在此，运用"伯克利观察法"对法律模式的分类方法，可以发现不同的可再生能源电力消纳阶段下国家角色的差异和转换。

(一) 回应型法模式的目标确立

法律现实化的主要目的，就是使法律更大程度地回应社会的需求。[1] 面对可再生能源电力消纳领域复杂的价值冲突和利益衡量过程，如何建立包容更多社会需求的法律研究范式，也是我国社会和法律体系面临的诘问。回应型法模式作为法律现实主义的产物，在面对公共秩序危机时采取了以问题为中心、社会一体化的态度。回应型法是具有开放、参与性特征的法律范式，不仅能更加及时地回应社会变革的挑战，而且在法律的应然性和实然性结合过程中更加具有张力。[2] 伯克利法学派的代表学者塞尔兹尼克和诺内特在著作中提出了"伯克利观察法"，将法律分为"压制型法—自治型法—回应型法"的路径。[3] 此种理论

---

[1] Jerome Frank, *Mr. Justice Holmes and Non-Euclidian Legal Thinking*, Cornell Law Quarterly 17 (1932)：568,586.

[2] 于浩：《迈向回应型法：转型社会与中国观点》，载《东北大学学报（社会科学版）》2015 年第 2 期，第 193 页。

[3] ［美］诺内特、［美］塞尔兹尼克：《转变中的法律与社会：迈向回应型法》，张志铭译，中国政法大学出版社 2004 年版，第 16 页。

范式,借鉴了法律的社会学分析方法,提倡为了解决实际问题,应当寻找法律适应社会的出路。[①] 我国目前处于压制型法向自治型法过渡的阶段,依然是沿用传统的权威管制型模式和命令—控制型模式的运作方式,通过法律制度来规制可再生能源电力消纳问题,并对可再生能源开发利用行为进行调整。

压制型法律模式重视末端的管理手段的应用,提倡共同道德法律化和官方自由裁量权的扩张,同时让政治权威和法律关系形成密切的关联。在此模式下,法律丧失本身的正统性特征,单纯为权威服务,成为权力的附属品。为了弥补压制型法可能导致的国家权力无节制行使和无法形成独立的法律机构的缺点,自治型法以形式法治为核心追求,逐渐成为主导性的法律模式。自治型法的特征是存在专门独立的法律机构,并且在其固定的职权范围内享有最高的权威。法律成为控制、压制的工具,同时独立于政治,以维护自己的完整性。此时,自治型法开始具有现代法治的典型特征,约束了统治者的权威,以政法分离为基础,重视法律规则和程序,法律机构实体服从实现程序自治,为国家权力的限制和个人权利的实现提供了稳定的环境[②],追求法律的独立和公平价值。

区别于以确定性为显著特征的压制型法律规制和决策模式,将规则和自由裁量权、完整性和开放性相结合,以法律目的为指导,回应型法律模式为了建立具有可接受性、符合合理限度的法律规则体系,以渐次性和回应性面向不确定性。为此,应确立更理性的方式来考量可再生能源电力消纳双方的权利谱系是否达到供给与需求的合理限度,同时运用成本—效益模型来分析是否达到各方主体利益的协调与衡平。回应型法律规制建立了一种事实上反思环境、实现能源法律治理的路径,在承认与日俱增的社会复杂性对法律施加各种限制的同时,避免直接规

---

① 李晗:《回应社会,法律变革的飞跃:从压制迈向回应——评〈转变中的法律与社会:迈向回应型法〉》,载《政法论坛》2018 年第 2 期,第 185—186 页。

② 侯瑞雪:《整合进路中的发展策略:伯克利学派的理论纲领——兼评〈转变中的法律与社会:迈向回应型法〉》,载《河北法学》2006 年第 10 期,第 10 页。

定法律规制的对象应当为或不为一定行为，只规定被规制对象应当履行和遵循的各种公开、法定的程序。① 程序正义和实质正义的张力，使回应型法超越了自治型法。

易言之，回应型法律模式强调可再生能源电力消纳法律程序的公开性、规范的引导性和组织的沟通能力，以沟通理性、公众参与、共同协商为理念基础，构建回应消纳问题的可再生能源法律规范体系，在不断调整认知和自我适应中，逐渐推进针对可再生能源电力消纳问题的回应型法律发展。回应型法律模式通过规范的法律机构、协商式沟通、程序主义和舆论监督来减少政府行政和规制风险，建立科学规范的评估体系，协调消纳困难问题和可再生能源与传统能源消纳比例中存在的问题，从而有利于确定可接受的消纳限度。

通过伯克利法学派对合法性、法律的目的、法律机构的设立和政治与法律关系的探寻，可以发现法社会学视角下可再生能源电力消纳领域渐进式的研究思路。回应型法律模式之所以更适于可再生能源电力消纳领域，是因为其强制力的来源是普遍合意的价值规范或道德准则。可再生能源电力消纳法律机制的目标，是要实现其在社会施行可再生能源消费政策时，主要依靠民众的自觉、尊重，而不是国家的强制性力量。这种价值指引和协商沟通的法律构建方式，为公众提供了外部表达诉求的通道，如设置信息公开和民众监督的机制，吸纳公众的合理意见。同时，回应现实需求的法律体系满足了公共利益的诉求，增强了其可行程度，从而能够更好地推广、实施。

---

① 董正爱、王璐璐：《迈向回应型环境风险法律规制的变革路径——环境治理多元规范体系的法治重构》，载《社会科学研究》2015 年第 4 期，第 98 页。

（二）国家在场下的消纳模式

"国家在场"一词源于德语"Anwesenheit"，直译为"在场性"，不同的哲学家将它融入自己的理论体系，作出新的延伸与见解。社会学家将国家在场理论诠释为政治国家对市民社会活动的整合与协调，以此实现国家利益在社会运行中的地位。国家在场对民族与民间信仰及国家利益、国家政权的建设、市民社会及乡村社会建设、宗族与国家的互动关系等具有重要的借鉴作用。① 西方福利国家公共支出过度膨胀造成的财政危机和政府承担过多的社会事务造成的信任危机②，迫使政府的管理方式走向转变，将政府一元的、单向的、全能的管理方式转变为多主体、多层次的协作治理，这构成了20世纪70年代治理理论的核心观点。随着多中心治理的理论实现政府退出领域的替代方案，各种组织和团体与政府开展紧密合作，"小政府、大社会"的现代社会治理模式改革以中国香港特别行政区③、日本东京和新加坡等④为典范，在世界范围内得到广泛实践。国家在场理论以"市民社会"和"公共领域"为载体，往往研究国家话语权与社会诉求之间的分歧与协调，目前在我国存在两种研究路径：其一，将民间习惯法引入法学领域，关注民间法与国家法在中国社会转型中的互动关系。国家以一系列政治工具为手段，动员社会关系中的族群和社会组织，使其积极响应，共同推动社会

---

① 崔榕：《"国家在场理论"在中国的运用及发展》，载《理论月刊》2010年第9期，第42页。
② 关学增：《当代西方国家的社会治理思潮》，载《河南师范大学学报（哲学社会科学版）》，2006年第7期，第49页。
③ 中国香港特别行政区政府精简机构设置，将工作重点放在法律法规的制定、社会治安、义务教育、医疗保障、基础建设等基本公共服务，其他的社会服务通过委托、出租、采购等形式让渡给了社会组织和其他社会服务主体。参见曾令发、杨爱平：《现代治理体系视野下的香港社会组织及其启示》，载《学习与实践》2014年第8期，第107页。
④ 张诗雨：《发达国家的城市治理范式——国外城市治理经验研究之三》，载《中国发展观察》2015年第4期，第79—80页。

与国家关系的变迁。① 其二，在人类学或者社会学学科内，将国家引入原本存在的社会文化中，就公共生活、权力行使规范的体现、民间宗教等问题探究国家与社会的互动。②

　　基层社会与国家力量之间协同互助，正在推动转型中的可再生能源电力消纳模式逐渐成为现实，国家力量与社会民众达成了一定程度的共识。当国家目标与交易自由的社会关系发展整合时，行政机关和社会主体均从中受益。在可再生能源产业技术变迁下的国家与社会中，国家在对可再生能源电力消纳的产业规划布局等方面发挥着主导作用，充当着"自变量"的角色，而社会环境随着国家的发展计划作出适当的调适与改变，充当着"因变量"的角色。不同治理主体发挥作用的能力与方式，受到组织结构的影响和约束，取决于各主体在不同时期的发展状况和组织能力。借鉴国家在场对社会文化变迁的影响之研究范式，对国家在场理论在可再生能源领域的适用，主要体现在不同领域和时期，国家行政强制性的表现和变化，可以实现指导可再生能源电力消纳法律机制建构与完善的目的。我国现阶段"强政府、弱社会"的特征显著，社会组织和公众作为治理主体，存在支持力度不足、参与意识不强、自治能力有限、经验积累不足等限制，应当发挥我国社会治理中国家在场的功能，探索可再生能源治理模式中科学有效的国家在场方式。由此，在可再生能源的治理格局中，国家在场与否、国家在场的方式等问题成为反思重点。③

　　可再生能源电力消纳的各个存在阶段都存在国家的多种形式在场。在判断可再生能源电力消纳领域的国家在场性时，以可再生能源电力消纳的流程为线索，

---

① 李丽、李技文：《"国家在场"视域下革家人的族群身份变迁与认同表达》，载《青海民族研究》2017 年第 4 期，第 91 页。
② 邓正来：《国家与社会——中国市民化社会研究》，北京大学出版社 2008 年版，第 164—165 页。
③ 陶秀丽：《"国家在场"的社会治理：理念反思与现实观照》，载《学习与实践》2019 年第 9 期，第 113 页。

关注企业和交易平台如何进入不同阶段的可再生能源电力消纳过程。通过可再生能源电力消纳中国家在场模式的选择与建立，可以在以下三个方面作出回应：首先，行政机关在场的方式。从过程和机制层面揭示"弃风弃光"背景下可再生能源电力消纳的挑战、不同阶段国家在场性存续的缘由，以及不断调整在场目标的过程。其次，国家在场的方式。立足可再生能源产业全局的视角，检视国家通过何种在场策略，解决可再生能源电力消纳的困境。最后，国家在场为我国可再生能源电力消纳和可再生能源开发、利用、消费等微观法律机制的设计提供的启示。①

国家在场主要以行政公权力的形式展现，将其引入可再生能源电力消纳领域，经过"获得—拓展—反作用"三个阶段，实现从产生到应用的转化，并依循直接和间接两条路径，完成对消纳难题的反哺作用（见图1）。放眼可再生能源电力消纳所赋存的整个国家行政权规制的存在程度不同变化的过程，国家的在场性体现为在可再生能源电力消纳与电力生产消费发展要求的冲突之导向下，以行政权为指导，在全社会范围对以往可再生能源电力消纳为目的作出的行政管制和交易市场的省思，对可再生能源的价值位阶与消纳方式的组合、安排和肯认。通过国家强制性、指导性、激励性手段的不断倡导和推动，将电网和市场的抗拒之声音沉淀下来，与公众行动相结合，由分布式可再生能源到全国由上至下的可再生能源电力消纳法律制度逐步走向统一的消纳法律机制的模式，实现由政府一元向政府、企业、市场、公众等多元整合的转化。

可再生能源电力消纳本身具有独特性，或许与可再生能源本身的性质有很大关系，即开发、利用、发展时间不长，同时伴有能源品种多、波动性大和时序性

---

① 本文参考环境NGO组织对邻避抗争中的环境治理的几个关键问题，引申到对可再生能源电力消纳领域国家在场性应当解决的问题之探讨。参见谭爽：《"缺席"抑或"在场"？我国邻避抗争中的环境NGO——以垃圾焚烧厂反建事件为切片的观察》，载《吉首大学学报（社会科学版）》2018年第2期，第65页。

强的特征。政府的功能在于整合传统能源和可再生能源之间、能源管网和可再生能源输送需求之间不协调的矛盾，其源头是消纳的方式过于依赖行政强制性，缺少市场化的消纳途径及法律保障，而市场化及其蕴含的交易的需求恰好是公众及其中的个体的可循选择，这为政府在可再生能源电力消纳市场环境、实施条件的法律约束和调节方面发挥作用提供了广阔的空间。相对而言，碳交易规则和市场的建立作为能源领域的热点问题，是否具备且适用可再生能源电力消纳法律机制中的国家在场的交易规则，仍然有待研究。本文无意将研究结论作普遍性拓展，然而可再生能源电力消纳本身所呈现的变化与机遇，为我国能源产业法律规制、能源交易市场、能源开发利用中环境保护的权衡甚至电力交易市场的培育等提供了启示。可再生能源电力消纳过程中基于法律授权的国家在场方式的获得，在消纳过程中国家与企业、公众的角色和功能之定位调整及相互联结，国家在场基于观察和调整功能对消纳本身不仅在制度设计和法规制定等方面具有直接的影响和作用，而且可以通过绿色交易证书和税收等手段，对可再生能源电力消纳本身的成本的市场化配置作出一定的调适，此乃对消纳产生的间接的反作用（见图1）。

国家往往具有公法机制的强烈特征，国家在场性的不同程度的表达方式，也构成法律机制中公法机制与私法机制结合的理念基础。在未来可再生能源电力消纳法律机制的完善过程中，不仅应当考虑如何尽快遏制"弃风弃光"的趋势，还应在可以控制的范围内，提供一定的空间和时间，为社会力量的参与打好基础，建立国家在场下可再生能源电力消纳的长效机制。一方面，在政策上对国家在场下的社会组织和电力交易市场予以法律地位方面的认同，并及时制定一系列法规政策予以规制和管理，鼓励其在法律规定的范围内良好发展和存续；另一方面，为国家在场下可再生能源的不同参与主体赋予行动的程序性保障，明确其在可再生能源规划、项目建设、上网、交易、输配等阶段的参与路径，保障国家与其他

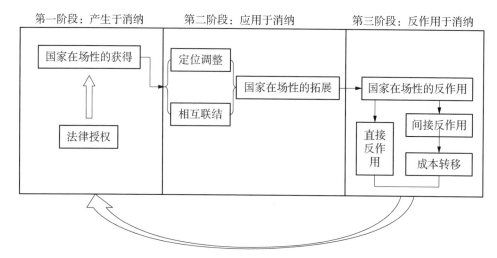

图1　可再生能源电力消纳法律机制中国家在场方式的呈现

主体在可再生能源电力消纳中的有效协同，避免运行过程中的割裂现象。

二、 不同消纳阶段的国家在场模式

可再生能源电力消纳法律机制不同阶段的内容与构成，也存在法律模式选择方面的差异。依据伯克利法学派对法律发展路径的分类，我国目前正处于压制型法向自治型法逐步转变的阶段，未来应向回应现实需求的回应型法律模式迈进。我国传统的管制型法律模式具有较强的家长式作风的特征，以计划和行政命令作为法律实施的方式。面对此种法律实践情况，回应型法律模式的管理思路由强制型转变为给予可再生能源产业更多的自由发展空间，其前提是必须率先理顺国家角色和社会需求之间的关系。依照国家在场方式的不同，不同阶段的可再生能源电力消纳可以作出不同的法律机制的回应。电力系统可以分为发电、输电、配电、售电和用电五个环节。依照电力生产的客观规律，可再生能源电力消纳的主要环节可以分为发电端（对应发电）、输配端（对应输电和配电）和消费端（对应售电和用电）。法律制度是法律机制的主要内容，依据国家在场的程度由强至弱，输配端和发电端分别以强制型法律制度和指导型法律制度为核心，国家在场的程度较强；消费端以激励型法律制度为主，国家在场的程度较弱。输配端的售电业务与输配业务分离，将售电业务与发电业务整合、重组为竞争性业务。

（一）国家强在场模式

在可再生能源的发电端和输配端，由于涉及输电管网安全和可再生能源所发电能质量是否符合接入电网的需求等问题，政府需要对从发电至上网输配的环节作出比较严格的管控，因此实行国家强在场模式。其中，由于输配端电网建设的经济成本巨大，放开后不仅很难有企业能够具备进入这一领域的经济实力，同时也对电力系统整体的基础安全造成巨大的隐患，因此输配端的国家在场性比发电端更强。

可再生能源电力输配端以强制型法律制度为主。输电和配电环境提供电能传输服务，固定成本高，经济投入具有一定规模，在一定的服务容量内呈现边际成本递减的效应。市场参与主体越多，平均成本越低。[1] 对具有自然垄断属性的输配电环节加强政府监管，可以更好地利用财政优势来发挥电网规模效益。[2] 在我国，电网企业实现输配端的主要功能，其经营具有垄断性。无论是特高压输电网的规划建设、省市级范围内的电力调度，还是跨省区的电力交易，都在电网公司的经营业务范围内。这一阶段的公法性质最强，私法性质最弱，原因主要在于在我国现有的电力体制内，行政权从较高层次的视角对电力系统的安

---

① 赵风云、韩放、董军等：《售电侧电力体制改革研究》，中国电力出版社 2017 年版，第 29 页。
② 国家发展改革委体改司：《电力体制改革解读》，人民出版社 2015 年版，第 50 页。

全保障和运行效率进行规制，有助于在省内乃至全国范围内，实行以全额保障性收购制度和总量目标制度为代表的强制型法律制度。强制型法律制度以完成预先设定的任务量为目标，规定内容清晰明确，制度构造较为简单，法律制度的落实情况易于考察监管。强制型法律制度的推行主体是政府，其主要依靠国家公权力制定的法律强制力保障实施。

可再生能源发电端以指导型法律制度为主。与强制型法律制度那种强制推行与落实制度规定的要求相比，指导型法律制度的公法程度较弱，私法程度较强，主要是为可再生能源发电企业指明政策发展的导向。发电环节已经形成五大发电集团和其他发电企业竞争的格局，市场成员较多，产权分散，具备一定程度上放开市场竞争的条件。指导型法律制度具有一定程度的灵活性，只要不超出制度规定的范围，较高的落实程度可以享受一定的优惠政策，如税收减免和酌减下一年度的消纳任务量等。在发电端，指导型法律制度主要包括上网电价制度和费用分摊制度。私法机制主要体现为，在国家公权力制定发电权招标、审批的法律规则下，市场竞标决定发电权配置和上网电价的环节中，借助市场配置资源的方式来完成发电企业的发电权分配。

（二）国家弱在场模式

在消费端，国家逐步摆脱以强制力手段为主的管控方式，国家发挥的作用应当逐渐减弱，选择国家弱在场模式。售电环节的主要业务是购电和售电行为，产品和服务的可替代性较强，也不具有排他性，与垄断性的业务具有完全不同的特征。发挥市场在消费端配置资源的决定性作用，有助于通过市场来发现真实的售电价格。① 将售电职能从电网企业输配端分离后，消费端的国家弱在场体现为准入与退出机制，允许高新技术产业、分布式电源和微电网业主、公共服务企业、节能服务公司等社会资本和民营企业进入从事售电业务，促进售电主体稳定、有序增长。国家对消费端的监管体现在售电业务许可证的颁发上，同时对退出条件、退出程序和惩罚机制作出规定，维护市场的稳定性。②

对发电端和消费端设立强制性程度不同的法律制度，可以有力地推动可再生能源电力消纳程度的提高。作为可再生能源电力消纳市场管理者的政府，也应当考虑培育长期的可再生能源电力交易市场，促使交易双方主动进行可再生能源电力交易。可再生能源电力消费端以激励型法律制度为主，包括可再生能源基金制度、税收优惠制度和信贷优惠支持制度等。国家鼓励和支持可再生能源交易，为可再生能源制度的发展提供经济支持手段，刺激可再生能源产业的蓬勃发展和可再生能源电力直购电交易市场、现货市场及绿色证书交易市场的建立。因此，在消费端，应建立公法性质最弱、私法性质最强的激励型法律制度。国家弱在场的表现形式，是在政府建立公平、公开的电力交易市场的前提下，引导建立完善的交易规则和试点，促进直购电交易磋商机制的建立，辅助电力交易配套设施的建立，为可再生能源私法机制的培育提供良好的生存环境。

表 1　可再生能源电力消纳法律的公私法机制

	发电端	输配端	消费端
公法性质强弱程度	次强	最强	最弱
私法性质强弱程度	次弱	最弱	最强
制度体系特征	指导型法律制度	强制型法律制度	激励型法律制度

---

① 赵风云、韩放、董军等：《售电侧电力体制改革研究》，中国电力出版社 2017 年版，第 30 页。
② 董晨景、周田编著：《新一轮电力体制改革实践与探索》，中国电力出版社 2019 年版，第 94 页。

续　表

	发电端	输配端	消费端
法律机制运行方式	国家公权力制定发电权招标、审批的法律规则下，由市场竞标决定发电权配置和上网电价	依靠国家公权力来制定法律并以强制力来保障实施	政府辅助、鼓励、支持可再生能源电力交易

结语

　　建立回应型法的国家在场模式，是可再生能源电力消纳法律机制的适当选择。依据消纳阶段国家在场方式的不同，从输配端、发电端至消费端，公法机制的效果逐渐减弱，相应地选择国家在场的不同模式。输配端以公法机制为主，消费端以私法机制为主，而发电端则兼具公法机制与私法机制的特征。以此为据，输配端实行强制型法律制度，发电端实行指导型法律制度，消费端则实行激励型法律制度。由此，在可再生能源电力消纳法律机制的不同阶段，国家在场理论指导下的"获得—拓展—反作用"的回应型立法模式可以运用到消纳实践中，从而发挥更佳的指导效果。这对于依循不同的完善路径，分别对公法机制与私法机制展开研究，最终实现二者的融合，具有重要的前置性作用。

论我国环境侵权惩罚性赔偿的主观要件

张晨晨[*]

摘要： 2021 年 1 月 1 日起实施的《民法典》第 1232 条创造性地将惩罚性赔偿责任引入我国环境侵权领域当中，具有重要历史意义和时代价值。然而，我国学界对该条文中环境侵权惩罚性赔偿责任的主观要件究竟应当限定在"故意"范畴，还是应当将其适当拓展至"重大过失"范畴存在争议。因此，本文试图立足于环境侵权惩罚性赔偿主观要件的立法梳理与实践分析，对当前主要问题存在的根源予以剖释，并在对重大过失适用于我国环境侵权惩罚性赔偿之合理空间进行充分解释的基础之上，构建一套合理的、具有可操作性的环境侵权惩罚性赔偿主观要件的具体认定规则，以期能够为惩罚性赔偿在我国环境侵权领域的完善和发展略尽绵薄之力。

关键词： 环境侵权；惩罚性赔偿；故意；重大过失

---

* 作者简介：张晨晨，中南财经政法大学。

引言

为弥补我国公法执法体系应对当前严峻环境形势的不足,《民法典》以立法的形式将惩罚性赔偿正式引入我国环境侵权领域,这对于全面救济受害人损失、维护社会公共利益等具有重要意义,亦是我国环境侵权惩罚赔偿责任朝着制度化、体系化方向迈进的重要标志。传统侵权损害赔偿通常是以行为人过错的有无为依据,设置不同的归责原则和赔偿规则,但惩罚性赔偿则更多地考虑的是行为人过错的性质及程度,这使得惩罚性赔偿必须突破传统损害赔偿中对行为人主观状态持轻慢态度的瓶颈,设置合理的损害赔偿责任主观构成要件,并对不法行为人的主观心理状态进行深入探究。

总体上来看,惩罚性赔偿在我国侵权责任法领域的适用已相对成熟。然而,立法在产品责任、知识产权以及环境侵权等不同领域也设置了诸如"明知""恶意""故意"及"欺诈"等不同的主观构成要件,且并未对这些相似但又存在差异的措辞进行明确定义或解释,导致惩罚性赔偿责任的主观状态认定在司法实践中易被混乱适用。欲对环境侵权惩罚性赔偿责任的主观要件进行合理安排和解释,必须通过对现有法律法规的条文梳理、环境司法实践中的问题研究,以及各主观要件的内涵和判断标准等进行综合分析与考察,并从目的价值、逻辑体系等多重角度为主观要件的设置安排提供合理的解释与论证,最终为环境侵权惩罚性赔偿主观要件的具体认定构建出一个合理且具有可操作性的规则体系。

一、 我国环境侵权惩罚性赔偿主观要件之问题检视

（一）惩罚性赔偿主观要件的立法梳理

我国现行《民法典》共设置了四处惩罚性赔偿规定，分别是第 179 条第 2 款的一般性规定①、第 1185 条的知识产权惩罚性赔偿规定②、第 1207 条的产品责任惩罚性赔偿规定③以及第 1232 条的环境侵权惩罚性赔偿规定④，后三个领域的主观要件关键词分别表述为"故意""明知"和"故意"。此外，《消费者权益保护法》第 55 条⑤、《商标法》第 63 条第 1 款⑥以及《反不正当竞争法》第 17 条第 3 款⑦等法律规定中还出现了"欺诈""恶意"等不同表述。笔者将我国现行惩罚性赔偿中主观要件的相关法律法规梳理为表 1。

法律条文中措辞表述的些许差异，不仅是立法者对不同情况深思熟虑的结果，亦会对实践中具体案件的认定和处置带来实质性影响。针对我国惩罚性赔偿责任的主观要件，不同领域的设置不完全相同，且除部分条文对民法中的"欺

---

① 《民法典》第 179 条第 2 款规定："法律规定惩罚性赔偿的，依照其规定。"
② 《民法典》第 1185 条规定："故意侵害他人知识产权，情节严重的，被侵权人有权请求相应的惩罚性赔偿。"
③ 《民法典》第 1207 条规定："明知产品存在缺陷仍然生产、销售，或者没有依据前条规定采取有效补救措施，造成他人死亡或者健康严重损害的，被侵权人有权请求相应的惩罚性赔偿。"
④ 《民法典》第 1232 条规定："侵权人违反法律规定故意污染环境、破坏生态造成严重后果的，被侵权人有权请求相应的惩罚性赔偿。"
⑤ 《消费者权益保护法》第 55 条规定："经营者提供商品或者服务有欺诈行为的，应当按照消费者的要求增加赔偿其受到的损失，增加赔偿的金额为消费者购买商品的价款或者接受服务的费用的三倍；增加赔偿的金额不足五百元的，为五百元。法律另有规定的，依照其规定。"
⑥ 《商标法》第 63 条第 1 款规定："……对恶意侵犯商标专用权，情节严重的，可以在按照上述方法确定数额的一倍以上五倍以下确定赔偿数额。赔偿数额应当包括权利人为制止侵权行为所支付的合理开支。"
⑦ 《反正不正当竞争法》第 17 条第 13 款规定："……经营者恶意实施侵犯商业秘密行为，情节严重的，可以在按照上述方法确定数额的一倍以上五倍以下确定赔偿数额。赔偿数额还应当包括经营者为制止侵权行为所支付的合理开支。"

诈"和知识产权惩罚性赔偿中的"故意"中的构成要件和具体行为进行了一定解释和列举式认定外[①]，其他法律文件中的"明知""故意""恶意"等概念在立法中并未得到明确界定。

同时，根据对《民法典》中"故意或重大过失"表述的数量统计，该表述共计出现 16 次[②]，故不难推断，我国立法者认为故意或重大过失在主观可归责程度上是相似或相近的。那么，由此提出疑问，产品责任惩罚性赔偿中的"明知"是否应包含重大过失情形？而将环境侵权惩罚性赔偿的主观过错限定在"故意"范畴又能否满足现实发展的需要？以及是否应当将其主观要件适当拓展至"重大过失"范畴？

表 1   我国惩罚性赔偿主观要件的相关法律规定

级别	时间	名称	规范领域	主观要件
法律与行政法规	1993 年	《消费者权益保护法》第 49 条	商品/服务	欺诈
	2009 年	《侵权责任法》第 47 条	产品责任	明知
	2013 年	《消费者权益保护法》第 55 条	产品责任	欺诈/明知
	2017 年	《民法总则》第 179 条	一般性规定	/
	2018 年	《食品安全法》第 148 条	食品安全	生产者
				经营者 + 明知
	2019 年	《商标法》第 63 条	商标权	恶意
		《反不正当竞争法》第 17 条	商业秘密	恶意
		《优化营商环境条例》第 15 条	知识产权	/

---

① 最高人民法院于 1988 年 1 月颁布的《关于贯彻执行若干问题的意见（试行）》（以下简称《意见》）第 68 条（已失效）及国家市场监督管理总局于 2020 年 10 月修订的《侵害消费者权益行为处罚办法》第 5 条和第 16 条对民事领域中"欺诈"的构成要件与行为进行了列举式认定。最高人民法院于 2021 年 3 月出台的《关于审理侵害知识产权民事案件适用惩罚性赔偿的解释》（以下简称《解释》）第 3 条第 1 款对知识产权领域的"故意"进行了相关解释。

② 分别是《民法典》第 43 条第 3 款、第 316 条、第 506 条 1 款第 2 项、第 618 条、第 660 条第 2 款、第 823 条、第 897 条、第 929 条、第 1148 条、第 1176 条、第 1183 条第 2 款、第 1191 条第 1 款、第 1192 条、第 1217 条、第 1244 条以及第 1245 条等共计 16 处。

续　表

级别	时间	名称	规范领域	主观要件
司法解释	2020 年	《民法典》第 179 条	一般性规定	/
		《民法典》第 1185 条	知识产权	故意
		《民法典》第 1207 条	产品责任	明知
		《民法典》第 1232 条	环境侵权	故意
	2020 年	《最高人民法院关于涉网络知识产权侵权纠纷几个法律适用问题的批复》	知识产权	恶意
		《最高人民法院关于审理涉及计算机网络域名民事纠纷案件适用法律若干问题的解释》	计算机网络域名	故意
		《最高人民法院关于审理旅游纠纷案件适用法律若干问题的规定》第 15 条	旅游服务	欺诈
		《最高人民法院关于审理医疗损害责任纠纷案件适用法律若干问题的解释》第 23 条	医疗产品	明知
	2021 年	《最高人民法院关于审理侵害知识产权民事案件适用惩罚性赔偿的解释》	知识产权	故意

（二）环境侵权惩罚性赔偿审议的立法建议及条文分析

立法背后的利益权衡与博弈，通常能够在法律制定过程的观点争论中有所体现。因此，欲进一步研究环境侵权惩罚性赔偿责任的主观构成要件及认定规则，对我国《民法典》中相关条文的立法建议稿及审理过程进行梳理和考察是极为必要的。

就惩罚性赔偿责任而言，梁慧星教授与王利明教授分别主持起草的两部《民法典》草案对其主观构成要件作出了不同规定。梁慧星教授认为，在适用无过错责任原则的案件中，只有当被侵权人能够证明侵权行为人存在故意情形时，才需要承担惩罚性赔偿责任，故其主张将环境侵权惩罚性赔偿限定在"故意"范畴。[①] 王利民教授则主张将惩罚性赔偿责任的主观要件拓展至"故意和重大过失"。[②] 学界也据此产生了观点分歧，有学者认为，应当将环境侵权惩罚性赔偿责任的主观要件限定在"故意"范畴，既可以着重对恶意侵权人进行惩罚和制裁，又可以避免责任的不当扩大对社会经济发展产生不利影响[③]；亦有学者认为，应当将环境侵权惩罚性赔偿责任适当拓展至"重大过失"范畴，以应对当前严峻的环境污染和生态破坏形势，使该责任制度的功能价值得以充分发挥[④]。

表 2　我国环境侵权惩罚性赔偿条文的立法审议过程

审议稿	内容
《民法典侵权责任编（草案·一次审议稿）》第 1008 条	侵权人<u>故意</u>违反国家规定损害生态环境的，被侵权人有权请求相应的惩罚性赔偿。
《民法典侵权责任编（草案·二次审议稿）》第 1008 条	侵权人<u>故意</u>违反国家规定损害生态环境造成严重后果的，被侵权人有权请求相应的惩罚性赔偿。

① 梁慧星教授主持起草的《中国民法典·侵权行为法编草案建议稿》第 91 条规定："故意侵害他人生命、身体、人身自由、健康或具有感情意义财产的，法院得在赔偿损害之外判决加害人支付不超过赔偿金倍的惩罚性赔偿金。"

② 王利明教授主持起草的《中国民法典·侵权行为法编草案建议稿》第 96 条规定："因生产者、销售者故意或者重大过失使产品存在缺陷，造成他人人身、财产损害的，受害人可以请求生产者、销售者给予双倍价金的赔偿。"参见中国人民大学民商事法律科学研究中心：《中国民法典学者建议稿及立法理由（侵权行为编）》，法律出版社 2005 年版。

③ 参见申进忠：《惩罚性赔偿在我国环境侵权中的适用》，载《天津法学》2020 年第 3 期；陈学敏：《环境侵权损害惩罚性赔偿制度的规制——基于〈民法典〉第 1232 条的省思》，载《中国政法大学学报》2020 年第 6 期；谢海波：《环境侵权惩罚性赔偿责任条款的构造性解释及其分析——以〈民法典〉第 1232 条规定为中心》，载《法律适用》2020 年第 23 期等。

④ 参见张新宝、李倩：《惩罚性赔偿的立法选择》，载《清华法学》2009 年第 4 期；张晓梅：《惩罚性赔偿制度的反思与重构》，上海交通大学 2014 年博士学位论文，第 115 页；杨立新、李怡雯：《生态环境侵权惩罚性赔偿责任之构建——〈民法典侵权责任编（草案二审稿）〉第一千零八条的立法意义及完善》，载《河南财经政法大学学报》2019 年第 3 期；黄娅琴：《我国惩罚性赔偿制度的司法适用问题研究》，载《法学论坛》2016 年第 4 期；梁勇、朱烨：《环境侵权惩罚性赔偿构成要件法律适用研究》，载《法律适用》2020 年第 23 期等。

续　表

审议稿	内容
《民法典侵权责任编（草案·三次审议稿）》（即现行《民法典》第1232条）	侵权人违反法律规定<u>故意</u>污染环境、破坏生态造成严重后果的，被侵权人有权请求相应的惩罚性赔偿。

根据表2，虽然《民法典》中环境侵权惩罚性赔偿的主观要件均表述为"故意"，但措辞顺序的些许差异会对主观要件的判断产生重大影响。具体而言，一审稿和二审稿均是规定只有在侵权人"故意"违反国家规定的情况下，才需要承担赔偿责任；而三审稿则改变了"故意"在条文中的顺序，这一细微调整使环境侵权惩罚性赔偿的主观要件产生了实质性变化，"故意"由修饰"违反国家规定"转变成了修饰"污染环境和破坏生态"，即三审稿将侵权人的主观过错的针对对象进行了重大调整。此外，在《民法典》的制定和审议过程中，各审议委员会亦对此主观构成要件提出了各种不同的审议意见。因此，在现行《民法典》对环境侵权惩罚性赔偿进行了原则性规定的情况下，该制度在司法实践中的具体运用尚需进一步解释和规范。

（三）当前主观要件存在问题的根源剖释

通过前文对我国环境侵权惩罚性赔偿主观要件的立法梳理及条文分析，一方面，由于惩罚性赔偿制度本身定位不清，进而对其主观要件的现有安排是否足以应对当前严峻环境形势的判断造成了阻碍；另一方面，我国现行立法并未对环境侵权惩罚性赔偿条文中"故意"的认定规则及适用范围进行清晰界定，同时亦未对各过错概念进行详细定义，故易引发语义上的歧义，从而导致司法实践的混乱。基于此，本文将我国环境侵权惩罚性赔偿主观要件存在的主要问题大致归纳为两个方面：

其一，惩罚性赔偿制度功能定位不清。就其普遍性而言，我国的惩罚性赔偿责任主要规定在产品责任、知识产权及环境侵权等易爆发大规模侵权的特定领域。这些事故责任的发生，将会对不特定多数人甚至社会公共利益造成巨大损害，故立法多将惩罚性赔偿责任的主观要件限定于"故意""恶意""明知"等相对狭窄的范围，以避免责任的不当扩大。就环境侵权这一特殊领域而言，我国环境侵权主要适用无过错责任原则，多数侵权人对严重损害后果的发生并非持故意态度，且环境损害后果多极为严重并难以逆转。同时，学界亦多认为重大过失的主观恶性与可谴责性有时并不亚于故意或恶意。因此，当前立法的谨慎考量能否充分发挥惩罚性赔偿的制度功能尚有待论证。

其二，主观要件的概念不清，且判断标准不明。首先，我国民事法律中多处出现"故意或重大过失"的表述，但几乎未曾对二者间的具体含义及区别进行明确界定。民法领域中的重大过失是否与故意等同？若不能等同，那么二者应当如何区分？这些问题尚需探讨。其次，故意与恶意时常在惩罚性赔偿中相提并论，但后者并非是一种规范的过错类型，两种概念之间的细微区别也需进一步讨论。再次，学界对侵权法上的明知是否包含重大过失亦存在不同看法。最后，立法亦尚未对这些主观要件的判断标准予以统一，在此基础之上的主观认知差异可能会导致司法实践出现混乱局面。

总而言之，立法的缺失与司法实践的混乱，很大程度上根源于民法对主观要件研究的薄弱。只有在正确定位责任制度功能价值的基础之上，对各主观概念及要件的本质内涵进行准确把握，设置一个合理且具有可操作性的主观判断标准，才能为司法实践提供一套完备高效的理论指导体系。

二、 重大过失适用于我国环境侵权惩罚性赔偿之合理解释

(一) 不同领域的主观要件存在差异

我国惩罚性赔偿源自对特定受害群体或客体提供专门保护的特殊需求,由于不同领域对不同法益的保护程度不同,故其适用范围必然有所差异。现行《民法典》分别对产品责任、知识产权以及环境侵权三个领域中的惩罚性赔偿进行了规定,由于前述不同领域中的侵权主体、行为方式、损害后果、归责原则等均存在较大差异,故惩罚性赔偿的主观要件在不同领域中的表现形式及适用范围亦可能迥然不同。

我国知识产权惩罚性赔偿是以《民法典》为基本指引,由《商标法》《著作权法》《专利法》及《反不正当竞争法》等法律法规及其他司法解释共同构成的一种特殊侵权责任赔偿体系。我国知识产权侵权责任一般以过错责任为归责原则①,《专利法》和《著作权法》以"故意"为主观构成要件②,《商标法》与《反不正当竞争法》则是将主观过错提升至"恶意"层面③。吴汉东教授认为,恶意与故意不能完全等同,前者是后者在严重程度上更甚的一种表现,其主观恶性与可谴责性应更加强烈。④ 由此,现行法律对我国知识产权惩罚性赔偿的主

---

① 参见张民安、邓鹤:《民法债券》,中山大学出版社 2002 年班,第 312 页。
② 《专利法》第 71 条第 1 款规定:"……对故意侵犯专利权,情节严重的,可以在按照上述方法确定数额的一倍以上五倍以下确定赔偿数额。"《著作权法》第 54 条第 1 款规定:"……对故意侵犯著作权或者与著作权有关的权利,情节严重的,可以在按照上述方法确定数额的一倍以上五倍以下给予赔偿。"
③ 《商标法》(2019 年修正) 第 63 条第 1 款规定:"……对恶意侵犯商标专用权,情节严重的,可以在按照上述方法确定数额的一倍以上五倍以下确定赔偿数额。"《反不正当竞争法》(2019 年修订) 第 17 条第 3 款规定:"……经营者恶意实施侵犯商业秘密行为,情节严重的,可以在按照上述方法确定数额的一倍以上五倍以下确定赔偿数额。"
④ 参见吴汉东:《知识产权惩罚性赔偿的司法基础与司法适用》,载《法学评论》2021 年第 3 期。

观要件明显带有一种限缩适用范围的倾向，这主要是基于其独特性而作出的立法考量，因为绝大部分知识产权侵权都发生于公开之后，即使是为避免侵权而刻意不去查阅相关资料，仍然有可能会被认定为故意侵权。因此，相较于其他领域，知识产权侵权中的"故意"较易达成，甚至有些领域将其进一步限缩在"恶意"范畴，那么其主观要件当然不可能会拓展至"重大过失"，这也与我国当前的实践发展情况相符合。

《民法典》延续原《侵权责任法》的规定，仍将产品责任的主观要件限定在"明知"范畴。但是，严格来说，"明知"并非是描述主观要件的专业术语，且我国现行法律法规并未对此用语的具体内涵及范围进行清晰定义。我国学者通常将"明知"解释为行为人对某种产品具有或可能具有某种缺陷存在认识，进而将其解释为直接故意或间接故意，但这种观点忽视了行为人对缺陷产品可能或必然导致的损害后果的主观认识，即其只考虑到了意识因素而忽视了意志因素。从实践来看，产品责任中的侵权人多为生产者或销售者，这类主体通常对自己产品是否存在缺陷以及存在缺陷的可能性有所认识，但其对此产品缺陷可能会导致的损害后果存在何种程度的认识就难以确定了。因此，显然不能将"明知"等同于"故意"，也不应将其解释为要求行为人知道缺陷产品所可能导致的损害后果，而是仅需行为人意识到其产品存在某种缺陷即可。也就是说，这种解读实际上是将其主观要件拓展至"重大过失"范畴。

《民法典》第 1232 条将环境侵权惩罚性赔偿的主观要件限定在"故意"范畴，但该条文中的"故意"究竟需要达到何种程度尚未明晰，对此程度的不同看法将直接影响到主观要件范围的解读。一方面，从横向进行对比，相比于知识产权，环境侵权与产品责任在当事人地位的不平等性、损害后果的严重性等方面更具有相似性与可比性。即使从功能价值等理论层面而言，环境侵权惩罚性赔偿的主观要件也理应更接近于产品责任中的"明知"。另一方面，从实践中的环境侵权案件来看，侵权人大多对自己的污染行为以及该行为可能会对环境或生态造成一定不良影响等有所认识，但其可能无法对不法行为最终可能会导致的连锁反应及最终损害后果等都存在充分认识。故笔者认为，立法对环境侵权惩罚性赔偿主观要件的审慎考量，尚需在理论与实践中进行进一步解释和探索。

（二）重大过失适用的可能性与必要性解读

从前文对我国环境侵权惩罚性赔偿主观要件的问题检视和领域对比来看，当前立法将其限定在"故意"范畴并不必然符合当前严峻环境形势的要求。将重大过失排除在责任要件范围之外，不仅从立法上极大地缩小了惩罚性赔偿的适用范围，更是提升了司法实践的认定难度，增加了受害人的举证负担。故笔者欲从语义与逻辑、目的与价值等方面，为重大过失在环境侵权惩罚性赔偿中的适用提供充足的解释空间。

语义解释作为法律解释的基本方法之一，其运用具有严格的优先性，任何法律解释的结果都不得超出法律条文本身可能的文义范围。[①] 那么，对于《民法典》第1232条已经明确将环境侵权惩罚性赔偿的主观要件限定为"故意"范畴，首先可以从语义和逻辑上对条文本身的内涵及外延进行排列组合和重新解释。以条文的构成要件为依据，第1232条中的主观要件被置于行为要件之前，那么按照语法逻辑来讲，"故意"应当被解释为修饰动词"污染环境、破坏生态"的副词和限定词。由此，对"造成严重后果"这一结果要件的认识，便有了重大过失的解释和适用空间。并且，从逻辑上予以分析，将行为人对结果要件的认识状态拓展至重大过失，方才更符合实际。一个具有一般环保意识的普通人，

---

① 参见舒国滢、陶旭：《论法律解释中的文义》，载《湖南师范大学社会科学学报》2018年第3期。

在故意违反某种注意义务时，即使对其不法行为可能导致的损害后果存在稍加注意便能避免的重大过失，其在主观上仍然具有高度可责难性。因此，即使是从现有条文本身进行分析，重大过失在我国环境侵权惩罚性赔偿中仍存在高度适用可能性和可解释空间。

目的是一切法律的创造者。① 对我国环境侵权惩罚性赔偿的立法价值予以考察，该制度的引入既是为了应对和遏制当前我国环境形势的恶化、鼓励受害者积极行使诉权，亦是为了弥补传统补偿责任的不足，以维护社会总体公平正义，从而促进经济社会的可持续发展。与其说惩罚性赔偿是为了打击和遏制恶性侵权行为本身，不如说其是为了对侵权行为背后的严重主观过错加以责难。重大过失情形下，行为人对他人生命或财产的漠视和毫不顾忌的可责难性并不低于故意，且实践中对行为人的主观故意的认定难度较高，若行为人借重大过失之名而行故意侵权之实，那么惩罚性赔偿责任的打击范围和力度也将被大大削弱。因此，重大过失在环境侵权惩罚性赔偿中有其适用的必要性和可操作性。

总而言之，环境侵权惩罚性赔偿责任的主观要件应在全方位考量的基础之上进行合理安排。不论从哪个角度进行解释，重大过失在我国环境侵权惩罚性赔偿中都具有适用的必要性与解释空间。

三、 我国环境侵权惩罚性赔偿的主观要件认定之规则构建

（一）主观要件的内在构成及判断标准

笔者在上文中已对环境侵权惩罚性赔偿责任的主观要件进行了充分论证与解

---

① ［奥］恩斯特：《法律方法论》，周万里译，法律出版社 2019 年版，第 119 页。

释，并建议在故意的基础之上适当拓展主观要件范畴，将重大过失纳入赔偿范围之中。同时，惩罚性赔偿责任主观要件的认定，应当在兼顾传统侵权责任法中的填补、惩罚、预防等功能之基础上进行适当整合，在审慎谦抑、过罚相当以及因类制宜等原则的指引下，实现环境领域的有效控制和高效治理。

故意，通常是指行为人预见到自己行为可能造成的损害后果仍希望或放任该后果发生的一种主观心理状态。[①] 故传统理论一般根据行为人的主观恶性程度，将故意细分为直接故意和间接故意两种，前者是指行为人明知且追求危害后果的发生，后者是指行为人明知却放任危害后果的发生。[②] 就故意的认定与解释而言，民法学界主要存在观念主义与意思主义两种不同观点，前者认为，构成故意仅需行为人对损害后果发生的可能性存在认识即可；后者则认为，行为人对损害后果发生的可能性存在认知的基础之上，同时具有追求或放任的心态时，方能构成故意。[③] 对此，笔者认为应采用意思主义观念，以避免"故意"范畴被不当限缩。在认定行为人对不法行为及损害后果存在一定认识后，再对其在意志上是否存在容忍进行判断，至此阶段方才构成间接故意；若行为人还存在意志上的积极追求或希望，则可进一步认定其构成直接故意。

对于重大过失的认定，学界存在主观说[④]、客观说[⑤]及主客观相结合说[⑥]等不同观点。笔者认为，在重大过失之中，一方面，行为人对损害发生之可能性的主观认识是区分重大过失与故意的关键要点之一；另一方面，行为人的不法行为所导致

---

① 参见杨立新：《侵权法论》，人民法院出版社 2003 年版，第 185 页。

② 参见王利明：《侵权行为法研究》（上卷），中国人民大学出版社 2004 年版，第 478 页。

③ 参见马克昌：《比较刑法原理外国刑法学总论》，武汉大学出版社 2002 年版，第 238—240 页。

④ 参见洪增福：《刑事责任之理论》，载《刑事法杂志》1982 年第 1 期；［苏］马特维也夫：《苏维埃民法中的过错》，法律出版社 1958 年版，第 330—331 页。

⑤ 参见叶名怡：《重大过失理论的构建》，载《法学研究》2009 年第 6 期；张民安：《过错侵权责任制度研究》，中国政法大学出版社 2002 年版，第 252—256 页。

⑥ 参见江平：《侵权行为法研究》，中国民主法制出版社 2004 年版，第 178—180 页；张新宝：《侵权责任构成要件》，法律出版社 2007 年版，第 464 页。

的潜在风险或严重损害是构成重大过失所必须具备的客观要件。因此，重大过失的判断应当采取主客观相结合的方式。主观上，行为人对其行为的非正当性和可能导致的损害后果发生的高度盖然性存在一定认识；客观上，行为人的不法行为给他人或社会制造了一种现实存在的高度风险或严重后果。对于重大过失的判断标准，笔者认为以"欠缺一般人最低限度的注意义务"为标准最为适宜。这里所说的"一般人"指的是与从事某种专业性或技术性行为的人具有相同身份或职业的一般人，"最低限度的注意义务"指的是法律法规、一般社会规则或习惯对前述一般人所提出的最基本、最起码的行为要求。总而言之，重大过失属于过失亚类，应当综合考量行为人主观上对危险现实化高度盖然性的认识和客观上危险实现化的严重程度两方面要件，当二者在总量上达到一定的可观程度时，即可认定构成重大过失。

(二) 环境侵权惩罚性赔偿案件中主观要件的具体认定规则

环境侵权惩罚性赔偿是为应对严峻环境形势而引入的带有强烈惩罚色彩的一种民事规制措施，这对于充分救济被侵权人及保护生态环境等具有重要意义和价值。同时，也要避免因赋予企业过于严苛的注意义务，对从业者的行为自由及社会经济效率造成影响或阻碍。故笔者主张适当借鉴信赖原则法理，根据上级管理人员与下级实操人员等不同参与者的具体分工，将危险业务中的风险进行合理分配，一方面能够保证危险业务从业者享有充分的行为自由，另一方面亦有利于激发各个参与者的责任心，促使环境侵权防止效果更加显著。①

对于主观要件中故意的认定，根据前述规则对行为人的主观状态进行判断即

---

① 信赖原则，主要是对非故意参与他人过失行为的行为人是否应以过失问责的问题进行分析和判断。参见王海涛：《过失犯罪中信赖原则的适用及界限》，中国人民公安大学出版社2011年版，第149页。企业环境侵权中的信赖问题，本质上是在讨论企业内部业务分担关系中的信赖适用问题，环境侵权责任中的多种不同分担关系最终都会转化为上级管理人员与下级实操人员之间的信赖关系问题。

可；重大过失的认定则相对复杂，笔者将其认定规则总结为下图：

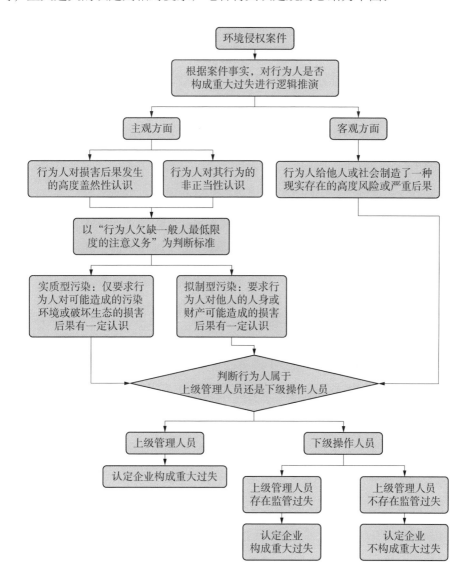

按照上述流程图的分析步骤：（1）需要从主观方面进行判断，要求行为人对损害后果发生的高度盖然性和其行为的非正当性存在一定认识。其中，针对损害后果的具体指向，需要根据污染介质的不同进行区别处理。在实质型污染中，仅要求行为人对其不法行为可能会导致的环境污染或生态破坏损害存在一定认识即可；而在拟制型污染中，则要求行为人对其不法行为对他人的人身或财产可能造成的损害有一定认识。（2）从客观方面进行判断，要求行为人的不法行为给他人或社会制造了一种现实存在的高度风险或严重后果。笔者认为，环境侵权惩罚性赔偿中的重大过失应限制在人身损害与生态损害当中，对于单纯因重大过失而导致的财产损害，不宜适用惩罚性赔偿，这样方能将重大过失的适用限制在合理范围内。（3）在同时满足主客观要件的基础之上，需对行为人所处的具体情形加以区分。若行为人属于企业中的上级管理人员，则其重大过失所导致的惩罚性赔偿责任理应由企业承担。若行为人属于下级实操人员，则需进一步对上级管理人员是否存在监管过失进行判断。若存在监管过失，则依然由企业承担惩罚性赔偿责任；若不存在监管过失，则企业无须承担由其重大过失行为所导致的惩罚性赔偿责任。

结语

我国在立法上已然全面接受并建立了环境侵权惩罚性赔偿责任制度，故当下的研究重点应当从实际应用出发，着重关注该制度的具体适用规则及对司法实践的影响。惩罚性赔偿责任不同于传统同质赔偿，其所具有的补偿、惩罚、遏制等功能均要求从主观要件层面对该责任的适用范围进行合理设置。不论是理论分析还是实践考察，环境侵权惩罚性赔偿的主观要件均应当在"故意"范畴的基础之上，适用拓展至"重大过失"范畴；同时，适当借鉴信赖原则，对重大过失的适用范围进行合理限缩，以避免企业责任的不当扩大。概而言之，环境侵权惩罚性赔偿主观要件的设置，既要使其功能价值得以充分发挥，又要对其适用范围进行合理限制，在多种价值权衡的基础之上，寻求一个最佳的解决方案。

中达环境法论坛观点要览

开幕式致辞

张嘉军副院长主持人开场白

　　各位专家，各位学者，各位同学，大家好！二十大报告明确提出，要坚持"绿水青山就是金山银山"的理念，坚持山水林田湖草沙一体化。保护和系统治理生态文明制度体系更加健全，尊重自然、顺应自然和保护自然，是全面建设社会主义现代化国家的内在要求。在全国上下深入学习贯彻二十大报告之际，我们在此隆重举行由台达集团举办、郑州大学法学院与郑州大学自然资源法学研究所承办的 2020—2022 年中达环境法论坛。我是本次论坛的主持人，郑州大学法学院（知识产权学院）张嘉军。值此论坛开幕之际，我谨代表郑州大学法学院（知识产权学院）、自然资源法学研究所对本次论坛的召开表示热烈祝贺，对各位学者与各位专家莅临本次论坛表示诚挚的欢迎和衷心的感谢。首先，请允许我向大家介绍一下出席本次论坛的各位领导和嘉宾：台达创办人暨荣誉董事长郑崇华先生、黄河勘测规划设计研究院测绘院副院长何刘鹏教授、郑州大学党委副书记吴宏阳教授、郑州大学法学院院长苗连营教授、"中达环境法学教育促进计划"规划委员李念祖先生、武汉大学蔡守秋教授、昆明理工大学王曦教授、湖南大学周珂教授、清华大学王明远教授、上海财经大学郑少华教授、武汉大学秦天宝教授、浙江大学/宁波大学钭晓东教授、甘肃政法大学史玉成教授，还有来自中国人民大学、清华大学、北京大学、中国政法大学、上海交通大学、天津大学、中南财经政法大学、西北政法大学、上海财经大学、河南省高级人民法院等单位的理论界与实务界的专家学者以及郑州大学法学院（知识产权学院）师生，共计100 余人出席本次论坛。我们线上以热烈掌声欢迎各位领导、专家、学者的到来。按照本次论坛的议程安排，现在进行本次论坛的开幕式。根据举办方的安排，在开幕式正式开始之前，请大家观看本次会议的开场仪式和中达环境法论坛纪念视频。

郑州大学党委副书记吴宏阳教授致辞

尊敬的郑崇华先生，尊敬的李念祖先生，尊敬的各位嘉宾，亲爱的老师们、同学们，大家上午好！在举国上下深入学习贯彻党的二十大精神之际，很高兴和大家相聚云端，共同参加 2020—2022 年中达环境法论坛。值此论坛开幕之际，我谨代表郑州大学对论坛召开表示热烈祝贺，对搭建论坛平台的台达集团，对各位领导、专家、学者及老师们和同学们的与会表示诚挚欢迎和衷心感谢。郑州大学一直重视法学院的发展，注重发展环境法与环境资源法学科，培养了大批的法治人才，产生了丰硕的研究成果，努力为我国环境法治建设作出贡献。黄河是中华民族的母亲河，黄河流域是我国重要的生态屏障和经济地带，在我国经济社会发展和生态安全方面扮演着重要的角色，保护黄河事关中华民族伟大复兴的千秋大计。2019 年，习近平总书记在郑州主持召开了黄河流域生态保护和高质量发展座谈会并发表了重要讲话，提出了重大国家发展战略，相关地区和部门携手奋进，共同抓好大保护，协同推进治理，加强生态环境保护，保障黄河长治久安，推进水资源节约利用，推动黄河流域高质量发展，流域生态环境持续明显向好。"黄河宁，天下平"，郑州作为黄河流经的中游地区、重要的省会城市、国家的中心城市，在《黄河保护法》实施的背景下，对黄河的生态保护和高质量发展格外重视。党的二十大报告指出要推动黄河流域生态保护和高质量发展，我们要保持历史耐心与战略定力，一定要推动黄河流域的生态保护和高质量发展不断取得新进展。郑州大学坐落在黄河之滨、嵩山脚下，把握难得机遇，虚心求教、潜心研究，深入贯彻习近平生态文明思想和习近平法治思想，在加强生态文明环境保护、保障黄河长治久安、推动黄河流域高质量发展、弘扬黄河文化等方面，努力找到教学科研的结合点，虚心借鉴兄弟高校的好经验、好做法，为新时代的黄河大合唱贡献郑大力量。郑州大学也在建设黄河实验室，在黄河建设方面一直在参与。最后，预祝本次中达环境法论坛取得圆满成功，也祝各位领导及专家学者工作顺利、身体健康，谢谢大家！

台达创办人暨荣誉董事长郑崇华先生致辞

尊敬的李律师，尊敬的各位领导、嘉宾、老师们、同学们、媒体朋友们，大家上午好！非常高兴在线上和大家一起参加在郑州举办的中达环境法论坛。十多年来，在李念祖律师、马骧聪教授等评审委员专家的大力支持以及各校的积极参与之下，台达在2011年设立的这项计划培养出许多优秀的环境法人才，共同为推动环境法治建设贡献心力。地球暖化带来的环境冲击严重影响到人类生存，我们必须立刻采取行动，防止更多此类灾害的发生。去年，在联合国《生物多样性公约》第15次缔约方大会领导人峰会上，习近平总书记提到"以国际法为基础，维护公平合理的国际治理体系"，以表达对国际法的尊重与维护，也使得全球环境治理体系更加健全。环境法是事关人民幸福与未来发展的一个学科，我们邀请八所学校，先后设立"中达环境法学者计划"和"中达环境法学教育促进计划"，其间奖励了许多优秀的学者和学生，鼓励他们进行研究，并且通过每年举办的论坛来提供学术交流的平台。今年论坛的主题是"黄河流域生态保护和高质量发展法治研究"，黄河是中华民族的母亲河，流经九个省区，拥有多个重点生态功能区，在经济社会发展和生态安全方面都有非常重要的地位。习近平总书记一直很关心黄河流域的生态保护和高质量发展，多次深入黄河沿线考察。希望通过这次论坛，大家能够集思广益，再次审视相关的环境法规和政策，提出前瞻性建议。目前，各界都在积极落实"双碳"目标，努力在2060年实现碳中和，这也与台达在日常营运当中长期致力于节能减碳相呼应。企业除了追求成长和利润，更要把资源放在对人类有贡献的产品和服务上。借此机会，我要再次感谢八所学校的支持和参与，相信在"中达环境法学教育促进计划"的推动下，众多的优秀人才将成为环境保护及法治建设的重要力量。最后，感谢论坛承办方郑州大学各位领导的大力支持，以及郑州大学法学院负责筹办会议的吴喜梅教授、翟新丽老师，谢谢各位嘉宾及师生们的热情参与，预祝本届论坛圆满成功！

黄河勘测规划设计研究院测绘院副院长
何刘鹏教授致辞

　　尊敬的郑崇华先生、吴宏阳书记，各位嘉宾、亲爱的同学们，大家好！黄河是中华民族的母亲河，是中华民族的发源地和摇篮，也是世界上最为复杂难治的河流，保护黄河是事关中华民族伟大复兴的千秋大计。今天，我非常荣幸能够以线上的形式参加 2020—2022 年中达环境法论坛，非常高兴能够回到母校，为推动黄河流域生态保护和高质量发展贡献自己的力量。中达环境法论坛经历了十余年的发展，为环境法治建设的发展作出了贡献。同时，郑州大学在环境与资源保护法治建设方面取得了诸多骄人的成绩，在黄河之滨、河南省会举办此次论坛，可谓是最恰当的选择。党的十八大以来，习近平总书记一直非常关心黄河流域生态保护和高质量发展。黄河安澜是中华民族儿女的千年期盼，保护治理黄河是安民兴邦的家国大事，推动黄河流域生态保护和高质量发展，为我们提供了丰富的研究课题和广阔的舞台。黄河勘测规划设计研究院成立 66 年来，在黄河治理开发方面积累了丰富的经验，编制了数百项黄河治理开发综合和专项规划，高质量地推进了黄河流域生态保护和高质量发展，安全保障规划成功地在黄河的干支流设计并建成了大中型的工程 30 余座，为黄河安澜和水利水电资源开发利用作出了突出贡献。进入新时期，我们将立足黄河、面向世界，努力把一流的综合性勘察设计技术运用于黄河的保护全过程，达到防洪保安全、优质水资源、健康水生态、宜居水环境、先进水文化的目标，并且通过全面的保护和系统的治理，兴利除害，让黄河生生不息，满足人民群众对水资源、水生态、水环境的需求。黄河的问题不仅需要技术，更需要法治的建设。此次论坛聚焦了黄河重大国家战略，将法治精神制度建设与高科技运用相结合，将会诞生众多具有针对性、前瞻性、创新性和战略性的建言及确实可行的措施，进一步推动黄河流域生态保护和高质量发展。最后，预祝本届中达环境法论坛成功举办，愿各位嘉宾工作顺利、身体健康，祝各位同学学业进步！

郑州大学法学院院长苗连营教授致辞

尊敬的郑崇华先生、李念祖先生，尊敬的吴宏阳书记，尊敬的各位专家学者，亲爱的同学们，大家上午好！很高兴和大家共同参加本次中达环境法论坛。首先，我谨代表郑州大学法学院对参加本次会议的各位嘉宾、各位专家学者、各位同学表示诚挚的欢迎和衷心的感谢。"中达环境法学教育促进计划"旨在推进环境资源与能源法学的发展，目前在各个领域均已取得了显著成效，结出了丰硕的果实。在《黄河保护法》刚刚颁布并即将实施之际，本次会议以"推动黄河流域生态保护和高质量发展法治研究"为主题，具有很强的时代意义。刚刚胜利闭幕的二十大，将人与自然和谐共生确定为中国式现代化的基本特征和本质要求，促进黄河流域高质量发展是事关中华民族伟大复兴的千秋大计。重视黄河立法，完善黄河法治体系，才能从根本上推动黄河流域的生态保护和高质量发展。在推进黄河保护法治事业实现高质量发展的过程中，我们应当遵循唯有良法才能善治的理念，充分运用法治思维。近年来，郑州大学法学院一直关注黄河流域的治理和高质量发展的法治事业，不断加大研究力度和研究深度，推进与相关部门的交流，参与黄河流域生态保护和高质量发展的法治事业。相信本次论坛的召开，将会进一步促进黄河流域生态保护和高质量发展的法治事业，也期待我们在本次论坛上能够获取更新的视角，取得更丰硕的研究成果。本次以"推动黄河流域生态保护和高质量发展法治研究"为主题的中达环境法论坛将会邀请各位前辈、各位同仁、各位知名专家学者进行交流，再次搭建关于黄河法治问题研究的交流平台，从而进一步促进各位专家、各位同仁关于黄河流域保护治理及高质量发展法治事业的研究和探讨。期待本次论坛能进一步凝练有关黄河流域生态保护和高质量发展的研究方向，进一步推动黄河流域生态保护和高质量发展法治研究的理论创新。本次论坛恰逢"中达环境法学教育促进计划"实施十周年，非常荣幸能够在这样一个历史时刻与大家相聚郑州，相聚嵩山脚下、黄河之滨，与各位同仁共同研讨黄河流域生态保护、生态立法的千年大计，希望能够听到各位的真知灼见。预祝本次论坛圆满成功，再次感谢各位，祝大家平安健康、工作顺利，谢谢大家！

特邀报告

论黄河流域财富积累、传承、发展和共享的法治保障

武汉大学教授　蔡守秋

　　目前，我国已基本形成水法律法规体系，为加强黄河流域生态环境保护提供了坚实的法治基础。今后，我们的主要任务是全面严格、准确公平地贯彻实施执行这些法律。明确黄河大保护法治保障的重点，以及黄河流域法治保障的主要利益、权利、财富或者法治保障的特殊价值，是全面、扎实地提供黄河大保护法治保障的前提和关键。

　　第一，财富的类型化。财富是指人类所需要的利益（利益载体）和价值（价值载体），是人类需要的或对人类有益的事物或东西，是与人的幸福、自由和尊严相联系的物质成果和精神成果。

　　第二，"环境"是指环境法中的"环境"，不是我国《民法典》定义的物或财产，不是商品或交易物，而是具有使用价值和重要功能的财富或者广义的物或财产，是最重要、最基础的共用财富。

　　第三，"共产"不是我国《民法典》规定的与排他性财产权联系在一起的财产，指的是每个人从社会财富中受益并参与社会运行的潜在能力。

第四，黄河流域的水环境是"共物"和"共产"。长江、黄河的水环境、水生态和水自然资源基本不属于我国《民法典》规定的物或财产，而是具有重要使用价值的公众共用物或公众共用财富。

第五，明确重点，夯实黄河流域的法治法障。黄河等大河流域大保护的司法保障重点是：（1）依法设立、建设流域性的人民法院、人民检察院，审理流域性的重大生态环境案件。（2）建立健全流域生态环境司法协作机制。（3）建立健全流域环境行政执法与司法衔接工作机制。（4）加强和促进流域环境公益诉讼。（5）建立健全流域环境司法专门化机制，建立健全流域水环境公益诉讼集中管辖制度。

【互动交流】

提问：公用物的"用者"是特定的群体，还是不特定的群体？

蔡守秋：关于"公众"的概念，我把它定义为不确定多数人。国家所有财产中的"全体人民"的概念是确定多数人；不确定多数人简称为"公众"，是一个变动的概念，"全体人民"是个确定的概念。不能把公有的主体变成私权利的主体。加强公有的治理非常重要，不能把环境法排除在外，治理的责任来自政府和自我治理。

提问：关于"commons"的地位，需要考虑的是法学特别是民法学角度，还是管理学角度？

蔡守秋：我国没有确定公有的概念，但是《法国民法典》明确了公有。按照传统民法的观点，公有不是民法的调整对象，这也是环境法与民法的区别。但是，在我们国家巨大的生态文明压力之下，许多民法学者认为，在从事私法行为时，也要注意保护环境。这是不断进步的表现，我们必须摆脱私权和公权、私法和公法这样的二分法。

中美环境立法的政治文化背景比较
——以公众环境意识的演进为视角

昆明理工大学教授　王曦

非常感谢王灿发老师的介绍，也非常感谢此次论坛的承办方郑州大学法学院的邀请，我感到非常荣幸！利用这个机会，我向大家汇报一下最近研究的心得体会。

我认为，美国公众环境觉悟现处于应对第一代环境问题所需水平，第二代主要是当前我们努力应对的，如气候变化、生物多样性减损等。 20 世纪 60 年代中期，美国公众环境觉悟急剧上升。 1970—1980 年，美国国会制定了大量的环境保护法律。 1981—1989 年，里根执政期间，美国采取了许多不利于环保的措施。2017 年，特朗普退出《巴黎协定》，美国的环保政策不但没有前进，反而有所倒退。

关于中国，我们国家的公众环境意识也有一个急剧上升的阶段。2014 年，《环境保护法》修改；2012 年，"五位一体"提出，涉及生态文明建设；2012 年，习近平总书记提出"人类命运共同体"；2017 年，中央提出中国社会主要矛盾发生重要变化。从这个时间段看，我们国家的环境水平已经超出应对第一代环境污染的水平，正在向着应对第二代环境污染的水平前进。

总体上看，我们公众的环境觉悟超过了美国。美国公众环境意识的继续提升，需要另一场环境保护运动的推动。对于中国来说，一方面，需要政府，尤其是地方政府，切实落实生态文明制度建设；另一方面，就立法而言，需要认真对待在社会主义市场经济条件下，公众环境意识快速提升的社会现实，使环境保护法律制度更好地适应这个现实。

我的研究较为粗浅，希望大家批评指正！

【互动交流】

提问:环境意识的可视化分析主要依据什么作出？是根据当时的政策文件、法律规范，还是其他什么？

王曦:我的三个图不是凭空画的，要注意曲线上有很多圆圈和点，我称之为标志性事件。再加上所发生的年代，这两条线由一系列标志性事件串联起来。我的曲线是概念性曲线，不符合严格的数学模型。只要曲线表明了中国与美国的公众环境觉悟之变化状态，就达到了该曲线的目的。

提问:美国公众环境意识急剧跃升之后才颁布《国家环境政策法》，而中国的《环境影响评价法》颁行于公众意识跃升前，这样的不同点有什么诱因？

王曦:20世纪60年代，一系列环保运动与公众的强烈呼吁影响了美国国会的立法者。我们国家《环境影响评价法》的颁布早于这个曲线的急剧上升期，真正刺激我们公众环境觉悟发生大的变化的，我认为是环境群体性事件，如当时的PX项目，也包括政府掀起的环保风暴。

"双碳"目标下的环境司法问题

湖南大学教授　周珂

主持人好！尊敬的各位老师、同学好！我演讲的主题是"强化绿色法治，实现'双碳'目标"，这是我们环境法学界共同关注的问题。

由于时间关系，我主要谈下立法与司法。我想用两句话来概括：立法积极稳妥，司法适度能动。

关于立法问题，我主要详谈下路径问题：

从国际层面看，碳减排主要有两种路径，这两种路径是我们立法的重要依据。第一种路径是以征收碳税为标志的命令—控制型机制；第二种路径是以碳排放交易为标志的市场推进型机制。

结合我国实际，要实现"双碳"目标，应当走适度强化碳排放交易的道路。所谓适度，一是不能过度，不能用过度的行政手段代替市场手段；二是不改变碳交易的市场属性；三是强化手段和标准应当在法律规定的范围内。所谓强化，应当包括三个层次：一是强化碳减排；二是强化法律政策制度；三是强化规范体系。

实现"双碳"目标的法律体系，主要从以下五个方面着手健全：一是管住碳源；二是行业覆盖；三是公众参与；四是做大碳汇；五是完善碳交易市场化的交易设计。

在气候变化司法问题上，中、美等国均通过判决或者其他司法指引予以确认和肯定，成为气候变化司法能动性的重要实然性标识。在美国，全球首个气候变化案件是联邦最高法院裁决的马萨诸塞州诉环保署案，其因司法权对行政权和立法权的越界、侵犯而著名，是典型的司法能动主义；此案对之后美国乃至西方国家的气候变化诉讼均产生了极大的影响。在中国，最高人民法院发布的指导性文件针对气候变化能动司法也有更加明显的呈现。例如， 2014 年，最高人民法院将"环境司法专门化"作为该年度审判理论重大课题加以研究，探索建立对气候变化相关争议在内的环境案件的专门审判组织、制度。

最后，我想简单谈一下气候变化与能动司法的关系。能动司法与气候变化治理相契合，气候变化能动司法比超前立法更为合理有效。气候变化能动司法应处理好司法能动性与司法谦抑性的辩证关系，规范好程序能动与实体谦抑结合之走向。

【互动交流】

提问：如何评价最近美国联邦最高法院有关西弗吉尼亚州诉联邦环保局案的判决？司法能动性和法官自由裁量权的关系是怎么样的？

周珂：我想用三句话来评价这个案件：一是普遍认为这是个大倒退，比马萨诸塞州诉环保署案还要倒退；二是具有必然性；三是具有相对合理性。第二个问题，我认为司法能动性和法官自由裁量权具有统一的一面，在自由裁量权上能够体现出司法能动性，二者在很多方面是一致的；至于二者的区别，司法能动性主要体现在越界与突破，在裁量的性质、范围方面都有所突破，而自由裁量权主要是程度。

中达环境法获奖学者
学术报告

环境法学再出发：构建和发展
新环境法学

清华大学教授　2018年中达环境法学者　王明远

　　我今天给大家汇报的主题是"环境法学再出发：构建和发展新环境法学"。

　　从实质意义上来说，我们国家的环境立法基本上已经完成，虽然还需要进行环境法典的努力，但更多是形式意义上的。我们的环境法治的中心应从立法转向法律实施，让守法、行政执法和司法乃至中央相关的重要法治实践，成为新的中心。在这样一个发展过程当中，如何来准确地理解、适用、解决好法律和政策的关系，法律和科技、经济、社会的关系，就成为我们环境法学界必须面临的一个问题。正是基于这样一个考虑，我的一个判断就是要承前启后。在原有的环境法学取得的重大进展之上，我们要百尺竿头更进一步，要应对这种新形势再出发，建构和发展新环境法学。

　　所谓新环境法学，在我看来，就是我以前提出过的一个所谓的 ARI 模型，后面会进一步介绍。我认为，ARI 模型下的新环境法学是基于问题对策论法学和传统法学，并超越问题对策论法学和传统法学的新环境法学。也就是说，以环境宪法学为基础，以环境民法学、环境行政法学和环境刑法学为骨干，以绿色技术专利法学、环境经济法学、环境程序法学和国际环境法学为重要内容的学科。新环境法学结合了环保主义、工具主义、功能主义与理性主义、价值主义、规范主义，有机论、系统论与机械论、还原论，兼顾保守主义、改良主义与革命主义，融合了法律与政策，特别是科技、经济、社会等维度和因素。环境法学和环境法是有相似性的，二者都是在对传统法进行分析、批判、否定、解构与超越的基础上发展起来的，旨在重新构建符合生态学原则、生态规律与生态伦理基本要求的新的法律制度、实践与理论形态，以传统法为根基，但不能完全脱离它。

所谓 ARI 模型，是环境法在尊重和体现基本环境伦理以及生态学等自然科学规律的前提下，私法、公法、程序法、国际法等领域的理念、原则、制度和理论在环境保护、可持续发展与生态文明领域的应用（Application）、改革（Reform）和创新（Innovation）。基于 ARI 模型下的环境法学和环境法是一个"特殊的相对独立的法律领域"的认识，我们可以说，环境法是民法、行政法、刑法、程序法、国际法等一般法在环境社会关系方面的特别法，而生态伦理和生态规律则决定了环境法的质的规定性、特殊性和差异性，使得环境法与其他法既相互联系又相互区别。新环境法学坚持理性、务实的保守主义、改良主义和革命主义的有机结合、和谐共存，这恰好可以与 ARI 模型相对应、相吻合。保守主义对应的是"A"（Application）的问题，改良主义对应的是"R"（Reform）的问题，革命主义对应的是"I"（Innovation）的问题。这是我对新环境法学的基本理解。

以上就是我对"环境法学再出发：构建和发展新环境法学"的一些基本认识，谢谢。

【互动交流】

提问：ARI 模型下的法学以环境宪法为基础和统领。我想问一下，如何能够将宪法和环境法更好结合，并且对未来环境法典的编纂有何指引？我国对环保的重视还是在精英中间主导，在新环境法学的角度下，未来应该如何应对？

王明远：传统环境法学和新环境法学是一种继承与发展的关系，从来都不是只发展一种法学。实际上，从制度实践到理论，这两种理论都是需要的。宪法主要有两个支柱，一个是公民基本权利，一个是国家机构和权力。对于我们环境法来说也面临这个问题，即到底是以环境权为主线来建构还是以国家权力来建构。目前来说，这两种形态都有，但是总体来说是以公共管理为主。以国家义务本位，以环境保护基本条款作为环境保护依据。在此基础上，建构以公权力为主导的环境法律体系。当前，我们的政治精英、社会精英等在环保方面发挥着巨大的作用，但是公众也越来越发挥出作用，尤其是雾霾之后。《民法典》绿色原则的确立也为民事主体施加了义务，它也将精英与社会公众结合起来。

《黄河保护法》的时空维度

上海财经大学教授　2019 年中达环境法学者　郑少华

大家好，谢谢论坛主办单位的邀请。

我要讲的主要有三个方面：一是法律中的时空维度问题；二是《黄河保护法》时空维度的转向；三是《黄河保护法》时空维度的进一步拓展。

第一个问题是法律中的时空维度。时间与空间是人类经验世界的坐标之一，是人类自身存在的重要维度。人类对时空的经验是人类个体成长过程中最早获得的基本经验，并构成人类理解其他事物的经验基础。

第二个问题是《黄河保护法》时空维度的转向。一是确立了有机融合时空维度的立法目的。《黄河保护法》第 1 条包括了"弘扬传承黄河文化，实现人与自然和谐共生，中华民族永续发展"的内容。二是从对水的保护与节约转向黄河流域生态保护和高质量发展的治理。三是通过对黄河流域实行水资源的刚性约束制度，转向构建与水资源承载能力相适应的现代产业体系。四是通过确立生态保护与修复制度，构建了清偿自然资源之债机制。

第三个问题是《黄河保护法》时空维度的进一步拓展。《黄河保护法》的立法技术比《长江保护法》更高。首先是对绿色金融发展的支持，绿色金融实际上对时空拓宽是非常重要的。绿色金融就是金融机构将环境评估纳入流程，在投融资行为中注重对生态环境的保护，注重绿色产业的发展。关于绿色金融的内容规定在《黄河保护法》第 101 条，我觉得这是很值得考虑的。其次是《黄河保护法》第 102 条涉及全黄河流域生态保护补偿机制的完善，它不仅包括国家财政支持，还有市场化的运作等横向补偿。这一条如何更为完善，也是未来要考虑的。最后是更多面向未来，面向发展。也就是说，如何更加把传统和现代融合在一起，这是我国流域立法更加要注意的。

在所有对流域的保护中，保护机构如何建立协调的机制固然重要，但更重要的是构建一个完善的市场机制及更多的公众参与机制。实际上，在《黄河保护法》时空拓展中，我们原来强调的文物的保护，某种程度上可能涉及人类的遗迹问题。这个问题实际上在我们的生态立法当中很少被考虑，但是《黄河保护法》有专章涉及文化保护，所以这个探讨是非常有意义的。时间关系，我就说这么多，谢谢！

【互动交流】

提问：您讲的要对过去进行立法，是不是违反了法不溯及既往的原则？

郑少华：谢谢提问的同学。我讲的对过去进行立法，说的是在法律中要考虑时间维度。当时我举的例子是说企业要承担更多社会责任，从时间角度说是要考虑过去、现在和未来。过去的人引发的问题，当代人要进行清偿。我们当代人要承担更多责任，这不是我们当代人犯的错，但需要我们进行承担。

央地关系视野下的流域立法

武汉大学法学院教授、环境法研究所所长　秦天宝

　　首先，非常感谢中达环境法论坛的邀请，也非常荣幸能够受到"中达环境法学者计划"的认可。下面，我将就如何在央地关系这个大的视野下看待流域立法发表自己的观点与看法。

　　我今天的演讲内容主要分为三部分，分别为流域立法现状、流域立法的渊源与内涵、流域立法的核心机制。首先，针对流域立法现状，自然流域不会根据行政边界划分来作出自然切割和区别，这就出现一个问题，即如何对跨越行政区的流域和生态系统进行保护，若按照传统的法律会带来很多问题。基于此背景，我们发现，在理论与实践中出现了两种立法类型，即协同立法和中央的综合立法，这两种立法模式从理论上来讲也各有利弊。

　　其次，关于流域立法的渊源与内涵，我认为无论是流域的全国性立法还是地方性立法，本质上调整的都是跨行政区的流域问题。纵观法律的相关规定可以发现，地方在不抵触原则下享有一定的立法权，地方流域立法的关键在于对地方性事务的认定。究竟哪些是不抵触的情况和地方性事务，当前的法律并未给出确定答案。对于该问题，我认为可以借助国外的辅助原则。

最后，无论是中央流域立法还是地方流域立法，我认为最核心、最关键的制度就是统筹协调机制。谁来协调、协调谁和协调什么事项，是流域立法需要解决的重要问题。针对协调主体，我认为可由相关部门负责人组成联席会议；针对协调对象，可以是流域内的地方政府及其相关职能部门、国家设立的流域管理机构等；针对协调事项，可以是流域内的重大政策项目等。

【互动交流】

提问:在全国性立法的情况下，地方是否还有必要对各行政区流域进行协同立法？若需要的话，又要怎样去协调两者之间的关系？

秦天宝:第一种情况，云贵川是针对长江流域特定的一个支流，其实地方上还是有立法权的；第二种情况，如果地方想要进一步加强对流域的保护的话，也可以进行立法，两者之间并不是排除或矛盾关系。对于如何协调两种权利，我认为，除了上述规划权、标准权以外，地方上对其他事项都可以进行尝试性立法。

黄河流域生态保护补偿的制度逻辑与实践样态检视

甘肃政法大学"飞天学者"特聘教授　2022 年中达环境法学者　史玉成

　　各位老师好！作为西部院校的一位学者，这次能够受邀参加中达环境法论坛，对于我来讲是莫大的殊荣。我非常珍惜这个机会，非常感谢各位前辈、同仁长期以来的关心和照顾。

　　下面，我将从四个方面展开我的论述。第一部分是流域生态保护补偿的生成逻辑，补偿机制的本质就是协调上下游各方主体利益。在流域生态保护补偿法律关系中，涉及的基本利益类型可以分为生态利益和资源利益。流域不同主体间产生的深刻冲突，是流域利益冲突中最根本的利益冲突，需要通过衡平机制来平衡缓和。

　　第二部分是黄河流域生态保护补偿的实践样态，我们可以从纵向和横向两个角度来分析。首先是中央政府纵向补偿模式，其次是黄河流域上下游地方政府以水质为标准的横向生态保护补偿，最后是黄河流域横向生态保护补偿中的中央政府资金支持。

　　第三部分是对黄河流域生态保护补偿的问题检视。首先是黄河流域生态保护补偿尚未形成覆盖全流域的补偿体系。其次是黄河流域生态保护补偿标准偏低，补偿主要取决于补偿方的财力状况。再次是黄河流域生态保护市场化补偿程度低，多元化补偿模式未实现。最后是黄河流域生态保护补偿法律调控不足，制度发育不成熟。

我的完善思路如下：首先，扩大黄河流域生态保护补偿范围，建立覆盖全流域的补偿体系；其次，逐步推进黄河流域生态保护补偿的市场化、多元化；最后，加强对流域生态保护补偿标准的研究，形成完整的补偿标准核算体系。

【互动交流】

提问:我国目前有没有一个比较规范化的跨区域交易市场和制度呢？这种交易在实践中的可操作性和适用性如何？

史玉成:这是黄河流域横向生态补偿制度运作的一个难点。我之前提到的水权交易模式，涉及第三方的交易机构，如中国水权交易所，地位相当于一个专业性的独立第三方机构。但是，两地政府签订协议时，缺少类似于水权交易所的第三方机构。希望今后能够培育出更多的像水权交易所这样的第三方独立机构，助力流域横向生态补偿制度的发展。

中达环境法
优秀学位论文奖
获得者学术报告

论环境诉讼中技术改造责任承担
方式的规范化

中共浙江省委党校法学教研部　中国人民大学博士　梁晓敏

大家下午好!

我想通过对典型案例的解读来发现问题，并提出一些对技术改造责任承担方式如何进行规范化的相关建议。现行法有一些关于技术改造的规定，但通过梳理可以发现现行法的问题特征，即促进型立法中的条款多为政府支持和对企业要求的内容，对于政府行政事务规范和企业的指导性规范，没有法律规定。此外，技术改造在司法实践中存在异化，根源在于法院的司法能动性，表现在技术改造过程中，是主体、对象选择和程序方面的无序，以及立法和司法上在技术改造方面有巨大的缝隙。

若要解决问题，首先，要将环境诉讼中技术改造的主体规范化，提出适用技术改造的主体分类及其理由。其中，法院既可作为提出适用的主体，也可以作为决定适用的主体。其次，要把环境诉讼中技术改造的对象规范化，即在具体适用的时候，明确适用技术改造的适格主体及价值判断要求。再次，关于环境诉讼中技术改造的程序规范化，我根据案例总结出目前对技术改造适用情况的分类，包括技术改造抵扣、技术改造分期、履行责任本身、量刑因素、撤回诉讼请求等。在规范化过程中，应当从影响责任大小的民事和刑事方面进行规定，民事上规定折算标准和理由，刑事上的量刑要细化标准。在程序方面，重要的是如何通过审核与验收的规定来确保技术改造能够落实，以避免法律责任的逸脱。最后，我认为，环境诉讼中技术改造的规范表达有三个模式，即法典化模式、单行法模式、"司法解释＋典型案例"模式。其中，最常见的是第三种模式，我们需要在环境行政法中激活技术改造。

【互动交流】

提问:梁博士您好，您讲到技术改造进行规范表达有三种模式，为什么不选前两种?

梁晓敏: 这三种模式并不冲突，因为基于现有的条件，"司法解释＋典型案例"模式是分阶段、分类型进行规范化的一个最优解。

提问:环境诉讼中技术改造的审核与验收的主体应是哪个机关? 如何才能与专业机构和司法机关做好联动与配合?

梁晓敏:因为汇报时间关系，我没有涉及这个问题，但相关内容在我的论文里有讲到，这个机关应当是行政机关。

论环境刑法的法益观
——基于德国模式的考察

清华大学博士　黄春潮

我报告的前三个部分主要是对不同时期环境刑法法益观的含义和影响进行分析，最后就是借鉴德国的经验来完善我国刑法的法益观。

第一个时期是行政制裁时期环境刑法的强人类中心主义法益观，其强调环境刑法的目的与功能在于保护个人权益，环境自身不是环境刑法的保护法益，只是环境犯罪行为的对象。强人类中心主义法益观是基于国家形态、刑法和法益性质、环境发展战略三个方面形成的。正是强人类中心主义法益观的存在，导致德国针对环境污染问题的措施分散于民法和行政法中，很不完善，造成了很多可罚性的漏洞，并且使得德国环境污染行为入刑的标准极其高。

第二个时期是弱人类中心主义法益观，其仍坚持以人为中心，强调开发利用时遵循客观规律，不再局限于保护当代人的个人法益。弱人类中心主义法益观造成的直接影响是，立法者不断把犯罪标准前置，不考量法益保护问题，附属刑法条文缺乏协调统一性，导致象征性刑法之缺陷。

第三个时期是生态人本主义法益观，其坚持应当认可环境要素作为独立的生态法益而获得刑法的保护，这样就可以形成二元论法益观。生态人本主义法益观的形成主要根源于国家形态转变为风险社会与环境国家、刑法性质的转变以及本国的可持续发展等战略，其直接影响是关于危险犯特别是抽象危险犯的规定增加、对生态法益进行了限缩、使刑事处罚符合比例原则、促使刑法转变为风险刑法。

最后，就对我国的影响而言，我认为，第一，刑法应当对行政法没能充分保护但价值重大的生态法益进行保护；第二，应当将环境行政法中处罚较重的部分条款纳入到刑法中；第三，根据比例原则对生态法益进行适当限缩，防止过度扩大生态法益的刑法保护范围。

【互动交流】

提问：目前，我国的环境法律仍以行政法为主，只有在行政法不足以有效规制的情况下，刑法才予以处罚。基于此，有什么可以从德国的环境刑法中加以借鉴的吗？

黄春潮：我们现在只能分两步走。第一步是把水、土壤等规定为应受重点保护的法益；第二步还是要学习德国，对立法进行扩张，对司法进行限缩，在立法中制定更多的裁判规范，把行政法中的严重性违法行为纳入到刑法中作为裁判规范，司法实践中则以裁判主体为主，按照比例原则来进行限缩。

环境行政公益诉讼之现状探析及制度完善
——从 2019—2021 年典型案例切入

北京大学硕士　何婧涵

我们的文章梳理了上百份判决书，其中有三篇论文对环境行政公益诉讼问题也进行了实证研究，对此我们进行了参考。基于此背景，我们提出了两个问题：一是环境行政公益诉讼制度落实在司法实践中的效果到底如何？二是在实践过程中是否出现了一些困难或争议？

通过我们选取的案例，可以看到这些案例的主要特点：第一，案涉环境问题的类型呈现出多样化趋势；第二，由于环境问题来源的多样与被告的多样，案件领域也是多样的；第三，行政机关对检察机关的建议普遍呈现重视趋势；第四，行政机关普遍对检察院认定的依法履职情况存在异议。

环境行政公益诉讼实践案例也带给我们一些反思。第一，环境行政监管体制机制存在制度缺陷，主要表现为：部分环境监管职责配置存在交叉、监管职权与行政执法存在冲突、政府各部门协同分工存在不足。第二，行政机关的履职标准不明确，具体表现为行政机关的履职方式不符合检察机关的要求、行政机关主张的履职标准与法检机关不同、不同法院对不作为认定标准的意见也并不统一。第三，裁判机关普遍忽视客观原因对行政机关履职的影响。

最后是作者的一些观点和看法。第一，要健全环境行政监管职责的协调机制。第二，要明确行政机关是否履职的标准，可以参考"行为要件＋结果要件＋职权要件＋免责事由"。第三，要重视行政不能的问题。第四，对于这些问题，我们认为最根本的解决途径在于，对环境问题的重视及对环境行政公益诉讼制度目标的遵循。

【互动交流】

提问：关于行政机关是否履职的判断，在给出的四个要件建议中，应对实际案件时，是否存在法检机关的结果要件与行政机关的行为要件侧重问题？若有所侧重，哪个占比多一些？

何婧涵：针对行政机关是否履职，具体就是在目前三要件的基础上增加对行政机关是否具有履行行政义务的可能性的判断，即免责事由。只要行政机关能证明其主观不存在不履行或怠于履行其监督管理职责的故意，在客观上也已穷尽各种行政管理措施，即使受到损害的生态环境或自然资源在检察机关所规定的时限内没有得到全面保护或恢复，也不应当认定负有相关监督管理职责的行政机关是不作为。

生物遗传资源所有权：困境与化解

中国政法大学博士　唐　克

本次报告，我主要围绕以下几个方面展开：

首先，就生物遗传资源的法律特征进行一下介绍。第一，生物遗传资源具有自然资源属性；第二，生物遗传资源具有集合客体的属性；第三，生物遗传资源具有无形财产属性。其次，讲一下生物遗传资源所有权的立法困境。第一，资源所有权在中国法体系下的含混性给当前立法带来很大的困难；第二，当前自然资源特定化的方法力有不逮，尽管所有权制度具有跨部门法的属性，但是以民法中的所有权制度来保护生物遗传资源所有权又具有不可替代性，而《民法典》本身缺乏对无形财产权属安排的缺位。

基于此，我认为，我国应当从三个方面进行立法应对：首先，应当厘清所有权概念的中国法表达。之所以我国所有权制度存在争议，是因为我国学者没有将外国法理论与我国实践进行融合，没有实现本土化。其次，应当构建遗传资源特定化技术方案，包含三个阶层，即客体筛选、种群调查、行政许可。这种技术一方面要筛选出不受所有权制度制约的生物物种，另一方面要对具有私权性的生物物种进行种群调查以使其在种类和数量上取得特定性。考虑到生物物种本身是一种不特定的资源，我认为最终应当落脚到行政许可上。最后，应选取一种探索数据财产的物权规制方法。这可以通过递进所有权理论范式实现，《荷兰民法典》是很好的例子，因为其实现了传统理论与现代实践的一种衡平。

【互动交流】

提问:遗传信息经过数字化形成的数字序列信息，其作为有体物在民法上处于什么地位? 未来关于生物遗传资源所有权，民法和环境法有无衔接的可能性? 有的话应该如何衔接?

唐克:数字序列信息并不属于民法上的有体物。与其说强硬地把无形财产纳入有体物的范畴，不如采取一种转换使民法能够对无形财产进行一定程度的规制，我认为后者是更理想的方案。

关于第二个问题，两者有衔接的可能性。从民法的相关规定来看，其规定了各项自然资源立法但又并非完全性条文，因此立法者可以设计一种新型的用益物权，将之称为自然资源用益权，以统辖条文中的自然资源利用权。可以将立法者对自然资源利用的公法手段限制在自然资源的单行立法乃至未来的环境法典中，而民法也可以专注于在私法领域调节相关法律关系，这样就可以衔接民法和环境法。

生态环境损害惩罚性赔偿与关联责任的
关系之处理

武汉大学博士　丰　月

　　各位老师好，我汇报的题目是关于生态环境损害惩罚性赔偿。这个议题不论是在《民法典》实施之前还是之后，都已经有相当充分的理论探讨。尤其是在《民法典》实施之后，一些司法实践的案例也为我们提供了进一步探讨的素材和对象。我这次的发言并不是想谈论生态环境损害惩罚性赔偿的具体适用，而是想以生态环境损害惩罚性赔偿为切入点，或者说以它为观察的坐标，讨论跟它相关的、以金钱为给付内容的一些关联的责任。

　　如果从最终端的资金状况来看，这个责任包括经济责任。但是，经济责任的承担对我们的环境保护可能是不足的，也可能是过度的，如资金闲置。如果以经济责任为标准，那么司法和执法实践中，都出现了不少案例表示它不足以使当事人信服，从而对最终的法律效果就会造成损害。此外，我们如果在立法上不去回应这些问题，那么就可能会触及一些公理性原理。

　　为什么会产生关于责任之间关系的议题呢？我想主要是与我们目前的部门法分离格局有关系。我们的基本观点就是，不能因为法律责任分属于不同的部门法就形式化地叠加使用，也不能因为法律责任属于某一个部门法就否定并行使用。要以必要为限度，把所有的以金钱给付为内容的法律手段作为整体来看待。所以，这个问题的关键就转化为如何判断必要的限度。

综合目前的学术成果来看，大致上主要有三种路径：第一，我们以法律程序为视角来观察，基于各个不同的部门法的程序，最重要的一个观点就是"行政救济优先，司法救济补充"，由此就会造成先民后刑或者刑民并行的后果。第二，从功能的视角可以得出一个结论，就是惩罚性责任之间不能重复评价，填补性责任之间也不能重复评价，但是惩罚性责任与填补性责任之间可以重复评价。如果我们从私法和公法的功能来看，又会得到一个比较矛盾的结论，就是民事公益诉讼本身具有公法的功能，从而就会发现其与行政手段具有重合或者是择一的关系。第三，司法中存在裁量，我们在确定某一个经济支付的具体数额的时候，会把其他的进行给付的履行作为一个裁量因素去交由法官来判断。我认为这种做法是有局限性的，人身责任、财产责任和行为责任其实是跨部门法的，货币本身所具有的客观功能会制约责任的适用。

其实，包括惩罚性赔偿在内的各种手段都不具有根本性差异，我们可以把它们视为一道光谱上的截面，由此推出适用原则或者处理方法。我们是以外部成本为基准进行加总处理，然后在此基础上贯彻不能重复评价原则。至于这个外部成本是多少，需要嫁接到环境科学和环境经济学的衡量之中，由此推演出一个处理原则。对此，现在已经有不少论文进行了相应探讨。此外，关于吸收原则，其旨在应对实际损害后果，但是这样一个行为链条上产生的后果会引发多种形态的责任，处理的方法是可以把税费纳入到我们的解释框架之中。但是，这样的加总也有例外。

我的汇报到此结束，请各位老师批评指正。

论生态环境侵权惩罚性赔偿的适用

上海交通大学博士　张富炳

尊敬的各位老师、各位同学，大家下午好!

今天，我和大家分享的是生态环境侵权惩罚性赔偿的适用。我今天的报告主要分为四个部分，分别是惩罚性赔偿的理论依据与争议、请求权主体、主观要件及损害后果严重的认定。

第一部分是关于惩罚性赔偿的理论。第一小点是相关理论依据，主要包括赔偿说、惩罚说、威慑说以及激励诉讼说。第二小点是理论争议，惩罚性赔偿会引发私法公法化并带来权力扩张、对填补原则的突破等后果，而且从程序化角度也会存在一些争议。第三小点是我国生态环境侵权领域引入惩罚性赔偿的意旨，其目的是建立新时代严格的环境保护法治体系，惩罚性赔偿与解决环境侵权问题的需求相契合。

第二部分是关于生态环境侵权惩罚性赔偿的请求权主体。考虑到生态环境侵权的被侵权人之特殊性，引入惩罚性赔偿制度能更好地对受害人进行赔偿，以弥补对私益主体的赔偿缺乏惩罚功能和遏制功能之缺陷。由于侵权法律关系主体的力量对比悬殊，惩罚性赔偿可以激励受害人积极进行维权。另外，生态环境损害使用惩罚性赔偿的必要性值得商榷。基于现有法律体系中的惩罚性责任、惩罚性赔偿和环境公益诉讼性质不契合之现状，应以修复为中心，以行政管理为抓手。

第三部分是关于生态环境侵权适用惩罚性赔偿的主观要件。在对故意的讨论中，主要涉及两点，即故意的内涵及外延。关于故意的内涵，主要包括故意的范畴、故意与明知之关系、并未涵盖重大过失之探讨、必须主观故意才可以之问题等。故意的外延则主要包括相应的违法、行为的明知等。故意在实践中的具体应用主要涉及侵权人的认知能力、侵权人的客观行为方式、刑法领域相关司法解释、曾受到行政处罚或刑事追究的情况等。

第四部分是关于损害后果严重的认定。针对生态环境损害后果严重的认定，主要从以下几个方面加以讨论，即生态环境侵权行为的持续时间、生态环境侵权行为的地域范围、环境污染和生态破坏的范围和程度及社会影响。另外， 2016年，最高人民法院和最高人民检察院共同出台了关于环境问题的司法解释，它和刑法的惩罚性特点也有相契合的地方，所以相对而言也可以作为参考。

以上就是我的汇报的全部内容，谢谢大家。

【互动交流】

提问：怎么样对生态环境侵权惩罚性赔偿进行损害后果的限缩？

张富炳：关于这个问题，我主要从三个点来回答。第一点是对主体进行限定，生态环境损害惩罚性损害赔偿的适用主体应当是公民个人，这也是为了弥补主体双方的不平等，同时也可以避免权力的滥用。

第二点是对适用的条件进行限缩，因为惩罚性赔偿本身具有私人惩罚的属性，如果运用不当，可能会造成一方主体对另一方主体的过度要求。所以，从主观认定的角度，应当仅局限于故意；从损害后果的角度，应当由相关机构出台相应的法律法规、司法解释等。相关文件没有出台之前，各地方也应结合当地条件，因地制宜、因时制宜。

第三点是适用的时候应将惩罚性赔偿与相应的损害赔偿区分开，法律应配合具体案例来审慎适用，避免惩罚与损害不对等。

公民能源权的法理证成与规范构造

中南财经政法大学博士　冀鹏飞

　　我主要从五个方面向大家进行汇报。能源是人类文明赖以存续的物质基础，纵观人类的发展史可以发现，人类文明的每一次巨大跃升，都伴随着能源领域的重大变革。以权利的视角去看待人类能源的发展过程，实际上通过权利的理论史或者权利的实践史去考察。仅仅通过这两条路径去观察权利，还不足以支撑权利演进背后的缘由和动力。我们需要透过现象学的方法，将权利的演变放置在更大的背景下去考察，包括但不限于历史文明，或者说能源历史的演化。例如，古典自然权利的启蒙是源于发现了私有财产，在有了城邦的定义之后，权利开始向两个方向演化。自此，私有财产就演化为私权，以罗马法为代表，从而我们就产生了对财产权或私权的思考。在城邦出现之后，公权开始演化出来，以希腊的城邦民主制为代表，我们开始思考个人与国家的关系。以上是两种对权利观念的不同演化路径。在之后很漫长的一段时间内，人类的权利演化都是在两条路径的相互纠缠中进行的。在这个时间段，我们知道农业文明相当程度上刺激了城邦，或者说私有财产的出现相当于第二次人类启蒙。

　　对自然与人类关系的理性认知与科学技术的兴起有莫大的关联。在技术和科技的刺激下，人类的思想开始了第二次启蒙，典型代表是第二次工业革命。这个时候，能源变革是人类从生物智能到化石燃料的转变。在这样一个过程中，出现了近代自然权利的发展，如新教的兴起、英国的清教改革、人民主权和民主思想的变革等。格劳秀斯、卢梭等一系列学者的理论背后的逻辑根源，就是能源、工业文明和近代自然权利的二次启蒙这样一条简单的主线。在这个阶段，人类跃升到了第二个层次，人类不断地提高化石燃料的利用效率。尽管改革只是提高了人类对化石燃料的利用效率，本质上还没有引起能源的革命，但是它足以推动第二次工业革命的发生。工业文明的改革使得工业资产阶级壮大，从而逐渐引发了经济制度的变革，并直接地刺激了社会制度的变革。

我们将能源利益实现分为了三个层次，由基本的保障生存的需求到保障体面生活的需求再到保障可持续性发展的需求。那么，对于环境法益来说，在能源权和环境权所孕育出的能源法益和环境法权之结构中，我们认为国家、企业、公民都普遍拥有服务义务或监管职权。企业和公民在能源法益关系中表现出竞争关系，因为他们都对能源具有获取的需求；在环境法律关系中，二者表现出对抗关系，因为企业一般是污染者，而公民是环境的享受者。从能源权的主体构成来说，我认为主要分为自然人和群体。从客体的类型来讲，我认为能源权的客体主要有三个：第一个是作为有体物或拟制物的能源，包括私人的物品的能源，这个是建立在物权基础之上的。准公共物品的能源，指的是尚未被开发利用的那一部分能源，如石油、天然气。在我们国家，有些资源属于国家所有，但是在其他国家可能因为所有制不同，这些资源没有真正被物权规范，我们称之为准公共物品的能源。公共物品的能源，指的是难以确定所有者的那一部分能源，如太阳能、风能、潮汐能、地热能等。第二个是资格，主要是获取能源服务、享受能源福利的资格。第三个是人格，因为合理的、清洁的能源供应与我们的生活品质和人格利益及人格尊严的实现有莫大关系。

公民能源权作为一项新兴的基本人权，其管理和监督主要是依靠公权力的运行去实现的。正是因为如此，才能体现出私权的重要性。在监管过程中，私权不能缺位，公权力在自我监督的同时，要通过保障私权来规范公权。我们知道，公民能源权理论的提出还相当不成熟，但主要的意图并非仅限于能源权政策本身，而是期望能借助这样一种提法来达成能源伦理的共识，并引起人们对能源私权领域的广泛关注，以便实现公民、国家、企业多方主体参与及多元利益平衡的最终目的。

谢谢大家。

【互动交流】

提问：绿色能源能否纳入公民能源权？

冀鹏飞：我认为，不是任何问题都能通过权利解决，也并非任何问题都有必要通过权利途径予以解决。关于绿色能源能否纳入公民能源权，我个人认为这是一个与社会经济发展水平、科技发展水平相关的问题，这也是当下能源变革的关键所在。所以，权利是对观念的总结，不是一个创新。

提问：作为一种基本人权，基本的生存权利与能源权是否有冲突？

冀鹏飞：我们知道，基本人权经历了三代的发展，第一代是基本人权，第二代是经济社会和文化权利，第三代是社会权。公民能源权本身有三个实现的顺位，第一顺位是基本生存的权利，第二个顺位是体面生活的权利，第三个顺位是可持续发展的权利。所以，能源权本身与基本人权是不冲突的。

提问：规定公民能源权的必要性是什么？

冀鹏飞：对于一个基本人权的定义，它的核心的范畴与它的社会背景是相关联的，如德国法的基本人权之核心范畴是人的尊严，而美国宪法则将自由权作为基本人权的最核心范畴，这些都是基于历史原因。对于我们国家来说，我们有自己特殊的国情，所以我在文章中专门提到，重要前提就是法律确认，核心就是优化公权力的配置，具体的制度工具就是能源契约制度，较优的一个实施方案就是环境法典和能源基本法的同时推进，这是基于我们国家的背景提出的。

森林资源生态价值评估法律制度研究

郑州大学硕士　宋丽塬

　　大家好，因为宋丽塬学姐临时有公务，我代替学姐进行汇报。学姐的论文题目是《森林资源生态价值评估法律制度研究》，我从以下几点进行汇报：

　　第一，我国资产评估工作是在改革开放和国有企业改革的大背景下开展的。其中，森林资源生态价值的评估制度也随着我国社会主义市场经济的发展，在林权制度改革的基础上，自上而下地发展完善，与我国改革开放的方向基本一致。

　　第二，我国森林资源生态价值评估制度存在诸多问题。首先，森林资源生态价值评估主体制度不规范。例如，森林资源评估机构与人员准入制度不明确，没有建立客观的考核指标体系；森林资源评估主体监管制度不健全。其次，森林资源生态价值评估内容和方法规定不明确。现阶段，我国对森林资源价值评估之内容没有统一的规定，森林资源价值评估对象的规定不够明确，缺乏对生态价值的全面考虑。从评估内容和方式上来看，森林资源生态价值评估应区别于普通的资产评估。特定的森林资源生态价值适用的评估方法，虽然可以借鉴一般资产评估，但不等于可以完全照搬一般资产评估。此外，森林资源生态价值评估法律责任规定不完善，体现在森林资源生态价值评估责任主体不明确，忽略了专家的主体作用和责任。最后，森林资源生态价值评估制度相关机制不完善，体现在森林资源生态价值评估制度的需求机制不健全，以及森林资源生态价值评估制度的配套机制不完善。

第三，从以下几个方面提出完善建议：首先，完善森林资源生态价值评估主体制度，明确森林资源生态价值评估机构与人员准入门槛，完善森林资源生态价值评估主体监管体系。其次，健全森林资源生态价值评估内容和方法规定，明确森林资源生态价值评估内容，完善森林资源生态价值评估技术规范。再次，明确森林资源生态价值评估责任主体，完善森林资源生态价值评估责任形式。最后，完善森林资源生态价值评估制度的相关机制，探索森林资源生态价值评估制度的需求机制，健全森林资源生态价值评估制度的配套机制。

综上，生态价值对自然资源、经济发展、社会生活具有重要意义，应结合多学科的研究成果，通过开展试点工作，加快形成森林资源生态价值评估制度，从而推动我国评估制度体系的完善，同时助力生态平衡和经济建设的可持续发展。

汇报完毕，谢谢大家！

黄河流域生态保护和高质量发展立法、司法研究

黄河流域洪水风险管理法律制度刍议

西北政法大学行政法学院副教授　李龙贤

大家好！

我的报告包括四个方面的问题。第一部分是问题的提出。习近平总书记在主持中央政治局集体会议时强调，我国是世界自然灾害最为严重的国家之一，灾害种类多，分布地域广，发生频率高，损失严重，这是我国的一个基本国情。《黄河保护法》等法律中有关风险管理的条文是非常多的，那么我们如何去理解这种风险与风险管理呢？本报告立足于公法学的视角，尝试跨学科的方法论，通过比较研究、案例解析等方法，为我国在这个领域所面临的问题提供一个参考性的视角。

第二部分是总体风险管理。我国现已确立了"一案三制"的应急管理体系。总体来讲，以"一案三制"为核心的应急管理模式有效地应对了各种灾害类风险，但是也暴露出主体错位、机制不畅、关系不清等结构性缺陷。对此，我国也在进行相应的完善，如《突发事件应对法》中的相关规定。解决这些问题需要理论界和实务界进行互动与协调。

第三部分是法院的定位问题。过渡区的安全性、桥梁过渡区的安全性、堤坝过渡区的安全性等，这些往往是政府的责任。可是，在法院的评判标准中，有些法院或者法官在认定时，对于怎么重新选择法律的视角去判断这些问题会产生疑惑。

第四部分是面临的困境与出路。这里主要涉及的是国家责任的问题。国家责任的第一个内容就是宪法领域；第二个内容就是规划衔接及组织法的领域；第三个内容就是关于组织法与应急管理的问题，如应急管理部门与我们的水行政部门也存在着隔阂；第四个内容就是社会责任及公众责任的提升问题。

【互动交流】

提问：您在报告中提到非工程防控措施的软件条件，具体指什么？

李龙贤：简单来讲就是公众参与制度。公众参与制度能够有效解决当前社会资金不足、使用效率不高等问题。

黄河流域生态修复法律制度构建

郑州大学自然资源法研究所研究员　翟新丽

我将从两个方面进行汇报：一方面是生态修复怎么样去类型化，另一方面是如何构建黄河流域生态修复法律制度。黄河流域的特性决定了黄河流域生态损害修复类型化的必要性。黄河流域空间跨度非常大，生态损害的种类也不相同，需要不同类型的修复。由此，我们认为，应当构建一个黄河流域生态修复法律制度。

首先，应当确立生态安全优先原则。没有安全，一切等于零。其次，系统修复原则强调，生态系统各构成要素或各部分的关联性和秩序性生态修复要有计划、有顺序地组织和实施。在该原则的指导下，我们认为，黄河流域生态修复的类型化应从以下几个方面来考虑：

第一个就是《民法典》将生态修复责任主体限于环境侵权人，范围比较狭窄。我认为，基于禁止权力滥用的原则和获利者承担风险的理论，应当扩大生态修复责任的适用范围，责任人应当扩大至使用权人、租赁人、转租人、物权人。

第二个就是山水林田湖草沙冰生命共同体的修复。生态公益性属于公共服务，修复生态是国家职责所在。黄河流域内的各级人民政府应主导本行政区域内的山水林田湖草沙冰共同体的修复。

第三个就是社会资本参与生态修复。生态修复耗资甚巨，财政资金独立难支。我国生态修复的资金来源于政府资金，但是这个资金是严重不足的。"十四五"规划已经提出，要通过产权激励来鼓励社会资本参与生态修复。

第四个就是特殊的生态修复。特殊事件不仅给人类的生命财产安全造成了极大的损害，而且会严重威胁生态的安全。在特殊事件发生后，及时修复生态也是贯彻生态安全优先原则的具体体现。

最后的结论是，鉴于黄河流域空间跨度大、生态环境脆弱，黄河流域的生态修复法律制度的构建应当以生态损害修复的类型化为中心。

【互动交流】

提问：生态安全优先原则与生态修复的关系会不会影响黄河流域的修复顺序，导致与其他区域的生态修复顺序不同？

翟新丽：起草生态修复草案的基本原则是生态安全，即所有的生态修复都应该坚持生态安全优先的原则。因此，顺序不会有不同。

黄河流域生态环境司法保护实践及展望

河南省高级人民法院环资庭庭长　杨　巍

　　我的汇报大致可以概括为追本溯源、先天不足、举步维艰、必由之路。

　　第一个方面，追本溯源。加强黄河流域生态环境司法保护的关键在于流域的治理。首先，黄河流域本身生态环境十分脆弱。其次，生态环境保护方面力度不够。再次，黄河流域的水资源保障形势严峻。最后，发展质量有待提高。

　　第二个方面，先天不足。传统司法管辖体制下的流域生态环境保护面临困境。传统的司法管辖体制是以行政区划为基础的。从行政管辖来看，这个体制是比较好的，也符合我们的国情，但是从司法领域来看，这个体制既有它的优势，也有它的不足，优势在于方便当事人起诉和发挥地方合力，不足则在于容易导致地方保护主义，这在环境资源司法实践中可能体现得更明显。

　　第三个方面，举步维艰。习近平总书记在黄河流域座谈会上发表重要讲话之后，黄河流域的法院付出了很多努力来探索集中管辖。我们提出把环境资源集中管辖扩展到全省，构建覆盖全省的跨行政区域的环境资源审判体系。

　　第四个方面，必由之路。设立环境资源专门法院是治本之策，这也是我们努力想追求的一个方向，即在环境资源司法方面，打造专业化的司法机构。目前的知识产权法院、互联网法院、海事法院为我们提供了一些经验，我们下一步主要是想依托铁路法院来设立专门的环境资源法院。具体到措施，主要包括加强顶层设计、加强立法规划、完善管辖的体制、完善相关的配套机制。

【互动交流】

提问:存在裁判标准不统一的原因是什么?

杨巍:一方面是人的问题，每个法官的业务能力不同，办案的经验也有所不同，这就导致了法官对每一个案件的看法，必然会夹杂自己主观的因素；另一方面是立法有一定的幅度，具体怎么考虑、怎么适用，每一个法官都有自由裁量权。

黄河流域生态保护的
信息化建设

什么是黄河流域生态保护信息？

中国绿发会秘书长　周晋峰

　　我想跟大家交流的，是黄河流域生态保护信息。生态保护信息化建设中缺失的或者重视度不够的一些重要信息是什么？对此，我们不得不从四个方面来展开，即什么是生态、什么是生态保护、什么是保护信息，以及怎样去进行保护。

　　针对黄河流域的水质信息，水里的污染物，特别是跨省、跨国检测的这些信息，当然都是重要的生态信息。但是，我们今天讨论黄河生态保护信息的时候，除这些之外，还有更重要的。当前黄河的生态保护，排在第一位的是什么？是绿水青山？是山水林田？是湖草沙冰？还是生物多样性？这方面的信息我们进行了了解，是非常不够的。但是，从生物多样性来说，人民的参与潜力是非常巨大的，其中的一个基本逻辑是人人生来平等。应该以省的人均碳消耗作为标准，像河南这种人口大省，它的额度就要多。黄河建了大量的水库、水坝等水利设施，它的生态还一样吗？完全不一样了。所以，黄河生态保护，是对生态系统中的各个元素进行考量。

　　从生物多样性、气候及生产生活的角度讲，生态信息就是黄河流域的粮食情况、垃圾产出情况，包括各城市的人均垃圾产出量、垃圾的质量、垃圾的回收程度等。

  针对污染，现在有三个公理：第一是不扩散，即污染不要扩散到别处去；第二是不危害，即不要让污染危害更多的人；第三是修复工作，即不要把黄河水都治理成跟矿泉水一样，这是完全错误的。水从上游流下来，奔腾入海，沿岸动植物的排泄物都在水里。我们现在要做的不是把黄河水质从五级提高到三四级或二级，而是应该停止对它的污染。至于自然的水，它该是什么样就是什么样，这就是保护了。你要把水质进一步提高，这就是破坏，不是生态文明的保护。

黄河流域碳交易市场的构建

河南宇通信息技术研究院院长　孙志林

大家好，我在这里给大家汇报一下黄河流域碳交易市场的构建。我今天讲四个方面，分别是国家的政策和法规、黄河流域碳交易市场的建立、技术助力探究的实现，以及前景与展望。

国家出台了碳中和与碳达峰的指导意见，在《大气污染防治法》《清洁生产促进法》的基础上，又颁布了《碳排放权交易管理办法》和《黄河保护法》等法律法规。

基于这些法律文件，我国启动了碳排放交易市场的建设工作。为了保证黄河流域的高质量发展，也需要建立这样一个大的平台。黄河流域的碳交易市场平台的建设已有实施计划和设计方案。其中，产品的设计与开发已经完成，碳交易市场的基础测试正在进行，报批申请正在推进。此外，碳交易联盟已经成立。

碳交易的实现要借助遥感技术。我们国家的微型遥感技术可以对地面的地形地物进行探测识别及数据收集，包括数据整理、数据呈现。我国卫星遥感数据的空间分辨率目前已经达到了 0.3 米。利用这些高分辨率的影像，可以清晰看见树林里的每一棵树的树冠，所以可以实现每一棵树的数据提取。然后，通过碳的计量的技术方法，识别提取的数据。在技术上，就是利用遥感数据对单棵树的树冠和特征进行数据提取与分析，建立单棵树种的数学模型。

刚刚讲了对一棵树，现在是对所有树进行计算，需要用多元数据对测绘建模数据进行更新，然后把结果计算出来。结果出来以后，就可以拿这个结果去进行背书。此外，结果出来后还要进行申报，提交第三方检测。

数字孪生黄河建设研究与实践

黄河勘测规划设计研究院测绘院副院长

何刘鹏

我给大家介绍一下数字孪生流域的建设背景。从 2017 年 10 月到 2021 年 3 月，国家多次提出了要加强信息化建设。针对加强水利基础设施建设，国家提出构建智慧水利体系，以流域为单元，提升水情测报和智能调度能力。水利部在 2021 年 10 月也提出，推进智慧水利建设是实现新阶段水利高质量发展的重要途径之一。

我们要按照需求牵引、应用至上、数字赋能、提升能力的要求，以数字化场景、智能化模拟、精准化决策为路径，加快构建智慧水利体系。这一两年来，水利部快速推出了数字孪生流域建设的技术大纲导则及其他一系列的文件。其实，数字孪生流域就是在计算机中建立物理流域的虚拟指导体，然后在计算机中进行模拟仿真及预演。

数字孪生流域建设的核心内容，其一是数字化场景，即建立物理水利及其影响区域的数字化映射，实现信息交互和深度融合；其二是智慧化模拟，即集成了偶合、多维、时空尺度的专业智能分析和仿真模型，是用来支撑水利业务的全要素模拟仿真平台；其三是精准化决策，即全面覆盖流域防洪抗旱、水资源管理调配等流域治理管理的各项业务，实现风险的提前发现、预警的提前发布、方案的提前制定、措施的提前实施，确保水利决策迅速果断，而精准有效的最终目标就是实现与物理流域同步仿真运行及虚实交互迭代优化。按照数字孪生流域建设的要求，我们提出了数字孪生黄河的建设需求。按照需求牵引、应用至上、数字赋能、提升能力的要求，我们聚焦黄河的核心业务需求，充分利用信息技术，以数字化场景、智能化模拟、精准化决策为技术路径，提升水旱灾害防御、水电管理调度、水利工程建设管理及河湖管理保护等业务能力，促进黄河生态保护和高质量发展。

中达环境法
获奖学者学术报告
（二）

地球法理对环境法学的理论重塑及其实证展开

甘肃政法大学教授　郭　武

第一，传统法理与地球法理的不同。地球法理构建的是一种多关系状态，它是一种关系网络格局，是一种动态的形态。地球法理崇尚的是一种进化，是理性主义的思维。地球法理是以人与自然协同进化的路径来展现一种适应性的、增长性的、协调性的、功能性的及共同体的思维。

第二，地球法理对环境法学的理论供给。扬弃技术理性的工具性，"环境时刻"的本质是以更高姿态拥抱生态。环境法哲学的体系包括自然之法、伟大之法、地球法理、人定法。

第三，地球法理视角下环境法学的实证展开。地方共同体基础上的地方环境法治是现代国家环境法的重心。环境公共利益救济路径是需要否证的。

第四，全球宪法理论与地球法理的再实证。

【互动交流】

提问：地球法理的自然规律及其与主流法理的关系是什么？

郭武: 地球法理的思想与主流法理学的思想之具体区分有两个视角:一个是关系的视角,在地球法理视野中,主要是地球生命共同体下的多主体之间的一种动态共在关系;另一个是权力的视角,在地球法理的论证中,构成地球生命共同体的各个部分都应有一种权力。

提问: 基础法律指引下的预防性环境公益诉讼及环保禁止令如何发展?

郭武: 以预防性公益诉讼为例,公共环境利益的视角和共同体或整体性的视角是准确把握预防性环境民事公益诉讼的一个重点。预防性公益诉讼更侧重的是一种功能性损害的救济或者预防,主要是生态服务功能。基于司法的被动性或司法的中立性,还要把握预防性环境公益诉讼在机制设置上的边界问题。预防性环境公益诉讼及环保禁止令与地球理论的联系不是很紧密。

基层环境行政中的柔性帮扶执法现象研究

上海财经大学法学院教授　2019年中达环境法青年学者

胡　苑

我之所以研究柔性帮扶执法，主要是因为近些年在网上进行检索，发现不论是环境执法帮扶还是帮扶型/式环境执法，在我国地方环境治理实践中大量出现。

经调研后，我们主要考虑的是在中国环境行政转型的真实过程中，柔性帮扶执法在基层到底是怎么发生的、怎么运作的，以及它的刚性和柔性在实践中是怎样调节的。行政执法与帮扶服务的结合集中于生态环境领域，而不是所有的泛行政领域和其他各类执法领域。这些现象提示我们，柔性帮扶和地方环境执法产生了特殊的深度嵌合。

环境执法的微观运作形态主要有三大特征：第一，社区化的执法逻辑；第二，刚性缓冲的柔性执法；第三，压力机制驱动的积极行政。宏观运作逻辑之一，是常态化的压力传导，积极的行政既有利于企业运作，也有利于规避当地行政人员自身的风险；宏观运作逻辑之二，是资源匹配与联动，对于超出基层执法能力范畴的治理任务，需要由资源相匹配的上级环境行政机构承担，或者由上级机构协助基层加以承担；宏观运作逻辑之三，是精准帮扶和弹性调控。

【互动交流】

提问：个案研究对良法善治和软法理论有什么意义和贡献？

胡苑：帮扶的柔性执法对于当地企业尤其是中小规模企业而言，可以避免环境处罚的风险并达成合规，对降低合规成本和难度还是有很大的积极作用的。

提问：正面授益型的柔性帮扶执法和负面克制型的柔性帮扶执法的界限如何划分？是不是有模糊地带？

胡苑：正面授益型的柔性帮扶执法主要是政府去实施一些行政指导行为，如企业治理污染需要机器设备，那么当地的政府要积极地帮助联系一些厂家或者给出一些建议。负面克制型的柔性帮扶执法就是执法检查，但是要降低执法检查的频率，或者说要去想办法减轻情节，让处罚能够更轻一些。

《黄河保护法》对环境法体系的影响

上海社科院研究员　2020—2021 年中达环境法青年学者

彭　峰

《长江保护法》与《黄河保护法》都有非常鲜明的特色，我个人的一个基本观点是，这两部法律对环境法体系本身都产生了一些冲击和影响。

我们可以看到，在起草的原则上，《长江保护法》强调的是"生态优先，绿色发展"的战略定位，因为长江流域的经济总量是很大的，在中国经济总量中的占比也是非常大的。但是，长江和黄河的问题其实是不一样的，这种不一样与经济发展有关。我们看到，《黄河保护法》强调生态修复和节水，因为黄河经常会遇到断流问题，还有就是水沙的调控及防灾减灾等问题。在立法目的及适用范围方面，《长江保护法》与《黄河保护法》是比较相似的。我们可以看到，《长江保护法》所建立的管理体系与传统的环境单行法的管理体系相比有所不同，如协调机制的引入，而《黄河保护法》也是如此，包括规划制度、法律责任制度等。

我今天的分享，主要是提出一些可能需要进一步思考的问题。第一个就是我们可以看到环境法典的范围与环境法的范围问题，环境法典的范围应该小于环境法体系的范围。第二个就是学术界在讨论环境法体系的时候，习惯于分成三大板块，即环境资源、生态保护及污染防治，但是这三大板块可能会因新的立法以及新的指导思想的出现而产生一些扩张和变化，环境法体系的边界存在着一定的不确定性。第三个就是《长江保护法》与《黄河保护法》的协调问题。

【互动交流】

提问：请就环境法典的范围问题，谈谈您的观点。

彭峰：我们国家的环境法体系与西方国家的整个环境法体系是有很大区别的，它的范围比西方环境法体系的范围要大。法国是汇编型的环境法典，不同国家的编撰路径不同。如果想把所有的内容都纳入进去，汇编型的法典是比较合适的。但是，我们学术界讨论的核心是适度法典化，即偏实质性的环境法典。如果是偏实质性的环境法典，那么我的观点是要限制在非常小的范围内。

金融机构环境责任实施的范式转型

上海财经大学教授　叶榅平

我的汇报主要包括以下几个方面：

第一，规范意义的转型。金融机构的环境责任是企业所承担的社会责任的一部分，它在不断地深化，不断地从抽象走向具体，而且效率也在不断地提升。最具有代表性的，当然是美国的超级基金法，它将金融机构的环境责任——特别是银行的环境责任——法治化。

第二，功能定位的转型。一方面，环境责任与风险防范的一体化，主要依据是国家宏观调控，金融机构的这种环境责任是自身的一种风险防范机制。另一方面，从资本引导到公共政策的推行。

第三，实施路径的转型。总体上来讲，金融机构的环境责任是一种公司合作的一种模式，采取了一系列的金融工具、市场机制和监管模式，还通过法律、政策等进行规制。

我国金融机构环境责任实施的范式转型之路径如下：（1）以明确环境法律责任为基础来落实环境社会责任；（2）以推动实现自主治理为中心来完善治理体

系；（3）发挥市场机制的驱动作用。

【互动交流】

提问：金融机构承担环境责任的认定条件是什么？

叶榅平：金融机构要承担法律规定的责任，肯定要有比较严格的条件，最主要是要在主观上有过错。另外，只有银行在行使抵押权的过程中，已经实际上介入了债务人的运行及管理，才需要承担这个责任。金融机构的环境责任是银行开展绿色金融的一种内在的动力，也是制度性的基础。

提问：金融机构如果需要承担责任，是否不愿意向重污染的企业提供贷款?

叶榅平：金融机构比较喜欢向传统的行业贷款，传统行业的回报率比较高，风险也相对是可控的。银行不是很愿意去做绿色金融，所以更需要法律上的一种责任去规制。通过财政补贴和激励等手段来推动金融机构承担环境责任会有负面的影响。

生态环境修复公私路径的冲突与协调
——以《黄河保护法》为例

中南财经政法大学教授　张　宝

社会组织、检察机关提起诉讼尚可以回避公法责任与私法责任的适用关系问题，政府索赔却使得政府同时成为监管者和索赔者，从而发生角色冲突，故需要建立政府民事索赔机制。

问题一：《黄河保护法》的执法体系直接针对生态环境损害？《黄河保护法》实际上是一个以区域为标准的综合性立法，这种综合性立法需要去检视相关法律法规的规定。

问题二：不能修复时无法适用行政执法机制？环境法强调的是一种动态修复。修复分成基本修复、补充修复、补偿修复。司法实践把修复分成直接修复和替代修复。如果按照动态的机制来看，在环境法的层面上，不存在不可修复的损坏。至于怎么修复，取决于法律如何来进行界定。

问题三：行政执法机制能否涵盖相关的费用？如果《黄河保护法》有直接规定，那么这个费用由行政执法程序来解决；如果《黄河保护法》没有规定，那么能把这个费用当作执法成本，由行政机关来承担。

在生态环境损害赔偿制度改革作为国家重大战略得到推进，且已逐渐修改环境立法对其加以确立的背景下，取消政府索赔制度显然不太现实。可行的方法是，取消现行环境立法中的责令修复类条款，将行政机关的职责限定于应急处置环节，修复则留待民事责任予以解决。

【互动交流】

提问：在生态环境损害中，恢复原状与生态修复在行政执法中的区别是什么？

张宝：能够恢复原状的，使用直接修复；不能恢复原状的，用金钱赔偿来进行替代修复。我们虽然建立了这样一种机制，但是在实际运行的时候，往往又把它异化为金钱赔偿，与修复优先的理念有点背离。

提问：作为替代的修复方式，并没有以直接修复为程序进行规范，您的观点是什么？

张宝：应当在什么情况下开展基本修复、在什么样的情况下开展替代修复，以及补充修复在什么情况下可以针对生态系统服务功能，这些并没有严格去限定。我们应该着眼于对受损害的对象进行直接填补。在不能填补的情况下，我们仍然采用实物修复方式。针对这种情况，我个人觉得要进行详细的规范。

生态环境修复公私法责任制度协同研究

天津大学法学院教授　2022 年中达环境法青年学者

王小钢

一、 公私法责任的界定

生态环境修复私法责任的依据是《民法典》第 1234 条。生态环境修复公法责任的一个例子是土壤污染责任人因未履行土壤污染修复的法律义务而被责令改正。

二、 发展进程

当前环境法律中的生态环境修复公法责任条款呈现出一种碎片化的特征。《环境保护法》没有确立一般性的生态环境修复公法责任，其仅仅是针对未批先建的违法行为，规定了责令恢复原状。

三、 法国的立法

法国的环境法规定的是典型的环境损害修复公法责任。《法国环境法典》创建了一种关于预防和修复环境损害的行政法律制度，这种行政法律制度主要涉及生产经营者和行政机关双方的生态环境修复。

四、 制度展望

我们主张将《民法典》第1234条中的"能够"解释为技术上、经济上和法律上都能够。如果有一项不能够的话，那么还是不能进行实物的修复，只能进行价值的赔偿。立法方面，就是在公法上健全公法责任制度。

五、 制度协同

公法责任制度具有及时性、高效性、低成本性、直接性、专业性和有效性，仅仅依靠《民法典》侵权责任条款的修改，无法起到有效预防和充分救济生态环境损害的效果。解决这个问题的关键不是非此即彼的逻辑，而是找到一种公法责任和私法责任的制度协同方案。

【互动交流】

提问：是否能够将生态环境损害赔偿制度中的责任定性为私法责任？

王小钢：对于这个问题，我觉得环境公共利益与典型的公共利益是不太一样的，它不仅是公共利益，而且也是个体利益，所以它是一种特殊利益。对于这个责任的性质到底是公法性质还是私法性质，确实不好界定。从实现的手段上看，应该是私法责任。我觉得私法手段更多的是包括生态环境损害赔偿诉讼的权利，该权利的基础是国家所有权，集体所有的不能进行生态环境损害赔偿诉讼。

蓝碳交易机制的法律困境和应对路径

武汉大学教授　蒋小翼

　　一是蓝碳及蓝碳交易法律机制的必要性。首先，蓝碳是加强海洋生态保护的重要手段，发展蓝色碳汇将有效改变现有海洋生态保护格局，实现由点及面的全面保护。其次，蓝碳是应对气候变化的重要途径，蓝碳在减排方面具有巨大潜力和重要作用。最后，蓝碳是发展碳汇项目种类的重要方式。

　　二是推进蓝碳交易机制的法律困境及其分析。推进蓝碳交易机制的主要挑战包括：（1）蓝碳的情况比绿碳和其他碳排放更复杂，海洋法律制度更加复杂；（2）蓝碳研究创新相对较少，配套研究缺乏。

　　国际与国内的蓝碳交易机制尚存在诸多问题：（1）蓝碳交易机制缺乏专门的法律规定；（2）相关的监管机制不健全；（3）蓝碳的产权定性模糊；（4）生态系统服务付费制度推行缓慢，且尤为困难。

　　三是应对路径。立法模式方面：（1）综合性立法，可以通过气候变化法或在减缓气候变化专章中，对蓝碳资源的保护、开发、利用进行原则性规定；（2）蓝碳交易机制的相关立法与其他法律的协调，蓝碳交易的法治建设与国内的海洋立法要相互协调。相关制度安排方面：（1）健全相关监管机制，建立系统的市场交易制度；（2）在蓝碳项目中引入生态补偿机制；（3）落实资金保障机制，设立专门的蓝碳基金；（4）在蓝碳项目中引进环境影响评价。

【互动交流】

提问：请问蒋老师，与林业碳汇交易相比，蓝碳交易是否因其海洋属性而具有很强的地域性限制？如参与交易的市场主体是否限于沿海企业？

蒋小翼：我强调的是有地域性差异和地域性特点，但不应限制交易主体。沿海企业可能更有优势来开展蓝碳交易。作为市场的主体参与市场交易，是不应该有限制的。我强调的地域性特点应该是，公海占了海洋的70%以上，蓝碳的具体可获得量仅限于沿海，沿海比较有限，如沿海的红树林、盐藻地区。我国是碳排放大国，但并不意味着我国有最多的蓝碳资源。所以，我个人认为，蓝碳交易有地域性差异，但不应该有限制。

图书在版编目（CIP）数据

推进黄河流域生态保护和高质量发展法治研究：
2020—2022 年中达环境法论坛论文集/吴喜梅，林爽主编
．—上海：上海三联书店，2025.5
ISBN 978 - 7 - 5426 - 8277 - 2

Ⅰ．①推… Ⅱ．①吴…②林… Ⅲ．①黄河流域－生
态环境保护－学术会议－文集②环境法学－中国－文集
Ⅳ．①X321.22②D922.604 - 53

中国国家版本馆 CIP 数据核字（2023）第 199043 号

推进黄河流域生态保护和高质量发展法治研究——2020—2022 年中
达环境法论坛论文集

主　　编／吴喜梅　林　爽

责任编辑／宋寅悦
装帧设计／一本好书
监　　制／姚　军
责任校对／王凌霄

出版发行／上海三联书店
　　　　　（200041）中国上海市静安区威海路 755 号 30 楼
邮　　箱／ sdxsanlian@sina. com
联系电话／编辑部：021 - 22895517
　　　　　发行部：021 - 22895559
印　　刷／上海展强印刷有限公司

版　　次／ 2025 年 5 月第 1 版
印　　次／ 2025 年 5 月第 1 次印刷
开　　本／ 710 mm × 1000 mm　1/16
字　　数／ 380 千字
印　　张／ 27.75
书　　号／ ISBN 978 - 7 - 5426 - 8277 - 2/D・606
定　　价／ 188.00 元

敬启读者，如发现本书有印装质量问题，请与印刷厂联系 021 - 66366565